증산도
대사전

증산도대사전

발행일 2020년 7월 6일 초판 1쇄
발행처 상생출판
발행인 안경전
저자   상생문화연구소
주소   대전시 중구 선화서로 29번길 36(선화동)
전화   070-8644-3156
FAX   0303-0799-1735
홈페이지 www.sangsaengbooks.co.kr
ISBN 979-11-90133-54-8

이 도서의 국립중앙도서관 출판예정도서목록(CIP)은 서지정보유통지원시스템 홈페이지
(http://seoji.nl.go.kr)와 국가자료종합목록 구축시스템(http://kolis-net.nl.go.kr)에서
이용하실 수 있습니다. (CIP제어번호 : CIP2020017584)

증산도
대사전

상생문화연구소 편

상생출판

간행사

요즘 세상이 어수선하다. 중국 우한에서 시작된 코로나-19로 인한 전염병이 한국뿐 아니라 미국과 유럽을 넘어 이제 아프리카로 들어서고 있다. 인류사에 많은 질병이 있었지만 이렇게 한꺼번에 동시다발적으로 확산된 사례는 찾기 어렵다. 그러나 증산도에서는 이미 이러한 병이 언제든지 발생할 수 있다는 것을 세상에 알려왔다. 증산 상제님의 말씀을 통해서이다. 증산 상제님의 언행을 기록한 『도전』은 많은 곳에서 괴질과 병겁에 대해 경고하고 있다.

> 선천의 모든 악업惡業과 신명들의 원한과 보복이 천하의 병을 빚어내어 괴질이 되느니라. 봄과 여름에는 큰 병이 없다가 가을에 접어드는 환절기換節期가 되면 봄여름의 죄업에 대한 인과응보가 큰 병세病勢를 불러일으키느니라. (『도전』 7:38:2-3)
> 이 뒤에 병겁이 군창群倉에서 시발하면 전라북도가 어육지경魚肉之境이요 광라주光羅州에서 발생하면 전라남도가 어육지경이요 인천仁川에서 발생하면 온 세계가 어육지경이 되리라.(『도전』 7:41:1-3)
> 장차 괴질이 대발大發하면 홍수가 넘쳐흐르듯이 인간 세상을 휩쓸 것이니 천하 만방의 억조창생 가운데 살아남을 자가 없느니라. (『도전』 10:49:1)

상제님 말씀으로 볼 때 코로나-19로 인한 전세계적 전염병은 아주 작은 전조에 불과하다. 문제는 괴질이 창궐하게 된다는 것이다. 그 괴질은 한국에서 시작되어 전세계로 퍼져나간다. 왜 하필 한국인가? 그 대답 역시 『도전』에서 찾을 수 있다. "병겁에서 살리는 구원의 도道가 조선에 있기 때문"(『도전』 7:40:2)이다. 병겁이 시작된 곳에서 구원이 시작된다는 말씀이다. 이제 온세상이 증산도에 관심을 가질 수밖에 없을 것이다. 모든 선천 문제의 답과 구원의 도道가 『증산도 도전』에 담겨 있기 때문이다.

인간으로 강세하신 증산 상제님의 가르침에 다가가는 가장 쉬운 방법은 『도전』을 읽는 것이다. 그러나 문제는 『도전』이 쉽게 읽을 수 있는 책이 아니라는 데 있다. 상제님의 말씀에는 19세기의 시대상황과 함께 동양의 철학과 종교와 역사를 재단하는 많은 개념들이 들어있다. 또 오래된 한시漢詩와 동서 성인 현자들의 고사古事와 학설도 자주 언급된다. 이런 철학과 역사를 배경으로 하는 내용들은 읽어내기가 어렵다.

나아가 증산도 진리의 특징은 우주론에 바탕하고 있다는 점도 『도전』에의 접근을 쉽지 않게 한다. 증산 상제님의 강세와 인간의 삶, 천지공사와 개벽, 후천선경 등 주요 사상들을 이해하기 위해서는 반드시 우주변화원리에 대한 선이해가 필요하다. 그 우주론의 중심개념이 우주 1년이며, 선천과 후천, 상극과 상생, 생장염장, 하추교역기 등이다. 여기에 무극, 태극, 황극이나 건곤감리 등이 개입되면 웬만한 동양학 전공자도 이해하기 어렵다.

증산 상제님의 법방은 대경대법하여 과학적, 논리적 접근으로는 다가가기가 쉽지 않다. 유불도 삼도와 선도까지 모두 통합한 가르침은 기존의 철학과 과학과 종교를 모두 포월包越하기에 폭잡기 어렵다. 증산도 진리를 '무극대도'라고 하는 것은 무극제 증산 상제님의 가르침이라는 뜻도 있지만, 그 한계를 가늠할 수 없는 큰 가르침이라는 뜻도 있다.

상생문화연구소에서는 누구나 읽어야 할 책이지만 누구도 쉽게 읽을 수 없는 책인 『도전』의 가독성을 그나마 높일 수 있는 방법을 찾다가 사전 편찬을 기획하게 되었다. 『도전』에서 상제님의 진리를 담고 있는 주요 개념들을 간추려 이에 대해 상황과 문맥에 맞는 최소한의 설명을 해 준다는 의도를 가지고 사전편찬 작업에 돌입했다. 그 첫 집필은 연구소가 개소된 후 3-4년이 지난 시점이었다. 그러나 앞에서 언급했듯이 증산도 진리에 정의를 내리는 일은 각 분야의 박사학위를 소지한 연구소 연구원에게도 쉽지 않은 일이었다. 개념을 선정하고 집필하고 다시 연구하고 교정보고 하면서 점차 정확성을 높여갔다. 시간과 노력이 많이 필요했다. 오래전에 시작된 집필이었지만 2020년에 이르러서야 120여 개의 개념을 풀어 설명하는 사전을 간행하는 이유이다. 그럼에도 집필진의 진리 인식의 한계로 인해 각 항목에서 다소간의 오류가 나올 수 있는 가능성은 언제나 열려있다. 이에 대해서는 수정과 보완을 계속해 나갈 것이다.

집필에 있어 각 항목 당 '문자적 의미', '본질적 의미', '핵심 사상'의 세 부분으로 나누어 기술하였다. 경우에 따라서는 '기존 문헌의 용례'를 첨가하였다. 문자적 의미는 그 항목의 사전적 의미이며, 본질적 의미는 그 항목의 간략한 증산도적 고유 의미이며, 핵심 사상은 그 항목의 일반적 의미와 학술적 의미, 증산도 진리 내에서의 의미 등을 종합하여 기술하였다. 기존 문헌의 용례는 그 항목이 동서 사상사 속에서 어떻게 사용되고 있는지를 밝힌 것이다.

사전을 편찬하면서 많은 분들의 도움이 있었다. 먼저 상생문화연구소 안경전 이사장님은 한 항목 한 항목 일일이 그 핵심적 의미를 짚어주었고, 증산도 진리 차원에서 특별히 보완해야 할 내용들을 자세히 풀어주었다. 이사장님의 도훈道訓과 지정指正이 없었다면 마무리하기 어려웠을 것이다. 연구소 집필진 여러분들은 원고를 서로 윤독하면서 수정·보완해주어 최대한 오류를 줄이는 데 큰 도움을 주었으며, 도전답사팀 역시 각 항목이 가진 증산도 사적甑山道史的 부분에 대해 충실한 교정을 넘겨주었다. 큰 감사의 마음을 간직하고 있다.

앞으로의 계획도 서있다. 일단 지금까지 사전작업의 경험을 살려서 여기에 실리지 않은 증산도 주요 개념들을 선정하여 사전의 항목을 늘려갈 것이다. 『도전』에는 상제님 재세 시에 수종든 수많은 성도와 역사적 인물들이 등장한다. 그들의 생애와 역할에 대한 설명도 필요하여 증산도 대사전 인물편도 편찬되어야 할 것이다. 또 주요 진리 용어 뿐 아니라 상제님이 활동하던 19세기 중후반의 시대 상황과 동서 역사 속에 나타나는 여러 문화와 풍속에 관련된 개념들에 대해서도 꼭 필요한 것들은 사전의 항목으로 선정해야 할 것이다. 이는 『도전』을 그 시대 상황에 맞춰 정확히 이해하는 데 도움이 될 것이다. 증산도사전편찬위원회에서는 이러한 계획을 차분히 실현해서 명실상부한 증산도 대사전이 되도록 노력할 것이다.

2020년 3월 26일
증산도사전편찬위원회 일동

차 례

| 일러두기 |

1. 항목의 배열은 가나다순으로 하였다.
2. 이 사전의 항목은 『증산도 도전』에서 주요 개념을 발췌한 것이며, 경우에 따라서는 증산도 사상을 이해하는데 도움이 되는 중요 개념을 항목으로 선정하였다.
3. 집필을 위해 『증산도 도전』, 『증산도의 진리』, 『이것이 개벽이다』, 『개벽실제상황』 등 증산도 주요 저술들을 참고하였다.
4. 각 항목의 집필은 '문자적 의미', '본질적 의미', '핵심 사상', '기존 문헌의 용례' 순으로 기술하였다.
4. 항목 중 ○○/○○이라고 한 것은 두 개념을 함께 다루는 것이 이해하기에 도움이 되는 경우이다.
5. 『도전』 ○:○:○은 편:장:절을 의미한다.
6. 항목에 없는 개념들은 차후 증보판에서 보완할 것이다.

ㄱ
ㄴ
ㄷ
ㅁ
ㅂ
ㅅ
ㅇ
ㅈ
ㅊ
ㅌ
ㅍ
ㅎ

거백옥蘧伯玉 도수

문자적 의미 춘추시대 위衛나라의 대부였던 거백옥(?~?)의 심법을 바탕으로 한 천지공사의 도수.

본질적 의미 증산도의 일꾼관에서 천지대업을 이루는 진정한 개벽 일꾼의 심법을 발현하는 도수를 뜻한다.

핵심 사상 먼저 거백옥 도수를 이해하기 위해서 그의 인품과 태도를 기록한 고전들을 살펴볼 필요가 있다. 거백옥의 사람됨됨이를 통해 거백옥 도수의 참의미를 짐작할 수 있기 때문이다.
거백옥이 언급된 자료는 『논어』, 『장자』, 『춘추좌전』, 『사기』, 『회남자』, 『한시외전』, 『공자가어』 등이다. 거백옥은 춘추시대 위나라의 이름난 대부이다. 이름은 원瑗이고, 자는 백옥伯玉이며, 시호는 성자成子이다. 거백옥에 대한 여러 가지 자료들을 검토해 보면 하나의 공통점이 있다. 그것은 거백옥이 한평생 살아온 지난날의 잘못을 끊임없이 반성하고 새 인간으로 거듭나기 위해 피나는 노력을 경주한 인물로 평가되고 있다는 점이다.
사마천은 『사기·중니제자열전』에서 공자가 존경했던 인물을 다음과 같이 열거한다.

공자가 존경하고 섬기는 사람은 다음과 같다. 주나라에서는 노자가 있었고, 위나라에서는 거백옥이 있었으며, 제나

라에서는 안평중이 있었으며, 정나라에서는 자산이 있었
으며, 노나라에서는 맹손작이 있었다.
孔子之所嚴事: 於周, 則老子; 於衛, 蘧伯玉; 於齊, 晏平仲; 於
楚, 老萊子; 於鄭, 子産; 於魯, 孟孫綽.

거백옥은 공자가 가장 존경했던 인물 가운데 한 사람이다. 그렇
다면 공자는 왜 거백옥을 인생의 사표師表로 존경했던 것일까?
『논어·위령공』에 따르면, 공자는 벼슬길에 나아가고 물러남에
조금도 걸림이나 막힘이 없는 거백옥을 군자로 높이 평가하였
다.

  공자가 말씀하셨다. "곧도다, 사어여! 나라에 도가 있어도
  화살과 같고, 나라에 도가 없어도 화살과 같구나. 군자로
  다, 거백옥이여! 나라에 도가 있으면 벼슬을 하고, 나라에
  도가 없으면 거두어 품는구나."
  子曰: "直哉思漁! 邦有道, 如矢; 邦無道, 如矢. 君子哉蘧伯玉!
  邦有道則仕; 邦無道則可卷而懷之.

공자는 거백옥이 벼슬에 나아가고 물러남이 성인의 도에 합치한
다고 여겨 군자라고 하였다. 거백옥은 국가의 정치에 도가 있으
면 벼슬에 나아가 자기의 재능을 다해 활약하였지만, 국가의 정
치에 도가 없으면 벼슬에서 물러나 자기의 재능을 감추었다는 것
이다.
『논어』「헌문」에는 공자가 거백옥의 인물됨을 칭찬하는 다음과
같은 말이 기록되어 있다.

  거백옥이 공자께 사람을 보냈다. 공자께서 그와 함께 앉아

서 "선생께서는 무엇을 하시오?" 하고 물으시자 심부름꾼
이 "선생님께서는 자신의 허물을 적게 하고자 하시는데 아
직 그렇게 안 되시는가 봅니다"라고 대답했다. 심부름꾼이
나가자 공자께서 "훌륭한 심부름꾼이로다! 훌륭한 심부름
꾼이로다!"라고 말씀하셨다.

蘧伯玉使人於孔子. 孔子與之坐而問言, 曰: "夫子何爲?" 對曰:
"夫子欲寡其過而未能也." 使者出, 子曰: "使乎! 使乎!"

공자는 심부름꾼의 겸손한 태도를 칭찬함으로써 끊임없는 자기
성찰을 통해 허물이 있으면 과감하게 자신의 허물을 고치려고 하
는 거백옥의 사람됨을 높이 찬양하고 있다.

『공자가어孔子家語·정해론正論解』에 거백옥의 주군에 대한 충직한
마음을 그리고 있다.

영공이 어느 날 밤에 부인과 함께 앉아 있는데, 덜컹덜컹
수레 소리가 들렸다. 대궐에 이르러 멎었다가 대궐을 지나
면서 다시 들렸다. 영공이 부인에게 물었다. "누구인지 알
겠소?" 부인이 말했다. "거백옥입니다." 영공이 말했다. "어
떻게 알 수 있소?" 부인이 말했다. "제가 듣기에, 『예기』
에 공의 문 앞에서는 내려서 예를 표한다'고 합니다. 공경
함이 깊은 까닭입니다. 대저 충신과 효자는 쉽게 변절하지
않고, 몰래 나태한 행동을 하지 않습니다. 거백옥은 위나
라의 어진 대부입니다. 어질면서도 지혜가 있고, 공경스럽
게 윗사람을 섬깁니다. 그 사람이라면 반드시 어둡다고 예
를 저버리지 않을 것입니다. 이 때문에 안 것입니다." 영공
이 사람을 시켜 알아보게 하였더니 과연 거백옥이었다.

靈公與夫人夜坐, 聞車聲轔轔. 至闕而至, 過闕復有聲. 公問夫人

曰: "知此謂誰?" 夫人曰: "此蘧伯玉也." 公曰: "何以知之?" 夫人
曰: "妾聞, 『禮』下公門式路馬.' 所以廣敬也. 夫忠與孝子, 不爲昭
昭變節, 不爲冥冥惰行. 蘧伯玉, 衛之賢大夫也. 仁而有智, 敬而
事上. 此其人必不以闇昧廢禮, 是以知之."公使視之, 果伯玉也.

거백옥은 자기가 모시는 주군인 영공이 사는 집 앞을 지날 때마
다, 누가 보든 보지 않든 언제나 마차를 멈추고 인사를 하고 지
나갔다고 한다. 충성스러운 신하인 거백옥은 아무리 어두운 밤이
고 남이 보지 않는 어두운 곳일지라도 홀로 삼가면서 주군에 대
한 충의忠義를 다했다는 것이다.
우리는 거백옥에 대한 평가를 『회남자』의 「원도훈原道訓」과 『장
자』의 「칙양則陽」에서도 찾아볼 수 있다.

거백옥은 나이 50살에 49년 동안의 잘못을 알았다.
蘧伯玉年五十而知四十九年非.
거백옥은 나이 60살에 60번이나 변화했다. 처음에 옳다고
여긴 것을 나중에 잘못된 것으로 물리치지 않은 적이 없다.
蘧伯玉行年六十而六十化. 未嘗不始於是之, 而卒(黜)之以非也.

『회남자』와 『장자』는 각기 거백옥의 '거듭나기(重生)'의 나이를
50년과 60년으로 다르게 서술하고 있다. 위의 두 인용문을 통
해 거백옥이 새 사람이 되기 위해 얼마나 많은 자기수행의 과정
을 거쳤는가를 확인할 수 있다. 『한시외전』에 따르면, 거백옥은
자기의 잘못은 추호도 용납하지 않았지만 남의 잘못은 너그럽
게 봐주며 불우한 처지에서도 잘 견뎌내면서 남을 조금도 원망할
줄 모르는 사람이었다. 그래서 아버지 된 사람은 그를 아들로 삼
고 싶어 하고, 아들 된 자는 그를 아버지로 모시고 싶어 하며, 임

금 된 자는 그를 신하로 삼기를 원하고, 신하 된 자는 임금으로 섬기기를 원했다고 한다.

증산도에서 거백옥은 후천개벽을 성취하는 치천하 50년 공부의 주역이다. 『대순전경』 초판본에는 '거백옥'을 '이윤'으로 보았다. 그러나 이는 잘못이다. 증산 상제님은 '포교오십년공부종필布教五十年工夫終筆'을 선언하며 개벽 일꾼의 인사 도수와 심법 도수를 이렇게 말한다.

> 상제님께서 천지공사를 마치신 뒤에 포교오십년종필布教五十年工夫終筆이라 써서 불사르시고 여러 성도들에게 이르시기를 "옛 사람 거백옥蘧伯玉이 50세에 49년 동안의 그름을 깨달았다 하나니 이제 그 도수를 썼노라. 내가 천지운로天地運路를 뜯어고쳐 물샐틈없이 도수를 굳게 짜 놓았으니 제 도수에 돌아 닿는 대로 새 기틀이 열리리라. 너희들은 삼가 타락치 말고 오직 일심으로 믿어 나가라. 일심이면 천하를 도모하느니라. 이제 9년 동안 보아 온 개벽 공사開闢公事의 확증을 천지에 질정質定하리니 너희들도 참관하여 믿음을 굳게 하라. 천지는 말이 없으되 오직 뇌성과 지진으로 표징하리라." 하시고 글을 써서 불사르시니 갑자기 천둥과 지진이 아울러 크게 일어나니라. (『도전』 5:414:1-9)

거백옥 도수의 참뜻을 제대로 알기 위해서는 무엇보다 먼저 '포교오십년공부종필布教五十年工夫終筆'에 어떤 뜻이 담겨 있는가를 파악해야 한다.

첫째, '포교布教'란 무엇인가? '포교'란 증산 상제님의 무극대도와 무극대덕의 가르침을 온 천하에 널리 알리는 일을 말한다. 즉 '포

도천하布道天下'하고 '포덕천하布德天下'하여 '도성덕립道成德立'을 완수하는 일이다. 그런데 문제는 증산 상제님의 무극대도의 가르침은 '판밖의 남모르는 법'이기 때문에 선천 세상의 판안의 사유 방식을 가지고서는 가을개벽의 참소식을 있는 그대로 받아들이기 어렵다는 사실이다. 이런 의미에서 증산 상제님은 '포교布敎'를 '포교捕校'로 정의한다. 포교가 도적을 소탕하는 것처럼, 선천 세상의 상극 질서 속에서 형성된 자연의 묵은 기운과 인간의 썩은 정신을 '발본색원拔本塞源'해야 한다는 것이다.

둘째, '50年'이란 무엇인가? 여기서 '50년'이란 천지일원수인 '100'이 음양으로 나뉘어 운행하는 것을 말한다. 따라서 '50년'은 두 가지로 나누어 볼 수 있다. '치천하治天下 오십년五十年'과 '평천하平天下 오십년五十年'이 바로 그것이다.

셋째, '공부工夫'란 무엇인가? 증산도에서 '공부'란 후천개벽을 통해 모든 생명을 죽임의 상극 질서에서 살림의 상생 질서로 전환시키려는 인간 활동의 총체(우주생명의 본래성을 회복하려는 인간의 자기수양과 자기실천의 노력)를 말한다. 증산도의 공부는 '판밖의 남모르는 공부'로서 가을개벽기에 '천하창생을 건져 나도 살고 남도 살리는 공부'이다.

넷째, '종필終筆'이란 무엇인가? '종필'은 "붓을 내려놓는다.는 뜻이다. 즉 후천개벽의 두 과제인 '평천하'의 50년 공부와 '치천하'의 50년 공부의 준비기간이 끝나고 바야흐로 후천개벽의 판몰이 대세로 나설 준비작업이 완료되었다는 것을 말한다.

증산 상제님은 『회남자』에 나오는 기록을 바탕으로 하여 거백옥을 개벽 일꾼의 상징적 인물로 말한다. 거백옥 도수는 개벽시대 증산도 추수 도운의 참주인[眞主]에게 붙인 인사 도수이며, 일꾼의 자기개벽과 관련이 되는 심법 도수이다. 거백옥은 하늘도 다시 살아나고(천갱생天更生), 땅도 다시 살아나며(지갱생地更生), 인간도 다시 살아나는(인갱생人更生) 후천 개벽기 개벽 일꾼의 상징적 인물인 것이다.

기존 문헌의 용례 거백옥의 사람됨에 대해 두 가지로 압축할 수 있다. 첫째, 『논어』 「헌문」에 나오는 것처럼 거백옥은 주군에 대한 충직한 삶의 태도이다. 둘째, 『장자』와 『회남자』에 나오는 것처럼 평생토록 지난날의 끝없이 반성하면서 새로운 사람으로 거듭나려고 노력했다는 점이다. 증산도에서는 거백옥의 충성스럽고 우직한 행동과 심법을 통해 후천세계를 건설하는 천지일꾼의 천하사 전 과정에서 새 인간의 모범으로 삼고자 한다.

관왕冠旺도수

문자적 의미 관왕이란 젊은이가 스무 살에 관례를 치르고 원기왕성하게 활동하는 것을 뜻한다.

본질적 의미 우주의 조화주이신 증산 상제님의 주재 아래 유불선 삼교를 비롯하여 동서양의 모든 종교를 통일하여 후천세상의 통일문화를 여는 도수를 말한다.

핵심 사상 유불선 삼교는 동아시아 문화의 핵심이자 정수이다. 동아시아에서는 장구한 역사를 통해 유불선 삼교를 하나로 융합하려는 줄기찬 노력을 시도했다. 대략 동한(AD 25)시기를 전후로 하여 인도에서 중국으로 불교가 유입된 뒤, 중국사회에서는 전통사상인 유교와 도교를 어떻게 하면 불교와 하나로 결합시킬 수 있는가 하는 문제를 지속적으로 제기하였다. 이후 중국역사에서 삼교회통론은 매우 중요한 문제로 부각된다. 여기에는 사상의 통일을 기반으로 정치적 통일을 기하려는 문제가 내포되어 있다. 중국의 삼교회통론이 시대와 역사의 조건에 따라 그 내용이 끊임없이 달라지는 것과는 달리, 한국의 삼교회통론은 처음부터 일관되게 삼교를 하나로 포함하는 이론을 그 주된 특성으로 지니고 있다. 우리는 그 대표적 특성을 최치원의 풍류도에서 찾아볼 수 있다.

최치원은 「난랑비서」에서 "나라에 현묘玄妙한 도道가 있으니 이름하여 풍류라 한다. 이 가르침을 베푼 근원은 선사仙史에 자세히 갖추어 있으니, 실로 세 가르침을 포함해(포함삼교包含三敎) 뭇 중생들을 교화하는 것이다. 말하자면 집에 들어와 부모에 효도하고 나가서는 나라에 충성하는 것과 같은 것으로 노魯 사구司寇의 가르침이요, 아무런 작위적 일이 없는 가운데서도 말로 표현할 수 없는 진리를 실천하는 것은 주周 주사柱史의 근본 뜻이며, 모든 악행을 짓지 않고 모든 선행을 받들어 행동하는 것은 축건竺乾 태자太子의 교화인 것이다.”(『삼국사기·신라본기』)라고 하여, 풍류도인 선사상에 삼교가 하나로 통합되어 있다는 '포함삼교론'을 제시한다. 여기서 우리가 놓치지 말아야 할 것은 최치원의 포함삼교론이 우리 민족의 고유한 사상인 선을 중심으로 삼교를 포함시키려고 했다는 점이다.

증산도의 관왕삼교론도 선(선도)을 중심으로 삼교를 통합하려고 한다. 그러나 증산도의 관왕삼교론은 최치원의 포함삼교론과 뚜렷하게 구별된다. 왜냐하면 최치원의 풍류도를 비롯한 기존의 삼교회통론이 평면적으로 사상적 공통점을 모색하는 것과는 달리 증산도의 관왕 도수는 우주를 통치하는 조화주 증산 상제님의 무극대도로써 삼교를 통일하려고 하기 때문이다.

그렇다면 중국의 삼교회통론이나 최치원의 포함삼교론과 뚜렷이 구별되는 증산도의 관왕삼교론의 특성은 도대체 어디에 있는가?

> 하루는 상제님께서 공사를 보시며 글을 쓰시니 이러하니라. 불지형체佛之形體요 선지조화仙之造化요 유지범절儒之凡節이니라. 불도는 형체를 주장하고 선도는 조화를 주장하고 유도는 범절을 주장하느니라. 수천지지허무受天地之虛無하여 선지포태仙之胞胎하고 수천지지적멸受天地之寂滅

하여 불지양생佛之養生하고 수천지지이조受天地之以詔하여
유지욕대儒之浴帶하니 관왕冠旺은 도솔兜率 허무적멸이조
虛無寂滅以詔니라. 천지의 허무無極한 기운을 받아 선도가
포태하고 천지의 적멸(太極의 空)한 기운을 받아 불도가 양
생 하고 천지의 이조(皇極)하는 기운을 받아 유도가 욕대
하니 이제 (인류사가 맞이한) 성숙의 관왕冠旺 도수는 도솔
천의 천주가 허무(仙) 적멸(佛) 이조(儒)를 모두 통솔하느니
라. 상제님께서 말씀하시기를 "모든 술수術數는 내가 쓰기
위하여 내놓은 것이니라." 하시니라. (『도전』2:150:1-4)

여기서 우리가 주목해야 할 것은 관왕삼교론의 특성이 어디에 있
느냐 하는 점이다. 관왕삼교론의 특성은 우주만물의 주재자 증
산 상제님이 삼교융합을 주재하는 데 있다.
증산도의 관왕삼교론은 조화주 증산 상제님의 주관 아래 유불
선 삼교-선교의 '조화'와 유교의 '범절'과 불교의 '형체'-를 포함
하면서도 초월하는 것이다. 선교에서 강조하는 것은 천지의 허
무한 기운을 바탕으로 하는 자연의 '조화'이다. '조화'는 우주만
물이 누가 그렇게 되도록 시키지 않아도 절로 그러하게 만들어지
고 변화한다는 뜻이다. 유교에서 강조하는 것은 천지의 가르침에
바탕을 둔 '범절'이다. '범절'은 인간사회의 모든 관계가 예의범
절로 통일적 질서를 이룬다는 말이다. 불교에서는 생명을 기르는
양생의 길로서 '형체'를 중시한다. '형체'는 천지의 적멸한 기운을
받아 현상으로서 몸과 본질로서의 불멸하는 법신이 통일적 조화
를 이룬다는 말이다. 요컨대, 증산도에서 관왕삼교론 또는 관왕
도수는 소년이 관례를 올리고 어른이 되는 것처럼 인류문화를 대
변하는 유불선 삼교가 우주의 주재자 증산 상제님의 주재 아래
하나로 융합되어 새 천지 새 문명을 여는 무극대도의 시대를 맞

이한다는 뜻이다.

그런데 증산도에서 선은 이중적 의미를 지니고 있다. 증산도에서
선은 유불선을 통합한 선이자, 중국의 도교를 포함한 한국의 선
도를 동시에 의미한다.

> 이제 불지형체佛之形體 선지조화仙之造化 유지범절儒之凡
> 節의 삼도三道를 통일하느니라. 나의 도道는 사불비불似佛
> 非佛이요 사선비선似仙非仙이요 사유비유似儒非儒니라. 내
> 가 유불선의 기운을 쏙 뽑아서 선仙에 붙여 놓았느니라.
> (『도전』4:8:7-9)
> 하루는 성도들이 태모님께 여쭈기를 "교 이름(敎名)을 무
> 엇으로 정하시렵니까? 하니 말씀하시기를 천하를 통일
> 하는 도道인데 아직은 때가 이르니 '선도仙道'라고 하라.
> 후일에 다시 진법眞法이 나오면 알게 되리라." 하시니라.
> (『도전』11:29:1-2)

증산도의 관왕삼교론은 단순히 유불선 삼교를 합치하는 데 있는
것이 아니라 천하를 통일하는 새로운 무극대도로서 후천 선경문
화를 창출하는 데 그 궁극적 목표가 있다. 유불선 삼도가 무극대
도로 통일되어 후천의 태평세상이 이루어지는 "삼도합일三道合一
의 태화세太和世"(『도전』11:220:4)가 바로 그것이다. 아울러 지적되
어야 할 것은 증산도는 동서문화의 융합을 지향하기 때문에 불
멸의 영생을 추구하는 서양의 선도인 기독교까지도 포함하고 있
다는 점이다.

기존 문헌의 용례 증산도의 관왕삼교론은 관왕과 삼교론으로 나누
어 볼 수 있다. '관왕'은 본래 '12포태법'에서 비롯된 것이다. '12

포태법'에서 '관왕'은 인간의 삶에서 가장 핵심적인 시기에 해당
하는 것으로 젊은이가 관례를 치르고 삶을 원기왕성하게 활동하
는 것을 말한다. '12포태법'은 어머니 뱃속에 들어있던 잉태기에
서 죽어서 장례를 치르고 무덤으로 들어가는 인생의 전 과정을
말한다. '포태양생욕대관왕쇠병사장胞胎養生浴帶冠旺衰病死葬'이다.
그러나 증산도에서 후천의 선경세계에서 성숙된 인간으로 거듭
나는 것은 일반적인 '12포태법'을 거스르는 '장사병쇠왕관대욕
생양태포葬死病衰旺冠帶浴生養胎胞'(『도전』 5:318:3)를 따르는 '포태의
운'(『도전』 6:58:1)을 지니고 있다. 여기서 '포태의 운'은 신천지에
서 우주만물이 새 생명으로 거듭나는 것을 말한다.

괴질怪疾

<u>문자적 의미</u> 원인을 알 수 없는 괴이한 질병.

<u>본질적 의미</u> 후천 가을개벽기에 인류를 진멸지경으로 몰고 가는 무서운 병病을 말한다. 증산 상제님은 괴질로 인해 벌어지는 가을 개벽의 환란을 병겁病劫이라고 하였다. 병겁은 병란兵亂, 지축 정립과 함께 세벌개벽 중 하나이다.

<u>핵심 사상</u> 인류의 역사는 전쟁과 질병으로 무수히 많은 사람들이 죽음을 맞이한 고통의 역사였다. 특히 질병은 어느 순간 피할수 없이 다가와 많은 사람들의 목숨을 고통 속에서 빼앗아 갔다. 한 마을에서 시작된 질병은, 한 나라를 넘어서 세계 각국에 퍼져나가기도 했다. 이렇게 전 세계적으로 유행하는 현상을 팬데믹(Pandemic)이라고 부른다. 팬데믹이란 말은 그리스어 'pan(πᾶν, 모든)'과 'demos(δῆμος, 사람들)'를 결합해 만든 것으로, 모든 사람이 감염되고 있다는 의미에서 유래했다. WHO는 1968년 홍콩독감과 2009년 세계적으로 유행한 신종인플루엔자에 대해 팬데믹을 선언한 적이 있으며, 2020년 3월 11일 '신종코로나바이러스 감염증-19'에 대해 사상 세 번째로 팬데믹을 선언했다.
인류에게 최초의 전염병으로 기록된 것은 천연두天然痘였다. 우리나라에서는 천연두를 시두, 두창, 포창이라고 부르며, 속칭 '마마媽媽'라고도 한다. 옛 말 중에 '호환마마보다 무섭다.' 라는 말이

있는데, 천연두는 호랑이에게 화를 당하는 것에 비유될 정도로 무서운 질병이다. 기원전 1157년에 사망한 람세스 5세 파라오의 미라에서 발견된 피부발진으로 볼 때 당시 이집트에 천연두가 유행했다는 것을 추측할 수 있다. 인류 최초의 전염병인 천연두는 에드워드 제너의 예방접종법이 개발되기 전까지 전 세계적으로 3억 명 이상의 사망자를 만들어 낸 것으로 추정하고 있다. 천연두, 즉 시두에 대한 주요 『도전』 구절은 아래와 같다.

> 그 다음 날 밤에 담뱃대 진을 쑤셔 내시며 덕겸에게 "한 번만에 잡아서 놓치지 말고 뽑아내어 문밖으로 내버리라." 하시거늘 덕겸이 명하신 대로 하니 온 마을의 개가 일시에 짖어대는지라, 덕겸이 여쭈기를 "어찌 이렇듯 개가 짖나이까?" 하니 말씀하시기를 "대신명大神明이 오는 까닭이니라." 하시거늘 또 여쭈기를 "무슨 신명입니까?" 하매 말씀하시기를 "시두손님인데 천자국天子國이라야 이 신명이 들어오느니라. 내 세상이 되기 전에 손님이 먼저 오느니라. 앞으로 시두時痘가 없다가 때가 되면 대발할 참이니 만일 시두가 대발하거든 병겁이 날 줄 알아라. 그 때가 되면 잘난 놈은 콩나물 뽑히듯 하리니 너희들은 마음을 순전히 하여 나의 때를 기다리라." 하시니라. (『도전』7:63:4-10)

이 말씀 중에서 "앞으로 시두時痘가 없다가 때가 되면 대발할 참이니 만일 시두가 대발하거든 병겁이 날 줄 알아라."는 구절에서 시두가 곧 개벽의 실제상황인 병겁의 전조임을 알 수 있다. 인류 최초의 전염병인 천연두가 선천 말대의 시간대에 개벽의 전조 현상으로 다시 대발한다는 것이다. 그럼 병겁을 일으키는 괴질은 어떤 병인가?

"선천의 모든 악업惡業과 신명들의 원한과 보복이 천하의 병을 빚어내어 괴질이 되느니라. 봄과 여름에는 큰 병이 없다가 가을에 접어드는 환절기換節期가 되면 봄여름의 죄업에 대한 인과응보가 큰 병세病勢를 불러일으키느니라." 하시고 또 말씀하시기를 "천지대운이 이제서야 큰 가을의 때를 맞이하였느니라. 천지의 만물 농사가 가을 운수를 맞이하여, 선천의 모든 악업이 추운秋運 아래에서 큰 병을 일으키고 천하의 큰 난리를 빚어내는 것이니 큰 난리가 있은 뒤에 큰 병이 일어나서 전 세계를 휩쓸게 되면 피할 방도가 없고 어떤 약으로도 고칠 수가 없느니라." 하시니라. (『도전』7:38:2-6)

위 『도전』 구절에서 알 수 있듯이 괴질은 선천 상극이 빚어낸 원한과 보복이 원인이 되어 생겨나는 병이다. 선천 봄, 여름에는 병이 없다가 우주의 가을이 오면 봄, 여름의 죄업에 대한 인과응보로 병이 발생하는데, 그 병이 바로 괴질이라는 것이다. 이 병이 전세계를 휩쓰는 팬데믹으로 발전하게 되는데 지구상에 살아가는 누구도 피할 수 없는 무서운 병이 괴질이며, 그 원인이 바이러스나 세균이 아니라 원한이 만들어낸 병이기에 의학적인 치료법이나 약은 존재하지 않는다. 원인을 알 수 없고, 치료법도 없는 병이기에 괴질이라고 부른다.

"장차 괴질怪疾이 군산群山 해안가로부터 들어오느니라."라는 태모님의 말씀처럼 괴질이 처음 발생하는 곳은 군산이다. 상제님께서는 괴질의 발생과 진행에 대해 다음과 같이 말씀하셨다.

이 뒤에 병겁이 군창群倉에서 시발하면 전라북도가 어육지경魚肉之境이요 광라주光羅州에서 발생하면 전라남도가 어

육지경이요 인천仁川에서 발생하면 온 세계가 어육지경이
되리라. 이 후에 병겁이 나돌 때 군창에서 발생하여 시발처
로부터 이레 동안을 빙빙 돌다가 서북으로 펄쩍 뛰면 급하
기 이를 데 없으리라. 조선을 49일 동안 쓸고 외국으로 건
너가서 전 세계를 3년 동안 쓸어버릴 것이니라. 군창에서
병이 나면 세상이 다 된 줄 알아라. (『도전』7:41:1-6)

이 구절에서 볼 때 군산에서 시발된 괴질은 인천으로 번지고, 49
일 동안 한국 전역을 휩쓸다가 다시 인천에서 외국으로 확대되어
이른바 팬데믹이 되는데 3년 동안 전 인류를 쓸어버리게 된다는
것이다. 그럼 이 괴질로 인한 병겁개벽에서 살아남는 길은 없는
가?

상제님께서 이어 말씀하시기를 "장차 괴질이 대발大發하면
홍수가 넘쳐흐르듯이 인간 세상을 휩쓸 것이니 천하 만방
의 억조창생 가운데 살아남을 자가 없느니라." 하시고 또
말씀하시기를 "공우야, 무진戊辰년 동짓날에 기두起頭하여
묻는 자가 있으리니 의통인패醫統印牌 한 벌을 전하라. 좋
고 나머지가 너희들의 차지가 되리라." 하시니라. 공우가
여쭈기를 "때가 되어 병겁이 몰려오면 서양 사람들도 역시
이것으로 건질 수 있습니까?" 하니 말씀하시기를 "천하가
모두 같으니라." 하시니라. (『도전』10:49:1-5)
"병겁이 들어올 때는 약방과 병원에 먼저 침입하여 전 인
류가 진멸지경盡滅之境에 이르거늘 이 때에 무엇으로 살아
나기를 바라겠느냐. 귀중한 약품을 구하지 말고 오직 성경
신으로 의통을 알아 두라." (『도전』7:37:1-2)

괴질이 인간세상을 휩쓸 때 어느 누구도 살아날 수가 없다. 오직 상제님이 전해주신 '의통'으로 병겁으로 밀려오는 괴질에서 인류를 구원할 수 있다는 말씀이다.

구원론救援論

<u>문자적 의미</u> 종교의 본질은 죄악과 절망에서 고통 받는 인간을 구원하는 것이다. 증산도 구원론은 우주 가을의 개벽기를 맞아 인간과 신명을 비롯한 모든 존재에 새로운 삶과 희망을 주는 증산도 교리체계를 말한다.

<u>본질적 의미</u> 자연의 이법으로 닥치는 우주의 가을개벽인 후천개벽의 대환란은 모든 생명의 심판과 죽음을 뜻한다. 증산 상제님의 강세는 진멸지경에 처한 인간과 신명을 구원하여 앞으로 도래하는 후천선경에서 상생과 조화의 삶을 살게 하는 것, 즉 온 생명을 구원하기 위한 것이다. 증산도 구원론은 후천개벽의 과정과 그 속에서 뭇 생명이 구원되는 법방을 담고 있다.

<u>핵심 사상</u> 증산도의 핵심 사상 중 하나는 후천개벽이다. 후천개벽은 우주론으로 볼 때 우주 1년 사계절의 변화에서 봄여름의 선천을 문 닫고, 가을의 새 우주를 여는 대 변국을 뜻한다. 그리고 인간으로 강세하신 상제님께서 삼계대권을 주재하여 이루어지는 천지공사는 대 변국의 때에 우주만물을 구원하려는 것이다. 상제님의 천지공사는 구원공사이다. 즉 상제님께서는 후천개벽의 대변국, 춘생추살의 우주 이법으로 다가오는 가을심판의 때에 인간과 만물을 살려서 후천의 새 세상에서 새로운 삶을 살도록 하기 위해 천지공사를 행하였다. 이처럼 후천개벽사상은 필연적으로

구원론과 연관될 수밖에 없다.

구원론을 설명하기 위해서는 후천개벽의 대변국은 어떻게 일어나고 인간은 어떻게 구원받을 수 있는가 하는 문제를 알아야 한다. 여기서는 개벽이 오는 이치, 개벽상황의 전개과정, 구원의 방법 등을 중심으로 증산도 구원론을 살펴보고자 한다.

1. 개벽의 이법

우주 변화의 이법은 생장염장, 봄여름가을겨울, 원형이정으로 순환하는 것이다. 이 순환 과정에서 봄에 만물을 낳는 춘생春生의 은혜가 있다면, 가을에 만물을 추수하는 추살秋殺의 심판이 존재한다. 상제님은 "천지의 대덕大德이라도 춘생추살春生秋殺의 은위恩威로써 이루어지느니라."고 하였다.(『도전』 8:62:3) 우주의 변화 이법에서 봄의 낳음이 있다면 가을의 추수가 반드시 존재한다. 이것은 우주의 섭리이다.

선후천의 교역기인 여름의 끝에서 일어나는 추살의 심판은 서신사명으로 집행되는 천지신도의 공정한 인간 씨종자 추리기이다. 봄에 만물을 낳고, 여름에 상극의 기운으로 키우고 발전시키며, 가을이 되어 성숙한 열매를 거두고 쭉정이는 베어서 버리는 것은 지구 1년의 곡식농사든 우주 1년의 인간농사든 마찬가지이다. 개벽은 자연의 섭리에 따라, 여름이 가고 가을이 오듯 그렇게 필연적으로 오는 것이다. 백조일손百祖一孫이라는 말처럼 구원의 길은 참으로 멀고도 험하다. 천지의 심판인 개벽은 세 단계를 거쳐서 일어난다. 증산도 구원론을 알기 위해서는 우주의 변화 원리와 개벽 상황, 그리고 구원의 섭리를 알아야 한다.

2. 개벽상황의 전개

개벽은 상씨름 대전쟁과 그 전쟁을 끝내는 병겁, 그리고 우주의 틀이 전환되어 상생의 질서가 이루어지는 지축정립이라는 세 가지 큰 벽혁을 걸쳐서 일어난다.

상씨름은 상제님께서 오선위기 공사로 예정하신 인류 최후의 전쟁으로 천지전쟁, 혹은 개벽전쟁으로도 불린다. 개벽전쟁은 제 1차 세계대전인 애기판 씨름과 제 2차 세계대전인 총각판 씨름을 지나서 전개되는 인류의 마지막 전쟁이다. 남북한은 그 마지막 대전쟁의 주체가 되고 미, 일, 중, 러 4대 강국은 훈수꾼이 되어 선천 상극의 세운을 매듭짓게 된다. 이러한 상씨름은 바로 세계 정세의 흐름을 전면적으로 뒤바꾸어 세계를 하나로 묶어 세계를 통일시켜 일가로 만드는 개벽과 심판의 과정이다.

> 장차 병란兵亂과 병란病亂이 동시에 터지느니라. 전쟁이 일어나면서 바로 병이 온다. 전쟁은 병이라야 막아 내느니라.
> (『도전』5:415:5~6)

남북 상씨름으로 사람들이 죽어나가고, 그러한 전쟁이 세계대전으로 확전될 때에 숙살지기로 괴병이 발생한다. 이것이 바로 병겁 심판인 병란病亂이다.

병겁은 마지막 세계 전쟁인 상씨름을 종결시키는 원인이 되지만 더 크고 무서운 죽음의 기운으로 인류를 휘몰아치게 된다. 괴병은 한국의 군산에서 발생하여 광주와 나주를 맴돌다가 인천을 통해 전 세계로 퍼져 인류를 3년간 죽음의 공포로 몰아넣는다. 괴병이 발생하면 자연스럽게 전쟁은 끝을 맺고 세운은 한국을 중심으로 재편된다. 왜냐하면 병겁에서 인류를 살리는 구원의 법방이 한반도에서 시작되기 때문이다. 한국은 천지전쟁과 대병겁의 시발점이면서 이를 끝막는 중심국으로서 세계통일의 주체국의 역할을 한다.

병겁 심판의 끝에서 선천 상극의 질서를 만들어낸 바탕이자 원인인 기울어진 지축이 바로 서게 된다. 지축의 정립은 또 전 세계를 해일과 지진의 공포로 몰아넣는다. 천지를 뒤흔드는 마지막 개벽심판을 끝으로 선천 상극의 세상은 신천신지新天新地의 상생의 세상으로 전환된다. 이러한 세벌개벽의 과정에서 죽음의 벼랑길에 선 인류를 구원하는 법방이 증산 상제님의 천지공사와 태을주 수행, 그리고 의통을 집행하며 도를 전하는 구원의 일꾼조직인 육임, 즉 의통구호대이다.

3. 구원의 활방

인류의 생명을 위협하는 세벌개벽의 상황에서 인류는 어떻게 구원받을 수 있는가? 누가 인류를 구원하고 어떻게 구원받는가? 기존 종교에서 구원은 신의 영역이었지만 증산도 구원론에서 볼 때 구원의 실현은 증산도 일꾼 조직인 육육구호대 혹은 의통구호대의 역할이 필수적이다. 이들 구원의 주체들은 하느님의 법방으로 개벽기 인류를 살린다.

이렇게 볼 때 증산도 구원론의 핵심은 바로 구원의 방법에 있다. 상극의 질서 아래서 원한이 쌓여 죽어가는 인간과 병든 천지를 구원하는 가장 근원적인 조건은 상제님의 강세이다.

> 상제님께서 원시반본原始返本의 도道로써 인류 역사의 뿌리를 바로잡고 병든 천지를 개벽開闢하여 인간과 신명을 구원하시기 위해 이 땅에 인간으로 강세하시니라. (『도전』 1:1:8)

상제님은 이 땅에 강세하시어 천지공사를 보시고 인간과 만물이 상극의 죽음에서 살아나갈 길을 마련해 주셨다. 천지공사는 상극을 상생으로 바꾸고, 선천을 후천으로 바꾸며, 죽음을 살림으로 바꾸는 천지개조공사이며 인류구원공사이다. 상제님은 그러한 구원의 천지공사를 보시기 위해 한반도에 강림하셨다. 왜냐하면 한반도는 간방艮方이라 역사의 시작도, 역사의 완성도 한반도에서 시작되며, 구원의 땅이 바로 간방 한반도이기 때문이다. 따라서 병이 발생하는 곳도 한반도이며, 병을 낫게 하는 곳도 한반도이다.

> 처음 발병하는 곳은 조선이니라. 이는 병겁에서 살리는 구
> 원의 도道가 조선에 있기 때문이니라. (『도전』7:40:2)

한반도에서 발생한 괴병을 치료하여 사람을 살리는 유일한 방법은 태을주와 의통이다. 그리고 태을주와 의통을 집행하여 죽어가는 인류를 살리는 구원의 천사들이 바로 육임군인 의통구호대이다. 이들은 한반도 중에서도 구원의 도가 시작되는 태전에서부터 활동하여 전 세계를 누비며 의통을 집행하게 된다.

난법자亂法者

<u>문자적 의미</u> 난법자란 '진리를 훼손하고 어지럽히는 자'를 뜻한다. 여기서 난법이란 진법과 대비된 의미로서 진법을 드러내는 과정에서 나오는 미성숙한 법을 뜻한다.

<u>본질적 의미</u> 난법자란 올바른 진리를 보지 못하고 상제님의 무극대도를 잘못 받아들이는 자, 진리를 왜곡하는 자, 진리를 부정하는 자 등 모두 진리의식이 성숙하지 못한 자들과 아직 진리의 참모습을 보지 못한 자들을 말한다. 특히 상제님에서 수부님으로 이어지는 종통을 부정하는 것은 진법맥을 부정하는 것으로 난법의 전형이다. 진법이 나오는 과정에서 드러나는 미성숙한 법이 난법이라면, 난법자 역시 천하사의 진정한 주인이 나오는 인사과정에서 불가피하게 나타날 수밖에 없다. 그것이 삼변성도로 이루어지는 증산도 진법 세계의 역사과정이다.

<u>핵심 사상</u> 증산도에서는 난법을 두 가지로 구분해서 설명한다. 넓은 의미에서 볼 때 선천의 모든 종교, 문화, 철학, 사상을 난법이라고 할 수 있다. 그리고 증산도와 관련해서 좁은 의미로의 난법은 증산 상제님의 어천 이후 지금까지 상제님의 무극대도를 좇는 교단들의 왜곡된 가르침을 일컫는 말이다. 증산도의 도운 역사를 살펴보면 이러한 의미로의 난법은 초기부터 우후죽순처럼 등장하였다. 증산 상제님의 대나무 마디 공사는 도운이 전개되는

과정에서 어떻게 난법이 전개되는지를 보여주신 것이다.

> 상제님께서 구릿골 약방에서 천지대신문을 여시고 대공사
> 를 행하실 때 성도 아홉 사람을 벌여 앉히신 뒤에 이르시
> 기를 "이제 도운道運을 전하리라." 하시고 성도들에게 물으
> 시기를 "일 년 중에 가장 빨리 자라나는 것이 무엇이냐?"
> 하시니 모두 "대나무입니다." 하고 대답하거늘 말씀하시기
> 를 "대(竹)의 기운이 만물 중에 제일 크니 그 기운을 덜어
> 쓰리라." 하시니라. 이어 갑칠甲七에게 "푸른 대 하나를 뜻
> 대로 잘라 오라." 하시어 그 마디 수를 헤아리니 모두 열한
> 마디이거늘 한 마디를 끊게 하시어 무릎 밑에 넣으시고 남
> 은 열 마디 중 끝의 한 마디를 잡으시며 말씀하시기를 "이
> 한 마디는 두목頭目이라. 왕래와 순회를 마음대로 할 것이
> 요 남은 아홉 마디는 구궁 도수九宮度數로 교敎 받는 자의
> 수효와 맞는도다." 하시고 갑칠에게 "뜰에 나가 하늘에 별
> 이 몇 개나 나타났는가 보라." 하시니라. 갑칠이 밖에 나
> 가 살펴본즉 검은 구름이 온 하늘을 덮었는데 다만 하늘
> 복판이 열려서 별 아홉개가 나타났거늘 그대로 아뢰니 말
> 씀하시기를 "이는 교 받는 자의 수효에 응함이니라." 하시
> 고... (『도전』6:106:1~12)

이처럼 상제님께서는 진법과 난법의 역사가 전개되는 과정을 우
후죽순의 대나무 기운을 빌어 공사를 보셨다. 이에 따라 난법의
등장은 진법이 나오게 되는 과정에서 불가피한 것이다.
증산 상제님 당대의 성도들은 모두 나름대로의 교단을 창립하였
을 뿐만 아니라 그러한 성도들로부터 도를 전수 받은 많은 신도
들도 독자적인 교단을 차린 경우가 많았다. 차경석은 보천교를,

증산 상제님의 수석성도였던 김형렬은 미륵불교라는 교단을 창립하였다. 태을주를 3년 동안 주송하였다는 안내성, 증산 상제님이 만국대장으로 임명하였던 박공우, 그 외에 증산 상제님의 천지공사에 참여하였던 이치복, 문공신, 김광찬 등도 각각 독자적인 교단을 창건하였다. 증산 상제님의 유일한 혈육이었던 딸 강순임도 교단을 조직하였다. 또 증산 상제님으로부터 직접 가르침을 받은 것은 아니지만 친자성도들로부터 도를 전해 받아 교단을 창설한 사람들도 많았다. 순천교의 장기준, 인도교의 채경대, 동화교(해방 이후에는 증산교 대법사라고 이름을 바꾼다)의 이상호, 이정립 등등. 이처럼 증산 상제님 어천 후 초기 도운시대에는 다양한 교단들이 난립하는 양상을 띠었다. 이러한 난맥상은 증산 상제님이 이미 예견한 것이었다. 증산 상제님은 다음과 같이 말했다.

> 나의 일이 장차 초장봉기지세楚將蜂起之勢로 각색이 혼란스럽게 일어나 잡화전 본을 이루리라. (『도전』6:126:3)

즉, 이러한 다양한 조직들과 교단들을 이끈 자들은 초장봉기지세로 일어나 잡화전을 이룬 것일 뿐 진법과는 거리가 멀다. 왜냐하면 모두가 증산 상제님의 도를 말하지만 그 도를 온전히 가르치지 못하고 일면만을 가르치거나 미성숙한 가르침을 전했던 것이다.

초기 도운 역사에서 나타난 좁은 의미의 난법들은 대체로 두 가지로 구분할 수 있다. 하나는 "판안의 난법"이다. 이는 증산 상제님에게서 직접 가르침을 받았던 성도들이 세운 것이었다. 이들의 교리는 증산 상제님의 가르침으로부터 크게 벗어나지 않는다.

반면 "판 밖의 난법"은 증산 상제님의 어천 이후 개인들이 스스로 도를 깨쳤다거나 증산 상제님으로부터 직접 계시를 받았다는 주장으로부터 기원한다. 그들의 교리는 증산 상제님의 가르침과 유사하지만 본질적으로는 무극대도에서 벗어나 있으며, 심지어 상제님의 위격을 부정하기도 한다.

무엇보다 심각한 것은 진법맥을 부정하는 난법자들이다. 증산상 제님은 종통전수공사를 통해 당신님의 종통대권을 태모 고 수부 님에게 전하셨다. 차경석에게 일러 말씀하시기를 "천지에 독음 독양獨陰獨陽은 만사불성이니라. 내 일은 수부首婦가 들어야 되는 일이니, 네가 참으로 일을 하려거든 수부를 들여세우라."(『도전』 6:34:2)고 하시고 수부공사를 집행하여 차경석의 이종누이인 고 판례를 수부로 책봉하였다.

> 동짓달 초사흗날 대흥리 차경석의 집 두 칸 장방長房에 30여 명을 둘러 앉히시고 수부 책봉 예식을 거행하시니 라...경석에게 명하여 "수부 나오라 해라." 하시고 부인께 이르시기를 "내가 너를 만나려고 15년 동안 정력을 들였나 니 이로부터 천지대업을 네게 맡기리라." (『도전』 6:36:1~5)

이처럼 태모 고 수부님은 상제님의 반려자이며 종통대권을 전수 받은 천지의 어머니이며, 정음정양 도수를 여는 머릿여자(수부首 婦)로 아버지 하느님과 함께 천지공사를 집행한 어머니 하느님이 다. 따라서 수부의 존재를 부정하고 그 위격을 훼손하는 모든 주 장은 난법이 아닐 수 없다.

한국의 9천년 국통의 맥은 신교의 맥과 함께 하는 것으로서 이는 결국 신교의 올바른 흐름인 종통과 일치하는 것이고, 그 종통을 명증하는 것은 천지가 개벽하는 가을의 시간대에 인류를 구원하 는 의통의 전수맥에서 찾을 수 있다. 이러한 진법의 맥은 수부에게 전한 종통을 인정하는 것에서 시작된다. 반대로 난법은 수부를 부정하는 것이고, 이는 곧 진법맥을 부정하는 것이다.

왜 선천에서는 난법과 난법자들의 출현이 불가피할까?

그것은 선천에서는 우주가 음양의 부조화로 모든 것이 상극의 질서로 변화하며, 인간의 정신과 문화 역시 성숙되지 않았기 때문에 진리를 보는 눈이 제각기 다를 수밖에 없기 때문이다. 그래서 난법이 횡행하면서 서로 자신의 주장을 갖고 싸우게 된다. 그러나 이러한 투쟁과 시행착오를 거치면서 진법판이 무르익는다. 즉, 이 과정에서 진법이 출현하여 난법을 바로잡고 성숙한 열매진리를 만천하에 드러내게 된다.

일반적으로 난법자들의 정신은 선천 상극 논리에 갇혀 있기 때문에 진리를 보거나 깨닫기 힘들다. 그들은 증산 상제님의 말을 제멋대로 해석하는 경향이 있다. 그들의 교리는 혼란스럽고 앞뒤가 맞지 않는다. 또 도덕적으로 부도덕한 경우가 많다. 난법자들에 대해 증산 상제님은 다음과 같이 경고하였다.

> 나의 도道를 열어갈 때에 난도자亂道者들이 나타나리니 많이도 죽을 것이니라... 난법난도하는 사람 날 볼 낯이 무엇이며, 남을 속인 그 죄악 자손까지 멸망이라. (『도전』 6:21:1, 3)

이 성구에서 난도자는 난법자와 같이 진리를 왜곡하는 사람을 말한다. 그 난법난도자들의 최후는 결국 죽음이며, 그 죄는 자손에게까지 영향을 미쳐 멸망하게 된다는 말씀에서 난법이 가진 부정적 측면을 잘 알 수 있다.

남조선南朝鮮배

문자적 의미 미래의 이상적인 세상을 남조선이라고 하며, 그 남조선으로 가는 구원의 배를 남조선배라고 한다.

본질적 의미 우리 민족의 종교적 토양에서 이어져 온 남조선 사상은 후천의 새로운 세상과 밀접한 관련이 있다. 특히 남조선배는 이러한 이상 사회로 나아가는 과정을 상징한다. 그 남조선배를 타고 이상향을 건설하는 사람들을 남조선사람이라 부른다. 증산도의 남조선배도수는 후천선경과 관련된 천지구원공사의 한 축이다.

핵심 사상 남조선 사상은 우리 민족 사이에서 오랫동안 전승되어 내려온 구원과 이상세계의 도래에 대한 믿음체계이다. 우리 민족은 삶에 지치고 힘들 때마다 '남조선'을 떠올렸다. 한반도에는 남조선이라는 이상향이 있어서 때가 되면 인류를 구원할 진인眞人이 나타나 고통 받는 사람들을 그곳으로 인도한다고 믿는 것이다. 여기서 남조선이란 미래의 영원한 조선을 뜻하며, 이러한 이상사회의 실현은 구원자의 출현에 의해서 가능하다. 즉 초월적인 존재의 힘에 의하여 불의에 찬 현실세계가 종말을 고하고 새로운 이상세계가 등장할 것이라는 희망과 신념이 그 바탕을 이룬다.
이와 같은 남조선 사상은 우리 민족사의 굴곡에서 종교전통의 한 축을 형성하고 있다. 일반적으로 종교는 구원에 대한 믿음과 이상사회의 추구가 중요한 요소이다. 남조선 사상과 관련된 종교전통의 토양은 비록 조직과 교단은 없지만 민중들의 무의식 속에 뿌리를 두고 있으며, 사회 구성원 전체에게 강력한 메시지를 주고 있다는 측면에서 종교적 성향이 짙다.

증산 상제님은 우리 민족의 이상사회 및 진인 사상을 남조선 사상으로 수렴 확장한다. 조선은 주역周易으로 보면 간방艮方에 속하고 간방은 구원의 땅이다. 간방에서 창조의 섭리가 이루어진다는 뜻이다. 남조선 사상의 핵심 내용은 머지않은 장래에 남조선에서 진인이 나타나고, 또한 남조선에서 전 세계를 살리는 구원의 진리가 나온다는 것이다.

> 萬國活計南朝鮮이요 淸風明月金山寺라
> 만국활계남조선   청풍명월금산사
> 文明開化三千國이요 道術運通九萬里라
> 문명개화삼천국   도술운통구만리
> 만국을 살려낼 활방은 오직 남쪽 조선에 있고 맑은 바람 밝은 달의 금산사로다. 가을의 새 문명은 삼천 나라로 열려 꽃피고 도술 문명의 대운은 우주 저 끝까지 통하리라.
> (『도전』5:306:6)

이 구절에서 보듯이 남조선은 개벽이 처음 열리고, 추살의 후천개벽기에 사람을 살릴 법방이 있는 곳이다. 상생의 문명이 열리는 곳이며 후천선경이 시작되는 우주의 보금자리이다. 한마디로 남조선은 진인의 출현을 통한 인류구원의 의미를 담고 있다. 그리고 남조선 사상에서 인류구원의 새 진리는 '남조선배'로 상징된다.

이는 남조선 배질이니 성주와 현인군자를 모셔 오는 일이
로다. (『도전』11:121:9)

남조선배에는 우리 민족이 대망하여 왔던 진인, 곧 성주聖主가 타
고 있다. 남조선 배질은 변혁의 소용돌이 속에서 위기의 인류를
구원하고 가을개벽을 극복하고 후천선경을 건설하는 역사정신
을 상징한다. 그리고 남조선 배의 목적지는 우주의 가을철에 열
리는 후천의 새 하늘 새 땅이다. 결론적으로 남조선배와 그 도착
은 후천개벽의 대환란에 처한 인류구원과 연관된다.

혈식천추血食千秋 도덕군자道德君子라 쓰신 후에 말씀하시
기를 "'천지가 간방艮方으로부터 시작되었다.' 하나 그것은
그릇된 말이요, 24방위에서 한꺼번에 이루어진 것이니라."
하시고 또 말씀하시기를 "이 일은 남조선 배질이라. 혈식
천추 도덕군자의 신명이 배질을 하고 전명숙全明淑이 도
사공이 되었느니라. 이제 그 신명들에게 '어떻게 하여 만인
으로부터 추앙을 받으며 천추에 혈식을 끊임없이 받아 오
게 되었는가.'를 물은즉 모두 '일심에 있다.'고 대답하니 그
러므로 일심을 가진 자가 아니면 이 배를 타지 못하리라.
(『도전』6:83:2-6)

이 남조선 배는 신명계에서 혈식천추도덕군자의 신명과 지상에
서 일심을 가진 자들이 노를 저어 나아가고 있다. 새로운 인류 역
사는 자신의 생명을 다 바치고 인류를 건지는 군자의 신명들과
그들과 같은 혈심을 가진 일꾼들에 의해 남조선에서 전개되어 간
다는 뜻이다. 남조선 배에 오르기를 원한다면 누구나 일심을 가
져야 한다. 배질은 후천으로의 개벽을 향한 것이며, 새로운 세상

으로의 이동을 의미한다. 남조선배를 움직여 인류를 구원하거나 혹은 구원받는 자를 '남조선 사람'이라고 부른다.

> 시속에 남조선南朝鮮 사람이라 이르나니, 이는 남은 조선 사람이란 말이라. 동서 각 교파에 빼앗기고 남은 못난 사람에게 길운吉運이 있음을 이르는 말이니 그들을 잘 가르치라. (『도전』 6:60:7~8)

남조선 사람은 출세하고 성공한 사람이 아니다. 구원의 희망은 동서 각 교파에 물들지 않고 남아있는 못난 사람들에게 있다는 것이다. 여기서 남조선 사상의 '남'은 '남은' 사람으로 곧 남조선 사상은 사람에 초점이 모아지며 남조선 사람은 '남은 조선사람'이 된다. 남은 조선 사람은 후천개벽기의 병겁 심판에서 인류구원의 주체가 된다. 뿐만 아니라 증산도에서 구원의 대상으로 삼은 민중들도 바로 이러한 남은 조선 사람들이다.

녹지사祿持士

문자적 의미 천지녹지사의 줄임말이다. '녹을 지니고 있는 선비'란 뜻으로 증산도 개벽 일꾼을 말한다.

본질적 의미 녹지사는 후천개벽의 때에 인간의 삶에서 가장 중요한 요소인 물질적인 풍요를 전달해주는 상제님의 대행자를 말한다. 후천선경은 상생의 세상이다. 상생은 생명을 살리는 것이며, 또한 남 잘되게 하는 것을 말한다. 천지녹지사는 녹을 지니고 다니면서 후천개벽기에 일심가진 자에게 녹을 골고루 분배해서 새 생명을 얻도록 하는 상생의 일꾼, 천지의 일꾼이다.

핵심 사상 녹지사와 관련된 『도전』 구절은 다음과 같다.

> 하루는 성도들에게 말씀하시기를 "시속에 전명숙全明淑의 결訣이라 하여 '전주 고부 녹두새'라 이르나 이는 '전주 고부 녹지사祿持士'라는 말이니 장차 천지 녹지사가 모여들어 선경仙境을 건설하게 되리라." 하시니라. (『도전』 8:1:7~8)

이 구절은 녹지사에 대한 역사적 근거를 말씀하신 것이다. 갑오 동학 농민 혁명 때에 전봉준(전명숙)을 가리켜 '녹두장군'이라고 불렀다. 지금도 전해 내려오는 노래인 '새야 새야 파랑새야 녹두

밭에 앉지 마라 녹두 꽃이 떨어지면 청포장수 울고 간다'에서 녹
두장군의 유래를 알 수 있다.

상제님께서는 녹두새를 가리켜 녹지사祿持士라고 하셨고, 이때
녹지사는 후천의 복록을 가지고 오는 선비를 뜻한다. 이는 전봉
준이 당시 수탈 받고 억압받는 백성들의 원을 풀어주기 위해 동
학혁명을 일으켰고, 조선말 탐관오리의 수탈로 의식주를 빼앗겨
죽어 가는 굶주린 백성들에게 생명을 유지하는 데 필수적인 녹이
골고루 돌아가도록 하기 위해 혁명을 일으켜 온 힘을 쏟은 인물
이라는 것에 바탕을 두고 있다. 이처럼 천지녹지사는 녹을 지니
고 다니면서 선천 상극의 세상에서 억눌리고 소외되고 병든 사람
들에게 새로운 삶을 열어주고 후천선경의 세상에서 영원한 풍요
를 누리도록 하는 천지의 일꾼을 말한다.

증산도 중록사상에서 알 수 있듯이 천하사를 함에 있어서, 또 생
명을 유지함에 있어서 물질이란 중요한 의미를 갖는다. 물질과
정신은 분리될 수 없는 생명유지의 두 기둥이며 '존재의 양면'이
다. 그중에서 나의 생명을 보존하고 정신, 의식, 마음의 작용에
직접적이고 근원적인 영향을 주는 1차적 행위가 바로 녹을 취하
는 일이다.

흔히 녹을 돈의 상징으로 생각하며 '녹이 많다'는 것을 세속적인
차원으로 저급하게 생각하기 쉬우나 증산도의 녹祿은 생명을 유
지하는 데 필요한 유형적, 무형적인 모든 것을 의미한다. 즉 녹이
란 인간의 생명을 유지하는 일체의 것을 내포하는 말이다. 단순
히 삶에 필요한 모든 재화(의식주 등)를 얻을 수 있는 화폐로부터,
선천적으로 천지로부터 타고 나오는 녹 창출의 잠재능력까지도
말한다.

  "세상에서 '수명壽命 복록福祿이라.' 하여 복록보다 수명을

중히 여기나 복록이 적고 수명만 긴 것보다 욕된 것이 없느니라. 그러므로 나는 수명보다 복록을 중히 여기나니 녹祿이 떨어지면 죽느니라." 하시고 또 말씀하시기를 "인간의 복록을 내가 맡았느니라. 그러나 태워 줄 곳이 적음을 한하노니 이는 일심 가진 자가 적은 까닭이라. 만일 일심 자리만 나타나면 빠짐없이 베풀어 주리라." 하시니라. (『도전』9:1:4~9)

인간은 먼저 녹(물질적 조건들)이 충족되어야 생명을 유지할 수 있다. 사실 인간의 역사란 녹줄 확보의 투쟁으로 전개된다. 인류역사의 크고 작은 분쟁은 녹 확보를 위한 분쟁인 것이다. 그런 측면에서 녹을 분배받는다는 것은 삶을 풍요롭고 행복하게 산다는 것과 직결된다. 물론 정신적, 심적인 풍요로움이 중요한 것은 사실이다. 하지만 궁극적 차원에서 볼 때 생명의 유지는 먼저 의식주의 확보에서 출발한다.

그렇다면 상제님께서 말씀하신 천지녹지사天地祿持士란 구체적으로 누구인가? 앞에서도 말한 것처럼 녹을 쥐고 나온 사람, 녹을 쥐고 다니는 일꾼이란 뜻이다. 천지의 녹을 쥐고 다니는 일꾼, 이것이 천지녹지사의 참뜻이다. 그리고 천지녹지사는 녹으로 세상을 개벽하는 후천선경건설의 새 일꾼이다. 녹지사는 천하사와 불가분의 관계가 있으며, 그러므로 또한 후천선경의 건설과 분리해서 생각할 수 없다.

단주 해원丹朱解寃

문자적 의미 요임금의 맏아들인 단주가 제왕의 지위에 오르지 못해 생긴 피맺힌 원한을 풀어준다는 뜻이다.

본질적 의미 증산 상제님은 다섯 신선이 바둑을 두는 형국인 오선위기 도수를 통해 인류 원한역사의 뿌리인 단주의 원과 한을 풀어줌과 동시에 상극의 선천 운을 끝맺고 상생의 후천대운이 열릴 수 있는 기틀을 새롭게 짜는 천지공사를 집행하셨다. 단주 해원 도수는 그러한 천지공사의 한 축이다.

핵심 사상 인간 역사는 상극의 질서로 인한 투쟁과 갈등으로 생겨난 원한으로 고통 받는 질곡의 역사이다. 선천 오만 년 시간과 공간에서 수많은 사람과 민족과 국가는 서로 이리저리 복잡하게 얽히고설킨 대립과 갈등의 이해관계로 끊임없이 원과 한을 생산하고 있다. 그렇다면 세계의 다양한 갈등과 대립, 그로 인한 원한의 문제를 근원적으로 해소하는 길은 어디에 있는가? 상제님의 단주 해원공사에서 그 해답을 찾을 수 있다.

단주는 고대 중국사에 등장하는 요임금의 아들이다. 증산 상제님은 지금으로부터 약 4천3백여 년 전의 요임금의 아들인 단주의 삶과 좌절을 인류 원한 역사 기록의 처음으로 제시하였다. 오랫동안 지속되고 축적된 인류의 원한과 그 보복의 역사를 근원적으로 해소하기 위해서는 기록된 원한 역사의 뿌리인 단주의 원과 그 해원에서 시작해야 된다는 것이다.

이제 원한의 역사의 뿌리인 당요唐堯의 아들 단주丹朱가
품은 깊은 원寃을 끄르면 그로부터 수천 년 동안 쌓여 내
려온 모든 원한의 마디와 고가 풀릴지라. 대저 당요가 그
아들 단주를 불초不肖하다 하여 천하를 맡기지 않고 그
의 두 딸과 천하를 순舜에게 전하여 주니 단주의 깊은 한
을 그 누가 만분의 하나라도 풀어 주리오. 마침내 순이 창
오蒼梧에서 죽고 두 왕비는 소상강瀟湘江에 빠져 죽었느니
라. 그러므로 단주 해원을 첫머리로 하여 천지대세를 해원
의 노정으로 나아가게 하노라. (『도전』2:24:4~9)

그렇다면 증산 상제님은 왜 단주의 원한이 인류 원한의 시초라
고 보았을까? 동서고금의 역사에서 수많은 인간과 신명의 원한
이 있는데도 유독 단주의 원과 해원이 새 세상 건립에 중요한 의
미를 지닌다고 본 것은 무엇 때문일까?『도전』에 기록된 상제님
의 말씀에서 그 답을 찾을 수 있다.

요순시대에 단주가 세상을 다스렸다면 시골 구석구석까지
바른 다스림과 교화가 두루 미치고 요복要服과 황복黃服의
구별이 없고 오랑캐의 이름도 없어지며, 만리가 지척같이
되어 천하가 한 집안이 되었을 것이니 요와 순의 도는 오
히려 좁은 것이니라. 단주가 뜻을 이루지 못하고 깊은 한
을 품어 순이 창오에서 죽고 두 왕비가 소상강에 빠져 죽
는 참상이 일어났나니 이로부터 천하의 크고 작은 원한이
쌓여서 마침내 큰 화를 빚어내어 세상을 진멸할 지경에 이
르렀느니라. 그러므로 먼저 단주의 깊은 원한을 풀어 주어

야 그 뒤로 쌓여 내려온 만고의 원한이 다 매듭 풀리듯 하
느니라. 이제 단주를 자미원紫薇垣에 위位케 하여 다가오
는 선경세계에서 세운世運을 통할統割하게 하느니라. (『도
전』4:31:1~6)

단주의 원한은 단순히 개인적인 원한에 그치는 것이 아니다. 단
주의 소망은 요순보다 한 단계 더 높은 것이었다. 요순이 중국
과 오랑캐를 구별하여 중원의 통일과 단합을 꿈꾸었다면, 단주
는 정치적 교화를 통해 중원뿐만 아니라 온 천하가 한집안 식구
가 되는 대동세계를 만들어, 원한 맺힌 사람이 한 사람도 없게 하
려고 염원하였다. 그러나 단주의 대동세계 건설의 위대한 염원은
산산이 부서졌다. 제왕으로서 평화와 통일의 세상을 만들려는
꿈이 무참히 짓밟힌 데서 오는 단주의 원한은 오늘날 동서 인류
사에서 원한의 역사가 전개된 기원이 될 수밖에 없었다. 따라서
단주 해원이야말로 모든 원한의 뿌리를 해소하고 후천의 새 세
상을 만드는 첫걸음이다.

단주는 바둑의 시조다. 증산 상제님은 요임금이 4천3백여 년 전
에 순에게 제위를 빼앗긴 아들 단주에게 바둑이나 두면서 원한을
삭히라고 했던 역사적 사실을 천지공사의 틀로 삼아 다섯 신선
이 바둑을 두는 오선위기 도수를 통해 새 세상을 건설할 수 있는
새로운 길을 제시하였다. 증산 상제님은 단주를 자미원의 제왕
신으로 임명하여 선천 상극세상에서 생겨난 모든 원한관계를 해
소하고 상생의 후천 새 역사를 창조하는 데 주도적인 역할을 수
행하도록 임무를 부여하였다. 그 결과 세계정세가 앞으로 나아
갈 방향을 오선위기 도수로 정하고, 그 임무를 단주에게 붙이셨
다.

오선위기도수란 다섯 신선이 바둑을 두는 형국으로, 지구촌 미래

의 새로운 정치질서가 열리도록 짜놓은 천지공사를 말한다. 여기서 바둑판은 조선 땅을 말하고, 다섯 신선은 바둑판의 주인인 조선과 바둑 게임에 참여하는 주변의 네 강대국을 말한다. 증산 상제님은 바둑판을 중심으로 4대 강국이 패권 다툼을 벌이며 세계 정세를 형성하도록 판을 짠 것이다.

오선위기 도수는 세 차례의 과정을 거쳐 완성된다. 애기판과 총각판과 상씨름판이 바로 그것이다. 이제 인류는 해원시대의 긴 노정에서 제1차 세계대전과 제2차 세계대전을 거쳐 마지막 한 판의 바둑, 상씨름판만을 남겨놓고 있다. 상씨름은 세계 해원 전쟁이라고 할 수 있다. 한반도의 남북이 벌이는 상씨름은 선천 상극시대의 갈등과 대립을 해소하는 인류 최후의 신천지 개벽전쟁이다. 인류 역사와 문명의 틀을 뒤바꾸어 선천의 구천지 상극 질서를 후천의 신천지 상생 질서로 전환시키는 천지전쟁인 것이다. 이후 세계는 세계일가 통일정권이 수립되어 후천 선경세계의 대동사회로 진입하게 된다. 그 중심에 단주 해원이 자리하고 있다.

대나무 공사

문자적 의미 대나무의 성장과 그 생긴 마디를 가지고 보신 천지공사를 말한다.

본질적 의미 증산도 도운의 흐름과 그 결과를 대나무에 빗대어 보신 공사로 천지공사 중에서 도운공사를 상징하는 대표적인 공사이다. 이 대나무 공사를 통해서 증산도 종통맥이 어떻게 전개되는지를 알 수 있다.

핵심 사상 증산 상제님의 천지공사는 세운공사와 도운공사로 나누어진다. 이 중에서 도운공사는 증산도 진법의 흐름을 정하는 공사이다. 증산 상제님은 이 도운공사를 통해 구원의 법방인 의통을 내려 주고, 천지공사 후 약 백 년의 시간대를 넘어 개벽기에 처한 전 인류에게 전수되도록 하셨다. 이처럼 증산도의 도맥과 종통, 법통이 전수되는 운로를 정한 것이 도운공사이며, 이 도운공사의 핵심이 대나무 공사이다.

상제님께서 구릿골 약방에서 천지대신문을 여시고 대공사를 행하실 때 "이제 도운道運을 전하리라...대의 기운이 만물 중에 제일 크니 그 기운을 덜어 쓰리라." 하시니라 이어 갑칠에게 "푸른 대 하나를 뜻대로 잘라 오라." 하시어 그 마디 수를 헤아리니 모두 열한 마디이거늘 한 마디를 끊게 하시어 무릎 밑에 넣으시고 남은 열 마디 중 끝의 한 마디를 잡으시며 말씀하시기를 "이 한 마디는 두목頭目이라. 왕래와 순회를 마음대로 할 것이요 남은 아홉 마디는 구궁도수九宮度數로 교敎 받는 자의 수효와 맞는도다... 도운의 개시가 초장봉기지세楚將蜂起之勢를 이루리라." 하시니라. (『도전』6:106:1-13)

이 공사는 난법이 나오는 과정을 정한 도수이면서, 또 한편 진법의 맥을 전하는 공사이기도 하다. 대나무는 가장 빨리 자라는 식물이고 각 마디가 분명하므로 그 기운에 맞추어 증산도 도운이 전개되는 공사를 본 것이다. 대나무 공사는 증산도 도운에서 진법과 난법의 전개과정을 잘 알려준다.

먼저 대나무 11마디 중 한마디는 따로 끊어 무릎 밑에 넣고, 10마디 중 한 마디는 두목이고 나머지 아홉 마디는 교받는 숫자라는 구절을 수학적 공식으로 풀어보면 '1+(1+9) =11'이라는 등식이 성립된다. 그 각 마디가 진법이라고 할 수는 없지만 11개의 마디 모두가 진법맥의 전개와 밀접한 연관이 있음을 알 수 있다. 특히 이중 잘라낸 한 마디는 그 외 10마디와는 다른 의미를 갖는다. 증산도 안경전 종도사는 다음과 같이 말한다.

"상제님께서 처음에 한 마디를 끊으신 것은 '단절'을 의미한다. 그 한 마디에 해당하는 한 인물은 누구인가. 그는 개창의 과정, 원리, 시간, 장소 문제가 다른 열 명과는 근본적으로 다름을 뜻한다. 이것은 판 안(난법)시대와는 그 격이 다른 대두목의 제 3변 교운의 결실도수를 상징해서 말씀하신 것이다."

다시 말해서 이 공사의 핵심은 이 한마디의 진법도운이 어떻게 나오고 전개되는지를 도수로 짜놓은 것임을 알 수 있다. 이는 "내 일은 판밖에서 성도成道하느니라."(『도전』 5:250:13)라는 구절에서도 알 수 있다. 그 외의 나머지 10개의 마디는 진법을 낳기 위한 필연적 과정이다.

그렇다면 나머지 10개의 마디는 도운의 역사에서 어떻게 전개되는가? 그리고 그 10마디 모두 난법인가? 여기서 중요한 것은 그 열 마디 중에서 한 마디를 손으로 잡고서 이를 두목이라고 하고, 다른 아홉 마디에 대해 교받는 숫자라고 하였다는 점이다. 즉 다시 그 한 마디에 특별한 의미가 있음을 알 수 있다. 11마디 중 1마디는 대두목을 상징, 다른 10마디 중 1마디는 두목(고 수부)을 나머지 9마디는 상제님 직계 제자들이 개창한 교를 말한다. 이때 10마디 중 한 마디는 고 수부님으로서 진법맥을 잇고 있다. 이는 다른 난법과 구분해야 한다. '난법이 나온 뒤에 진법이 나온다'는 구절은 그 외 9마디의 난법과 그 후 진법이 나오는 과정이 도운 공사로 정해진 것이라고 볼 수 있다.

대두목大頭目

<u>문자적 의미</u> 큰 우두머리, 더 이상이 없는 최고의 지도자, 위대한 지도자란 뜻이다.

<u>본질적 의미</u> 증산 상제님과 태모 고 수부님이 선포한 무극대도의 맥을 이어받은 도통의 계승자로서 증산 상제님의 도정을 현실 세상에서 집행하는 대행자이며, 인류 구원의 인사 문제를 매듭짓고 전 세계 인류를 도통시켜 후천 선경문명을 개창하는 인류의 큰 스승이다.

<u>핵심 사상</u> 증산도 종통맥은 증산 상제님으로부터 태모 고 수부님을 거쳐 대두목에게로 이어진다. 종통에서 종은 마루 종, 곧 '더 이상이 없는 최상'을 의미한다. 그러므로 종통맥이란 도조道祖로부터 뻗어 내리는 도의 정통맥, 도조의 법통과 심법이 계승되는 정통의 맥을 의미한다.
종통대권을 이어받은 대두목은 진리의 참 일꾼, 참 주인으로서 모사재천으로 예정된 섭리에 따라 개벽기에 인류를 구원하고 새 역사 새 문화를 펼치게 된다. 증산 상제님이 행한 천지공사의 이상을 성사재인의 이치에 따라 대두목이 이 땅에 실현하는 것이다.
증산도 도운이 이처럼 상제님 - 태모 고 수부님 - 대두목으로 굽이치는 것은 생장을 거쳐 완성에 이르는 과정, 즉 세 번 변하여 도를 완성되는 삼변성도三變成道의 천지 이법을 따른 것이다. 증산

상제님의 어천 이후 제 1변에는 도운이 개창되고, 제 2변에는 도운이 성장되어, 제 3변에 이르러 진법 결실의 추수 도운이 열린다. 1변의 주역인 태모 고 수부님은 증산 상제님이 어천한 지 2년이 되는 1911년 정읍 대흥리 차경석 성도의 집을 포정소로 삼아 포교를 시작함으로써 도운을 개창하고 교세를 늘려간다.(파종 도수) 이어 교단의 주도권을 차지한 차경석 성도가 도운의 씨를 옮겨 심는 역할을 한다.(이종 도수) 뒷날 보천교로 개명한 차경석 성도의 교단은 신도 수가 약 600만에 이를 정도로 확장된다. 1935년 태모 고 수부님이 선화한 데 이어 1936년 차경석 성도가 사망하고 일제의 극심한 종교탄압이 자행되면서 1변 도운은 막을 내린다.

1945년 2차 세계대전이 종결되고 해방을 맞으면서 2변 도운의 시대가 열렸다. 그로부터 6.25 한국전쟁이 벌어지기까지, 2변 도운은 20만에 이르는 신도가 확보되는 등 빠른 속도로 발전하였다.

대두목은 2변에 이어 20년 동안의 휴계기(1954~1974)을 거친 뒤 제3변 결실 도운을 연다. 대두목은 상제님의 뜻을 현실에서 성취하는 추수일꾼, 참 일꾼으로서 선천 인류문화를 매듭짓고 후천 상생의 문명을 여는 역할을 맡는다.(추수도수) 제2변과 제3변의 도운에서 상제님의 일을 대행하여 후천선경의 새세상을 여는 대도의 대행자가 바로 대두목이다.

1. 대두목은 상제님의 대행자다.

증산도의 도체는 우주의 근본 틀을 따른다. 만물 생성의 바탕을 이루는 것은 천지일월이다. 천지는 생명의 근본이며 그 천지를 대행하여 음양변화를 일으켜 만물을 낳아 기르는 것이 일월이다. 증산도의 종통맥도 모사재천하는 천지와 성사재인하는 일월의 사체四體로 구성되어 전개된다.

3변 도운은 대두목이 수화일체, 일월일체로 건곤 천지부모를 대행하여 이 땅 위에 도성덕립을 이루는 때다.

2. 대두목은 증산 상제님의 진리를 세상에 펴는 인류의 큰 스승이다.

증산 상제님의 도법을 대행하는 대두목은 난법을 물리치고 진법을 세상에 드러낸다.

3. 대두목은 광구창생의 추수자다.

증산 상제님과 태모 고 수부님은 대개벽 상황에서 의통성업을 지휘하는 인사의 대권자를 대두목이라 칭했다. 가을개벽의 추살기운이 세상을 휩쓸 때, 인류를 살리는 것은 태을주를 바탕으로 한 의통이다. 의통을 전수받은 대두목은 증산 상제님의 일꾼들을 길러 가을개벽기에 의통구호대 육임조직을 통해 죽음의 벼랑 끝에 몰려 있는 인류를 구원하는 대업을 이끈다.

4. 대두목은 인류에게 도통을 주는 지도자다.

대두목은 선천 유, 불, 선의 각 도통신들을 거느리고 인류에게 도통을 내려준다.

> 도통줄은 대두목에게 주어 보내리라. 법방法方만 일러 주면 되나니 내가 어찌 홀로 맡아 행하리오. 도통시킬 때에는 유불선 각 도통신道通神들이 모여들어 각기 그 닦은 근기根機에 따라서 도를 통케 하리라. (『도전』6:129:3~5)

상제님의 종통을 이어받은 대두목은 또한 후천개벽기에 인류에게 도통을 내리는 도통줄을 이어받았다. 이로써 후천 선경이 건설되면서 도통문화가 활짝 열리는 것이다. 병겁에서 구원받는 것을 가을개벽의 일차 구원이라고 한다면, 완전한 구원은 도통을 받는 것이다.

대순진리회大巡眞理會

문자적 의미 한국 신종교의 하나로 박한경朴漢慶이 1972년에 설립하였다. 1969년에 설립한 태극진리회가 그 전신이다.

본질적 의미 증산 상제님의 가르침과 종통이 태모 고 수부님의 낙종 도운에서 차경석의 이종 도운으로 이어지는 과정에서 발생한 증산교 계열의 한 종파이다. 조철제趙哲濟의 무극도無極道와 태극도太極道를 거쳐 박한경에 이르러 대순진리회라는 명칭으로 정착되었다.

핵심 사상 대순진리회의 전신은 조철제(1895~1958)의 태극도이다. 조철제는 증산 상제님 재세시在世時에 태어났으나 직접 가르침을 받지는 않았다. 그러나 조철제는 가족들과 경남 창원에서 만주로 이민을 가는 도중 기차 안에서 상제님의 성령이 자신에게 나타났다고 말한다. 하늘에서 들리는 상제님의 음성은 "네가 앞으로 만인의 진인眞人이 되니, 철제야, 특히 몸조심 하거라. 나는 시루이고 너는 솥이니 증정甑鼎은 일체니라"(태극도 『진경』 330쪽, 정鼎은 조철제의 호인 정산鼎山을 지칭한다)고 했다는 것이다. 이러한 사건을 대순진리회에서는 '봉천명奉天命'이라고 부른다.

그러나 조철제는 증산 상제님의 도맥道脈과 직접 연관되어 있지 않다. 1917년, 조철제는 만주에서 독립운동을 하던 보천교 신도 김혁金赫을 만난다. 김혁은 용인 사람으로 국내에 들어가 독립운동 자금을 모으러 다니다가 정읍에서 선도를 만나 신앙하게 된 사람인데, 조철제의 가족에게도 상제 신앙을 권유하였다. 이때 조철제의 누이인 봉귀, 종제從弟인 김룡이라는 사람이 함께 보천교의 신도로 입도하고, 주문과 신앙하는 방법을 배웠다. 이렇게 본다면 조철제의 신앙뿌리는 선도 신도였던 김혁이다. 그 뒤 조철제는 증산 상제님으로부터의 종통宗統을 주장하기 위해 증산 상제님의 여동생인 선돌부인을 모시기도 하였다.

1919년에는 상제님의 종통을 이어받은 고 수부님의 대흥리 도장에서 약장과 궤를 가져가기도 하였다. 이처럼 조철제는 김혁을 통해 신앙을 시작하였고, 증산 상제님의 부인이었던 정씨 부인을 모시고, 증산 상제님의 여동생과 손을 잡아 자신의 위치를 공고히 하고자 하였다. 그리고 1921년 4월에 구舊태인 돌창이 고개에 자리 잡고 무극도를 열었다.

일제 말기 민족종교 탄압으로 인해 증산 계열 신앙단체들은 모두 지하로 숨고 몰락의 길을 걸었다. 1939년 조철제는 고향 회문리로 내려가 9년간을 지내게 된다. 해방이 되자 그는 부산 감천동으로 이주하여 태극도를 열었다. 그리고 1958년 2월 박한경을 도전都典으로 임명하였고 그해 3월 세상을 떠났다. 태극도 도주道主였던 조철제가 사망하자, 제2대 도주로 선출된 박한경과 조철제의 아들인 영래永來 사이에 갈등이 생겼다. 그러자 박한경은 1969년 자신의 세력을 이끌고 서울특별시 성동구 중곡동으로 옮겨 교단명칭을 '태극진리회'로 바꾸고 1972년 대순진리회로 다시 변경하였다.

사회와 단절하고 폐쇄적 생활을 하던 부산시절과는 달리 서울에서는 적극적인 포교활동과 사회활동을 전개하여 교세가 크게 확장되어, 1971년 종단의 도장이 완공되었고, 1987년 여주에 수도장이 건립되었다. 조직의 운영은 도헌道憲에 따르며, 의결기관인

중앙종의회와 집행기관인 종무원이 중심기관이다. 종의회는 전국의 선감宣監·교감敎監·포정布正으로 구성되어 있으며, 종무원에는 기획부·총무부·교무부·수도부·교수부가 각기 직무를 담당하고 있다.

대순진리회는 선도, 무극도, 태극도를 거쳐 성립되었다. 따라서 대순진리회의 사상은 증산 상제님의 가르침에서 시작된다고 할 수 있다. 당연히 그들의 중심교리는 증산 상제님의 인류 구원프로그램인 천지공사天地公事이다. 종지宗旨는 음양합덕陰陽合德·신인조화神人造化·해원상생解冤相生·도통진경道通眞境이고, 성誠·경敬·신信을 수도의 요체로 하고, 안심安心·안신安身의 두 율령을 수행의 훈전訓典으로 삼아 무자기無自欺·지상신선실현·지상천국건설을 신앙의 목적으로 한다. 이러한 종지와 수행 및 사상과 신앙 목적은 모두 증산 상제님의 가르침에서 나온 것이다.

대순진리회란 명칭은 '우주를 다스리는 상제님께서 혼란에 빠진 신명계와 세계 창생을 건지시려고 천하를 모두 세세히 살피며 둘러보는 것을 뜻하는 개념'인 '대순大巡'에서 그 앞 글자를 만들고, 상생의 조화낙원을 이룩할 새로운 상생의 대진리를 선포했다는 데서 그 뒷글자를 '진리'로 하여 만들어진 것이다. 그래서 대순진리회는 '대순진리'라는 명칭이 바로 상제님께서 대순大巡하신 진리眞理라는 의미를 지닌다고 한다. 이처럼 대순진리라는 교의 명칭 역시 증산 상제님의 생애와 사상을 바탕으로 한 것임을 알 수 있다.

대순진리회의 경전은 7편 17장 839절로 되어 있는 『전경典經』으로, 강증산 상제님의 언행과 행적이 중심으로 되어 있으며, 거기에 기록된 내용은 "늘지도 줄지도 않고 부절과 같이 합하며 곧 약이다."고 하신 상제님의 가르침이며, 대순진리회 신도들의 신앙과 생활의 근본지침이 되고 있다.

대순진리회는 교세를 확장하고 많은 사회활동을 하고 있지만 증산 상제님의 정통 진리에서는 벗어나 있다. 이는 그들이 수행시修行時에 외우는 주문呪文을 보면 알 수 있다. 그들의 주문에서 강증산 상제님과 조철제는 동격으로 예우된다. 그 이유는 대순진리회에서 조철제 역시 옥황상제라고 주장하기 때문이다. 그들은 증산 상제님을 강성 상제로 조철제를 조성 상제로 구분할 뿐 위격은 같다고 본다. 더 나아가 2대 도주인 박한경이 죽자 대순진리회는 박한경을 옥황상제로 모시자는 파와 그대로 두자는 파로 나뉘어 서로 대립하였다. 상제는 가장 높고 위대한 신을 뜻하는데, 그런 상제가 둘이라거나 셋이라거나 하는 주장은 상식과 부합하지 않는다.

중요한 연중행사는 증산상제님의 강세와 화천, 조철제의 탄강과 화천, 그리고 영대봉안靈臺奉安의 다섯 경우에 행하여지는 치성이다. 여주본부도장, 중곡도장, 포천수도장, 금강산토성수련도장, 제주수련도장 등 5개의 도장道場이 있고 전국에 120여개의 회관과 200여개의 회실 및 2,000여개의 포덕소를 두고 있다.

도道와 제帝

__문자적 의미__ 만물의 바탕자리를 이루는 본체를 도道라 하고 도로써 우주를 다스리는 주체를 제帝라고 한다.

__본질적 의미__ 도는 우주 변화를 이끄는 근원이다. 제는 천지조화를 짓는 신령한 도로써 천지인 삼계를 주재하는 최고의 신이다. 도와 제는 주재를 매개로 체용일체, 음양일체의 관계를 이룬다.

__핵심 사상__ 도는 일반적으로 사람과 사물이 두루 행하는 도리나 규범과 같은 것으로 규정된다. 그래서 도는 리理와 같은 것이다. 그러나 도는 꼭 리에 한정되지 않는다. 리 자체가 어디 따로 동 떨어진 곳에 존재하는 것이 아니라 기氣 속에 존재한다. 리는 기의 리다. 그래서 도는 리며 기의 운행이다. 도는 자유지리自由之理, 자유지기自由之氣다. 즉 스스로 말미암는, 본래부터 그렇게 되어져 있는 리이면서 기다. 『주역』에서 "일음일양지위도一陰一陽之謂道"라고 했다. 도는 한 번 음이 되고 한 번 양이 되는 이치이며 그 이치에 따라 운행하는 기다.

도는 만물로 하여금 만물되게끔 하는 원리며 원동력이라고 할 수 있다. 장자에 따르면, 도는 누가 그렇게 되도록 시키지 않아도 "스스로 밑둥치가 되고 뿌리가 되어 하늘과 땅이 있기 이전에 예로부터 존재하는 것이다. 귀신과 제를 신묘하게 하고 하늘과 땅을 생겨나게 한다."(『장자』『대종사』)

천지도 저절로 그러한 도의 작용에서 생성되었다. 그래서 도는 "천지간에 유행하는 과정에서 존재하지 않는 곳이 없으며, 깃들지 않는 사물이 없고, 한 군데라도 빠진 곳이 없다."(『북계자의』) 구체적 형체를 따로 지니지 않은 도는 없는 데가 없는데 하지 못함이 없다. 도는 어떤 것과도 비교할 만한 것이 없고 꼭 들어맞는 호칭도 없다.

도가 세상 어떤 것보다 큰 것이라면 우주 주재자 제는 종적인 질서에서 더 이상 으뜸이 없는 존재이다. 도와 제를 말할 때 도와 제를 각기 도체道體와 주제主帝라고 표현할 수 있다. 도(체)와 (주)제, 두 궁극자는 서구 전통 형이상학에서 존재와 신, 화이트헤드에 있어 창조성과 신, 수운 최제우에 있어 지기와 천주 등에 유비된다. 이 두 궁극자 사이의 관련을 제대로 파악하는 일은 동서 철학의 근본 문제에 속한다.

제 혹은 상제는 최고의 신격으로서 도와 함께 하며, 그 도를 주재하여 천지만물을 다스리는 존재이다. 즉 상제는 도를 주재한다. 도의 주재란 만물의 바탕자리를 이루는 도를 써서 우주를 다스린다는 뜻이다. 이 주재를 통해 도는 밝게 드러나며 우주 만물과 만사를 이끄는 원리와 힘으로서 구현된다. 제는 도의 이상을 실현하는 구심점인 것이다.

만약 도의 주재자인 제가 없다면 헤아릴 수 없이 복잡한 인간과 신들의 세계를 바로잡아 대자연과 조화시킬 수 없다. 그 점에서 도의 근원은 제다. 반면 제는 도를 써서 무위이화의 방식으로 우주를 다스린다. 때문에 도 없는 제 역시 생각할 수 없다. 제의 주재권능은 도에 있는 것이다. 도는 하늘, 땅을 생겨나게 하고 귀신과 제마저도 신령스럽게 하는 것이다. 그 점에서 도는 또한 제보다 앞선다. 이로써 알 수 있듯 도와 제는 주객, 음양의 일체관계 또는 호체호용互體互用의 관계로 존재하는 것이다.

도道와 제帝의 관계

문자적 의미 도는 우주만물의 통일적 존재근거를 말하고, 제는 도에 근거하여 우주만물을 다스리는 주재자를 말한다.

본질적 의미 도는 인간을 포함한 온갖 사물의 신묘한 변화작용을 일으키는 천지조화의 본체이고, 제는 천지조화의 본체인 도를 주재하는 조화주 옥황상제이다.

핵심 사상 동아시아 철학에서 도와 제의 관계는 시대의 흐름과 학파의 관점에 따라 각기 다른 양상을 드러낸다. 왜냐하면 양자의 관계를 주장하는 학파나 사람마다 도와 제의 함의를 달리하기 때문이다. 그러나 일반적으로 도와 제는 우주만물의 궁극적 존재근거인 도와 도의 주재자의 관계이다.

한민족의 시원사상을 담고 있는 『환단고기』에는 우주만물의 주재자를 삼신일체상제三神一體上帝라 부르고 있다. 『태백일사』「삼신오제본기」에 따르면, 우주만물의 존재근원인 도는 삼신상제에 근거해서 나온다. "도의 큰 근원은 삼신에서 나온다"(道之大源出於三神也.)라고 하였다.

고대 중국에서 도와 제의 관계를 처음으로 제기한 것은 노장老莊이다. 노장에서 도는 우주만물을 생성하고 변화시키는 존재근거이고, 제는 우주만물을 주재하는 지고신이다. 그러나 노장은 양자의 관계에 대해 명확하게 언급하지 않고, 단지 도를 중심으로 제를 비롯한 우주만물의 존재근거와 변화과정을 해명하는 데만 치중하였다.

도가철학을 종교적인 차원에서 계승하고 발전시킨 것은 도교이다. 도교에서 우주만물의 존재근원 및 생성과 변화의 과정을 설명하는 것은 도와 기이고, 도와 기를 온전하게 발현하고 주재하는 최고신은 제이다. 도교의 신 계보는 도와 기가 발현된 완성도에 따라 설정된 위계체계이기 때문에 최고신은 도와 기의 조화작용을 가장 완벽하게 구현하는 신을 말한다.

도교의 도는 우주만물의 자연이법이자 존재원리이다. 또한 도는 도교 신 계보의 근원이다. 도교는 도를 신격화한다. 도교의 모든 신들은 도의 현현이고, 도의 발현이 이루어지는 완전성의 정도에 따라 도교 신단의 위계질서가 형성된다.

도교는 초기에 태상노군太上老君, 태상도군太上道君, 원시천존元始天尊 등을 최고신으로 삼았다. 그 뒤. 수당에 이르러 삼청존신三淸尊神이 도교의 최고신으로 확고하게 자리를 잡는다. 송대 이후 도교의 신 계보에서 최고 신격으로 자리를 잡는 것은 옥황상제玉皇上帝이다. 송대에서 옥황상제는 유교의 호천상제와 함께 국가의 례의 대상으로 승격된다. 그런데 송대에서 옥황상제가 다시 국가 의례에서 제외됨으로써 이후에는 민간 신앙으로 밀려난다. 하지만 송대 이후 명청시대의 민간신앙에서 옥황상제가 유불선을 총괄하는 천계의 최고신으로 숭앙되면서 오늘까지 이어지고 있다.

조선 후기에 들어 도와 제의 관계를 문제로 제기함으로써 새로운 세상을 열려는 시도가 줄기차게 일어난다. 일부 김항은 『정역』에서 도를 체영지도體影之道, 천지지도天地之道, 후천지도後天之道 등으로 표현하고, 제를 천지무궁화무옹天地无窮化无翁, 화무상제化无上帝, 보화일천화옹普化一天化翁, 상제上帝 등으로 기술하여 양자의 관계를 중심으로 새 조화세상의 변화원리를 제시한다.

수운은 상제와의 직접적인 만남을 통해 무극대도의 주인이 상제임을 몸소 체험하고 도와 제의 관계를 본격적인 과제로 제기한다. 수운이 제시한 도는 후천의 새 세상을 열 수 있는 무극대도이다. 수운의 무극대도는 선천의 묵은 세상을 개벽하는 조화문명의 도이다. 새 조화문명의 대도를 주관하는 도의 주인은 바로 상제이다. 수운의 가르침은 상제의 무극대도의 가르침을 온 천하에 펼쳐 다시 개벽을 통해 이 땅위에다 지상 신선세계를 열고자 한 것이다.

한민족의 삼신상제론을 복원하려는 그 중심에 증산도가 있다. 증산도는 한민족의 고유한 상제신앙인 삼신상제관을 수용하고 도가와 도교, 일부의 역학과 수운의 동학에 이르는 도와 제의 관계를 비판적으로 통찰할 뿐만 아니라 창조적으로 융합하여 무극대도와 옥황상제(호천상제, 미륵불)의 관계를 새롭게 제시한다. 주목해야 할 것은 증산도의 무극대도의 주재자는 동서양의 모든 지고신을 포함한 존재라는 사실이다.

증산도에서 도는 천지조화의 존재근거인 무극대도이고, 제는 천지조화의 도인 무극대도에 의거하여 우주만물을 주재하는 조화권능을 지닌 조화주이다. 증산도는 무극대도와 옥황상제의 관계를 제시하고 후천개벽을 통해 자연과 인간과 문명이 새롭게 소통되고 감응될 수 있는 새 생명의 다리를 놓음으로써 인류의 영원한 꿈인 신천지를 열려고 한다.

기존 문헌의 용례 『노자』「4장」에는 도와 제의 관계에 대해 기술하고 있다. 『노자』에서 도와 제의 관계는 우주만물의 자연성과 지고신의 주재성의 관계를 어떻게 볼 것인가 하는 문제이다. 『노자』는 제를 비롯한 모든 사물이 도에 근거하여 이루어진다는 사실을 강조한다.

『장자』는 「대종사」에서 도와 제의 관계를 설명하고 있다. 『장자』
에서 도는 우주만물뿐만 아니라 귀신과 상제의 존재근거이기도
하다. 귀신과 상제도 도의 통일적 작용 속에서 비로소 존재할 수
있다는 말이다.

도교에서는 각기 시대의 흐름에 따라 도와 제의 관계를 달리한
다. 초기도교에서는 도와 태상노군의 관계를 제시하고, 수당도교
에서는 도와 삼청존신의 관계를 제시하며, 송대도교에서는 도와
옥황상제의 관계를 제시한다.

조선 후기의 일부 김항은 후천지도後天之道'와 화무상제化无上帝의
관계로 표현하고, 수운은 무극대도와 상제의 관계로 표현하며,
증산도에서는 무극대도와 옥황상제(호천상제, 미륵불)의 관계로 표
현한다.

도운 道運

<u>문자적 의미</u> 증산 상제님의 무극대도가 역사 속에 전개되는 과정.

<u>본질적 의미</u> '도운'의 '도'道는 증산 상제님의 도인 무극대도를 지칭하며, 따라서 '도운道運'은 증산 상제님의 도맥道脈이 어떤 과정을 거쳐 전개되어 갈 것인가를 정해놓은 프로그램을 말한다. 즉 도운은 종통宗統 전수의 역사과정이고, 또 상제님의 참법眞法을 계승하여 그 진리를 만천하에 드러내는 과정이다.

<u>핵심 사상</u> 도운은 세운世運과 더불어 천지공사天地公事를 이루고 있는 한 축으로, 세운의 질서 속에서 그 변화와 궤를 같이하면서 진행되며, 증산 상제님의 무극대도가 현실화되어 가는 과정이다. 즉 천지공사의 두 요소는 세계 정치질서의 흐름을 도수로 짜놓은 세운과 모든 인사人事와 진리 전수의 과정을 정한 '도운'이다. 증산 상제님은 후천이 오기까지 진행되어 나갈 도운의 성장 과정을 세운의 흐름과 함께 음양짝으로 진행되도록 함과 동시에 새 역사의 핵심인 인사문제를 도운의 원리로 풀어나가도록 준비하였다.

지금은 나하고 일할 사람이 없느니라. 내 일을 할 사람은 뒤에 다시 나오느니라. 이제 나와 같은 사람이 나온다. 뛰어나는 사람이 있다. 알려고 힘쓰지 말고 시대가 돌아가며

가르치는 시기를 봐라. 이제 곧 돌아오느니라. 썩은 고목
에서 새순이 돋아나서 내 일을 이루느니라." 하시니라. 또
하루는 형렬을 부르시더니 "늦게 오는 자를 상등 손님으
로 삼으리라." 하시니라. 상제님께서 말씀하시기를 "이제
초막草幕에서 성인이 나오느니라. 삼천三遷이라야 내 일이
이루어지느니라. (『도전』6:57:1~8)

도운 역시 세운과 마찬가지로 "삼천三遷"의 과정으로 전개된
다. 증산 상제님은 생生·장長·성成의 과정에 따라 먼저 난법을 지
은 뒤에 진법이 나오도록 도맥의 운로를 정했다. 상제님의 공사
에 따라 도운은 각기 세 단계 국면으로 변해 가는데, 초기 1변과
다음 2변의 과정을 거쳐 마지막 3변에 상제님의 진법이 드러나
게 된다. 애기판, 총각판, 상씨름판의 세 국면이 세운의 '삼천三
遷 원리'라면, 태모太母 고 수부님의 '낙종물 사명'과 차경석 성도
의 '이종물 사명', 그리고 해방 후 도운개척과 70년대 이후 진법
의 결실을 맺는 도운개척의 '추수도운'으로의 전개 역시 '삼천三
遷 원리'[이를 삼변성도三變成道라고 부른다]를 이룬다.

그렇다면 도운의 100년 역사에서 증산 상제님의 참법은 어떻게
전수되어 그 결실을 맺을 수 있도록 짜여져 있는가? 상제님의 도
통맥은 이 우주 자연의 이법, 대 자연의 질서를 바탕으로 해서 전
수된다. 상제님은 "나는 천지일월天地日月이니라. 나는 천지天地로
몸을 삼고 일월日月로 눈을 삼느니라."(『도전』4:111:14~15)고 하셨
다. 여기에서 천지라 함은 상제님과 태모님을 말한다. 상제님과
태모님은 천지부모, 아버지 하나님과 어머니 하나님이시다. 그래
서 증산 상제님은 먼저 당신의 아내인 태모 고 수부님에게 도통
을 전하시어 도맥이 뻗어나가도록 판을 짜놓으셨다. 그리고 천지
부모의 뜻을 계승하여 완성하는 분은 곧 일월日月로 오시어 대도

의 결실을 매듭짓게 된다.

> (증산 상제님은) 수부首婦님께 도통道統을 전하시어 무극
> 대도를 뿌리내리시고 그 열매를 수화(水火:坎離)의 조화기
> 운을 열어 주는 태극과 황극의 일월 용봉도수日月龍鳳度數
> 에 붙이시어 신천지新天地 도정道政의 진법 도운을 여시니
> 라. (『도전』6:2:2~4)

여기서 말하는 진법도운이 도운공사가 전개되는 과정이며, 이는
천지일월의 우주섭리에 따라 삼변성도의 과정으로 전개된다. 이
를 개괄하면 아래와 같다.

제1변 도운: 증산 상제님의 도맥道脈을 계승한 태모 고 수부님은
1911년 도통한 후 종통을 계승한 두목이 된다. 이후 태모 고 수
부님은 제 1변 도운의 개창자로서 정읍 대흥리에서 처음으로 교
단을 창립하여 도운의 씨를 뿌린다.

> 동짓달 초사흗날에 상제님께서 대흥리 경석의 집에서 수
> 부 책봉의 예식을 거행하실 때 고부인께 일러 말씀하시기
> 를 "내가 너를 만나려고 15년 동안 정력을 들였나니 이로
> 부터 천지대업을 네게 맡기리라." 하시고 경석의 집에 수부
> 님의 처소를 정하시어 '수부소首婦所'라 하시니라. 상제님
> 께서 항상 수부님의 등을 어루만지며 말씀하시기를 "너는
> 복동福童이라. 장차 천하 사람의 두목頭目이 되리니 속히
> 도통道通하리라." 하시고 (『도전』11:5:1~3)

증산 상제님의 도맥을 계승한 태모 고 수부님은 이후 성령이 감응

되어 신권을 자유자재로 쓰게 되었으며, 신이한 이적과 명철한 지혜를 드러내어 천하 창생들의 태모로서 증산 상제님의 대도가 펼쳐질 수 있도록 도운을 개창한다. 증산 상제님이 태모 고 수부님에게 종통宗統을 전수한 것에는 다음과 같은 커다란 의미가 있다. 첫째, 후천 정음정양의 개벽 원리가 인사人事 문제로 실현된 것이다. 둘째, 증산 상제님과 태모 고 수부님이 천지부모로서 역사 속에 자리 잡은 것이다. 셋째, 수부 도수를 종통계승의 근본으로 선언한 것이다. 넷째, 수부를 부정하는 자는 그 누구도 난법·난도자로 죽음의 심판을 받는다는 의미가 있다.

제2변 도운: 제1변 도운의 주역이었던 태모 고 수부님이 선화하시고(1935) 보천교 차경석 교주가 세상을 뜬 후 세계정세는 중일전쟁과 제2차 세계대전의 시운으로 접어들고 도운은 일제에 의한 민족종교 탄압으로 10년간의 휴게기를 맞이한다. 1945년 일제가 물러가고 해방을 맞이했으나 이미 일제시대 제 1세대 신앙인들이 대부분 타계한 뒤로 세상은 증산 상제님을 전혀 알지 못하는 진리의 불모지였다. 이때 상제님께서 숙구지 도수 등 도맥전수 공사로 종통을 전하신 안운산 태상종도사님이 새로이 포교대운을 열어 증산도 제2부흥기를 열게 된다. 그러나 이러한 증산도 제2변 도운은 남북 상씨름이 시작된 1950년부터 제동이 걸리면서 제3변 결실도운을 향한 20년간의 긴 휴게기를 맞이한다.

> 병오丙午(道紀 36, 1906)년 3월에 상제님께서 광찬을 데리고 말도末島에 들어가실 때 갑칠과 형렬을 만경 남포로 부르시어 말씀하시기를 "내가 이제 섬으로 들어가는 것은 천지공사로 인하여 귀양 감이라. 20일 만에 돌아오리니 너희들은 지방을 잘 지키라." 하시니라. (『도전』6:22:1~3)

상제님의 이 말씀에서 말도로 들어가신 것은 '말도 도수'를 본 것이며, 이는 이벼에서 삼변으로 이행되는 도운의 중간에 20년의 휴게기가 있음을 밝히는 공사이다.

제3변 도운: 후천개벽을 집행하는 제3변 추수도운은 한민족이 경제부흥을 위한 힘찬 도약을 하던 70년대 중반에 태동되었다. 제2변 도운시대를 마감하고 1954년에서 1973년까지 20년간의 휴게기를 거치는데, 20년간의 휴게기를 말도 귀양도수라고 한다. 제3변 도운이 시작되는 1974년은 갑인甲寅년인데, 이에 관한 일은 "이 운수는 천지에 가득 찬 원원한 천지대운天地大運이므로, 갑을甲乙로서 머리를 들것이요, 무기戊己로서 굽이치리니, 무기는 천지의 한문闡門인 까닭이니라."(『도전』 6:78:5~8)고 기록하고 있다. 3변 도운의 매듭을 짓는 대두목의 역할은 개벽을 집행하는 진법 추수 도운의 문을 열고, 도명道名을 증산도로 개칭하며, 그 동안 천사天師로 불리었던 증산 상제님에 대한 호칭을 본연의 '상제님'으로 바로 잡는 것이다. 그러나 무엇보다 중요한 사명은 『도전』을 편찬하여 증산 상제님의 진정한 도법을 만천하에 펼치는 것이다.

동서신관東西神觀의 차이

문자적 의미 동서신관이란 동양과 서양에서 각기 신을 보는 일정한 관점을 뜻한다. 따라서 동서신관의 차이는 동서양의 서로 다른 신관을 상호 비교하는 것을 말한다.

본질적 의미 농경문화가 발달된 동양에서는 사계절의 규칙적 순환을 주재하는 주재신에 대한 믿음을 가지고 있다. 반면에 유목문화를 바탕으로 하는 서양에서는 만물을 무로부터 창조해내는 창조신을 믿는다. 동서신관의 차이는 주재신(主神)과 창조신(元神)의 차이로 환원된다.

핵심 사상 동양의 주재신관과 서양의 창조신관은 인류가 인식해 온 신에 대한 대표적인 두 입장이다. 그 두 신관은 서로 상반된 신관을 가지고 있는데 이는 최고신의 위격에 대한 어느 한 면을 강조한 결과이다. 절대신은 그 두 가지 모든 속성을 함유하며 따라서 올바른 신관은 그 모두를 내포하는 것이다.
동양의 주재신관은 먼저 우주의 질서가 있으며 이 질서를 다스리는 신이 있다고 믿는다. 이 주재신은 곧 예로부터 동방 신교문명권에서 믿어 온 상제님이다. 상제님은 우주의 최고 주재신, 통치신으로서 천지만물과 그 질서는 물론 신도를 직접 통치한다.
반면에 서양의 창조신관은 신이 우주 자체를 창조했다고 믿으며, 그래서 창조신은 우주를 초월해 있는 초월신이기도 하다. 이

신은 인간처럼 질투하고 시기하며 또 은총을 베풀기도 하는 인격신이기는 하지만 그 초월성으로 인해 결코 현실계에 인간의 몸으로 올 수 없는 법신적, 원신적 하나님이다.

결국 동양의 주재적 신과 서양의 원신적 신이라는 두 신관을 통합적으로 이해하는 일이 중요하다. 결론적으로 신을 원신과 주신이라는 각각 독립적 관점에서 이해하는 것이 아닌, 이 양자를 통합하는 입체적 관점에서 접근하는 것이 필요하다. 이러한 일원적 관점에서 보면 서양과 동양의 신관의 차이는 우주 절대자 한 분으로 통합된다. 기독교에서 말하는 백보좌 하느님 역시 우주의 최고 통치자인 상제님을 의미한다고 할 수 있다. 왜냐하면 최고신은 오직 하나의 신일 수밖에 없기 때문이다. 그러므로 동서양 신관의 통일적 관점은 최고의 신을 호천금궐의 백보좌에 앉아 우주를 개벽하고 천지를 새롭게 하는 개벽장 하느님(Governing God)으로 인식한다고 할 수 있다. 인간으로 오신 증산 상제님은 이러한 원신과 주신의 요소를 동시에 갖춘 진정한 우주의 절대자 하느님이라 할 수 있다.

> 내가 이제 천지를 개벽하여 하늘과 땅을 뜯어고치고 무극대도無極大道를 세워 선천 상극의 운을 닫고 조화선경造化仙境을 열어 고해에 빠진 억조창생을 건지려 하노라.
> (『도전』 5:3:2~4)
> 증산 상제님께서는 천지가 성공하는 가을 대개벽기를 맞아 인간으로 강세하신 개벽장開闢長 하느님이시니라.
> (『도전』 7:1:1)
> 상제님께서 신축(辛丑 : 道紀 31, 1901)년 7월 7일 모악산 대원사에서 천지대신문을 여시고 삼계대권을 주재하여 후천을 개벽하시니 호천금궐昊天金闕의 조화주시요 백보좌白寶

座 하느님이시니라. (『도전』3:1:2~3)

그 밖에도 동양의 신관은 인간이 죽으면 신명계에 신명으로 다시 태어난다고 믿는 인격신 개념과 자연만물에는 자연신이 내재한다는 자연신관을 가지고 있다. 이러한 수없이 많은 신들을 인정하는 다신관에서 최종적으로 모든 각각의 신을 통치하는 최고신이 곧 주신인 상제님이다.

주재신인 상제님은 삼신과 하나되어 이 우주를 낳고 기르는 분으로서 기독교의 창조적 성격을 동시에 가진다. 즉 상제님은 주재만 하시는 신이 아니라 창조도 함께하는 신이다. 그러나 그 창조는 무에서 유를 창조하는 것이거나 창조자와 피조물이 양립되는 그러한 행위가 아니라 만물속에 깃든 신성의 조화와 함께 하는 창조로써 '개벽'이다. 앞에서 상제님을 '개벽장 하느님'이라고 한 것은 바로 이 때문이다.

득의지추得意之秋

문자적 의미 천지만물이 지향하는 바의 뜻을 이루는 가을이란 의미.

본질적 의미 성숙과 통일의 계절인 가을에 들어서면, 수렴과 통일 [斂]의 질서에 따라 지기至氣가 크게 일면서 천지 만물과 인간이 성숙하면서 결실을 맺게 된다. 성숙과 결실은 전혀 새로운 질서로 변화하는 것이 아니라 씨앗이 열매가 되듯, 본연의 제 모습, 제 자리를 찾는 것이다. 다시 말해 만물의 시초에 심어진 뜻이 성취되는 것이다. 그래서 우주의 가을은 득의의 계절이다.

핵심 사상 선천의 봄, 여름이 물러가고 가을이 오면, 성숙과 통일의 이법에 따라 지기가 크게 돌면서 개벽의 운이 열리게 된다. 이때에 기존의 묵은 천지 질서는 지축정립과 더불어 새로운 질서로 바뀐다. 억음존양의 낡고 병든 선천의 이법은 물러가고 정음정양의 새로운 천지이치가 들어선다. 그리고 천지만물은 제 본성을 되찾아 후천 가을의 새 천지 기운과 하나되어 상제님의 천지공사 섭리에 따라 근본으로 돌아가고, 상제님의 모든 일꾼은 개벽의 뜻을 실천하여 자신에게 심어진 본래의 역할을 수행하고 선仙의 세계를 열어 나간다.

　시절화명삼월우時節花明三月雨요 풍류주세백년진風流酒洗 百年塵이라. 내 도덕의 삼월 비에 밝게 피고 온 세상의 백년

티끌 내 무극대도의 풍류주로 씻어내니 우리의 득의지추
得意之秋 아닐런가. (『도전』5:155:8~9)
너희들은 손에 살릴 생生 자를 쥐고 다니니 득의지추得意
之秋가 아니냐. (『도전』8:117:1)

우주의 가을에 들어서면서 성숙한 인간은 하늘, 땅이 새롭게 열
리는 개벽의 시운 속에서 모두가 선으로 살아가는 후천 선경세
계를 이룩함으로써 하늘의 뜻을 온전히 성취하게 된다. 후천선
경 건설은 무엇보다도 우주 가을을 목전에 두고 벌어지는 개벽
의 환란에서 나와 이웃을 살리는 상생의 실천으로써 이뤄진다.
이것이 바로 도성덕립이며, 성과 속, 정치와 종교, 군사부가 통일
된 새로운 문명의 실현이다. 만물이 그 본성을 회복하여 다시 태
어난 것이므로, "천갱생天更生, 지갱생地更生, 인갱생人更生"(『도전』
9:185:4)의 새 세상이 열리는 것이다. 그러므로 후천 가을 세상에
는 인간이 성숙하여 상제님의 섭리에 참여하고 헌신함으로써 그
자신도 천지도 그 뜻을 성취하게 된다. 인간과 천지가 그 뜻을 이
루는 천지성공은 동시에 인간을 낳고 기르며 우주만물을 통치하
시는 상제님에 대한 보은, 즉 천지보은이다. 이런 면에서 '득의지
추'는 후천 가을 인간의 역할이며, 이를 통해 천지에 보은하는 것
을 의미한다. 상제님께서 최수운에게 선언한 말씀, "개벽후 오만
년에 네가 또한 첨이로다 나도 또한 개벽 이후 노이무공勞而無功
하다가 너를 만나 성공하니 나도 성공 너 도득의 너희 집안 운수
로다."(『용담유사』「용담가」)는 바로 이를 가리킨다.
이처럼 '득의지추'는 인간성공과 천지성공이란 가을의 결실 앞에
서 시천주의 인간과 천주인 상제님이 함께 누리는 기쁨을 표현하
는 말이다. 『주역』설괘전에 이르기를, "태兌는 바로 가을이니 만
물이 기뻐한다."라고 했다. 우주의 가을은 득의의 계절이다.

만사지萬事知

<u>문자적 의미</u> 만사萬事, 즉 세상의 모든 일을 안다(지知)는 것으로 '존재하는 모든 것에 대한 인식'을 의미한다.

<u>본질적 의미</u> 이는 증산도의 이상세계인 후천세상에서 인간이 도달하는 인식의 최고 경지를 일컫는 말이다. 선천의 편협되고 부분적인 지식의 한계에서 벗어나 모든 분야의 모든 지식을 얻게 된다는 의미이다.

<u>핵심 사상</u> '만사지'라는 개념의 출처는 시천주주와 천지진액주이다. 시천주주는 '시천주조화정侍天主造化定 영세불망만사지永世不忘萬事知'이며 천지진액주는 '신천지가가장세新天地家家長世 일월일월만사지日月日月萬事知 시천주조화정侍天主造化定 영세불망만사지永世不忘萬事知 복록성경신福祿誠敬信 수명성경신壽命誠敬信 지기금지원위대강至氣今至願爲大降 명덕明德 관음觀音 팔음팔양八陰八陽 지기금지원위대강至氣今至願爲大降 삼계해마대제신위三界解魔大帝神位 원진천존관성제군願趁天尊關聖帝君'(『도전』 3:221:6)이다. 천지진액주에도 역시 시천주주가 들어있으므로 만사지에 대한 이해는 시천주주를 통해서 가능할 것이다.

시천주 주문은 상제님께서 수운 최제우에게 내려준 주문이다. 수운은 깨달음을 얻기 위해 오랜 시간 하늘에 기도를 올렸다. 1860년 4월 5일, 그날도 지성으로 기도를 하고 있는 도중에 하늘에

서 하느님의 음성이 들려왔다. 수운은 『동경대전』에서 이때의 상황을 "뜻밖에도 사월에 마음이 선뜩해지고 몸이 떨려서 무슨 병인지 집중할 수도 없고 말로 형상하기도 어려울 즈음에 어떤 신선의 말씀이 있어 문득 귀에 들리므로...「두려워하지 말고 두려워하지 말라 세상 사람들이 나를 상제라 이르거늘 너는 상제를 알지 못하느냐...나의 영부를 받아 사람을 질병에서 건지고 나의 주문을 받아 사람을 가르쳐서 나를 위하게 하면 너도 또한 장생하여 덕을 천하에 펴리라.」"(『동경대전』「포덕문」)라고 적고 있다. 증산도에서는 수운과 하느님과의 만남이 일어난 득도의 순간을 일러 '천상문답사건'이라고 부른다. 이때 수운이 기도 끝에 하늘로부터 받은 주문이 바로 시천주 주문이다.

수운은 시천주 주문에 대해서 "열세자 지극하면 만권시서 무엇하며 심학心學이라 하였으니 불망기의不忘其意 하였어라. 현인군자 될 것이니 도성입덕道成立德 못미칠까"(『용담유사』「교훈가」)라고 말한다. 열세 자는 시천주 주문 중 본주문의 글자 수이다. 즉 여기서 수운은 시천주 주문의 본주문 열세 자를 지극정성으로 외우면 무수히 많은 책을 읽은 것보다 더 많은 지식을 얻을 수 있고, 나아가 마음 닦는 공부로써 현인군자가 될 것이며, 도성입덕의 경지에 이를 수 있다고 확언한다. 이러한 수운의 말에서 '만사지'가 무엇인지 유추할 수 있다. 만사지는 책으로 얻는 지식의 한계를 넘어서며, 만사지의 인간은 학자가 아닌 현자, 군자, 도성입덕의 성인의 경지에 이른 사람임을 알 수 있다.

『증산도 도전』에서는 시천주 주문에 대해 다음과 같이 해석한다.

運이 至氣今至願爲大降이니
운　지기금지원위대강
無男女老少兒童咏而歌之라
무남녀노소아동영이가지

是故로 永世不忘萬事知니
시 고   영세불망만사지
侍天主 造化定 永世不忘萬事知니라.
시 천 주 조 화 정 영 세 불 망 만 사 지

이제 천지의 대운이 성숙의 가을 천지 기운 크게 내려 주
시기를 간절히 원하고 비는 때이니 남녀노소 어린아이 할
것 없이 모두 이를 노래하느니라. 그러므로 (너희가) 만사
에 도통하는 큰 은혜 영원히 잊지 못할지니 '인간 세상에
오신 천주를 모시고 무궁한 새 세계의 조화를 정하나니 천
지만사를 도통하는 큰 은혜 영세토록 잊지 못하옵니다.'라
고 기도하느니라. (『도전』 4:141:3)

여기서 중요한 것은 만사지를 '만사에 도통하는 것'이라고 해석
한 구절이다.

이렇게 볼 때 만사지는 과학적, 사회적, 철학적 지식에 한정되는
것이 아니라 그것을 넘어서 천지만물에 대한 영적인 깨달음으로
그 본질을 파악하는 인식을 말하는 것이다. 그러나 증산도의 만
사지가 단순히 깨달음의 경지에 다다른 것으로만 해석되는 것은
아니다. 만사지가 깨달음의 최고경지인 것은 분명하지만 이와 동
시에 만사지는 깨달음의 경지에 머무는 것이 아니라 우리 인간
이 깨달음을 통해서 새로운 인간으로 태어나는 것과 그 새로운
인간으로서 새로운 세계를 건설하는 주체로 우뚝 서는 것, 이 두
가지 의미를 동시에 가지고 있다. 만사지를 이룬 인간은 깨달은
자이면서, 그 깨달음을 통해서 새로운 세상을 열어가는 실천적
인간이다.

명부冥府

<u>문자적 의미</u> 명부冥府란 '어둘 명' 자, '집 부' 자, '관청 부' 자로서 어둠의 집을 뜻한다. 죽음을 관장하는 신명조직의 하나이다.

<u>본질적 의미</u> 명부란 죽음의 사징인 어둠의 집으로 곧 죽음의 집을 말한다. 그래서 명부는 죽음의 질서를 다스리는 천상의 부서이며, 하늘과 땅, 인간과 신명 세계의 생사를 1차적으로 관장하는 곳이다. 증산도 사상에 따르면 이 세계의 모든 혼란은 명부의 혼란으로 일어난다. 그러므로 상제님의 명부공사, 즉 명부 질서를 바로잡는 것은 곧 천지 생명계의 생사질서를 바로잡는 것과 동일하다.

<u>핵심 사상</u> 명부冥府는 '인간이 죽은 뒤 제일 먼저 가는 곳'으로 '지부地府', '음간陰間'이라고도 부른다. 이곳은 지상과 천상 신계神界의 중간지대에 있는 신명계이며, 인간의 수명을 주재하고, 또한 인간의 죄악과 선행의 공과功過을 밝히는 천상의 법정이다. 즉 명부는 천상과 지상에서 일어나는 인간과 신명의 죽음과 탄생, 공덕과 선악을 심판·주재하는 신도의 법정이며, 더 나아가 범부로부터 제왕, 성인에 이르기까지 모든 인간의 탄생과 죽음의 질서, 곧 윤회의 모든 법도를 주재하는 곳이기도 하다.
명부에 대해 알기 위해서는 인간과 신명의 본성뿐 아니라 신명계와 인간계의 관계가 명확히 설명되어야 한다. 인간은 몸인 육체

와 정신인 영혼으로 구성되어 있다. 이 중 영혼은 유체幽體라고도 하며 육체와는 혼줄(생명줄)로 연결되어 있다. 영혼은 하늘에서 내려와 정신을 관장하는 '혼'魂(하늘기운, 양적 기운임)과 땅에서 올라와 육체를 관장하는 '백'魄(땅기운, 음의 기운으로 넋이라고도 함)으로 구성된다. 우리가 일상적으로 말하는 영혼은 혼과 백의 혼합체이다. 그래서 죽음이란 육체와 영혼을 연결하는 혼줄이 끊어지면서 육체와 영혼이 분리되는 사건이다. 사람이 죽으면 혼은 원래 왔던 하늘로 올라가고, 백은 땅으로 흩어지고, 육신은 흙으로 돌아간다.

옛말에 사람이 최고로 놀란 상태를 표현하는 '혼비백산魂飛魄散'이란 말은 '혼이 날아가고 백이 흩어진다'는 뜻으로 혼백이 원래 왔던 곳으로 가는 방향을 잘 가리키고 있다. 우리가 일상 속에서 정신없이 멍한 상태로 혼이 빠져나간 것 같은 사람을 가리켜 '얼(넋)빠진 사람'이라고 부르는 것도 같은 맥락이다. 이처럼 일상 언어 속에는 육체와 영혼의 존재 모습이 정확히 묘사되어 전해 내려오고 있는 것이다.

이 우주는 음양의 조화로 이루어진 세계이기 때문에 인간의 존재 모습도 음양체인 육체와 영혼으로 되어 있으며, 삶도 이승과 저승의 삶으로 구성되어 있다. 인간은 혼과 백(넋)이 있어 죽어서 하늘로 올라간 혼은 신神이 되어 자손들로부터 4대까지 제사를 받다 4대가 지나면 영靈도 되고 혹 선仙도 되며, 백은 땅으로 돌아가 4대가 지나면 귀鬼가 된다.(『도전』 2:118:2~3)

우리 민족은 조상 대대로 영혼의 존재를 인정해 이를 신명神明이라 칭해 왔다. 신명의 세계인 신도에서 사람이 죽고 사는 것을 관장하는 곳이 명부이며 따라서 사람이 죽은 후 신명이 된 영혼이 제일 먼저 가는 영계가 바로 명부이다. 증산 상제님의 가르침에 의하면 인간의 세상과 마찬가지로 신명계인 명부 역시 옥황상제

를 천상 최고신으로 하는 위계질서가 형성되어 있으며, 지상 각
영역에 해당하는 명부를 주재하는 신인 명부대왕도 따로 존재한
다. 그런데 선천 상극 질서의 막바지에 이르게 되면서 명부冥府에
혼란이 빚어지게 되었다.

> 명부공사의 심리審理를 따라서 세상의 모든 일이 결정되나
> 니 명부의 혼란으로 말미암아 세계도 또한 혼란하게 되느
> 니라. (『도전』4:4:6)

이에 증산 상제님은 인간세상의 혼란을 바로잡기 위하여 명부공
사를 집행하여 명부를 재정리하기에 이른다. 상제님의 명에 의해
최수운은 일본 명부대왕, 전명숙은 조선 명부대왕, 김일부는 청
국 명부대왕, 이마두는 서양명부대왕으로 교체된다.(『도전』4:4:4)
명부에는 명부를 관장하는 명부대왕과 함께 명부의 일을 집행하
는 명부사자冥府使者가 있다. 명부사자는 상제님의 명에 따라 명
부의 지시를 받고 명이 다한 사람을 이승에서 명부로 데리고 간
다.
죽음의 질서로 인도하는 명부사자는 반드시 세 사람이 온다. 그
러나 왕이나 지존의 인물은 일곱 사자가 와서 가마에 태워서 데
려간다고 전한다. 이것은 모두 삼신사상과 칠성신앙의 신교문화
와 깊은 연관성이 있는 것이다.

모사재천謀事在天

문자적 의미 일을 기획하는 것은 하늘의 권능에 속한다는 뜻.

본질적 의미 성사재인成事在人과 짝을 이루는 개념으로 우주 주재자 상제님이 천지와 인간 역사의 운로에 대해 짜 놓은[모사재천] 섭리이며, 이를 바탕으로 현실 역사가 인간에 의해 전개되고 성사된다.[성사재인]

핵심 사상 우주의 주재자 증산 상제님은 선천의 말대인 하추교역기에 인간으로 강세하여 병든 천지의 질서를 뜯어고쳐 앞세상의 운로를 새롭게 정한다. 이 같은 주재의 권능이 삼계대권이며, 그 주재의 구체적 방식이 천지공사다.

'하늘과 땅을 새롭게 하는 공적인 일'이란 뜻의 천지공사는 우주 이법을 바탕으로 천지와 인사의 섭리를 짜고 그것이 산하기령을 비롯한 천지의 조화기운과 신명들의 사역을 통해 무르익은 때에 현실 역사에 공사 그대로 성취되도록 하는 것이다. 이렇게 모든 천지변화의 근본이 되는 것은 상제님의 뜻이 역사의 운로로 설정된 천지공사이며, 이를 '모사재천'이라고 한다.

> 선천에는 모사謀事는 재인在人이요 성사成事는 재천在天이라 하였으나 이제는 모사는 재천이요 성사는 재인이니라. (『도전』 4:5:4~5)

모사謀事는 내가 하리니 성사成事는 너희들이 하라.
(『도전』 5:434:4)

천지공사의 규범이 되는 이치(理)는 우주 만물과 만사를 규정하는 명命과 같은 것이다. 상제님의 주재는 이 이치를 벗어나지 않는다.

모든 일이 이치 없이는 못하는 것이다. (『도전』 4:84:4)
하늘이 이치理致를 벗어나면 아무 것도 있을 수 없느니라.
(『도전』 2:20:3)
이치가 곧 하늘이요 하늘이 곧 이치이니, 그러므로 나는 사私를 쓰지 못하노라. (『도전』 4:111:13)

우주 주재자이신 상제님의 말씀이 곧 이치이며, 이치를 벗어나 이루어지는 것은 존재하지 않는다. 그러나 그 이치가 이 땅에 실현되기 위해서는 신의 개입이 필요하다.
신이란 곧 신명이며 신들의 세계를 신도神道라 부른다. 천지의 신령한 조화기운이 무형의 비인격적 신성이라면, 신명은 개별적 구체적 인격신들이다. 이 모두가 신으로서 우주변화의 섭리에 함께한다. 즉 천지의 모든 변화를 규정하는 리理나 하늘의 명命은 신도의 힘을 통해 현실화된다.

천지간에 가득 찬 것이 신神이니……신이 없는 곳이 없고, 신이 하지 않는 일이 없느니라. (『도전』 4:62:4~6)
귀신鬼神은 천리天理의 지극함이니, 공사를 행할 때에는 반드시 귀신과 더불어 판단하노라. (『도전』 4:67:1)

천지공사는 곧 상제님의 명이나 이법이 신도와 합일合一하여 천지와 인사의 새로운 변화를 짓는 것이다. 그런데 상제님의 뜻이 하늘에서와 같이 땅에서도 실현되는 이理-신神-사事의 중심에 인간이 들어서 있다. 자연과 역사의 모든 변화는 천지 이법과 신도의 두 손길이 하나가 되어 인간을 통해 이뤄지는 것이다. 그런 의미에서 천지공사는 하나님과 성신과 인간이 함께 이루는 것이다.

> 천하의 모든 사물은 하늘의 명命이 있으므로 신도神道에서 신명이 먼저 짓나니 그 기운을 받아 사람이 비로소 행하게 되느니라. (『도전』 2:72:2~3)

인간이 신도와 조화를 이루는 신인합일, 신인합발을 통해 하늘의 명이 성사된다는 것을 말씀한 것이다. 이때 하늘의 명이나 이법, 상제님의 천지공사는 모두 같은 것으로 이를 '모사재천'이라고 할 수 있을 것이다. 인간은 상제님이 기획해 놓은 모사재천의 섭리에 따라 천지대세를 다스려 새로운 조화선경 세계를 건설하며 마침내 천지의 이상은 인간의 힘에 의해 실현된다. 이를 '성사재인'이라고 한다. 상제님께서는 "천존天尊과 지존地尊보다 인존人尊이 크니 이제는 인손시대人尊時代니라. 이제 인존시대를 당하여 사람이 천지대세를 바로잡느니라."(『도전』 2:22:1~2)고 하여 인간의 역할을 강조하였다.

또 천지인天地人 삼재三才 가운데 하늘, 땅을 일러 각기 천일天一, 지일地一라고 부르는 것에 비해 인간은 가장 크고 존귀하다는 뜻의 태일太一이라고 칭하는 이유도, 인간을 꽃 중에 제일 좋은 "인간꽃"(『도전』 8:2:6)이라 하는 까닭도 여기에 있다. 따라서 증산 상제님은 고대 중국 고사인 '모사재인 성사재천'이란 옛 말을 '모사재천 성사재인'이라고 하여 인과 천을 서로 맞바꿈으로써 인존시대, 태일 시대의 개막을 알리는 것이다.

묘월 세수卯月歲首

<u>문자적 의미</u> 세수는 새해의 첫 달을 어떤 지지地支로 삼는가를 가리킨다. 묘월 세수는 새해의 첫 달을 묘월로 삼는 것을 의미한다.

<u>본질적 의미</u> 책력은 음양이 자라나고 줄어드는 이치에 근거해서 계산하는 것이 원칙이다. 책력에 있어 역법曆法과 역리曆理는 명확하게 구분된다. 전자는 현대 기상대에서 1년 캘린더를 만드는 방법이라면, 후자는 달력에 정역正曆과 윤역閏曆의 구분이 생기는 이유를 밝히는 것이다. 김일부金一夫(1826~1898)는 캘린더 구성의 메카니즘을 분석하여, 책력冊曆(달력)은 단순히 삶의 유용한 수단에 그치는 것이 아니라 캘린더 구성의 '근거'로서의 역수원리曆數原理가 존재함을 밝혔다.

자연의 변화를 통해 윤역이 정역으로 바뀔 수 있으며, 역 도수와 순 도수가 일정한 시간대에 펼쳐져야만 6갑 시스템도 현실적으로 바뀌어 새로운 캘린더가 형성될 수 있다. 즉 선천에 인월(1월)을 첫 달로 삼는 원칙에서 후천에는 묘월(2월)을 첫 달로 삼는 책력이 가능해진다.

<u>핵심 사상</u> 세상의 모든 달력은 달이 찼다가 이지러지는 주기 혹은 계절의 규칙적 교대나 태양의 운행에 의해서 이어지는 밤과 낮의 변화를 토대로 한다. 자연현상의 규칙적 변화를 보여주는 어떤 징후라도 그것은 인간의 생존에 지대한 영향을 끼치게 되므로,

이를 하나의 도표, 즉 달력으로 만들어 활용하게 된다.

달력에는 매일 한 장씩 떼어내는 일력日曆과 한 달의 요일이 빼곡하게 새겨진 월력月曆이 있다. 그리고 1년치의 행사가 적혀 있는 책력이 있는가 하면, 명리학에서 사용하는 만세력萬歲曆이 있다. 인간의 위대한 발명품으로서 달력은 미래의 행사계획이나 과거의 행사를 입력해 놓은 연중행사표이다.

달력에서 사용하는 기본 시간단위는 날-지구가 자전하는 기간, 인간의 눈높이에서 관찰한다면 태양이 하늘에서 그 운행을 완료하고, 본래 지점으로 돌아오는 데에 걸리는 시간-이다. 하루는 천체시계의 한 단위이며, 생명존재의 활동단위이기도 하다. 즉 하루는 인간의 생태, 그리고 다른 생물의 생태와 깊은 연관을 맺는 시간이다. 달력은 날을 더 긴 단위인 달로 묶어주고 달을 더 긴 단위인 해로 묶어주는 시간표이다. 한 달은 정기적으로 변화하는 달이나 태양의 운동을 토대로 한다.

지구의 자전은 1태양일(하루)를 형성하고, 달의 공전은 1태음월(한 달)을 형성한다. 태양일을 기준으로 삼아 만든 역법이 태양력(solar calendar)인데, 그것은 춘하추동의 계절변화와 일치하지만 달의 삭망현상과는 관계가 없다. 태음월을 기준으로 삼아 만든 역법이 태음력(lunar calendar)이다. 태음력은 달의 삭망朔望(초하루와 보름)에는 일치하지만, 계절변화는 고려하지 않는다.

현재 우리가 쓰고 있는 달력은 태음태양력(lunisolar calendar)이다. 그것은 달의 삭망을 충실히 지키면서 가끔 윤달을 끼워 넣어서 계절에 맞추도록 한 역법이다. 과거에 지구상의 많은 나라가 이 태음태양력을 사용하였다. 이것이 바로 선천의 동서양 문명이 만들었던 캘린더 제작의 원리이며 역사다.

하지만 증산 상제님은 후천에 쓸 달력의 첫 달은 묘월이라고 밝혀주었다.

계묘년癸卯年(도기 33, 1903) 설날에 한 성도가 상제님께 떡국을 끓여 올리니 한 수저도 들지 않으시고 그냥 물리시니라. 그 후 2월 초하룻날에 상제님께서 "떡국을 지어 올리라" 하시거늘 다 잡수시고 말씀하시기를 "새해의 떡국 맛이 좋구나. 설 잘 쉈다. 이건 내 설이다" 하시니라. 또한 말씀하시기를 "내 세상에는 묘월卯月로 세수歲首를 삼으리라." 하시니라. (『도전』 5:21:1~4)
어느 해 동짓날 상제님께서 말씀하시기를 '동지가 후천 설이니라' 하시니라. (『도전』 2:138:5)

동지가 후천의 설날이 되기 위해서는 '묘월세수卯月歲首'라는 새로운 캘린더가 만들어져야 가능하다. 그러한 새로운 캘린더는 자연의 새로운 변화에 바탕을 둔다. 즉 묘월 세수는 억지로 양력과 음력을 끼워 맞추어 만들어낸 인위적 시스템이 아니라 1년 365¼일의 윤역세상이 끝나고 정음정양의 1년 360일이 되는 정역세상이 되어야 가능하다. 즉 자연의 순환주기의 변화가 선행되어야 '묘월 세수' 역시 가능한 것이다. 상제님의 성구말씀은 바로 이러한 자연의 변화를 미리 알려주신 것이다.
지축이 정립하여 새로운 우주 질서가 성립되면, 그것을 바탕으로 한 인간의 달력 역시 새롭게 만들어지게 된다. 지축이 기울어진 선천에서는 인월寅月(선천의 음력 1월)이 한 해의 시작이지만, 지축이 정립된 후천에는 묘월卯月(선천의 음력 2월)이 정월이 된다. 곧 지축정립으로 인해 새로운 시간표가 성립되는 것이다. 이때는 윤도수가 떨어져 나가기 때문에 음력과 양력이 일치되어 항상 한 달은 30일, 1년은 360일로 우주의 일정한 상용력常用曆을 쓰게 되는 것이다.
이처럼 우주관은 시간관과 직결되기 때문에 자연의 변화를 통해 시간의 변화를 예단하며, 반대로 시간의 본질적 변화를 통해 천지가 새롭게 성공하는 후천개벽의 시간표 역시 가능하게 된다. 이는 지구가 타원궤도에서 정원궤도로 돌도록 태양계의 행성들이 스스로 궤도 수정하는 이치와 똑같다. 그것은 시간의 근본적인 구조 개혁에서 비롯되는 까닭에 책력 구성의 극적인 전환(묘월 세수)은 자연과 사회와 역사와 문명의 새로운 잣대 역할을 할 것이다.

기존 문헌의 용례 동양은 역법 개정의 역사를 통해 문명을 발전시켜 왔다. 어느 때는 자월子月 또는 축월丑月을 세수로 삼는 전통이 있었으나, 인월寅月을 새해의 첫 달로 삼는 전통이 2,000여 년 넘게 지속되어 왔다. 하지만 인월 세수는 선천의 낡은 역법이고, 후천은 묘월 세수가 될 것을 말한 것은 김일부의 정역사상이다.

『정역』「십오일언」의 "화옹친시감화사化翁親視監化事"에는 금화교역을 통해 지천태地天泰의 세상이 오면 천간지지 체계의 근본이 바뀌어 묘월세수의 결과를 가져 온다는 시를 읊은 내용이 있다.

> 아아! 금화가 천지비의 세상은 가고 지천태의 세상이 오는구나.
> 아아! 기위가 친히 정사하니 무위는 존공되는구나.
> 아아! 축궁이 왕성한 기운을 얻으니 자궁은 자리에서 물러나는구나.
> 아아! 묘궁이 일을 시작하니 인궁은 자리에서 떠나는구나.
> 嗚呼라 金火正易하니 否往泰來로다.
> 嗚呼라 己位親政하니 戊位尊空이로다.
> 嗚呼라 丑宮이 得旺하니 子宮이 退位로다.
> 嗚呼라 卯宮이 用事하니 寅宮謝位로다.

무곡 파군武曲破軍

문자적 의미 무곡성武曲星은 북두칠성北斗七星 중의 여섯 째 별로서 염정성廉貞星의 다음에 있고, 파군성破軍星의 위에 있다.

본질적 의미 무곡성과 파군성은 북두칠성을 이루는 일곱 별자리 중의 두 별자리이다. 이 무곡성과 파군성은 북두칠성에 속하므로 칠성신앙과 직간접적으로 연관되이 있다. 전통적으로 동양에서는 별자리 각각에 지상의 사회조직과 유사한 위계질서와 관직을 부여하였다. 즉 북극성의 자미대제紫薇大帝를 정점으로 그밖의 모든 별자리들을 그 권능과 직책이 분명한 성관星官들로 자리매김하였다.

핵심 사상 동양의 정통 신앙에 의하면 별자리와 인간의 길흉화복은 서로 연관되어 있다. 특히 도교가 흥성한 이후에는 북두칠성이 바로 인간의 수명과 운명을 관장한다는 민간신앙이 널리 전파되었다. 당나라에 이르러서는 북두칠성을 비롯한 28수宿 등에 대한 여러 별자리 신앙이 나타난다. 불교의 북두칠성 신앙에서는 일곱별의 명칭을 탐랑성貪狼星, 거문성巨門星, 녹존성祿存星, 문곡성文曲星, 염정성廉貞星, 무곡성武曲星, 파군성破軍星이라 불렀고 그 각각의 별이 인간의 요수장단夭壽長短과 길흉화복吉凶禍福을 주관한다고 인식하였다.

유교의 점성술이 별자리를 음양오행설 등 우주의 원리를 주관하

는 것으로 이해한 반면에 불교의 칠성신앙은 별자리를 통한 개인
의 기복신앙을 중심으로 삼았다. 예컨대 탐랑은 탐심貪心을, 녹존
은 복록福祿을, 염정은 청렴과 곧음을, 문곡과 무곡은 문무文武의
두 범주를, 파군은 적진을 부수듯이 양재禳災하는 의미를 담고
있다. 그리고 도교의 칠성신앙은 천문 우주론의 성격이 아주 강
하며 이를 바탕으로 윤리도덕을 정초하려는 경향이 내재되어 있
다.

『도전』에서는 도술 부리는 일에 관심이 많았던 아우 영학에게 부
채에 학鶴 한 쌍을 그려주시며 "집에 돌아가 이 부채를 부치면서
칠성경을 무곡파군까지 읽고 이어서 대학을 읽으라. 그러면 도술
을 통하리라"(『도전』 3:59:6)고 하는 내용에서 무곡파군이 등장한
다.

도교에 의하면 무곡파군은 북두칠성의 별자리로 그 이름은 각각
'북두제육북극무곡기성군北斗第六北極武曲紀星君'과 '북두제칠천충
파군관성군北斗第七天衝破軍關星君'이다. 그리고 『옥추경』에서는 무
곡성을 구천응원뇌성보화천존九天應元雷聲普化天尊이라 부른다. 뇌
성雷聲은 바로 무곡성이 부리는 신장인 것이다.

무곡성은 우주 최고의 힘을 행시하는 만큼 그 역할이 다양하다.
특히 하늘의 창고로 오곡을 주관하고 하늘의 태상太常으로 승진
을 주관하며, 계급의 순환을 총괄한다. 파군별은 북두칠성에서
방출하는 기가 통과하는 문을 여닫는 임무를 수행한다. 즉 천기
의 출입을 관장하는 별이다. 이는 군대의 총사령관격인데, 천추
성의 명을 받아 번개를 만드는 일을 한다. 특히 파군성은 국방을
비롯하여 사시장단 등의 천지기운을 주관한다. 한마디로 북두칠
성은 온갖 생명체에게 에너지를 불어넣고, 인간에게 직접 길흉화
복의 전권을 행사하는 권한을 가지고 있는 것이다.

기존 문헌의 용례   북두칠성의 명칭과 역할을 가장 잘 표현한 것은 『도장道藏』 권17「태상현령북두본명연생경주太上玄令北斗本命延生經注」이다. 무곡성의 성은 명령明靈이고, 휘諱는 창상원昌上元이다. 하늘의 창고로 오곡을 주관한다. 하늘의 태상太常으로 승진을 주관한다. 위로는 구천의 상진上眞을 총괄하고, 중간으로는 오악五嶽과 비선飛仙을 감찰하고, 아래로는 학자의 몸을 영도한다.

파군성의 성은 현추玄樞, 휘諱는 개천도開天徒이다. 파군성은 국방을 주관한다. 하늘의 상제[天之上帝]가 되어 천지기운을 주관하는데, 사시장단과 천지비태天地否泰와 겁회劫會의 수리가 여기에 모두 매인다.

무극대도無極大道

문자적 의미 모든 것을 포괄하는 지극히 큰 가르침이란 뜻으로 증산 상제님의 도를 가리킨다.

본질적 의미 무극無極은 대립의 상대성을 넘어 경계가 없는 조화의 지극한 극치를 의미한다. 또한 무극은 우주 만물의 기원과 시초를 이루는 것이자 통일 성숙시키는 조화의 근거이며, 나아가 우주 만유의 시원이며 또한 완성, 목적을 상징한다. 무극대도는 우주 만유의 무궁무진한 조화를 부리는 지극한 대도로서, 상제님의 대도를 말한다. 즉 무극대도는 만유 생명의 근원을 이루는 가장 궁극적이며 포괄적인 무극을 주제로 한 무상의 가르침으로 풀이된다. 증산도에서 말하는 무극대도는 가을개벽기에 천지의 질서를 바로잡고 인간 삶을 성숙, 통일시켜 새 천지위에 새로운 문명을 여는 우주 주재자 상제님의 도이다.

핵심 사상 무극대도의 의미는 무극無極, 태극太極, 황극皇極의 삼극론을 통해 보다 분명해진다. 무극, 태극, 황극 개념을 종합하여 우주에 대한 새로운 설명 모델을 제시한 사람은 조선 말의 사상가로 정역을 창시한 김일부(1826~1898)이다.
무극은 음양이 분화되기 이전의, 지정지무至靜至無한 최초의 우주 상태를 가리킨다. 무극은 고정된 형체가 따로 없지만, 그렇다고 아무 것도 없는, 텅 빈 것이 아니다. 오히려 그것은 모든 것이 생겨나고 이뤄지는 존재 가능성을 함유하고 있다. 그리하여 무극은 "우주 조화의 근원", "창조의 본원" 등으로 불린다.

무극의 생생生生하려는 자체 본성으로부터 음이 생하고 양이 생하면서 태극이 시작된다. 태극은 곧 무극의 열림 혹은 질서화다. 무극의 자기 전개로부터 음양의 질서가 분화되고 태극이 생겨나면서 천지 만물의 생성과 조화가 진행되어간다. 실질적인 만물의 창조와 분열작용은 태극에서부터 시작되는 것이다. 모든 생성 변화의 가능성이 압축된 무극이 태극으로 열리면서 처음 생겨난 것이 물이기에, 태극은 태극수太極水 또는 상수 1을 붙여 1태극수라 불린다. 따라서 무극은 우주 만유의 시원이자 통일된 바탕을 차지하는 것이다.

우주 만유는 시간을 타고 음양 기운의 조화 속에 분열 성장을 거듭하다 그 극에 이르러 성숙과 통일의 새 질서로 접어든다. 그런데 이 새로운 질적 변화를 이끄는 것 역시 무극이다. 무극이 시간의 순환질서 속에서 성숙과 통일의 조화정신을 이룰 때, 10무극이라고 한다. 그리고 이것과 구별하여 우주 시원으로서의 무극을 0무극이라고 한다. 또 양자를 현상무극(10무극), 본체무극(0무극)이라고 구분해 부르기도 한다.

결국 우주는 일정한 시간주기를 가지고, 무극-태극-무극의 순환운동, 즉 통일과 분열의 반복운동을 창조적으로 되풀이 하는 것이다. 그리고 이 운동을 끝없이 전개되도록 하는 것이 황극이다. 황극은 조화능력을 지닌 변화의 매개자로서 분열과정을 통일로 넘겨줌으로써 분열과 통일의 순환리듬이 꺼지지 않고 영원히 지속되도록 한다. 황극은 무극과 태극의 질서 바깥에서 주어지는 것이 아니다. 태극수가 분열을 시작하면 불로 바뀌어 분열의 과정을 이끄는데 이 불덩어리가 곧 황극이다.

천지의 이치는 삼원三元이니 곧 무극無極과 태극太極과 황
극皇極이라. 무극은 도의 본원本源인 십토十土요, 태극은
도의 본체로 일수一水니라. 황극은 만물을 낳아 기르는 생
장生長 운동의 본체니 오토五土를 체體로 삼고 칠화七火를
용用으로 삼느니라. 우주는 일태극수一太極水가 동動하여
오황극五皇極의 생장 운동을 거쳐 십무극十無極에서 가을
개벽의 성숙운을 맞이하니라. (『도전』 6:1:1~4)

요컨대 생명의 뿌리로서 도道의 체를 이루는 것은 무극이며, 무
극의 드러남, 작용이 태극이다. 태극은 물과 불로 전개되는데, 이
가운데 불인 황극은 무극-태극-황극의 전 과정을 이끄는 역할을
한다.

무극, 태극, 황극은 각기 독립적으로 존재하는 것이 아니라 일체
를 이룸을 알 수 있다. 태극은 무극의 질서화요 황극은 태극의
용用으로서 근본은 하나다. 증산 상제님은 세 경계로 존재하는
무극의 자리에서 우주를 다스리는 주재자다. 그래서 증산 상제님
은 무극신, 무극제, 무극상제가 된다. 또한 이런 삼극과 제의 관
계는 인사에 새겨져 현실 역사에서 태극과 황극의 대행자가 존재
한다. 다시 말해 태극신, 태극제와 황극신, 황극제가 무극신 증산
상제님과 하나를 이루며 도체를 형성하는 것이다. 이는 마치 천
지가 음양 짝을 이루는 방식으로 일월에 의해 대행되는 것과 같
다.

상제님께서 '나는 천지일월天地日月이니라.' 하시고 건곤감
리 사체四體를 바탕으로 도체道體를 바로잡으시니 건곤
(乾坤:天地)은 도의 체로 무극이요, 감리(坎離:日月)는 도의
용이 되매 태극(水)을 체로 하고 황극(火)을 용으로 삼나

니 이로써 삼원이 합일하니라. 그러므로 도통道統은 삼원
합일三元合一의 이치에 따라 인사화人事化되니라. (『도전』
6:1:5~7)

이로부터 무극대도의 성격은 다음과 같이 규정된다.

무극대도는 천지와 인사의 모든 것을 포괄하며 그것을 성숙과
통일로 이끄는 것으로서 신도와 인사가 일체를 이루는 지극한
가르침이다. 그것은 곧 인간으로 오신 상제님이 성사재인하는 일
꾼과 더불어 천지의 질서를 바로잡아 조화와 통일의 신천지, 신
문명을 여는 구원의 도며 선천 문화의 진액을 뽑아 하나로 통일
하는 열매기 문화의 도다. 다시 말해 가을개벽의 도를 무극대도
라고 한다.

기존 문헌의 용례 무극은 노자와 장자에 의해 도가의 용어로 등장했
다. 특히 노자는 "복귀어무극復歸於無極: 무극의 상태로 돌아감"이
라 했는데, 무극이란 용어는 여기서 처음으로 사용되었다. 어떤
한계도 없다는 의미의 무극은 노자의 문맥에서 우주의 시원과 같
은 것으로 풀이된다. 그 점에서 도나 무와 동일한 것으로 간주된
다. 노자가 "유생어무有生於無"라 하여 만물은 무에서 생겨났다고
했을 때의 무가 바로 무극을 얘기한다는 것이다. 그것은 "유물혼
성 선천지시"(有物混成 先天地始, 분화되지 않은, 그러나 하늘, 땅보다 먼
저 있는 것)와 동일한 경계다.

도가의 무극 개념은 주렴계에 의해 성리학 안으로 수용된다. 그
는 자신의 『태극도설』에서 '무극이태극無極而太極'이란 규정을 제
시한다. 무극이 태극이고 태극으로부터 음양오행이 생겨난다는
주장이다. 그 후 태극을 리理로 보고, 리를 궁극적인 것으로 주장
하는 성리학은 무극의 창조성을 인정하지 않는다. 주희가 대표적

인데, 그는 무극과 태극은 별개의 것이 아니라 동일한 것이라고 밝힌다. "하늘이 아직 생기기 이전의 시기는 소리도 없고 냄새도 없으나 온갖 조화의 실제적인 핵심이며, 모든 사물의 근원이다. 그러므로 무극이면서 태극이라고 말하는 것이다. 태극 밖에 또 다시 별도의 무극이 있다는 뜻이 아니다."

무극에 대한 이해는 조선 말 김일부, 최수운에 의해 새로운 전기가 마련된다. 앞서 밝힌 바와 같이 김일부는 무극, 태극에 황극 개념을 종합하여 시간의 질서 위에서 전개되는 역동적 우주론을 정립한다. 그는 이를 통해 선, 후천 교역의 원리와 개벽 우주의 실상을 밝혔으며 우주 주재자 상제님의 존재를 일깨웠다.

상제님으로부터 천명과 신교를 받아 동학을 개창한 최수운은 "무극지운"과 "무극대도"를 설파한다.

> "호천금궐 상제님을 네가 어찌 알까보냐"
> "만고없는 무극대도 이 세상에 날것이니"
> "십이제국 괴질운수 다시개벽 아닐런가"
> "무극대도 닦아내니 오만년지 운수로다"

수운은 가을개벽의 때 괴질의 겁액이 닥치며, 무극대도로써 개벽을 극복하고 후천 오만년 선경세계가 열리게 된다고 말하고 있다. 이로써 그는 동학을 통해 상제님의 강세로 열리는 무극대도의 시대를 미리 알리는 전령의 역할을 하였던 것이다.

무위이화無爲以化

<u>문자적 의미</u> 무위자연과 같은 말로서 함이 없이 이루어진다는 뜻.

<u>본질적 의미</u> 천지조화를 짓는 질서와 원리인 이법과 하나되어 직접적인 함이 없이 우주를 다스리는, 우주 주재자의 주재 방식을 말한다.

<u>핵심 사상</u> 이법과 신도는 드러난 현상 세계[事]의 이면에 존재하는 보이지 않는, 감춰진 질서와 힘이다. 현실 세계의 변화는 이법과 신도의 조화공능으로 존재한다. 이법[理]은 사물과 변화의 명命을 규정하고 신도[神]는 그 명을 현실화하는 힘이 된다. 이법과 신도는 천지 변화의 경위, 씨줄과 날줄인 셈이다. 온갖 천지의 변화는 이법과 신도에 의해 <u>스스로 그러하게</u>[無爲而化] 이뤄지는 것이다.

> 나는 생장염장生長斂藏 사의四義를 쓰나니 이것이 곧 무위이화無爲以化니라. (『도전』 2:20:1)
> 나의 일은 무위이화無爲以化니라. 신도神道는 지공무사至公無私하니라. 신도로써 만사와 만물을 다스리면 신묘神妙한 공을 이루나니 이것이 곧 무위이화니라. 내가 천지를 주재하여 다스리되 생장염장生長斂藏의 이치를 쓰나니 이것을 일러 무위이화라 하느니라. (『도전』 4:58:2~4)

이법과 신도를 자유자재로 쓴다는 것은 천지조화와 신통변화의 권능을 갖는다는 것을 의미한다. 다시 말해 이법과 신도가 일체로 작용하여 그것이 현실 역사에서 자연스럽게 전개되면서 함이 없이 우주를 다스릴 수 있는 것이다.

우주 주재자 증산 상제님은 이와 같이 우주의 근본 질서와 힘인 이법과 다른 듯 하나되어 직접적 함이 없이 무위이화無爲以化로 우주를 주재한다. 여기서는 스스로 그러한 천지의 자연성과 천지를 맡아 다스리는 우주 주재자의 통치섭리가 일체로 작용하는 것이다.

> 내 세상은 조화선경이니, 조화로써 다스려 말없이 가르치고 함이 없이 교화되며 (『도전』2:19:1)

이밖에도 무위이화는 증산 상제님의 도로 살아가는 후천 조화선경의 도정일체, 군사부일체 문화를 표현하기도 한다.

기존 문헌의 용례 무위는 도가에서 도의 성격을 규정하는 말로 쓰인다. 무위의 도란 비고 고요한 마음을 말한다. 즉 무위의 경지는 모든 집착을 버리고 마음을 하나로 모아 고요한 상태를 유지하는 것이다. 그렇다고 무위는 아무 것도 하지 않는 것이 아니다. 그것은 반자도지동反者道之動의 원리에 따라 모든 것이 나고 자라다 다시 근본으로 돌아가는 천지의 도에 자신을 내맡기는 것이다. 자신을 비워 그 자리에 도가 스스로의 리듬에 따라 무궁하게 전개되도록 하는 것이다. 그럼으로써 하지 않음이 없게 된다.

또한 노자는 성인의 덕치를 무위로써 규정한다.

> 내가 아무 것도 하지 않으니 백성들이 스스로 감화되고 내

가 고요하니 백성들이 스스로 바르게 되며 내가 일을 만들
지 않으니 백성들이 스스로 부유해지고 내가 욕심 부리지
않으니 백성들이 스스로 소박해진다.

이밖에 공자 역시 무위의 덕치에 대해 말한다.

함이 없이 다스리는 자는 순임금이다. 무엇을 하였는가.
자기를 공손히 하고 똑바로 남쪽을 향해 있었을 뿐이니라.

병겁病劫

<u>문자적 의미</u> 후천개벽기에 발생하는 원인모를 괴질로 인한 대사건.

<u>본질적 의미</u> 병겁을 일으키는 병은 한 개인의 병이나 신체 일부분인 병이 아니라 인류 전체의 존망과 관련되는 심각한 병이다. 이 병의 원인과 증상은 생물학적인, 의학적인 것이 아니며, 그래서 이 병을 후천개벽기에 일어나는 천지의 병, 신도의 병, 개벽의 병이라고 부른다. 병겁이란 이러한 병으로 인한 대심판 상황을 지칭한다.

<u>핵심 사상</u> 병겁은 여름에서 가을로 넘어가는 후천개벽기에 상씨름 대전쟁인 병란兵亂과 우주의 질서가 바뀌는 대변혁인 지축정립과 더불어 전 세계를 휩쓸 3대 큰 재앙의 하나이다. 증신 상제님은 "선천개벽 이후로 홍수와 가뭄과 전쟁의 겁재劫災가 서로 번갈아서 그칠 새 없이 세상을 진탕하였으나 아직 큰 병겁은 없었나니 이 뒤에는 병겁이 전 세계를 엄습하여 인류를 전멸케 하되 살아날 방법을 얻지 못할 것이라."(『도전』 7:33:3~4)고 하여 지금까지 없었던 큰 재앙이 병겁으로 닥친다는 것을 알려주고 있다.
병겁에 대한 언급은 동학의 창시자인 최수운에 의해 "12제국 괴질운수 다시 개벽 아닐런가"(『용담유사』 「안심가」, 「몽중노소문답가」)라는 말로 전해진다. 괴질과 개벽을 함께 말한 최수운의 괴질운수는 후천개벽기의 대병겁에 대한 예언이라고 할 수 있다.

병겁의 원인과 증세, 그 전파과정은 현대의학을 통해서 알 수 없으며, 그 치료법 또한 의학적으로 찾아낼 수 없다. 그래서 더욱 무서운 병이 바로 괴질이다. 이 병겁의 상황에서 인류는 속수무책으로 죽어가는 사람들을 지켜볼 수밖에 없다. 그래서 이름하여 괴질병겁이라고 부른다. 괴질이란 그 정체를 전혀 알 수 없다는 뜻이다. 더우기 병겁이 돌 때에는 병원과 의사들이 먼저 그 병에 노출되며, 결국 치료 한번 못해보고 죽음으로 이어지기에, 괴이한 병으로 인한 총체적 난국사태를 병겁이라고 부른다.

> 이 뒤에 이름 없는 괴질이 침입할 때는 주검이 논 물꼬에 새비떼 밀리듯 하리라. (『도전』5:291:11)
> 장차 괴질이 대발大發하면 홍수가 넘쳐흐르듯이 인간 세상을 휩쓸 것이니 천하만방의 억조창생 가운데 살아남을 자가 없느니라. (『도전』10:49:1)
> 이 뒤에 괴병이 돌 때는 자다가도 죽고 먹다가도 죽고 왕래하다가도 죽어 묶어 낼 자가 없어 쇠스랑으로 찍어내되 신 돌려 신을 정신도 차리지 못하리라. (『도전』7:36:1~2)

그렇다면 이 병겁의 원인은 무엇인가? 과학적 의학적으로 알 수 없는 이 병의 원인에 대해서는 오직 증산 상제님의 말씀으로만 이해할 수 있다.

> 선천의 모든 악업惡業과 신명들의 원한과 보복이 천하의 병을 빚어내어 괴질이 되느니라. (『도전』7:38:2)

『도전』에 나타난 병겁에 대한 기록을 바탕으로 그 원인과 증상은 다음과 같이 정리할 수 있다.

첫째, 괴질병겁은 우주의 선천 말 시간대에 발생하는데 이는 병의 원인이 우주섭리로 인한 것임을 알려주는 것이다. 둘째, 선천의 무도한 도덕과 원한의 결과로 발생한다는 것이다. 그러나 이 양자는 서로 다른 원인이 아니라 전자의 환경에서 쌓인 원한과 타락한 인간의 죄악이 만든 필연적 결과이다. 즉 대병겁의 발생은 선천의 상극적 우주원리에서 상생의 우주질서로 이행하는 대변국의 상태에서 오는 우주적 현상이면서, 선천 상극의 이치에서 천지인 삼계가 상호 조화를 이루지 못하여 인간 상호간에 갈등과 대립이 발생하고 이로 인한 억압과 고통, 원한과 죄업이 만든 인과응보의 결과이다.

춘생추살의 섭리로 우주가을에 몰아치는 병겁은 큰 난리와 함께 일어난다. 이 난리는 대규모 전쟁으로서 남북 상씨름이라고 불린다. 그러나 전쟁으로 발생하는 심판인 병란兵亂보다 더 무서운 것이 바로 병겁으로 인한 심판인 병란病亂이다.

> 동서양 싸움을 붙여 기울어진 판을 바로잡으려 하였으나 워낙 짝이 틀려 겨루기 어려우므로 병病으로써 판을 고르게 되느니라. 전쟁이 나면 무명악질無名惡疾이 발생하리니 수화병침水火竝侵이니라." 하시니라. 또 말씀하시기를 "난은 병란病亂이 크니라. 병겁이 일어나면 두더지가 땅을 뒤지지 못하고 제비가 하늘을 날지 못하리라." 하시니라. (『도전』7:34:2~5)

인명을 엄청나게 앗아간 전염병이 재앙과 같은 양상을 띠고 역사에서 나타났던 것은 사실이다. 14세기 유럽의 페스트는 수년 만에 유럽 인구의 1/4을 사라지게 만들었다. 16세기에는 유럽인들과의 접촉을 통해 멕시코 마야인들이 천연두로 사망하여 인구가 1/10

이하로 줄어들었다. 19세기 유럽 도시지역의 콜레라도 많은 인명을 앗아간 것으로 보고되고 있으며 1차대전 말에는 독감이 전 세계를 휩쓸어 2,500만 명이나 사망하였다고 한다.

그러나 이러한 질병들은 원인이 알려진 병이며 치료법도 개발된 병으로서 후천개벽기의 이름 모를 괴질병겁에 비할 바가 아니다. 상제님의 말씀처럼 죽은 자가 새우떼 밀리듯 할 것이며 마치 홍수가 밀리듯 사람들이 죽어나갈 것이다. 병겁은 한반도 군산에서 발발하여 49일 동안 조선을 휩쓸다가 외국으로 전파되어 전 세계가 이 병을 3년 동안 앓게 된다.

그렇다면 왜 조선에서 먼저 괴질이 발병하는 것일까?

그것은 "병겁에서 사람을 살리는 구원의 도"(『도전』 7:40:2)가 바로 조선에 있기 때문이다. 후천 가을개벽기에 인류는 병겁으로 인해 죽느냐 사느냐의 기로에 들어서게 된다. 이렇게 절박한 개벽의 순간에 살아남는 구원의 방도는 바로 의통醫統과 태을주 주문이다. 그 이유는 병의 원인이 생물학적인 것이 아니라 신도적이기 때문이다. 의통과 태을주는 오직 한국의 증산도에서 전하는 것이다.

괴질로서의 병겁은 우주의 가을에 춘생추살의 섭리로 오는 우주의 심판이면서, 선천 상극의 이치가 만들어낸 부정과 타락의 인과응보이면서, 더 나아가 가을의 기를 주장하는 신의 작용으로 내려지는 심판이 그 원인이다. 따라서 이에 대한 접근과 치료는 결국 신에 대한 이해, 우주에 대한 이해, 인간의 마음에 대한 이해를 떠나서는 불가능할 것이다.

보은報恩

문자적 의미 '은혜를 갚는다', '은혜에 보답한다'는 뜻이다.

본질적 의미 우주 만물은 서로가 서로에게 은혜를 베풀고 다시 그 은혜를 갚으며 살아간다. 이 우주는 유기체적 우주이며 각자의 생명은 타자의 생명과 분리되어서 생각될 수 없다. 이처럼 우주는 존재자들 간의 은혜입음과 은혜갚음의 수수법칙을 따라서 생성변화한다. 그러므로 보은은 인간들 사이에서 상호 은혜를 갚는다는 실천적 이념에서 그치는 것이 아니라 천지만물의 존재법칙인 것이다.

핵심 사상 받은 은혜를 되돌려 보답하는 행위인 보은에서 은혜는 인간이 삶을 살아가면서 받게 되는 외부의 크고 작은 도움을 말한다. 증산 상제님은 다음의 말씀으로 보은의 중요성에 대해 쉽고 명쾌하게 깨우쳐주고 있다.

> 우리 공부는 물 한 그릇이라도 연고 없이 남의 힘을 빌리지 못하는 공부니 비록 부자 형제간이라도 헛된 의뢰를 하지 말라. 밥을 한 그릇만 먹어도 잊지 말고 반 그릇만 먹어도 잊지 말라. '일반지덕一飯之德을 필보必報하라.'는 말이 있으나 나는 '반반지은半飯之恩도 필보必報하라.' 하노라. (『도전』 2:28:1~3)

아주 작은 것이라도 은혜를 입었다면, 그 은혜를 저버려서는 안 된다는 것을 강조한 말이다.

증산도의 보은 사상은 상생, 해원과 함께 천지공사의 핵심이념이며 또한 인간 생활윤리의 기본규범이다. 이 보은 사상이 갖는 중요성은 "배은망덕만사신背恩忘德萬死身"(『도전』2:28:4)이란 말씀에서 잘 나타난다. 즉 증산 상제님은 인간으로서 자신이 받은 은덕을 저버리는 불의한 자는 만 번 죽어도 마땅하다고 경계하는 것이다. 우주의 가을은 온갖 불의를 숙청하여 의義의 푯대를 세우는 개벽철이다. 그러므로 인종씨를 추리는 이 가을개벽기에 생명의 열매를 맺으려면, 반드시 의로써 근본의 은혜에 보답하여야 한다.

보은에 대한 가장 압축적이고 명확한 표현은 '천지보은'이다. 이는 천지간에 존재하는 모든 만물은 서로 독립적으로 존재하는 것이 아니라 상호 은혜의 주고받음으로 그 생명성을 유지한다는 것을 뜻한다. 다른 한편 우주 내의 모든 생명존재는 그 생명의 근원이며, 만물의 존재근거인 천지와 천지의 주재자에게 보은해야한다는 의미이기도 하다. 증산 상제님은 이를 "도통천지보은道通天地報恩"(『도전』6:128:6)이라고 표현한다.

하늘과 땅과 사람의 3재才가 이렇게 은혜의 수수법칙으로 일체가 되어 상호 완성된다. 보은의 이념은 황폐해진 자연과 신명과 인간의 분열을 재결합시켜 통일로 인도할 수 있는 상호보완의 이념이다. 증산 상제님은 지상에서는 인간 상호간에, 천상에서는 신명끼리 신세진 것과 은덕을 베푼 것을 서로 갚으며, 또 지상의 인간과 천상의 신명간의 은혜를 서로 갚도록 보은의 길을 열어 주었다. 보은은 천지성공시대를 맞이하여 하늘의 천상세계와 지상의 인간세계의 원한을 풀고 서로 살리고 구원해주는 상생의 다른 표현이다.

그 중에서 특히 천지가 생명을 낳은 은혜와 그에 대한 은혜갚음을 천지보은이라고 말한다. 천지는 인간 생명의 근본이며 그 은혜에 보답하는 것은 인간에게 있어서 무엇보다도 소중하다는 것이다. 도통천지보은은 천지의 은혜에 보답하는 길을 도통이라고 규정한 말이다. 도통이란 천지의 이치와 그 목적을 깨달아 천지성공시대에 천지의 목적을 이루고, 그럼으로써 동시에 인간 스스로가 성공하는 것을 뜻한다. 후천 가을개벽기는 바로 천지와 인간이 동시에 성공하는 때이다.

인간에게 있어서 중요한 또 하나의 보은은 부모와 선령신의 은혜를 갚는 것이다. 조상의 은혜야말로 내가 지금 존재하고 삶을 살아가는 가장 근본적인 바탕이다. 천지와 부모의 은혜는 곧 생명의 은혜이며 이를 부정하고 잊어버리는 것은 생명을 저버리는 것과 같다.

보천교普天敎

문자적 의미 일제 강점기 월곡月谷 차경석車京石(1880~1936)이 증산
상제님을 신앙 대상으로 하여 개창한 교단. '普天'은 넓을 보普,
하늘 천天 자로 '천하에 두루 미치다'라는 의미를 갖는다.

본질적 의미 보천교는 1911년 증산 상제의 도통 계승자이자 반려
자인 태모 고 수부님이 증산 상제님을 신앙하는 교단을 열자 거
기에 동참하여 함께 활동하던 차경석이 이후 독자적 교단을 세력
화함으로써 생겨난 것이다. 차경석은 증산 상제님의 주요 성도의
한 사람이며 태모 고 수부의 이종동생이다. 1921(신유)년 9월, 차
경석은 경남 함양군 황석산黃石山에서 고천제를 올려 교명敎名을
보화교普化敎, 국호를 시국時國이라 선포하였고 그 다음해에 조선
총독부에 교단을 등록하는 과정에서 교명을 보천교로 변경하였
다. 1928년에는 인의仁義의 실천을 강조하는 등 교리를 유교적으
로 수정하기도 하였다. 증산도 도운에서 보천교는 비록 야욕과
배반으로 시작되었지만, 태모 고 수부님이 뿌린 도의 씨앗을 크
게 키워 종통맥을 추수의 주인공에게 전해주는 데 역사했다는 의
의를 갖는다. 주요 경전은 『보천교 교전』을 비롯하여 『대도지남
大道指南』·『교조약사敎祖略史』 등이 있다.

핵심 사상 증산도의 도운, 즉 증산 상제님의 도가 역사에서 전개되
는 과정은 크게 낙종, 이종, 추수로 세 번 굽이치면서 이뤄진다. 증

산 상제님의 도통 계승자인 태모 고 수부님은 도의 씨를 뿌리고 (낙종), 차경석 성도가 이를 옮겨 심은 뒤(이종) 증산 상제님과 태모 고 수부님의 종통을 계승한 인사의 대권자가 모든 것을 거두어들 이고 마무리 짓게 된다(추수). 차경석의 역할과 그가 세운 보천교의 의미는 삼변성도라는 도운의 큰 맥락에서 검토해야 한다.

증산 상제님 어천 2년 전인 1907년(정미년), 후천 곤도와 정음정 양의 우주 원리에 따라 천지대업의 종통을 전수받은 태모 고 수 부님은 그 2년 후인 1911(신해)년 대도통을 이루고, 같은 해 10월 정읍 대흥리 차경석 집에 포정소布政所를 열고 도장 개창을 선언 한다. 이로써 최초의 교단이 생겨나는 낙종 도운이 시작된다. 이 에 증산 상제님의 어천 이후 방황하던 종도들이 모여들어 포교에 나섬으로써 전라, 충청, 경상도 등 삼남지방과 서남해 일대를 중 심으로 교세가 날로 확장되었다. 이때 태모 고 수부님의 이종동 생이자 상제님의 종도였던 차경석이 수부님과 신도들 사이를 이 간離間하고 수부를 고립시켜 교권을 장학하기 시작하였다. 그러 자 첫 교단에 참여한 신도들이 점차 도문을 떠나고 그 가운데 일 부 종도들은 독자적인 교단을 개창하였다. 이로써 뿌리 도운의 분열 시대가 열려 나가게 된다.

차경석은 1916(병진)년에 이르러 마침내 통교권을 장악하게 된다. 이로써 낙종 도운이 마무리되고 도운의 씨를 옮겨 심는 이종 도 수가 시작된다. 차경석은 『서경書經』의 홍범도해洪範圖解, 정역팔괘 그리고 『정감록』 등 동양사상과 풍수설 등을 이용하여 수부의 사 명은 증산 상제님의 도를 자신에게 전하는 데 있으며, 이제는 자 신이 전면에 나서 세계 경략을 실천할 단계라고 주장했다. 이 같 은 논리로 자신의 통교권 장악을 정당화하고 조직 체계를 새롭게 정비한 차경석은 1919년 기존의 24방주 제도를 60방주제로 확대 하고 경남 함양 대황산大篁山에서 고천제告天祭를 봉행했다. 그 후

불과 5~6개월 사이 교인이 수십만으로 늘어나고 1920(경신)년에 들어서는 교인의 수가 55만 여명의 간부를 포함 6백만에 이르는 등 교세가 급격히 불어났다. 1922(임술)년에는 교단 공개에 관한 전권을 위임받은 이상호에 의해 천자를 상징하는 '보화' 대신에 '보천교普天教'란 이름으로 조선총독부에 정식으로 등록됐다. '보천'은 『시경詩經』 소아小雅편의 "보천지하 막비왕토普天之下莫非王土 (천하가 왕의 땅이 아닌 곳이 없다.)"에 나오는 구절이다. 이를 통해 보천교는 세상에 널리 알려지게 되었지만 이는 또한 교단이 일제의 감시와 통제 속에 편입되면서, 이후 급격히 이어지는 쇠퇴의 길에 접어드는 계기가 되었다.

1924(갑자)년 6월, 교단에서 파면당한 이상호를 주축으로 이른바 '보천교 혁신 운동'이 일어났다. 또 같은 해 '보천교 혁신 운동'과 일제의 탄압으로 어려워진 상황을 타개하고자 한 보천교는 일제의 요구에 따라 '시국대동단'을 조직하는데, 이 기관이 언론에 의해 친일단체로 매도되면서 교단의 권위와 교세는 약화되고 민심도 돌아서기 시작한다.

1928(무진)년 정월에 교리를 유교에 가깝게 바꾸고자 하는 설법을 하였는데 이를 보통 보천교의 신로변경信路變更이라고 부른다. 이러한 교리와 신앙형태의 변화는 신도들이 교단을 떠나게 만든 계기가 되었다. 이후 보천교의 교리는 유교의 인의에 기초하여 경천敬天, 명덕明德, 정륜正倫, 애인愛人의 4대 강령을 제시하는 것으로 수정되었다.

1929년에는 5년간의 공사 끝에 완공된 십일전十一殿의 낙성落成에 맞춰 거행하려던 천자 등극식이 일본 황실에 대한 불경이란 이유로 허용되지 않음으로써 무산된다. 일제는 나아가 보천교 관련 건물을 폐쇄하고 전국 교인들을 검거하고 집회를 금지했다. 이러한 일제의 대대적 박해와 탄압은 무엇보다도 보천교 교단이 독립 운동에 활발히 가담한 때문인 것으로 분석된다. 여기에 상투, 풍물놀이 등 전통문화와 사상을 진흥하고자 한 보천교의 생활문화를 미신시하거나 구시대의 낡은 유물로 치부하며 계몽의 대상으로 여기는 사회적 인식도 부정적으로 작용하였다.

결국 일제의 탄압과 민심의 이반으로 뜻을 이루지 못한 차경석은 쇠락의 세월을 보내다가 1936년 57세의 나이로 세상을 떠난다. 일제는 곧바로 전시체제에 따른 사상 통제를 강화하면서 증산 상제님을 신앙하는 모든 교단의 활동을 준독립운동으로 규정, 각 교단에 대폭압 명령을 내린다. 그해 4월 일제는 정읍 대흥리 보천교 본소를 접수하고 보천교 해체를 명령했으며, 교단 재산의 전권을 빼앗아 십일전을 비롯한 경내 40여동 건축물을 임의로 경매, 처분한다. 헐값에 처분된 건물은 모두 뜯겨 서울 조계사 대웅전과 내장사 대웅전, 전주 역사驛舍 등을 짓는 데 쓰인다. 일제의 눈을 피해 비밀리에 신앙 활동을 전개하던 신도들이 검거되고 그 가운데 많은 사람들이 온갖 고문과 취조로 옥사하면서, 보천교는 그 영광의 막을 내리게 되었다.

차경석의 보천교는 상제님을 신앙하는 교단을 확장하여 도운을 크게 일으켰다는 의의가 있다. 이 외에 보천교는 일제의 박해와 식민정책으로 한국의 고유문화를 폐기하던 당시에 전통 문화와 사상을 보존하고 진흥하는 데 중요한 역할을 하였다. 또 민족 대학 설립을 추진하고 조선물산장려회가 추진한 토산품 애용과 물산장려 운동을 전폭적으로 지원하였다. 본소가 위치한 정읍 대흥리 일대에 직물 공장, 염색 공장 등 현대적인 생산 시설도 갖추어 자급자족의 경제 기반을 조성하고자 시도했다. 특히 상해임시정부와 해외 독립운동 단체에 자금을 지원하고 상해임시정부에서 국내에 보낸 밀사들을 보호하고 돕는 등 항일 독립운동사에 지울 수 없는 큰 족적을 남겼다.

북두칠성 신앙

문자적 의미 북두칠성은 만물의 근원이며 인간의 생명과 장생을 주관한다는 인식에서 북두칠성의 신성함을 믿고 의지하는 종교 행위.

본질적 의미 북두칠성에 대한 신앙은 전통의 천문학 이론과 학술적 담론을 넘어서 종교 차원으로 승화된다. 북두칠성은 하늘의 신 중에서 최고신인 상제님이 거처하는 신성한 별인 까닭에 칠성님은 상제님의 또 다른 호칭이라 말할 수 있다. 따라서 북두칠성 신앙은 곧 상제님 신앙과 같다.

핵심 사상 북두칠성을 비롯한 여러 별자리를 관측하는 천문학은 동양인에게 매우 중요한 학문이었다. 그것은 자연의 신비로움과 합법칙성에 대한 우주론이자 종교적 외경심과 호기심이 낳은 산물이었으며, 우주의 이법과 윤리의 결속에 대한 새로운 인식이었다. 동양 천문학에 포함된 다양한 내용 중에서 별에 대한 신앙[성수신앙星宿信仰]은 동양인의 세계관을 이해하는 데 없어서는 안 되는 중요한 테마이다. 밤하늘을 수놓는 무수한 별들은 어부들에게는 매우 소중한 신호등이었으며, 농부에게는 농사 스케줄 작성의 잣대였다. 해와 달의 규칙적인 운행은 하늘과 인간이 의사소통하는 통로였다. 하늘은 일월성수를 통하여 자신의 존재성을 표출하고, 인간은 밤하늘의 무늬에 새겨진 그림을 들여다보고 삶의 준거로 인식하였다.

그것은 자연학과 인간학의 통합이라는 성격을 지닌다. 현대 천문학은 거대한 허블 망원경으로 빅뱅과 연관된 우주 탄생의 수수께끼를 수학공식으로 풀어나가는 경지까지 발전하였다. 하지만 동양의 천문학은 출발부터 수많은 행성들의 걸음걸이가 남긴 발자취, 즉 하늘의 무늬가 남긴 글월(천문天文)에 관한 학문이었을 뿐만 아니라 그 자체가 일종의 천지에 대한 신앙이었다. 별들이 움직이면서 벌이는 잔치는 인간의 수명과 운명을 관장한다는 점성학占星學(Astrology)의 성격이 강했다.

그래서 증산 상제님은 "예로부터 상통천문上通天文과 하찰지리下察地理는 있었으나 중통인의中通人義는 없었나니 내가 비로소 인의人義를 통하였노라"(『도전』 2:22:3~4)라고 하여 과거 학문의 성격과 한계를 단적으로 지적하였다. 여기서 말하는 '천문'은 뉴턴의 기계론적 우주가 아니라, 오히려 천지도수天地度數를 인간학적 의미[人事]로 응용하기 위한 것이라고 해석함이 타당할 것이다.

동양사회에서 천자天子가 정치의 중심축이듯이 천상에서는 북극성北極星이 정점을 이룬다. 이러한 대비는 하늘의 구조가 현실에 그대로 투영된 결과이며, 하늘의 질서기 곧 지상의 질서이며, 인간세상은 천문의 원리가 운용되는 곳이라는 철학으로 발전되었다. 동양에서 천문현상을 지배하는 대표적 별자리가 '28수宿'이다. 28수는 북극성을 중심으로 벌어진 북두칠성과 결합되어 방위나 시간을 나타내는 지표로 기능한다. 그것은 하늘의 적도 또는 황도 주위에 포진된 28개 별자리를 가리킨다.

하늘과 땅의 대응관계, 하늘과 인간의 대응관계에 기초한 '별에 대한 신앙'은 국가의 안녕과 풍요, 전쟁과 부강을 비롯하여 개인의 길흉화복과 운명을 관장하는 것으로 확대된다. 여기에서 하늘의 최고 주재자에 대한 제천의례가 국가책임자의 권위를 상징하는 행사로 자리 잡게 되었다. 그리고 개인의 무병장수와 추길피흉趨吉避凶을 기원하는 별자리신앙이 나타난다. 별자리 신앙의 정점에는 북두칠성이 자리 잡고 있다. 북두칠성은 인간 생명의 본원이요 후천의 태일 인간으로 성숙될 수 있는 열쇠를 쥐고 있는 생명의 시원처인 동시에 귀결처이다.

> 하루는 상제님께서 말씀하시기를 "북두칠성이 내 별이니라" 하시니라. (『도전』3:89:6)
> 조종리에 사는 강칠성姜七星이 아들이 없음을 늘 한탄하며 지내거늘 하루는 태모님께서 칠성에게 말씀하시기를 "나를 믿고 정성껏 심고心告하라." 하시고 사흘 밤을 칠성의 집에 왕래하시며 칠성경七星經을 읽어 주시니 그 뒤에 칠성의 아내가 잉태하여 아들을 낳으니라. 태모님께서 성도들에게 말씀하시기를 "칠성 기운은 사람의 생명이니 자손은 칠성 기운으로 생기느니라." 하시니라. (『도전』11:57:4~7)
> 태모님께서 말씀하시기를 "칠성 공사는 후천 인간을 내는 공사요, 낳아서 키우는 공사니라" 하시고 "후천 기운은 사람을 키우는 칠성 도수이니, 앞세상은 칠성으로 돌아가느니라" 하시니라. (『도전』11:99:1~2)

증산 상제님은 우주의 최고 주재자로서 무소불능의 조화권능으로 천지공사를 집행하여 천지인 삼계를 뜯어고친다. 그 중에 북두칠성과 관련된 많은 공사가 들어있다. 칠성기운과 연관된 조화와 권능은 무두 혼란한 후천개벽의 문턱을 넘어 인류를 구원하는 데 그 목적이 있다. 증산 상제님과 태모님께서 칠성을 소중히 여긴 까닭은 한마디로 후천 선문명을 열기 위해서다. 이런 측면에서 북두칠성 신앙은 곧 새 천지를 열어 생명을 얻는 것과 관련된다. 자연의 측면에서는 우주론적인 정음정양이 이루어져 인간이 한 번도 누리지 못했던 최적의 환경이 조성되고(자연개벽), 문명의 측면에서는 신인합발에 의해 만사지문화가 열리고(문명개벽), 인간의 측면에서는 생명이 연장되어 건강한 삶(인간개벽)을 누릴 수 있는 총체적인 선문명이 펼쳐진다. 이 모든 변화의 중심에 칠성이 있고, 칠성신앙이 함께 한다. 태모님 말씀처럼 앞세상은 칠성으로 돌아가는 것이다.

기존 문헌의 용례 『사기史記』「천관서天官書」에 나타난 북두칠성에 대한 논의는 후대 칠성신앙에 막대한 영향을 끼친다. 그중에서도 핵심은 북두칠성을 천제의 수레[帝車]로 규정한 점에 있다. 특히 후한後漢의 화상석에는 북두수레를 탄 천제가 신하들을 거느리고 있는 형상이 그려져 있다. 이는 하늘에 떠 있는 온갖 별들의 중심에 북두칠성이 존재하기 때문에 북두칠성이 별자리 신앙의 근간과 시초가 되었다.

그리고 북두칠성이 칠정七政을 주관한다는 해석이다. 칠정은 해와 달 및 오성五星이라는 해식이 가장 설득려있게 받아들여지고 있다. 나중에 도교가 성립된 이후에는 북두칠성이 인간의 수명을 관장한다는 관념으로 발전하기에 이른다.

사람 둘(二人)

문자적 의미 두 사람을 말한다.

본질적 의미 증산도 도운에 있어서 진법맥을 이어 성사재인하는 주체로서 인류를 구원으로 이끄는 두 사람을 뜻한다.

핵심 사상 우주만유는 변화의 이치를 바탕으로 존재한다. 그 창조이법을 유형의 천체에 대비하여 볼 때 천지일월天地日月로 이해할 수 있다. 그리고 그것을 역학의 원리로 표현하면 건곤감리乾坤坎離가 된다. 증산도 도운에서는 천지일월이나 건곤감리를 증산도 도맥을 설명하는 토대로 보고 이를 사체四體라고 한다. 즉 천지의 주인이신 상제님께서 음양합덕을 섭리로 반려자인 태모 고 수부님께 종통을 전하여 새역사의 대업을 이었듯이(건곤합덕), 상제님의 대행자인 대두목 또한 음양합덕으로 수화水火일체가 되어 상제님의 대업을 인사로 완성한다는 것이다.

상제님께서 형렬이 새로 지어 올린 옷으로 갈아입으시고 천지공사天地公事를 마쳤음을 성도들에게 선포하시니 김경학金京學이 여쭈기를 "공사를 마치셨으면 나서시기를 바라옵니다." 하는지라 말씀하시기를 "사람 둘이 없으므로 나서지 못하노라." 하시거늘 경학이 재촉하여 말하기를 "제가 비록 무능하지만 몸이 닳도록 두 사람의 일을 대행하겠습니다." 하니 상제님께서 "그렇게 되지 못하느니라."
하시니라. (『도전』10:27:1~5)

여기서 '사람 둘'은 바로 상제님의 대행자 두 사람을 뜻한다.
역학의 원리로 볼 때 금화교역의 가을개벽기에 인류를 살리는 진
주眞主는 천지부모인 10토, 5토의 15수로 상징된다. 또 천지부모
이신 상제님, 태모님 도업의 계승자이자 진리의 집행자도 15수의
원리에 의해 음양짝으로 두 분이 오신다. 이 두 사람이 건곤감리
4체에서 감리, 즉 일월을 상징한다. 사체의 건곤감리에서 건곤은
천지를 상징하고 건곤합덕은 곧 음양합덕으로 모사재천하는 것
을 말한다. 그리고 감리는 건곤을 대행하여 성사재인하는 두 사
람을 말하며 수화일체로 일을 성사시킨다.
15진주의 도통맥인 두 사람을 떠나서는 구원의 핵심을 이해할
수 없다. 그러나 판밖의 난법단체들은 이 두 사람을 왜곡하여 종
통의 근거를 부정하려고 하였다. 두 사람은 천지를 대행하여 만
물을 낳아 기르는 일월의 덕성을 갖고 지상에 오는 추수일꾼을
말한다. 그러나 『대순전경』을 펴낸 이상호·이정립 형제는 이 '사
람 둘'을 자신들이라고 생각하였다. 그래서 『대순전경』 2판에서
5판까지는 상제님께서 전해 받은 그대로 사람 둘이라고 기록하
였다. 그러다가 1960년 이상호가 병이 들어 회생할 수 없는 경지
에 이르자 자신들이 결코 도통맥의 전수자를 의미하는 '두 사람'
이 아님을 알고서는 그 이후의 판본에서는 '사람 둘'을 '사람들'
로 왜곡하였다.
이러한 왜곡은 『증산도 도전』이 편찬되면서 바로 잡혔다. 고증
과 답사, 증언을 토대로 새롭게 편찬된 증산도 경전인 『도전』에
서 원래 상제님이 하신 말씀대로 '사람들'을 수화일체의 대두목
을 뜻하는 '사람 둘'로 고쳐졌다.

삼계대권三界大權

문자적 의미 천, 지, 인 삼계를 다스리는 무상의 권능을 말한다.

본질적 의미 삼계는 하늘, 땅, 인간 세계를 말한다. 보통 삼재三才(우주를 구성하는 세 가지의 근본요소)라고도 한다. 대권은 최상의 권능, 더 이상이 없는 최고의 권력과 힘을 뜻한다. 따라서 삼계대권은 천, 지, 인을 통치하는 최상의 권능이나 권력, 힘으로서 우주의 최고신 상제님의 주재를 규정하는 개념이다.

핵심 사상 하늘은 단지 천리(하늘의 이법 질서)만을 의미하지 않는다. 구체적으로 대우주 천체를 말한다. 그리고 이 천계에는 신명계가 포함된다. 땅은 지운地運, 지기地氣의 총체, 즉 지구의 운행질서에서 지구가 안고 있는 조화기운의 바탕을 말한다. 인간은 천지의 자식이면서 천지의 이상, 즉 천지부모의 뜻을 성취하는 천지성공의 주체를 말한다. 그래서 인간은 만물 가운데 가장 귀하며 천지와 짝하여 삼재를 이루는 것이다. 인사에는 비단 인간만이 아니라 인간이 영위하는 문명과 역사, 미래의 인간 삶까지도 포함된다.
이처럼 천지인 삼계는 유형, 무형의 모든 존재하는 것들의 총체라는 것을 알 수 있다. 그런데 천계, 신명계, 지계, 인간과 역사 등 삼라만상을 근본적으로 관통하고 있는 것은 신이다. 즉 만유의 근본 바탕이 신이다. 특히 '원신', '조화성신', '삼신' 등 관점에 따라 다르게 불리는 신이 천지만물 뿐 아니라 인간의 생명의 탄생과 변화 등 온갖 조화를 짓는다. 이 우주 신성이 천, 지, 인 삼계를 꿰뚫고 있는 하나(一)다.

또한 신은 천지 이법과 짝을 이뤄 만사의 바탕을 이루며 조화를 짓는다. 이법은 변화의 본성과 질서를 명命하고 신은 그것을 매개하여 현실화 되도록 한다. 따라서 삼계대권은 이법과 신도로써 자유자재로 조화를 짓는 신통변화와 천지조화로써 삼계를 다스리는 무궁한 조화권이라고 할 수 있다.

> 내가 삼계대권三界大權을 주재主宰하여 천지를 개벽하여 무궁한 선경의 운수를 정하고 조화정부를 열어 재겁災劫에 싸인 신명과 민중을 건지려 하나니 너는 마음을 순결히 하여 천지공정天地公庭에 수종하라. (『도전』4:3:3~5)
>
> 이제 온 천하가 큰 병(大病)이 들었나니 내가 삼계대권을 주재하여 조화造化로써 천지를 개벽하고 불로장생不老長生의 선경仙境을 건설하려 하노라. 나는 옥황상제玉皇上帝니라. (『도전』2:16:1~3)

증산 상제님은 신축(1911)년 대원사 칠성각에서 대도통을 이루고 이로부터 삼계대권을 주재하여 조화권능을 자유자재로 용사하게 되었다. 증산 상제님은 그와 같은 무상의 권능을 통해 병든 천지를 뜯어고쳐 신천지 위에 신문명을 건설하는 천지공사를 행하게 되었다. 삼계대권은 오직 상제님의 권능이다. 삼계대권을 가진 우주 존재자만이 천지의 혼란을 바로잡고 인류를 구원할 수 있다.

대원사 칠성각에서 공부하신 지 스무하루 만인 신축년 7

월 7일에 천둥과 지진이 크게 일어나고 상서로운 큰비가
쏟아지는 가운데 무상의 대도로 천지대신문天地大神門을
여시니 이로부터 삼계대권三界大權을 주재主宰하시고 우주
의 조화권능을 뜻대로 행하시니라. (『도전』2:11:2~4)

상제님의 삼계대권으로 인간의 역사에서 구원과 새세상의 꿈이
현실화된다. 무엇보다도 삼계대권은 만물을 조화시켜 후천을 열
고 인간과 신명을 구원하는 최고의 권능을 말한다.

삼계해마대제三界解魔大帝와
삼계복마대제三界伏魔大帝

문자적 의미 삼계해마대제는 천지인 삼계의 모든 마魔를 근원적으로 푸는 위대한 상제라는 뜻이고, 삼계복마대제는 천지인 삼계의 모든 마신魔神을 굴복시키는 위대한 관성제군關聖帝君이라는 뜻이다.

본질적 의미 관성제군은 우주의 조화주이자 삼계해마대제인 증산 상제님을 보좌하는 신이다. 삼계복마대제인 관성제군은 모든 마를 근본적으로 해소하는 삼계해마대제인 증산 상제님을 모시고 모든 마신의 발동을 저지하여 후천세계의 천지정의를 실현한다.

핵심 사상 증산도에서 관운장은 삼계해마대제인 승산 상세님을 보좌하여 '삼계복마대제三界伏魔大帝'(5:347:11)로서 천지인 삼계의 모든 삿된 기운과 마귀를 물리치는 역할을 한다. 관운장은 신도 세계의 병마대권을 지닌 정의의 신이기 때문에 마신의 발동을 막는 존재로 알려져 있다. 그래서 증산도에서 주송하는 '운장주雲長呪(관성주關聖呪)'는 척신과 복마가 발동할 때 사악한 기운을 제거하고 모든 마魔를 끌러 천하를 안정케 할 수 있는 주문이다.(『도전』 11:180:7) 복마伏魔의 발동을 제어할 수 있는 큰 조화력을 빌릴 수 있는 '대차력주大借力呪'이다.

운장주雲長呪

天下英雄關雲長 依幕處 謹請 天地八位諸將
천하영웅관운장 의막처 근청 천지팔위제장

六丁六甲 六丙六乙 所率諸將 一別屛營邪鬼
육정육갑 육병육을 소솔제장 일별병영사귀

唵唵唫唫 如律令 裟婆訶 (『도전』5:363:6)
엄엄급급 여율령 사파하

'운장주'는 천지의 모든 마를 굴복시키는 힘을 가진 관운장에게 온갖 삿된 기운과 마신들이 침범하지 못하도록 간청하는 주문이다. 충의의 화신으로 추앙을 받는 관운장은 삼계의 복마와 척신을 제어할 수 있는 도력道力을 지니고 있기 때문에 운장주를 많이 읽으면 의로움이 충만하여 마신의 발동을 막을 수 있는 신묘한 능력을 얻게 된다.

신도의 세계에서 마신은 인간의 만사지 도통을 방해한다는 사신邪神이며 악신惡神이다. 도를 닦기 위해서는 마신이 끼어서도 안 되며, 마가 끼었으면 이를 풀지 않으면 안 된다. 청나라의 왕유광王有光은 『오하언련吳下諺聯』에서 "도가 한 자 높아지면, 마가 열 길 높아지네. 봉우리에 오르고 나면, 마가 절로 물러나네."(道高一尺, 魔高十丈. 到得登峰, 則魔自退.)라고 하였다. 이는 사람의 도가 높아질수록 마신도 도통을 막기 위해 더욱더 기승을 부린다는 뜻이다. 도를 닦는 과정에서 마신을 극복하기 위해서는 삼계의 복마를 항복시키는 '삼계복마대제'인 관운장의 도움을 받지 않을 수 없다. 그러나 더욱 중요한 것은 복마를 단순히 굴복시키는 차원을 넘어서 근원적으로 해소해야 한다는 점이다.

그렇다면 누가 마신의 발동을 근원적으로 해결할 수 있는가? '삼계해마대제三界解魔大帝'(『도전』3:221:6)이다. '삼계해마대제'는 우주의 조화권능으로 천지인 삼계의 마신의 발동을 원천적으로 해소하여 신천지의 천지조화를 새롭게 발현하는 천지대권을 가진 조화주 증산 상제님을 말한다. 따라서 '삼계해마대제'는 삼계의 복마와 척신의 발동을 일시적으로 막는 '삼계복마대제'와는 그 신격과 권능에서 뚜렷한 차이가 있다. '삼계복마대제'는 어디까지나 '삼계해마대제'인 증산 상제님의 보좌 신격에 지나지 않는다. 왜냐하면 "삼계의 복마를 끌러내는 지존至尊은 인간으로 오신 증산 상제님"(『도전』 9:2:1 측주)이기 때문이다. 증산 상제님은 궁극적으로 "해마解魔를 주장"(『도전』 9:2:1)하고, "해마解魔를 위주"(『도전』 2:25:1)로 하기 때문이다.

> 나는 해마解魔를 주장하는 고로 나를 따르는 자는 모든 복마伏魔가 발동하나니 복마의 발동을 잘 받아 이겨야 복이 이어서 이르느니라. 시속에 '화복禍福'이라 이르나니, 이는 복보다 화가 먼저 이름을 말함이로다. 이르는 화를 잘 견디어 받아야 복이 이어서 이르느니라. 좋은 복을 내려 주어도 이기어 받지 못하면 그 복이 다른 곳으로 돌아가느니라. (『도전』 9:2:1~5)
> 나는 해마解魔를 위주로 하나니, 이는 넌서 어시럽게 하고 뒤에 바로잡는 천지의 이치 때문이니라. 그러므로 나를 따르는 자에게는 모든 마魔가 먼저 발동하나니 능히 시련을 받고 나야 복福이 이르느니라. (『도전』 2:25:1~2)

증산도에서 마는 두 가지 의미를 지닌다. 첫째, 사람의 마음에서 드러나는 것으로 스스로 마를 불러들이는 것이다. 둘째, 인간이 저지른 잘못으로 해악을 입은 척신의 원망하는 기운을 지닌 사악한 신명이다. 그런데 '복마伏魔' 역시 이중적 의미를 지닌다. 위의 인용문에서 말하는 '복마'는 난동을 부리지 않고 가만히 엎드려 있는 마를 말한다. 마가 가만히 엎드려 있다가 도를 수련하는 사람이 있으면 발동하여 도통을 하지 못하도록 온갖 방해공작을 하는 것이다. 이는 모든 일이 먼저 어지럽게 된 뒤에야 바로잡는 천지의 이치에서 비롯되는 것이기 때문에 인간이 마의 시련을 굳건히 견뎌야 비로소 도통을 성취할 수 있다.

그러나 '삼계복마대제'에서 '복마'는 앞서 말한 '복마'와는 그 의미가 다르다. 천지인 삼계의 마를 굴복시킨다는 뜻이다. 중요한 것은 마를 굴복시키는 '복마'는 어디까지나 일시적인 현상이기 때문에 천지조화주인 '삼계해마대제'의 주재가 없다면 인간사회의 마를 원천적으로 해결할 수 없다는 사실이다.

기존 문헌의 용례 '삼계복마대제三界伏魔大帝'란 말은 명나라 신종神宗이 만력 42년(1161)에 칙령을 내려 관우를 '삼계복마대제신위원진천존관성제군三界伏魔大帝神威遠鎭天尊關聖帝君'으로 봉하여 삼계의 복마를 관장하는 신으로 격상시킨 데서 유래한다. 그러나 '삼계해마대제'란 말은 기존의 문헌에서는 그 용례를 찾아볼 수 없다.

삼변성도三變成道

<u>문자적 의미</u> 세 번의 변화를 거쳐 일이 이뤄진다는 뜻.

<u>본질적 의미</u> 천지 만물이 생, 장, 성의 과정으로 변화하는 것을 증산도 도운에 적용하여 표현한 말이 바로 '삼변성도'이다. 즉 모든 것은 생, 장, 성 세 마디의 변화과정을 거쳐 나고, 자라고, 결실을 맺는 것에 유비한 표현이다. 천지공사는 우주 이법을 바탕으로 하며, 따라서 그 두 줄기인 세운世運(세계 정치질서의 전개과정)과 도운道運(도의 전개과정) 역시 삼변성도로 이뤄진다.

<u>핵심 사상</u> 증산 상제님은 생장염장의 우주 근본원리에 따라 세계 정치와 도의 판도인 세운과 도운을 각기 삼변성도의 틀로 전개되도록 천지공사로써 짜 놓았다. 다시 말해 앞으로의 인류 역사와 도의 종통맥이 다 같이 세 마디의 변화과정을 겪으며 완결되도록 한 것이다.

> 삼천三遷이라야 일이 이뤄지느니라. (『도전』8:117:2)
> 내 일은 삼변성도三變成道니라. (『도전』5:356:4)

세운의 삼변성도는 씨름판의 형세로 전개된다. 씨름판은 전통적으로 애기판, 총각판, 그리고 최종적으로 상씨름판이 들어서는 방식으로 벌어진다. 제1변인 애기판은 러일전쟁과 그에 이은 제

1차 세계대전이며, 제2변인 총각판은 일본과 독일 등의 주축국과 미국을 비롯한 연합국이 맞선 제2차 세계대전이다. 마지막 제3변 상씨름판은 분단된 한반도를 중심으로 벌어지는데, 이 판을 통해 세계 역사와 인류문명에 대해 짜놓은 천지공사의 뜻이 완전히 실현된다.

도운도 100년의 세월 동안 개창(생), 성장(장)을 거쳐 결실의 과정에 이르게 된다. 삼변성도의 첫 번째 마디는 증산 상제님으로부터 종통을 계승한 태모 고 수부님이 첫 도문을 연 제1변 도운이다. 태모 고 수부님은 증산 상제님의 어천 이후 흩어진 성도들을 규합하여 포교를 시작했다. 그 가운데 차경석 성도의 보천교는 신도수가 수백만을 헤아리는 전국적 교단으로 부상했다.

두 번째 변화마디인 제2변 도운은 민족의 해방과 함께 벌어진다. 1945년 음력 8월 15일 안운산 태상종도사님은 신도들을 모아 증산 상제님의 이념을 새로이 선포하고 포교에 나서, 수십만이 신앙하는 새로운 부흥시대를 열었다.

결실의 마디인 최종의 제3변 도운은 1974, 1975년부터 전개된다. 천지공사를 통해 제3변 도운의 개창지로 예정된 대전에서 새로운 기틀을 갖춘 제3변 도운은 무엇보다도 1992년과 2003년에 증산 상제님과 태모 고 수부님의 생애와 사상, 천지공사의 전모를 밝힌 『도전』의 초판과 개정판을 각각 출간하면서 도운의 완결을 향해 무르익어 간다. 제1변 도운이 씨를 뿌리고 옮겨 심는 과정이라면, 제3변 도운은 익은 곡식을 거둬들이는 추수기에 해당한다.

태모 고 수부님은 자신과 함께 제1변 도운을 이끌게 될 차경석 성도에게 다음과 같이 말한다. "나는 낙종落種 물을 맡으리니 그대는 이종移種 물을 맡으라. 추수秋收할 사람은 다시 있느니라." (『도전』 11:19:10) 여기서 낙종, 이종, 추수 역시 벼농사에 있어 세 단계의 과정이며, 역시 삼변도운에 적용될 수 있다.

삼신三神과 일신一神

문자적 의미 일신은 천지만물의 바탕이 되는 가장 근원적인 원신이며 동시에 우주 최고의 통치자이신 상제님을 일컫는다. 삼신은 이러한 일신이 현실에 드러날 때 세 가지의 신성, 즉 조화·교화·치화 혹은 천일·지일·인일(태일)의 신격으로 작용함을 의미한다.

본질적 의미 일신과 삼신은 일종의 체용관계로서 상호 교호交互적인 의미를 가지고 있다. 즉 일신은 우주 만유의 체가 되고, 삼신은 그것이 현실에 드러날 때의 모습이다. 일신은 본체이고 그 일신이 현실에 적용될 때 삼신의 형태로 드러난다. 그러나 그 삼신은 세 신이 아니라 세 작용이며 그 본체는 곧 하나의 신인 일신이다.

핵심 사상 일신과 삼신의 관계는 다음 『도전』 구절에서 잘 알 수 있다.

> 홀연히 열린 우주의 대광명 가운데 삼신이 계시니, 삼신三神은 곧 일신一神이요... (『도전』 1:1:2)

여기서 삼신의 존재성을 설명하면서, 삼신은 곧 일신이라고 규정하고 있다. '문득' 열린 우주는 광명의 세계이다. 이 대광명 가운데 존재하는 삼신은 우주의 또 다른 존재성이며, 그 존재성은 빛이며 광명이다. 대광명은 태초 우주의 모습이며, 또한 신의 본성이기도 하다. 그래서 신은 신명神明이라고도 한다. 그런데 『도전』은 우주에 만연한 원래적 신성을 먼저 '삼신'이라 규정한다. 우주의 대광명 가운데 삼신이 계신다고 한 것은 삼신은 곧 우주의 대광명이며, 삼신과 우주는 그 시작을 함께 하고 있다는 뜻이다. 이처럼 삼신은 우주의 가장 원초적이며 보편적인 존재(조화성신, 조화정신)이다. 그런데 이 삼신은 우주의 근원적 실재로서 우주를 관통해 있는 가장 보편적인 신이기에 일신一神이라고도 부른다. 즉 삼신은 곧 일신인 것이다. 그렇다면 왜 삼신은 곧 일신인가? 그 이유는 일신이 현실 우주에 구체적으로 자기를 드러낼 때는 하나가 아닌 셋으로 작용하는데 그 셋의 작용으로 드러나는 신을 삼신이라고 한다. 그래서 일신은 곧 삼신이다. 변화의 바탕에서 보면 신은 하나(통일)지만 그 변화의 현상(쓰임)에서 보면 셋(분열)이다. 이때의 삼이란 신이 독립된 세 개체로 존재한다는 것이 아니라 그 나타남의 작용(계기)이 셋이라는 뜻이다.

일신이 현상적으로 드러나는 세 가지의 구체적인 방식은 조화造化, 교화敎化, 치화治化이며, 이 세 작용의 신, 즉 삼신을 각각 조화신, 교화신, 치화신이라고 부른다. 그 작용으로 보면 만물을 낳는(조화)신인 조화신(천일신), 만물을 가르치고 기르는(교화) 신인 교화신(지일신), 만물을 다스리는(치화) 신인 치화신(태일신)으로 구분된다. 이 구조는 신과 우주 그리고 인간의 본성, 그 상호간의 관계를 설명해 줄 수 있는 중요한 논거가 된다.

이 삼신 즉 일신을 모시고 신앙하는 종교를 동방에서는 신교神敎라 불렀다. 신교란 원래 '신의 가르침'("이신설교以神說敎", 『규원사화』)이라는 뜻으로서 신라 최치원의 「난랑비서문」에서는 풍류도風流道라고도 했다. 여기서 '풍風'이란 곧 신의 생명과 기운을 뜻하기 때문에 풍류도란 신교 또는 신도神道라는 뜻과 같다.

삼신의 세계관에서 보면 모든 것이 신이다. 하늘도 신이고, 땅도 신이며, 인간도 신이다. 그러므로 우주 자체가 신의 화현化顯이라 할 수 있다. 삼신과 그 현현작용은 철저히 셋과 하나의 삼일三一 관계로 이루어진다. 이것을 고려 때의 행촌 이암李嵒(1297~1364) 은 "삼신일체三神一體"라고 하였다. 『환단고기』「단군세기 서」에는 다음과 같이 기록되어 있다.

> 대저 삼신일체의 도는 무한히 크고 원융무애한 통일 정신 에 있으니, 조화신이 내려 나의 본성이 되고, 교화신이 내 려 나의 목숨이 되며, 치화신이 내려 나의 정기가 된다.
> 夫三神一體之道 在大圓一之義 造化之神 降爲我性 敎化之神 降爲我命 治化之神 降爲我精 故惟人 爲最貴最尊於萬物者也.
> 그러므로 성명정과 혼연일체를 이루는 분은 삼신일체의 상제님이니라.
> 天人相與之際 緣執三神戒盟 而始能歸于一者也. 故性命精之 無機 三神一體之上帝也.

조교치 삼신과 이것이 인간에 내려 성명정性命精이 되는 원리, 그 리고 인간의 성명정과 혼연일체를 이루는 삼신일체 상제님이 언 급된다. 조교치 삼신이란 그 근원이 일신이고, 이 일신과 한 몸이 되어 현실적으로 드러나도록 하는 것은 삼신상제님이다. 여기서 일신이 현실계에 어떻게 나타나고 적용되는지는 일과 삼의 관계 로서 밝혀진다.

조선 중기의 문신 일십당一十堂 이맥李陌(1455~1528)이 찬술한 『환 단고기』『태백일사太白逸史』「삼신오제본기」에는 "위대하도다! 삼 신일체가 만물의 원리가 되고, 만물의 원리는 덕과 지혜와 창조 력이 됨이여!"(大矣哉 三神一體之爲庶物原理 而庶物原理之爲德爲慧爲力也.)

라 되어 있다. 여기에는 삼신일체가 만물의 원리로 나타난다. 삼신일체가 일신과 삼신의 관계에만 국한된 것이 아니라 최고 원리로서의 삼신일체가 만물의 원리임을 밝히고 있다.

삼신일체에서 일신과 삼신, 그리고 한 분 상제님이라는 구체적 인격신에 대한 보다 상세한 언급이 「삼신오제본기」에 이렇게 전한다.

> 천상계에 문득 삼신이 계셨으니 이 분은 곧 한 분 상제님 이시다. 주체는 곧 일신으로서 각각의 신이 따로 있는 것 이 아니며 작용으로만 삼신이시다.
> 自上界 却有三神 卽一上帝 主體則爲一神 非各有神也 作用則 三神也.

아득한 먼 옛날(태시) 천상계에 문득 삼신이 계셨다. 이때의 삼신이란 셋으로 갈라지기 전의 신 자체이기 때문에 한 분 상제님이라고 한 것이다. 그것을 주체에서 보면 일신이요, 그 작용에서 보면 삼신인데(삼신=일상제, 일신=삼신), 셋으로 갈라진 삼신이다. 달리 말하면 주가 되고 원래의 몸통이 되는 것은 일신이고 이로부터 파생된 작용은 삼신이라는 것이다.

『증산도 도전』에서는 삼신의 작용에 대해 다음과 같이 말한다.

> 삼신께서 천지만물을 낳으시니라. (1:1:3)

여기서 삼신은 삼신 할머니와도 같이 생명을 점지하여 태어나도록 하는 만유 생명의 원천이다. 즉 삼신은 만물을 낳는 모태와도 같다. 그러나 여기서 낳음은 창조가 아니라 삼신의 현현顯現이다. 즉 우주만물은 삼신의 현현으로서 존재하는 것이다. 삼신은 무에서 만물을 창조하는 것이 아니라 우주의 탄생과 함께 존재하며, 만물을 그렇게 있도록 하는 근원적 존재이다. 이를 『도전』에서는 "삼신이 만물을 낳는다"고 표현한 것이다.

상계신上計神, 중계신中計神, 하계신下計神

문자적 의미 한민족의 국조 삼위인 환인, 환웅, 단군을 상, 중, 하의 차례로 일컫는 말.

본질적 의미 한민족의 뿌리 역사인 환국, 배달, (고)조선을 차례로 연 국조삼위 환인, 환웅, 단군을 신으로 추존하여 부르는 호칭. 신의 뜻에 따라 나라를 열어 백성을 다스리고 가르쳤던, 제사장이며 스승이며 통치자였던 국조 삼위는 죽어서는 나라와 겨레를 수호하는 신으로 섬겨졌다. 그래서 국조삼신, 삼신으로 불리기도 한다. 겨레 생명의 근원 또한 삼신으로 호칭되는 것이다.

핵심 사상 우리의 옛 사서는 환국에 대해 명확히 기록하고 있다. 인류 시원사에서 열린 가장 첫 나라가 바로 환국이라는 것이다.

옛적에 환국이 있었다[昔有桓國]. (『삼국유사』)
우리 환족의 나라 세움이 가장 오래되었다[吾桓建國最古也].
(『환단고기』)

인류 첫나라 환국의 지도자가 바로 환인이다. 국조삼신의 첫머리인 환인은 태고 문명시대, 신의 권한을 대행하여 우리 민족의 뿌리이자 인류문화의 모태인 환국을 다스렸던 통치자다. 또 환의 종통을 계승한 환웅은 동방의 태백산으로 이동하여 신시神市에 도읍을 정하고, 우리 민족의 시원국가라 할 '밝은 땅' 배달을 열었다. 환인은 환웅을 홍익인간의 땅을 골라 동방으로 보내며, 새 시대를 열어 가르침을 세우고 세상을 신교의 진리로 다스리고 깨우치도록 명한다(『삼성기』). 삼성조의 마지막인 단군은 지금으로부터 약 4,300년 전 중국의 요임금 시대에 아사달에 도읍을 정하고 고조선을 건국하여, 환국과 배달의 정통 정신을 계승하고 신시의 문화를 크게 부흥시켰다. 특히 단군 성조는 삼신의 정신을 인간의 역사 통치 질서에 적용하여 나라를 삼한, 즉 진한辰韓, 번한番韓, 마한馬韓으로 나누어 다스렸다. 환국-배달-고조선으로 뿌리내린 국통맥은 북부여와 고구려로 이어진다. 증산도에서는 세 분의 국조삼신인 환인, 환웅, 단군을 각각 상계신上計神, 중계신中計神, 하계신下計神으로 부른다.

이렇듯 한민족의 시원 역사는 3수의 창조원리로 열려 나갔다. 환웅은 환인의 뜻을 인간 세상에 가르쳤고 단군왕검은 그 뜻을 펴 세상을 다스렸다. 환국의 환인은 조화의 도道, 배달의 환웅은 교화의 도, 고조선의 단군은 치화의 도를 베풀어 삼신의 창조 원리가 인간 역사에 실현되도록 하였다. 다시 말해 환인은 아버지의 도로써 천하에 법도를 정했고, 환웅은 스승의 도를 써 천하를 거느렸고, 단군은 왕도王道로써 천하를 통치했다. 그래서 삼위성조는 조화, 교화, 치화가 한 신의 작용 혹은 표현이듯 비록 그 차례에서 상, 중, 하로 구별되지만 근본적으로 하나로 속한다.

한민족에게서 제사장이며 스승이며 통치자, 또 국조로서 민족의 뿌리인 환인, 환웅, 단군의 국조삼신은 국가적인 차원에서나 민속에서 오랫동안 존숭의 대상이었다. 13세기 고려 때는 거란과 몽고의 침입 등의 환란 속에 위에 언급한 『삼국유사』와 『제왕운기』등 단군을 국조로 인식하는 저술들이 이뤄지기도 했다. 황해

도 구월산에는 오래 전부터 나라를 연 세 국조삼신을 섬기는 삼
성사三聖祠가 있는데, 조선시대까지만 해도 이곳에서 제사를 지냈
음이 기록(『세종실록』, 『동국여지승람』)에서 확인된다. 또 『환단고기』
에 따르면 이미 배달과 고조선 때 사람들은 환웅을 지상 최고신
으로 모시고 세세토록 제사 지내기를 그치지 않았다고 한다. 소
도라 불리는 신성한 곳에 가장 큰 나무를 택하여 환웅상桓雄像으
로 모시고 제사를 지냈다. 이러한 신수神樹를 웅상雄常이라 부르
기도 했는데 '상常'은 '항상 임어해 계신다'는 뜻이다. 한편 옛날
여자들의 머리에 달아주던 댕기와 안에 쌀을 넣은 뒤 박달나무
말뚝 위에 올려놓고 복을 빌던 부루단지(업주가리) 등이 국조삼신
을 숭배하는 신앙문화의 흔적으로 인용된다. 댕기 풍속은 단군
성조를 추모하여 받든 데서 비롯됐다고 한다. '댕기'라는 말 자체
가 단계檀戒나 단기檀祈에서 나온 것으로 단군과의 연관성을 보여
준다는 지적이다. 또 부루단지에 복을 비는 것은 단군 성조의 맏
아들인 2세 부루 단군의 성덕을 추모하는 제사에서 유래하는 것
으로 설명된다.

그렇지만 오늘에 이르러 고유의 국조삼신 신앙은 그 명맥을 찾
아보기 힘들 만큼 위축돼 있다. 국조삼신은 역사에서 제 자리를
잡지 못하고 그와 관련된 문화들도 무관심과 무지 속에 잊히거
나 무속의 형태로 세속화돼 있어 미신으로 치부되고 있는 형편이
다. 다음의 구절은 증산 상제님이 엄존하는 한민족의 시원사를
환기시킴과 동시에 그 같은 현실을 개탄하는 말이다.

朝鮮國 上計神 中計神 下計神이 無依無托하니
조선국 상계신 중계신 하계신   무의무탁
不可不 文字戒於人이니라.
불가불 문자계어인

조선국 상계신(환인) 중계신(환웅) 하계신(단군)이 몸 붙
여 의탁할 곳이 없나니 환부역조하지 말고 잘 받들 것
을 글로써 너희들에게 경계하지 않을 수 없노라. (『도전』
5:347:16)

이 말씀에서 상제님은 환부역조라는 말로 우리 민족의 조상신이
자 성신인 국조삼신을 망각하고 부정하는 현사태를 경계하고 있
다. 지금은 우주의 계절이 바뀌는 때로 모든 것이 근본으로 돌아
가는 원시반본하는 시대이다. 우리 민족의 뿌리는 국조삼신이며,
그 뿌리를 소중히 섬기는 것은 가을의 정신에 부합하는 마땅하
고 옳은 일이다.

상극相克의 운運

문자적 의미 상극相克이란 '서로 이기다, 극하다, 싸우다'는 뜻으로, 우주의 사계절에서 봄과 여름에 해당하는 선천 세상을 지배하는 이치이다. 그 선천 시간대의 운수를 '상극의 운'이라고 부른다.

본질적 의미 선천 세상의 성격을 가장 잘 드러내는 개념이 곧 상극이다. 상극은 우주 운행 법칙의 차원과 인간과 자연의 이치로서의 차원으로 나누어 생각할 수 있다. 즉 객관적 자연 이치로서 상극과 인간 삶의 원리로서 상극으로 분리해서 설명가능하다. 이법으로서의 상극은 만물의 생성법칙에서 필요한 이치라면 삶의 이치로서 상극은 부정적 결과를 낳는다. 상극의 운은 이중 후자의 상황에 적용된다.

핵심 사상 원래 우주 원리로서의 상극은 목화토금수木火土金水라는 오행의 상호 관계에서 형성된 개념이다. 즉 상극은 오행의 서로 극하는 관계를 설명하는 개념 으로 자연의 변화 원리로서 존재하는 것이다. 상극은 오행 상호간에 서로 극하는 대립을 통해 만물을 분열 성장시키는 역할을 하는 자연의 이치이다. 중요한 것은 자연의 이치로서 상극은 만물을 해치는 부정적 역할이 아니라 만물을 생성 성장시키는 긍정적 역할을 한다는 점이다. 만물은 상극관계의 모순과 대립 속에서 자라나는 것이다. 상극은 모순을 바탕으로 하는 부성이 아니라 발진과 통일을 위한 모순대립인 것이다.

천도의 운행은 생성을 목적으로 하는 바, 오행은 각자가 서로를 극하면서 운행하기 때문에 서로 상극관계에 있다. 그것은 우주의 운행에서 "필요극이며 또한 필요악"이다. 이렇게 상극이라는 모순과 대립은 모든 변화의 필수불가결한 힘이다.

이러한 상극의 힘이 우주만물의 변화 이외에 인간의 삶과 역사에 적용될 때는 성장과 발전이라는 긍정의 힘과 함께 그 결과로 원과 한의 발생이라는 부정적 결과를 낳는다. 상극은 선천 세상의 삶과 문명의 본질을 결정짓는 중요한 요인이다.

> 선천에는 상극의 이치가 인간 사물을 맡았으므로 모든 인
> 사가 도의에 어그러져서 원한이 맺히고 쌓여 삼계에 넘치
> 매 마침내 살기가 터져 나와 세상에 모든 참혹한 재앙을
> 일으키나니... (『도전』 4:16:2~3)

선천의 시간대는 우주의 봄과 여름철에 해당한다. 이 시기에는 만물이 탄생하여 성장하는 단계다. 위에서 언급했듯이, 만물의 성장과 성숙을 위해서는 대립과 모순이라는 상극의 힘이 필요하다. 그런데 문제는 이러한 상극의 힘이 인간과 사물을 맡게 되면 그 결과는 '원한'과 '살기'라는 재앙의 근원을 만들어 낸다는데 있다. 즉 선천 상극의 운이 인간의 삶에 적용될 때 그 결과 선천은 원한의 세상으로 점철되는 것이다. 그 원한은 점차 커져서 삼계를 가득 채우고, 그렇게 쌓인 원한은 곧 살기로 바뀌어 엄청난 파괴적 에너지로 응축된다.

> 선천은 상극相克의 운運이라 상극의 이치가 인간과 사물을
> 맡아 하늘과 땅에 전란戰亂이 그칠 새 없었나니 그리하여

천하를 원한으로 가득 채우므로 이제 이 상극의 운을 끝
맺으려 하매 큰 화액禍厄이 함께 일어나서 인간 세상이 멸
망당하게 되었느니라. 상극의 원한이 폭발하면 우주가 무
너져 내리느니라. (『도전』 2:17:1~5)

상극의 이치가 불러 온 원한과 살기는 지구상의 크고 작은 전란
으로 화하며, 인간세계 뿐 아니라 신명계에도 부정적인 영향을
준다. 상제님의 말씀은 이제 우주의 가을철을 맞이하려는 찰나
지금까지 쌓여 온 화액이 한꺼번에 일어나서 인간 세상은 멸망당
할 지경이 되었다는 것이다. 이렇게 선천의 상극이치로 인해 인
간이 맞이하는 선천 말대의 진멸지경이 바로 '상극의 운'이 의미
하는 또 다른 측면이다.

상생相生

문자적 의미 서로를 살린다. 서로를 잘되게 한다는 뜻.

본질적 의미 후천선경의 세상에서 모든 인간은 상호간의 이기적인 마음을 버리고 서로가 서로를 잘되게 하는 순수한 마음으로 살아가게 된다. 그러한 후천선경은 바로 상생의 세상이다. 선천의 세상을 지배하는 이치가 상극이라면 후천을 지배하는 이치는 상생이다. 이러한 상생의 이치에 따라 만물들은 서로 조화롭게 살아가고 인간들은 대립과 투쟁을 벗어나 서로 사랑하고 서로 잘되게 하는 이타적인 마음을 갖게 된다. 상생은 후천을 살아가는 인간이 갖게 되는 이상적인 마음 상태를 뜻한다.

핵심 사상 상생을 정확히 이해하기 위해서는 상극에 대한 언급이 필요하다. 상극과 상생은 우주를 변화시키는 가장 근본적인 원리이며 법칙이기 때문이다. 이중 상극은 생장염장하는 우주 1년 중에서 생명이 생겨나고 성장하는 선천의 지배적 이치이며, 상생은 만물이 수렴·통일되는 후천의 지배적 이치이다.
이러한 '상극~상생'이란 말은 원래 음양오행을 설명하는 한 개념으로 등장하였다. 즉 목화토금수木火土金水라는 오행五行 각각의 승부勝負작용으로 인한 상관관계를 상극과 상생으로 표현하였는데, 오행의 상생은 수생목水生木, 목생화木生火, 화생토火生土, 토생금土生金, 금생수金生水의 상호 생生하는 관계이다. 이에 반해 상극은 오행의 상호관계에 있어서 서로 극克하는 관계, 즉 수극화水克火, 화극금火克金, 금극목金克木, 목극토木克土, 토극수土克水의 관계이다. 상생이 만물을 살리는(낳는, 生) 이치라면, 상극은 만물을 기르는(대립을 통해서 성숙시키는, 養) 이치라고 할 수 있다.

상극과 상생이란 개념은 동양철학에서 우주의 변화를 설명하는 원리로도 사용되었다. 이미 오래 전에 동양의 성인(복희와 문왕)들은 천수상天垂象하는 모습을 통해서 우주의 모습을 원리적으로 표현하였는데, 이것이 『주역』의 기초가 되는 하도河圖와 낙서洛書이다. 일반적으로 낙서는 상극적 운동을 나타내는 상(象, 선천팔괘도, 복희·문왕팔괘도)이라고 하며, 하도는 상생의 우주운동을 묘사하는 상(象, 후천팔괘도, 정역팔괘도)이라고 한다.

증산 상제님은 일찍이 "천지의 모든 이치가 역에 들어있다"(『도전』 2:20:5)고 하였으며, "주역을 보면 내 일을 알리라"(『도전』 5:248:6)라고 하였다. 이는 우주의 변화원리를 주재하는 원리가 하도와 낙서에 의해 알려지고, 그것을 통해서 선천과 후천이 상극과 상생의 이치로 존재함을 알려주신 말씀이다.

상극의 이치에서 상생의 운으로 들어서는 전환은 지축이 바로 서는 우주환경의 대변화에 의해 가능하다. 지축이 바로 선다는 것은 지축의 경사로 인한 양의 태과太過상태를 벗어나서 양과 음이 동등한 작용을 하게 된다는 것을 의미한다. 이른바 '정음정양'의 시대가 된다. 이때는 음양의 작용이 치우침 없이 동등하게 되고, 우주는 가장 정상적인 운동을 하게 된다. 음양이 서로 조화를 이루게 되면 만물은 상호 조화롭게 작용하고 서로 상생하게 된다. 이러한 우주원리적 상생은 인간의 문화와 역사, 삶에도 영향을 미쳐서 서로 조화롭고 사랑하며 남 잘되게 하는 아름다운 상태를 유지한다. 이러한 우주질서의 극적인 변화를 증산도에서는 후천개벽이라고 한다. 정음정양의 후천우주는 우주 내 모든 생명존

재를 살림의 길로 인도한다. 그 살림이 바로 상생이다. 즉 상생은
후천을 이끄는 지배적 이치가 된다.

상생의 이치가 우주 변화의 원리에 따라 후천의 지배적 원리가
될 때, 인간의 삶도 상생의 운에 따른 실천이 가능해진다. 따라
서 우주론적 관점에서 상생을 철저히 이해할 때, 그리고 우주론
적 의미의 상생을 근거로 할 때, 증산 상제님의 상생사상에 포함
된 실천적 의미를 정확히 이해할 수 있다. 상생의 도는 후천선경
을 실현하는 길이며, 후천개벽은 상생이 열리는 바탕이다.

우주의 질서가 바뀌고 모든 생명이 그 본래성을 회복한다고 하더
라도 인간간의 관계가 아름다운 상생의 관계가 될 때, 비로소 진
정한 의미의 선경이라고 할 수 있다. 또한 이와 더불어 상생을 지
향하는 인간의 의지와 실천이 아무리 적극적이라고 하더라도 후
천개벽과 연관됨으로써 그 빛을 발하게 된다.

"낡은 삶을 버리고 새 삶을 도모하라."(『도전』 2:41:2)는 증산 상제
님의 말씀은 선천의 상극지리가 후천의 상생의 도로 개벽되어,
새로운 세계가 가능하게 되는 시점에서 인간의 삶의 방식이 어떻
게 변화되어야 하는가를 알려준 것이다. 낡은 삶의 방식이란 바
로 척과 원을 쌓는 세상에서의 삶의 태도, 이기주의로 자신의 욕
망을 채우고, 위무와 폭력으로 타인을 억압하는 행위를 뜻한다.
그렇다면 새 삶이란 이러한 선천의 모든 상극적 태도를 벗어버리
고 상생의 조화를 지향하는 후천의 이상적인 삶인 조화와 평화
가 넘쳐나는 선仙의 세계이며, 모두가 행복한 선善의 세상이다.

상생相生의 대도大道

문자적 의미 상생이란 '서로 살리다'는 뜻으로 서로를 극하는 상극과 반대되는 개념이다. 상생의 대도는 '죽어가는 생명을 살리는 위대한 가르침'이란 뜻이다.

본질적 의미 '상생의 대도'는 후천 가을문화를 여는 상제님의 가르침이다. 여기서도 핵심은 상생의 뜻에 있다. 상생은 상극과 마찬가지로 이법적 차원과 실천적 차원으로 나누어 생각할 수 있다. 먼저 이법적 차원에서 상생은 수화목금토라는 오행이 각각 서로 상대방을 살리는 관계에 있음을 말한다. 실천적 차원은 인간의 삶과 행위에 관련된 이치와 법도를 말한다. 이법적 차원의 상생이 바탕이 될 때 인간의 삶 역시 상생을 실천하는 이상적인 세상이 된다. 인간으로 강세하신 증산 상제님은 인간과 신명이 서로 상생하는 세상, 후천선경이라는 새로운 세상을 여는 법방으로 '상생의 대도'를 내려 주셨다.

핵심 사상 선천의 세상은 음양이 조화를 이루지 못해 서로를 극하는 상극의 세상이었다. 그러나 후천 가을개벽의 한 축인 지축정립은 부조화된 음양이 서로 조화를 이루는 상생의 세상을 만들며, 그러한 상생의 세상에서 인간은 서로 평화와 화해의 이상적인 관계를 지향한다.
우주에는 음양이 함께 존재하듯이 상극과 상생이 함께 존재한다. 즉 서로를 극하는 상극만의 세상도 없으며, 서로를 살리는 상생만의 세상도 없다. 단지 상극과 상생이 선천과 후천을 지배하는 원리이며, 이에 따라 선천은 상극의 세상이 되며, 후천은 상생의 세상이 되는 것이다.

상생과 상극은 서로 다른 작용을 하며, 서로 다른 세상을 만든다. 대립과 모순이라는 상극 작용에서 만물이 변화할 수 있는 모멘트가 생성되지만 이것만으로는 만물의 변화 작용은 목적을 달성할 수 없다. 대립과 모순이 만물을 성장시키는 힘이라면, 이 대립과 모순을 화해시키고 조화시켜 통일과 성숙을 지향하는 또다른 힘이 요구되는 바, 이것이 바로 상생의 작용이다. 서양의 변증법 철학자인 헤겔이 모순과 대립을 넘어서 화해와 통일을 중시했던 것은 상생과 상극으로 상징되는 변화의 상관관계를 설명하기 위해서였다. 상극과 상생의 두 원리는 모두 우주의 원리로서 존재하지만 후천의 원리는 상생이며, 그 상생의 원리는 곧 평화와 구원의 도이다.

이중에서 상생이란 오행의 상호 생하는 관계를 지칭하는 말이며, 음양이 조화를 이루어 정음정양의 운동을 하는 후천 우주의 이치를 지칭하기도 한다. 오행의 상생은 단순한 개별적 사물의 생生이 아니라 모든 존재에 적용되는 보편타당한 이치이며, 우주의 이치로서 상생은 가장 근원적 존재원리인 음양의 조화에 바탕하는 것이다. 이러한 상생에 바탕을 두고 인간의 삶과 역사를 상생으로 만드는 것이 '상생의 대도'이다.

　나의 도는 상생相生의 대도이니라. ... 내가 이제 후천을 개벽하고 상생의 운을 열어 선으로 살아가는 세상을 만들리라. 만국이 상생하고 남녀가 상생하며 윗사람과 아랫사람이 서로 화합하고 분수에 따라 자기의 도리에 충실하여 모

든 덕이 근원으로 돌아가리니 대인대의大仁大義의 세상이
니라. (『도전』2:18:1~5)

상제님께서는 당신의 가르침을 '상생의 대도'로 선언하였다. 후
천은 선의 세상으로서 만국과 만인이 서로 상생하고 화합하는,
대인대의의 세상이다. 대인대의란 지극한 사랑과 정의를 말하는
것으로, 인류가 그려 온 이상적인 사회를 나타낸 것이다. 이러한
상생의 대도로 여는 상생의 세상이 후천선경이다.

내 도는 곧 상생이니, 서로 극하는 이치와 죄악이 없는 세
상이니라. 앞세상은 하늘과 땅이 합덕合德하는 세상이니
라. 이제 천하를 한집안으로 통일하나니 온 인류가 한가
족이 되어 화기和氣가 무르녹고 생명을 살리는 것을 덕으
로 삼느니라. … 후천은 온갖 변화가 통일로 돌아가느니라.
(『도전』2:19:2~7)

대인대의의 세상, 정의와 사랑이 조화를 이루는 세상, 그것은 서
로가 서로를 잘되게 하는, 그래서 세계 전체가 한 가족이 되는 세
상이다. 그런 세상은 하늘과 땅, 여자와 남자, 가진 자와 못 가진
자, 부자와 빈자, 지배자와 피지배자 등 온갖 대립 해소되고 갈등
이 사라지는 평화와 통일되는 아름다운 세상이다.
그런데 이러한 상생의 세상은 때만 기다리면 저절로 오는 것은
아니다. 상제님은 선천 상극의 우주 이법을 후천 상생의 이법으
로 돌려 놓는 천지공사를 행함으로써 이 일을 완수한다.

이제 천지도수를 뜯어고치고 신도를 바로잡아 만고의 원
을 풀며 상생의 도로써 선경의 운수를 열고 조화정부를 세

위 함이 없는 다스림과 말 없는 가르침으로 백성을 교화하
여 세상을 고치리라. (『도전』4:16:4~7)

"천지도수를 뜯어고친다."는 것은 선천 상극의 운을 후천 상생의
운으로 바꾼다는 뜻이며, 상제님이 행한 천지공사가 그 구체적
내용이다. '상생의 대도'는 천지공사의 근본이며, 인류가 살아가
는 법도이며, 새로운 세상의 특징이다.

상씨름

문자적 의미 한국의 씨름 경기에서 가장 마지막에 벌어지는 가장 큰 씨름.

본질적 의미 증산 상제님은 천지공사를 보시며 세운의 흐름을 씨름판에 비유하였다. 즉 세계 역사의 흐름은 세단계의 변화를 거쳐서 전개되는데 그 각각의 단계를 애기판 씨름, 총각판 씨름, 상씨름으로 불렀다. 그중 마지막 단계의 역사과정을 상씨름이라고 한다. 즉 세운공사에서 제3변의 세운은 후천개벽에 이르는 마지막 씨름판의 내용으로 되어 있다.

핵심 사상 '상씨름 도수'라고 명명된 이 공사의 내용은 오선위기의 주인인 한반도의 남북한이 마지막 대결을 하는 것으로 천지공사에 의해 세계의 모든 정치판도가 이 대결의 결과와 연결되어 있다.

> 현하 대세가 씨름판과 같으니 애기판과 총각판이 지난 뒤에 상씨름으로 판을 마치리라. (『도전』5:7:1)
> 씨름판대는 조선의 삼팔선에 두고 세계 상씨름판을 붙이리라. (『도전』5:7:3)

이것은 세계전쟁의 과정을 비유한 제1변인 애기판 씨름과 제2변인 총각판 씨름의 세운이 끝나고 한반도에서 마지막 전쟁, 즉 상씨름이 일어난다는 것을 의미하고 있다. 남북 간의 상씨름판은 대체적으로 1950년의 한국전쟁을 기점으로 삼고 있다. 그 이유는 남북한이 주된 전쟁의 당사자가 되고 미국을 중심으로 하는 자유진영과 소련을 중심으로 하는 사회주의 진영 간의 전쟁으로 확대된 최초의 전쟁이 한국전쟁이기 때문이다. 지금까지 오선위기의 씨름판 구도에서는 남북한이 배제되고 한반도 내의 이해관계가 발단이 된 열강간의 대립과 전쟁이었지만 마지막 상씨름 전쟁에서는 그 이해 당사자인 남북한이 등장하게 된다. 물론 여기에서도 남북한뿐 아니라 열강들이 개입함으로써 오선위기 구도는 유지되고 있다.

증산 상제님은 상씨름판의 오선위기 구도에 대하여 비교적 자세하게 언급하고 있다. 상씨름판에서는 이전과는 달리 참여하는 열강들이 구체적으로 등장하고 있고 전쟁의 결과 역시 언급되어 있다. 예를 들어 "장차 일청전쟁이 두 번 일어나리니 첫 번째는 청국이 패하고 말 것이요 두 번째 일어나는 싸움이 10년을 가리니 그 끝에 일본은 패하여 쫓겨 들어가고 호병胡兵이 침노하리라. 그러나 한강 이남은 뺏지 못하리라."(『도전』 5:405:1~2)라는 구절에서 한국전쟁 중 중국의 개입이 있음을 밝혀주고 있다. 그리고 중국의 개입에도 불구하고 북한에 의한 한반도 통일이 불가하다는 점도 발견할 수 있는 것이다.

증산 상제님은 한반도가 여전히 강국들의 세력균형의 구도에 놓여 있고 최종적으로 남북한의 마지막 전쟁이 발발한다고 보았다. 그렇다면 남북한의 전쟁은 언제 다시 발생하는가? 증산 상제님은 이러한 질문에 대하여 "씨름판에 소가 나가면 판을 걷게 되리라."(『도전』 5:7:4)는 말씀으로 그 구체적인 시기를 암시하고 있다. 그런데 이것은 현재의 정치상황의 전개를 살펴보면 놀라울 정도로 맞아 들어가고 있다. 김일성 사후 전개될 것이라는 남북한의 교류가 답보상태에 있었던 1998년 한국의 정주영 현대명예회장이 추진한 소의 북한 송출이 삼팔선을 넘어 이루어졌다. 이와 같은 현상은 남북한의 상씨름판이 임박하였음을 알려주는 것으로 일반인의 예상과는 달리 대규모의 전쟁이 발생할 시점이라는 것을 암시하여 주고 있다.

한반도에 전쟁이 일어날 것이라는 또 다른 증거는 미국의 역할이다. 한국전쟁 이후 미국은 한미군사동맹을 통하여 한국에 주한미군을 상주시킴으로써 북한에 의한 전쟁도발을 억제시켜 왔다. 주한미군이 가지는 부정적인 효과에 대해서는 다양한 견해가 있겠지만 이와 같은 전쟁억지로서의 주한미군의 역할에 대해서는 별반 이견이 없다. 하지만 증산 상제님은 이러한 미군이 곧 한반도에서 철수하는 것으로 공사를 집행하였다. 증산 상제님은 "…서양은 어족이라 '시~시~' 소리가 나면 한 손가락을 튕기지 않아도 쉬이 들어가리라."(『도전』 5:405:3)고 하였다. 즉 한국전쟁이 끝나고 어느 시점에 미군은 철수하게 된다는 것이다. 이러한 국제 정세의 변화가 앞으로 전개될 세운과 무관하지 않다는 것이다. 현재 북한이 겪고 있는 심각한 사회경제적 위기로 인하여 북한정권은 지금 심각한 위기에 처해 있으며, 만약 통일이 북한이 원하지 않는 방향으로 나아갈 때 택할 수 있는 방안이 전쟁 외에는 별반 다른 대안이 없기 때문이다. 따라서 증산 상제님이 구도한 대로 한반도전쟁이 다시 발생하면 남북한뿐 아니라 동아시아의 역학관계상 다른 주변 강국들이 참여하는 대규모의 전쟁이 될 가능성이 높은 편이다.

한반도에서의 마지막 전쟁, 상씨름은 세계질서를 근본적으로 변화시킬 수 있는 파괴력을 가지고 있다. 과거의 제한적인 전쟁과는 달리 현대 전쟁은 전면적인 성격을 가지고 있고 더욱이 핵무기의 등장은 전체 인류를 파멸시킬 수 있는 파괴력을 지니고 있다. 한반도전쟁이 전면적이고 주변국가들이 가세하는 대규모의 전쟁이 된다면 핵무기를 보유하고 있는 국가에 의한 핵전쟁으로 비화될 가능성이 높다. 비록 증산 상제님이 핵무기의 철폐를 시사하는 '화둔 공사火遁公事'를 보았지만, 선천의 모든 원과 한을 제거하기 위하여 핵무기가 마지막으로 한반도와 주변 국가 등에서 사용될 개연성은 있는 것이다. 그리고 현재 북한은 다수의 핵무기를 보유하고 있다고 국제사회에 정식으로 선언한 상태이다. 핵무기를 사용하는 전쟁이 일어난다면 이는 기존의 국제정치질서를 일시에 변화시킬 수 있는 계기가 될 수 있다.

결국 남북한 간의 상씨름은 핵전쟁의 가능성을 내포한 국제적인 전쟁으로 세운공사의 종결과 같이하고 있다. 그러나 상씨름판의 종결이 곧 개벽을 의미하는 것은 아니다. 상씨름판은 개벽판, 남북통일은 후천개벽상황, 지구촌의 병겁상황과 맞물려 있다. 이는 상씨름판이 인류사의 모든 문제를 가늠질하는 최후의 대결구조와 역사성을 가지고 있다 하더라도 남북전쟁뿐 아니라 이보다 더 큰 병겁, 즉 병란病亂이 발생하면서 개벽으로 가게 된다는 것이다. 증산 상제님은 "동·서양 싸움을 붙여 기울어진 판을 바로 잡으려 하였으나 워낙 짝이 틀려 겨루기 어려우므로 병病으로써 판을 고르게 되느니라." 하시고 또 "난은 병란病亂이 크니라."(『도전』 7:34:2~4)하였다. 따라서 남북상씨름은 병의 창궐로 이어지고 이의 결과로 천지공사는 완결을 맞이하며 후천의 신문명과 신세계가 발생하게 된다.

상제上帝

문자적 의미 옥황상제님의 줄임말이다. 상제의 '상上'은 가장 높은, 가장 존귀한 것을 뜻하고 '제帝'는 하느님을 뜻한다. 상제란 그 이상이 없는 으뜸의 자리에 있는 우주 통치자 하느님을 의미한다.

본질적 의미 상제님은 자연과 인간과 신의 세계를 주재하는 우주 삼계의 지고신至高神을 가리킨다. 천지에 가득 찬 신령한 기운인 원신元神과 구별하여 주신主神으로 불린다. 상제님은 우주를 통치하는 최고의 인격신이다.

핵심 사상 상제님은 최고의 신격으로서 모든 신들을 다스린다. 상제님은 이법理法과 하나되어 천지를 주재하며, 천지의 온갖 변화를 짓는 신도神道의 조화로써 우주를 통치하는 분이다. 상제님을 포함한 모든 신들의 세계를 신도라고 하는데, 우주 만유의 바탕자리를 이루는 신령한 기운(원신)과 자연신과 조상신을 비롯한 모든 신명들의 총체이다. 상제는 신들 중의 신으로 신도를 주재하며, 삼신과 하나되어 천지만물을 주재하는 최고의 신이다.
'상제'라는 호칭은 중국의 고전에서 찾을 수 있다. 유교 경전 『서경』에 요, 순, 우, 탕, 등 중국 역대 제왕들이 제위에 오르면서 상제님을 향해 천제를 지냈다는 등의 기록이 남아있고, 『시경』에 상제님을 찬양한 많은 노래들이 실려 있다. 또 사마천이 쓴 『사기』의 「봉선서封禪書」에는 중국의 황제들이 산동성에 위치한 태산의 정상에 올라가 상제님께 천제를 올린 기록이 남아 있기도 하다.

그러나 상제문화의 뿌리는 중국 은나라보다 훨씬 전인 한민족 시원국가인 배달-고조선시대로까지 거슬러 올라간다. 당시 동방의 신교 문화권에서는 우주 통치자 하느님을 '상제님', '삼신상제님', '삼신하느님'으로 불러 왔다. 신교란 인류 시원 종교로서 우주 주재자 상제님을 섬기고 천지의 온갖 변화를 신의 조화라고 믿는 신앙관을 요체로 하고 있다.

천, 지, 인 삼계대권의 주재자인 상제님은 기존 종교 유, 불, 선과 서구 기독교에서 각기 "옥황상제님", "미륵불", "천주", "하느님", "하나님" 등으로 다양하게 불러 왔다. 즉 각각의 종교가 부르는 명칭은 다르지만 그 위격은 모두 최고의 주재신으로서 상제를 가리킨다. 옥황상제님은 도교에서 '천상 옥경玉京에 계신 지존자'의 뜻으로 옥황을 상제 개념에 덧붙인 이름이다. 불가에서 말하는 바, 인간으로 강세하여 인류를 구원하고 이상낙원을 건설하는 도솔천의 천주인 미륵 역시 상제님을 부르는 말이다. 또한 상제님의 '상'은 '천상天上'을 그리고 '제'는 우주의 주인(主)을 의미하기에 상제님의 또 다른 이름이 가톨릭의 '천주'이며 '아버지 하느님'이다. 뿐만 아니라 상제님은 절대적 조화권을 쓰는 유일무이한 분이기에 기독교에서는 '하나님'으로 호칭한다. 요컨대 이러저러한 호칭들은 한결같이 동일한 한 분 천지의 원주인인 상제님을 지시하는 것이다.

이처럼 각 종교가 지칭하는 최고신이 모두 한 분 상제님을 가리키는 것은 공자, 석가, 예수 등 선천 성자들이 참하나님이신 상제님으로부터 천명을 받고 이 세상에 왔기 때문이다.

예수를 믿는 사람은 예수의 재림을 기다리고 불교도는 미
륵의 출세를 기다리고 동학 신도는 최수운의 갱생을 기다
리나니 '누구든지 한 사람만 오면 각기 저의 스승이라.' 하
여 따르리라. '예수가 재림한다.' 하나 곧 나를 두고 한 말
이니라. 공자, 석가, 예수는 내가 쓰기 위해 내려 보냈느니
라. (『도전』2:40:1~6)

온 우주를 맡아 다스리는 주재자 하느님은 분열 성장하는 우주
봄, 여름에서 성숙과 통일의 가을로 바뀌는 때에 직접 인간의 몸
으로 지상에 강세하였다. 증산도에서는 하추교역의 시기에 인간
으로 오신 하느님, 인존천주님을 증산 상제님이라고 부른다. 증
산 상제님은 '인간으로 오신 하나님'이며, '증산'은 인존상제님의
존호이다.
증산 상제님은 성숙과 통일의 추수 원리에 따라 모든 문제를 끌
러내고 상생의 질서로써 새 하늘, 새 땅, 새로운 인간 삶을 여는
천지공사를 집행하셨다. 천지공사는 인존상제님의 일이며, 명이
다. '서신사명西神司命'이라고도 불리는 우주 개조의 천지 사업이
바로 상제님이 9년 동안 집행한 천지공사의 본질이다.
이처럼 인간으로 오신 상제님은 상생의 도로써 천지의 새 질서를
열어 천지의 모든 것들을 살려서 구원하는 '개벽장' 하느님이다.
상제님의 지상 강세에는 우주 이법과 더불어 천지신명들의 간곡
한 호소가 작용했다.

선천의 모든 일이 그대로 인간 세상에 재앙을 일으키면 천
하를 건지기 어려우므로 천지신명들이 구천九天에 있는 나
에게 호소하매 내가 차마 물리치지 못하고 어찌할 수 없이
세상에 내려오면서 (『도전』5:125:6~7)

상제님의 지상강세는 천지신성들의 호소에 응답하여 인간세상의
재앙을 끝막고 가을 새천지를 열기 위한 것이며, 이는 우주 가을
의 추수이법에 따른 것이다.

새울 도수

문자적 의미 봉황이 둥지에 들어 앉아 알을 품고 있는 지형을 하고 있어서 새울이라고 불리는 마을의 이름을 취하여 붙여진 도수.

본질적 의미 새울 도수는 인종씨를 추리는 가을개벽기에 의통구호대가 근본신앙을 혁신하여 사상적, 문화적 역량과 역사의식을 키워 현실 역사 속에서 구체적으로 조직을 짜 들어가는 도수이다. 가을 천지의 영원한 생명의 둥지를 얻기 위해 일꾼들이 의식을 성숙시키고 조직을 갖춰가도록 섭리된 것으로써 제 3변 결실도운과 관련된 것이다.

핵심 사상 새울은 현재 전라북도 정읍시 칠보면 백암리에 있는 상일, 중일, 흥이, 흥삼의 네 마을을 가리키는 이름이다. 새울이란 마을의 지형이 봉황새가 알을 품고 있는 형상을 하고 있기 때문에 지어진 이름이다. 새울에서 새는 봉황을, 울은 둥지를 의미한다.

봉황은 불멸의 새로 용과 짝을 이룬다. 봉은 우주 변화원리에서는 칠화七火를 상징한다. 용은 물과 관계되며 봉은 불과 연관된다. 물과 불에서 물은 기틀[體]이고, 불은 작용[用]이다. 따라서 봉황의 뜻을 포함하고 있는 마을에 붙여진 새울 도수는 구체적이며 현실적인 활동과 관련된 공사임을 알 수 있다.

새울은 당시 최창조 성도가 살고 있던 곳으로서 칠보산 자락에

접해 있다. 칠보산은 일곱 봉우리로 이루어져 있으며 칠보임학七寶林壑이라 하여 산세가 수려하고 골이 깊은 곳으로 증산도 육임 조직에 대한 칠성 도수와 밀접한 관련이 있다.

새울 도수(칠화七火), 칠성 도수, 칠보산 기운 등 모두 7수를 포함하고 있다. 이는 모두 육임 조직과 관계있다는 것을 말해준다. 6명이 각기 다른 임무를 맡는 육임조직의 근본 정신은 우주 변화 원리에서 보면 하도 1, 6수에서 찾을 수 있다. 1은 생수生數, 6은 성수成數에 속하며 두 수를 합하면 7(화火)이다. 생수 1이 실제로 변화작용을 하는 것이 성수 6으로서 둘은 체용體用의 관계에 해당한다. 이 원리에 따라 육임 조직은 1수의 리더가 체가 되고 6명의 육임 조직은 용이 되어 가을개벽 상황에서 괴병으로 쓰러져 가는 인류를 건져내는 것이다.

봉이 용과 짝을 이루듯, 새울 도수는 숙구지 도수와 관련된다. 숙구지 도수는 대두목 출세에 관한 공사다. 반면 새울 도수는 증산도 육임 조직이 후천의 선 문명을 열어가기 위한 마지막 대세 몰이를 전개하며, 다가오는 대개벽기에 인류를 구원하고 후천선경을 열도록 해주는 도수다.

생장염장生長斂藏

문자적 의미 '낳고[생生] 기르고[장長] 거두고[염斂] 휴식한다[장藏]' 는 뜻

본질적 의미 천지의 변화와 인간 삶을 이끄는 근본 원리. 유형의 사물이든 무형의 신명이든, 극미의 세계든 극대의 세계든 우주의 모든 것은 생장염장의 질서로 변화해 간다. 모든 것은 낳고 자라고 결실을 맺고 휴장하는 질서 하에 존재한다. 우주 주재자 상제님은 이 생장염장의 우주 이법을 쓰되, 무위이화로 천지만물을 통치하신다.

핵심 사상 우주 변화의 근본 원리인 생장염장은 시간적, 역사적인 성격을 갖는다. 생, 장, 염, 장은 각기 순환하는 시간의 마디를 의미한다. 변화의 첫 단계인 생은 인간과 만물이 태동하는 봄의 특징이자 질서며, 장은 생겨난 것들이 무성하게 성장하는 여름의 특징이며 질서다. 렴은 태어나 성장한 모든 것들이 성숙하여 결실을 맺고 거둬들여지는 가을의 특징이며 질서다. 마지막으로 장은 다시 새롭게 시작하는 봄을 예비하며, 추수한 것들을 저장하는 겨울의 특징이며 질서다. 이것은 한 그루 유실수의 모습을 통해 쉽게 설명된다. 봄이 되면 땅 속에 물기가 올라오면서, 새싹이 터져 나오고 이내 나뭇가지에 이파리가 열리고, 여름이 되면 그 잎들이 하늘을 덮을 듯 번성한다. 그러다 가을에 들어서면 열매

가 여물면서 모든 잎이 땅으로 떨어진다. 그리고 겨울이 되면 나무는 다음 봄을 기약하며 긴 휴식에 들어간다. 자연의 변화만이 아니라 인간의 하루 삶과 일생, 인간의 문명이 또한 그 생장염장의 질서를 벗어나지 않는다.

우주의 근본 변화 성격을 생장염장으로 규정하는 것은 곧 우주의 순환성을 전제하는 것이다. 지구에 봄, 여름, 가을, 겨울이 있는 것처럼 우주에도 사단계의 시간대가 있어 그것을 되풀이하며 앞으로 나아간다는 것이다. 이를 지구의 사계절에 빗대어 우주 사계절이라고 한다.

지구 자연의 변화이치인 생장염장은 초목농사를 통해 그 변화마디를 잘 알 수 있다. 이를 유비하여 거시적으로 볼 때 우주의 변화과정이기도 한 생장염장의 이치는 또한 우주 변화의 뜻이 인간과 만물을 낳고 길러 성숙시키는 데 있음을 알려 준다. 특히 이러한 우주의 목적은 그 성숙의 때를 맞아 제 본성을 찾아 참됨을 회복하고, 스스로 완성된 인간에서 찾을 수 있다. 성숙하고 완성된 인간과 그 인간이 만든 문명의 결실이 곧 우주 1년, 생장염장의 목적인 것이다. 그러므로 우주 변화는 인간의 성숙에, 인간 농사에 그 지극한 뜻이 있다고 할 수 있다. 우주는 인간 열매, 참인간을 결실하기 위해 생장염장의 질서를 밟아가며 순환하는 것이다. 이 순환은 반복하되 새롭게 앞으로 나아가는 창조적 순환이다.

그러나 이법은 그 자체만으로는 가능성에 머문다. 그것이 자연과 인간 삶의 현실에 구체적으로 작용하려면 이법과 현실을 매개하는 주재의 손길이 필요하다. 주재자 상제님이 그 이법을 써서, 다시 말해 그것이 자연과 인간 삶에 현실적으로 적용되도록 무위이화 함으로써 우주 만물은 변화해 나가는 것이다. 이것이 상제님의 통치 방법이며 주재 방법이다. 상제님의 무위이화하는 주재를 통해 이법은 비로소 온갖 변화를 주도하는 원리로 현실화되며, 상제님은 스스로 함이 없이 우주를 다스리는 무위이화의 통치를 하게 된다.

> 내가 천지를 주재하여 다스리되 생장염장生長斂藏의 이 치를 쓰나니 이것을 일러 무위이화라 하느니라. (『도전』 4:58:4)
> 이치가 곧 하늘이요 하늘이 곧 이치니, 그러므로 나는 사 私를 쓰지 못하노라. (『도전』 4:111:13)

생장염장은 우주의 변화과정을 표현한 말이다. 증산 상제님은 우주를 주재하여 다스리면서 생장염장의 이치를 바탕으로 한다 고 하였다. 즉 우주의 변화과정인 생장염장은 곧 상제님의 주재 인 무위이화의 다른 표현이다. 이치가 하늘이라는 것은 상제님의 명이 곧 하늘이 이치와 같다는 표현이며, 그것이 현실적으로 드 러난 과정이 바로 생장염장이라는 것이다.

서신西神/서신사명西神司命

문자적 의미 서신西神의 서西란 서녘 서, 지방 서, 가을 서이다. 이때 가을은 성숙, 통일의 시기를 이른다. 방위로서 서西는 사계절 중에서 가을에 해당하므로 서신은 가을개벽기에 강세하는 신, 즉 증산 상제님을 말한다.

서신이란 한마디로 가을 기운을 여는 가을의 신이다. 따라서 서신사명은 가을에 강세하신 신이 맡은 사명을 말한다.

본질적 의미 서신이란 우주 가을개벽기에 개벽 기운을 몰고 오는 자연신이면서 동시에 이 개벽을 수행하는 인격신, 주재신이다. 증산 상제님은 우주의 가을철을 맞아 인간으로 강세하시어 인간과 신명을 구원하는 천지공사를 집행하셨다.

우주 가을 개벽기인 하추교역기에 인간으로 강세하시는 증산 상제님은 스스로 가을의 신인 서신이라고 불렀으며, 그 가을개벽기 서신이 맡은 사명을 서신사명이라고 하였다. 또한 자손을 두지 못하고 죽은 자의 신도 서신으로 불린다.

핵심 사상 서신西神은 증산 상제님이 당신의 신원身元으로서 스스로 밝힌 말이다.

　　나는 서신西神이니라. (『도전』6:39:1)

　　全羅北道 古阜君 優德面 客望里 姜一淳 西神司命 (『도
　　전라북도 고부군 우덕면 객망리 강일순 서신사명

전』10:45:10)
시루산은 호남서신사명湖南西神司命을 관장하는 주인산主
人山이라. (『도전』1:78:1)

'서西'는 '서방 서', '가을 서'의 뜻이다. 그러나 여기서의 '서'는 단
순히 지구의 지리적 방향이나 지상의 1년 4계절 중의 한 철을 말
하는 것이 아니라 우주의 시공간을 가리킨다. 그러므로 서신西神
을 단순히 '서쪽의 신'이라고 해석해서는 안 된다. 왜냐하면 엄밀
히 말해서 '서西'는 방위가 아니라 때를 나타내는 말이기 때문이
다.
우주는 '낳고[生]~기르고[長]~거두고[斂]~휴식하는[藏]' 원리에 따
라 129,600년(우주 1년)을 한 주기로 시간적으로는 우주의 봄, 여
름, 가을, 겨울을 쉼 없이 되풀이하며 나아가는 창조적 순환 운동
을 한다. 이러한 우주의 변화 운동에서 '서'와 '가을'은 성숙과 통
일[斂]의 원리에 따라 만물을 무르익게 하고 그 결실을 거둬들이
는 기운이 지배하는 시·공간이다.
우리가 사는 지상의 서쪽이 낮을 이끌던 해가 지고 새로운 변화
가 시작되는 곳이듯, 우주의 서쪽은 우주의 봄, 여름 동안 분열
발전하는 양의 기운으로부터 새롭게 질적 전환을 한 성숙과 통
일의 음 기운이 지배하는 시·공간인 것이다. 가을의 새로운 기
운은 오행五行으로 볼 때 금金이기에 서신은 달리 금신金神으로
도 불린다. 우주의 시·공간적 의미와 신도神道의 의미가 결합된
'서신'은 자의적字意的으로는 성숙과 통일의 기운을 가진 '가을의
신'을 의미한다. 그러므로 '서신이 명을 맡는다'는 '서신사명'은
그 가을의 신인 서신이 명을 맡아 우주 만물을 다스린다는 것을
뜻한다. 그렇지만 서신은, 증산도의 신 개념의 풍부한 의미(자연
신과 인격신)에 상응하여, 다음의 규정들을 포괄한다.

첫째, 서신은 가을의 정신인 염斂의 원리에 따라 낳고 기름에서 성숙과 추수, 통일로 그 성격과 기능이 바뀐 우주 조화성신을 가리킨다. 이 조화성신은 우주 만물의 근본 바탕을 이루며 천지간의 온갖 변화를 짓는 근원적인 힘으로서 자연의 순수한 신성을 말한다. 가을의 우주 조화성신은 보이지 않는 비인격적인 서신이란 의미로 '자연의 서신'으로 부를 수 있을 것이다. 우주에 내재하는 보편적 신성인 조화성신이 그처럼 만물을 무르익게 하고 그 결실을 거두는 성숙과 통일의 기운으로 전환하는 것은 지극한 신성으로서 자기의 참된 본성을 되찾는 것으로써 이뤄진다.

둘째, 우주 조화성신의 새로운 변화와 더불어 대발大發하여, 인간과의 활발한 관계 속에, 자연과 역사의 현실에 적극적으로 개입하게 되는 가을의 신명들 역시 광범한 의미로 서신에 속한다. 그들은 이제 가을의 때를 맞아 천지간의 크고 작은 일들을 세세히 살펴 판단하여 상제님의 명을 집행하는 신들이다.

> 개벽이 될 때에는 온 천지에 있는 신명들이 다 한꺼번에
> 손을 잡고 나의 명을 따르게 되느니라. (『도전』 4:39:1)

셋째, 서신은 우주 가을을 주재하는 최고의 신, 상제님을 가리킨다. 이 경우 '서신'은 우주 주재자 상제님을 우주 시간 질서 상으로 규정하는 이름이 될 것이다. 뿐만 아니라 인격신으로서 으뜸의 신인 상제님은 통일과 성숙의 신성으로 그 성격이 새롭게 바뀐 조화성신과 그 속에서 살아가고 있는 모든 신명들을 주재하기에, 서신은 곧 그 가을의 하나님인 상제님을 고유하게 부르는 이름이기도 한다. 즉 서신은 보이지 않는 비인격적 서신이라 할 조화성신, 그에 속하는 신명들 및 우주 가을의 통치자 상제님을 포괄하는, 즉 가을의 신도를 폭넓게 규정하는 동시에 그 신도의

주재자인 상제님만을 지칭하기도 하는 것이다.

포괄적 의미로는 서신의 하나이면서 동시에 서신 자체인 상제님은 우주 봄, 여름 동안 만물을 낳고 기르던 것과는 다르게 성숙의 시운時運 혹은 시명時命을 좇아 만물을 무르익게 하고 그 결실을 추수하는 방식으로 주재하는 신이다. 또 그를 위해, 마치 농부가 추수하기 위해 들판으로 나아가듯이, 인간이 사는 이 땅에 인간의 몸으로 강세하는 신이다. 증산 상제님은 그의 신원을 서신으로 밝힘으로써 자신이 곧 인간의 몸으로 육화하여 가을 우주를 주재하는 가을 하나님임을 고지告知하고 있는 것이다.

> 이때는 천지성공시대라. 서신西神이 명命을 맡아 만유를
> 지배하여 뭇 이치를 모아 크게 이루나니 이른 바 개벽이라.
> (『도전』4:21:1~2)

인간으로 강세한 가을 하나님인 증산 상제님의 주재를 통해 우주에 가득 찬 조화성신은 우주 가을의 정신에 따라 스스로 분열 성장의 양 기운에서 수렴, 통일의 음 기운으로 원만하게 전환하여 자기의 본성을 회복한다. 또 새로운 질서 속에 통일된 신명들은 인간과의 활발한 조응 속에 자연과 역사의 현실에 사역하게 된다. 이러한 우주 창조이법과 신도의 주재로써 새 하늘, 새 땅, 새로운 인간 삶이 열리게 된다. 그래서 서신으로 이 땅에 온 증산 상제님은 우주 봄, 여름의 양기운과 가을의 음기운이란 두 이질적인 천지 에너지가 서로 충돌함으로써 초래될 수 있는 우주의 대파국을 막고, 천지자연과 인간을 새 하늘, 새 땅, 새로운 인간 삶으로 건져 올리는 "개벽장開闢長"이며 구원의 신이란 성격을 갖는다. 곧 증산 상제님이 서신이 돼 가을의 시명時命을 맡아 다스리는 서신사명은 가을 우주의 이법과 신도의 주재를 통해 천, 지,

인을 비로소 본연의 모습으로 성숙시키고 통일시키는 개벽과 구원으로 요약될 수 있다.

넷째, 서신은 이밖에도 인간 중심적인 관점에서 해석하면 자손을 두지 않고 죽어서 된 신명들을 가리킨다. 이러한 신명들을 중천신中天神이라고 부르는데, 살아생전에 자식을 주지않아 추살의 심판기에 사사로움에 억매이지 않기 때문에 서신이 되는 것이다.

> 자손을 둔 신은 황천신黃泉神이니 삼신三神이 되어 하늘로
> 부터 자손을 타 내리고 자손을 두지 못한 신은 중천신中天
> 神이니 곧 서신西神이 되느니라. (『도전』 2:118:5)

중천이란 말 속에서 지공무사함을 읽을 수 있다.

이처럼 서신은 가을의 조화성신, 가을의 신명, 개벽장 하나님인 증산 상제님, 그리고 중천신 등 다양한 모습으로 우주의 가을에 성숙과 통일, 심판과 구원을 집행하는 주체를 뜻한다.

선仙(사상)

__문자적 의미__ 늙어도 죽지 않고 오래 사는 것을 뜻한다.

__본질적 의미__ 증산도에서 선은 조화造化를 그 특징으로 하며, 조화로써 우주만물을 창조적으로 변화시켜 모든 생명이 환골탈태하여 새롭게 태어나는 것을 말한다.

__핵심 사상__ 유불도 삼교합일의 선도仙道는 상고시대부터 전해내려오는 한국 선도의 고유한 특성이다. 최치원이 현묘지도玄妙之道라고 정의를 내린 풍류도風流道는 우리 선도의 특성을 명확히 보여준다. 최치원은 「난랑비서」에서 '포함삼교包含三教'라고 하여 우리 민족의 고유한 도인 풍류도에 유불도 삼교의 핵심과제가 모두 포함되어 있음을 분명하게 언급하고 있다.

한국선과 중국선은 그 지향점이 다르다. 선을 불사의 선과 장생의 선으로 구분할 때 한국선이 초월성이 강한 불사의 선이라면, 중국선은 현실성이 강한 장생의 선이다. 이후 양자의 접합으로 불사장생의 신선사상이 발현된다. 중국문화를 다른 민족의 문화와 비교할 때, 종교성보다는 세속성이 강한 특징을 갖는다. 이에 비해 한국문화는 종교의 초월성이 비교적 강한 문화이다. 이러한 문화적 특징이 서로 다른 선을 낳게 되었다.

'상고시대에 선은 '선仚'으로 기술하였다. 『설문해자』에서는 '선仚'을 해석하면서, "사람이 산 위에 있는 모양"(人在山上皃)이라고 하였다. 여기서 '모皃'는 모양(貌)의 옛 글자이다. '선仚'은 상형자로서 높은 산 위에 사는 사람을 말한다. 옛날 사람들은 높은 산에 만물을 생성하게 하는 특수한 능력이 있다고 생각하였다. 또한 높은 산의 정상은 천상과 연결되어 있기 때문에 그곳에 사는 선인의 상승적, 초월적 성격을 강조하는 것이라고 볼 수 있다. 선의 개념이 산악숭배와 밀접한 연관성을 지니고 있는 것이다. 또 후대의 '지선地仙'의 개념과도 하나로 연결되어 있다.

또한 '선'은 한나라 이전에는 '선僊'으로 썼다. '선僊'은 크게 두 가지의 의미가 있다. 첫째, 장생불사하여 하늘로 올라가는 것을 뜻한다. 『설문해자』에서 '선僊'은 "오래 살다가 신선이 되어 하늘로 올라간다."(長生仙去)는 뜻이다. 장생長生과 승천昇天은 선의 요체이다. 『장자』「천지」에는 선인에 대한 다음과 같은 기술이 있다.

> 천하에 도가 있을 때에는 만물과 함께 다 번창하고, 천하에 도가 없을 때에는 덕을 닦아 한가롭게 산다. 천 년을 살다가 세상에 싫증이 나면 하늘로 올라가 신선이 된다. 저 흰 구름을 타고 제향에 이르니, 세 가지 근심이 이르지 못하고 몸에는 항상 재앙이 없다.
>
> 天下有道, 則與物皆昌; 天下無道, 則修德就閑. 千歲厭世, 去而上僊. 乘彼白雲, 至于帝鄕, 三患莫至, 身常無殃.

여기서 세 가지 근심이란 '질병'과 '노쇠'와 '죽음'을 말한다. 신선이 되면, 질병에서 벗어나고 생사의 고통에서 해방되어 천지 사이에서 자유롭게 살 수 있다.

둘째, '선僊'은 춤추는 옷소매가 바람에 펄럭인다는 뜻이다. 청나라의 단옥재段玉裁(1735-1815)는 『설문해자』의 주석에서 '선'을 "소매를 펄럭여 춤추며 날아오르는 것"(舞袖飛揚)을 뜻한다고 한다. 즉 '선'은 본래 긴 소매 옷자락을 휘날리며 춤춘다는 뜻이다. 너울너울 춤추며 하늘을 자유로이 날아오르는 신령스러운 존재가 바로 신선이다. 답답하고 복잡한 일상의 굴레에서 벗어나 천지만물과 하나가 되어 아무 근심이나 걱정 없이 자유롭게 소요하는 존재이다.

이상에서 살펴본 것처럼, 신선은 대체로 세 가지 특성-초월적超越的 성격과 비상적飛翔的 성격과 불사적不死的 성격-을 지닌 존재라고 할 수 있다. 신선神仙은 기본적으로 장생불사하면서 인간세상을 떠나서 산속에서 자유롭게 살면서 하늘로 가볍게 날아오를 수 있는 존재이므로 신과는 뚜렷하게 구별된다.

신선에서 '신'과 '선'의 두 글자는 병렬관계일 수도 있고 수식관계일 수도 있다. 두 글자의 관계를 병렬관계로 보느냐, 아니면 수식관계로 보느냐에 따라 그 의미 파악이 달라진다. 병렬관계로 보면, 신선은 신인과 선인의 생략형이다. 수식관계로 보면, 신선은 신령스러운 선인의 의미가 될 것이기 때문에 신선을 다른 어떤 존재와도 구별시켜 준다는 의미에서 그 의미의 중점은 선에 있다고 하겠다. 신이 선의 수식어가 될 경우에는 선의 속성은 신의 능력을 통해 드러난다. 그런데 도교에서 신선은 두 번째의 의미에 치중되는 것으로 고대인들의 장생불사에 대한 추구와 그런 능력을 확장하려는 소망을 반영한다.

선진시대에는 신과 선에 대한 엄격한 구분이 있었다. 하지만 진한시대에 이르러 신과 선이 점차 합치되면서 그 경계선이 애매모호하게 된다. 사마천司馬遷은 『사기』 「봉선서」에서 '신'과 '선'을 나누어 서술하면서도 하나의 합성어로 보고 있다.

갈홍은 인간이 도를 배우면 누구나 신선이 될 수 있다는 '학도구선學道求仙'을 주장한다. 그는 『포박자내편』 「근구勤求」에서 "신선은 배워서 이를 수 있는 것은 마치 피와 기장을 파종하여 얻을 수 있는 것과 같으니, 매우 분명한 사실이다. 그러나 경작을 하지 않고도 좋은 곡식을 얻은 적은 있지 않으며, 부지런하지 않고도 오래 사는 것과 세상을 제도하는 것을 얻은 적은 있지 않다."(仙之可學致, 如黍稷之可播種得, 甚炳然耳. 然未有不耕而獲嘉穀, 未有不勤而獲長生度世也.)라고 한다. 갈홍은 신선을 세 단계로 구분하여 '신선삼품설神仙三品說'을 제시한다. '천선天仙'과 '지선地仙'과 '시해선尸解仙'이다.

> 상사上士는 몸을 들어 하늘로 올라가니, 천선이라 한다. 중사中士는 명산에 노니니, 지선이라 한다. 하사下士는 우선 죽었다가 나중에 허물을 벗으니, 시해선이라 한다.
> 上士擧形昇虛, 謂之天仙. 中士遊於名山, 謂之地仙. 下士先死後蛻, 謂之尸解仙.

'천선'은 몸을 들어 하늘로 올라가 천상에서 자유로이 노니는 신선을 말한다. '지선'은 지상의 명산대천을 노니는 신선을 말한다. '시해선'은 매미가 허물을 벗어 갱신하는 것처럼 우선 죽었다가 나중에 육신의 거추장스런 껍질에서 벗어날 수 있는 신선을 말한다.

한국의 선도는 상제신앙을 바탕으로 한 제천선祭天仙과 국조를 모시는 국조선國祖仙과 인간을 포함한 천지만물과 다양한 갈래의 문명을 통일하여 새 세상을 지향하는 통일문명의 선을 특성으로 갖는다. 수운의 동학은 사람들이 지상에서 신선으로 사는 세상을 꿈꾸었다. 수운은 인간의 가슴 안에 신선이 되는 불사약을 지니고 있다고 본다. 이러한 선은 천주를 위하고 모시는 조화의 마음과 온 천지를 하나로 융합하는 조화의 기운이다.

수운이 천주에게서 천명으로 받은 도는 곧 조화의 도이자 조화의 선이다. 조화의 도와 선은 온 천지를 조화로 넘쳐나게 하는 자연조화의 도이고, 인간이 자기수양을 통해 마음과 기운을 바로잡아 신선이 되는 자기조화의 도이며, 동양의 유불선과 서양의 천주교를 모두 통섭하는 문명조화의 도이다.

수운의 도와 선은 곧 '위천주'와 '시천주'로써 도와 선을 얻어 자연과 인간과 문명이 다 같이 조화가 충만한 세상을 만들려는 것이다. 그 조화의 정점에 조화주로서 천주인 상제님이 있다. 이것이 수운 동학이 성취하고자 했던 선의 이상이다.

증산도의 선사상은 참동학의 선사상이다. 고신도와 고선도를 계승한 선도의 선맥 부활로서, 선의 원시반본이다. 증산도의 선사상은 '시천주'를 바탕으로 하는 선도를 중심으로 하여 유불선 삼교를 초월하면서도 포함하고 있다. "내가 하는 일은 다 신선神仙이 하는 일이니 우리 도는 선도仙道니라."(『도전』 11:199:7)가 바로 그것이다. 증산도의 선은 선의 조화로서 불로장생의 선경세계를 만들어 모든 사람들로 하여금 선풍도골을 만드는 데 있다.

> 내가 삼계대권을 주재하여 조화造化로써 천지를 개벽하고 불로장생不老長生의 선경仙境을 건설하려 하노라. (『도전』 2:16:2)
> 때가 오면 너희들은 모두 환골탈태換骨奪胎하여 선풍도골 仙風道骨이 되느니라. (『도전』 7:59:5)

기존 문헌의 용례 '선仙'의 본래의 글자는 '선僊'이다. '선仙'이라는 글자가 본격적으로 등장하는 것은 한나라 때이다. 『석명釋名』「석장유釋長幼」에서는 "늙어도 죽지 않고 오래 사는 것을 선이라 한다. 선은 옮긴다는 뜻이다. 옮겨서 산속으로 들어간다는 뜻이다."(老而不死曰仙. 仙, 遷也, 遷入山中也)라고 한다.

성경신誠敬信

문자적 의미 정성과 공경과 믿음을 뜻한다.

본질적 의미 증산도에서 성경신이란 우주만물의 조화주인 증산 상제님을 정성과 공경과 믿음을 가지고 한마음으로 섬기는 근본자세를 뜻한다. 성경신은 신앙과 수행과 공부에 있어 인간이 할 수 있는 최상의 노력이며 최고의 헌신이다.

핵심 사상 동학 시조 최제우崔濟愚는 정성과 공경과 믿음이라는 성경신 3자를 하느님을 모시는 '시천주侍天主'의 근원적인 자세로 강조한다. 인간이 하느님을 모심에 있어 정성과 공경과 믿음이 없다면, 진정으로 하느님을 모시는 시천주 신앙을 이룰 수 없다는 말이다. 이처럼 동학에서 성경신은 곧 하느님을 모시는 기본자세이자 천지만물의 무궁한 변화발전이 이루어지는 최상의 덕성이자 바탕이기도 하다.

그래서 증산도에서 성경신은 실천적 의미뿐만 아니라 존재론적 의미를 지닌다. 즉 성경신은 인간을 포함한 우주만물이 이 세계에서 살아가는 존재방식 그 자체이기 때문이다. 우주만물도 성경신이 없다면 존재할 수 없다. 이는 우주 전체가 신성을 가지고 있으며, 우주의 변화는 신의 조화로 이뤄지기 때문이다. 따라서 증산도에서 성경신은 우주만물의 존재방식이자 인간이 살아가는 대원칙이다.

천지에서 바람과 비를 짓는 데도 무한한 공력을 들이느니라. 너희들 공부는 성경신誠敬信 석 자 공부니라. (『도전』 8:7:4~5)

천지가 만물을 창조적으로 변화시키는데도 성경신을 지니고 무한한 공력을 들여서 이루는 것처럼, 인간이 어떤 일을 이루기 위해서는 반드시 성경신이 요청된다. 천지의 무한한 공력은 곧 천지만물이 스스로를 변화시키는 성경신을 말하며, 이러한 성경신을 다른 말로 일심이라고도 부른다. 즉 우주만물은 모두 성경신의 일심으로 이루어지기 때문에 일심을 떠나서 따로 존재할 수 없다. 천지일심이 바로 그것이다. "일심이면 천하를 돌리는데 다른 무엇이 필요하겠느냐?"(『도전』 8:81:3) 하는 증산 상제님의 말씀은 성경신과 천지일심이 서로 같은 경지의 자세임을 알려주고 있다.

천지와 인간은 성경신의 한마음으로 서로 연결된다. 천지부모와 인간과 만물이 서로 만날 수 있는 길은 바로 성경신의 천지일심을 갖는 데 있다. 태일太一의 천지일꾼이 천지대업을 완수할 수 있는 비결도 성경신의 일심에 있다. 성경신의 다른 말이 일심이고, 일심의 다른 말이 성경신이다. 지극한 성, 경, 신은 셋이면서 하나이고 하나이면서 셋이다. 정성이 지극하면 공경하게 되고 공경이 지극하면 믿음이 있게 된다. 역으로 믿음이 지극하면 공경하게 되고 공경이 지극하면 정성이 있게 된다. 우주의 주재자를 천지의 한마음-정성과 공경과 믿음-으로 극진히 섬겨야 비로소 천지대업을 성취할 수 있다.

기존 문헌의 용례 성경신이란 말은 최수운이 여러 곳에서 다양하게 언급하였지만, 『동경대전』 「좌잠」에 가장 명확하게 기술되어 있다. "우리의 도는 넓고도 간략하니, 많은 말과 뜻이 필요하지 않다. 따로 다른 도리가 없으니, 성경신 석 자이다."(吾道博而約, 不用多言義. 別無他道理, 誠敬信三字.) 동학에서 성경신은 일상생활 속에서 우주만물에 대한 한없는 공경과 진실한 성실함과 확고한 믿음을 날마다 실천하는 방식을 뜻한다. 그러나 이는 결국 시천주의 올바른 자세이기도 하다. 증산도에서 성경신은 우주의 조화주 증산 상제님에 대한 정성과 공경과 믿음을 뜻한다.

성聖과 웅雄

문자적 의미   내성외웅内聖外雄의 줄임말이다. 안으로는 성인의 고결한 인격을 지니고 밖으로는 영웅의 위대한 사명을 완수한다는 뜻이다.

본질적 의미   증산도에서 성과 웅이란 모든 사람이 개인의 인격을 완성함과 동시에 개벽 일꾼으로서 우주의 질서와 조화를 실현한다는 뜻이다. 성웅을 겸비한 천지일꾼은 후천의 조화세상을 만드는 주체로서 천지의 마음을 자기 마음으로 삼는 성인의 심법을 지니고 영웅의 도략을 실천하여 구천지의 상극 질서를 신천지의 상생 질서로 전환시키는 사명을 갖고 있다.

핵심 사상   『장자』「천하」에 나오는 '내성외왕内聖外王'이란 말을 응용하여, 유가는 개인의 심신수양과 천하통치를 하나로 결합함으로써 최고의 이념으로 삼는다. 유가에서 '내성'은 자기의 몸을 닦아 덕성을 함양하는 것이고, '외왕'은 집안과 국가와 천하를 다스리는 것을 말한다. '내성외왕'의 도는 유가에서 추구하는 가장 이상적인 경지를 뜻한다.

유가가 '내성외왕'의 도를 강조하는 것과는 달리, 증산도에서는 '내성외웅内聖外雄'의 도를 강조한다. 유가의 '내성외왕'의 도가 개인의 자기수양과 국가의 통치질서를 하나로 연결하여 이상적 사회를 만들려는 것이라면, 증산도의 '내성외웅'은 내적으로는 도와 덕을 이루어 선인과 대인의 경지에 이르고, 외적으로는 상극의 세상을 넘어 후천 상생의 새세상을 여는 천지의 일꾼이 되는 것이다.

증산 상제님이 천지공사를 집행하심으로써 천하를 다스리는 '치천하'의 방책을 제시하였기 때문에 천하를 평정하는 '평천하'의 일은 천지대업을 이루려는 천지일꾼의 손에 달려 있다.

> 평천하平天下는 내가 하리니 치천하治天下는 너희들이 하라. (『도전』 4:155~3)

증산 상제님은 천지공사를 통해 선천 오만 년 동안 일그러진 상극 질서가 상생 질서로 전환되도록 새로운 판을 짜 두었다. 천지공사는 후천세계의 선경낙원을 건설하기 위한 새 세상의 프로그램이다. 이제 모든 일의 관건은 사람의 손에 달려 있다. 그 사람이 바로 성과 웅을 겸비한 새로운 일꾼이다.

> 선천에는 모사謀事는 재인在人이요 성사成事는 재천在天이라 하였으나 이제는 모사는 재천이요 성사는 재인이니라. (『도전』 4:5:4~5)

선천 세상에서는 모든 일을 사람이 꾸미고 그 성공여부를 하늘에 달려 있는 것으로 보았다. 그러나 증산 상제님이 천지공사를 집행하여 이제는 일을 꾸미는 것은 하늘에 달려 있지만 일을 성사시키는 것은 현실적 주체인 인간의 손에 달려 있는 것이다.

> 이전에는 판이 좁아서 성聖으로만 천하를 다스리기도 하고 웅雄으로만 다스리기도 하였으나 이제는 판이 넓어서

성과 웅을 합하여 쓰지 않으면 능히 천하를 다스리지 못하
느니라. (『도전』4:5:6~7)

증산 상제님은 후천의 조화선경세계를 만드는 천지일꾼이 되기
위해서는 천지마음을 자신의 마음으로 삼는 성인의 심법과 모든
일을 과감하게 처리하는 영웅의 도략이라는 두 가지 덕성이 동시
에 겸비해야 한다고 강조한다.

　　일꾼 된 자 강유剛柔를 겸비하여 한편이라도 기울지 아니
　　하여야 할지니 천지의 대덕이라도 춘생추살春生秋殺의 은
　　위로써 이루어지느니라. (『도전』8:62:2~3)
　　마음은 성인의 바탕으로 닦고 일은 영웅의 도략을 취하라.
　　개벽의 운수는 크게 개혁하고 크게 건설하는 것이니 성과
　　웅이 하나가 되어야 하느니라. (『도전』2:58:6~7)

천지일꾼은 강건함과 부드러움이란 성과 웅의 양가성을 겸비 또
는 겸전한 인물이다. 천지가 봄에 따스한 기운으로 만물을 낳고
가을에 엄정한 서리기운으로 열매를 거두어들이는 것과 같이, 천
지일꾼도 우주만물의 자연 질서에 따라 은혜와 위엄이라는 양가
성을 동시에 지녀야 하는 것이다. 이처럼 천지일꾼은 천지의 마
음을 자신의 마음으로 삼고 영웅의 도략으로 천지의 화육에 동
참함으로써 우주만물을 신천지의 새 생명으로 인도하는 우주적
인간이 되어야 한다.

기존 문헌의 용례 『장자』에 '내성외왕內聖外王'이란 말이 나온다. 내
적으로는 자아의 인격을 완성하고, 밖으로는 우주만물의 생성과
화육을 돕는다는 말이다.

성사재인成事在人

문자적 의미 일의 성사는 사람의 손에 달렸다는 뜻이다.

본질적 의미 '모사재천 성사재인某事在天 成事在人, 즉 일을 계획하는 것은 하늘에 달렸고, 그 일을 성사시키는 것은 사람에게 달렸다'는 말이다. 후천선경을 건설하는 큰 줄기는 상제님의 천지공사에 달려 있고 천지공사의 도수에 따라 실제로 후천선경을 역사 속에 실현하는 것은 천하사 일꾼의 손에 달렸다는 말이다.

핵심 사상 원래 역사 속의 고사古事에서는 성사재인이 아니라 성사재천이었다. 즉 『삼국지』에 "모사謀事는 재인在人이요 성사成事는 재천在天이다."라는 구절이 있는데, 상제님께서 우주의 섭리를 바탕으로 천하사의 완결은 하늘이 아니라 인간의 손에 있음을 알려주시기 위해 "모사재천, 성사재인"으로 바꿔 말했다. 그 원래의 고사의 출처는 아래와 같다.

촉한蜀漢의 승상 제갈량諸葛亮은 출사표出師表를 올리고 중원을 향해 북벌을 감행, 원정 전쟁 중에, 일생의 라이벌인 위魏나라의 사마의司馬懿를 없애기 위해 계략을 짜서 땅 속에 폭약을 묻어놓고 군사를 움직여 그를 유인한다. 작전은 계획대로 되어 사마의는 함정에 빠지고, 이제 제갈량의 최대의 호적수가 사라지고 승리를 하려는 순간 갑자기 난 데 없이 내린 폭우로 폭약이 터지지 않아 모든 일이 허사가 되고 말았다. 그 때 제갈량이 빗속에서 하늘을 우러러보며 한 말이 바로 "謀事在人, 成事在天(모사재인, 성사재천", 즉 일을 꾸며 도모하는 것은 사람이지만, 일을 이루어지게 하는 것은 하늘이다.)이다.

그러나 상제님께서는 지금은 천지성공시대이며 인존시대라고 말씀하셨다. 따라서 천하사의 성패는 인간의 손에 달려 있는 것이다. 인간은 개벽기에 후천선경을 건설하는 일꾼으로서 하늘이 계획한 일을 완수해야 하는 임무를 갖는다. 여기서 하늘은 상제님이며, 상제님이 집행하신 천지공사이다.

> 모사재천謀事在天하고 성사재인成事在人하는 후천 인존人尊시대를 맞이하여....상제님께서 말씀하시기를 "모사재천은 내가 하리니 성사재인은 너희들이 하라. 치천하 50년五十年 공부니라." 하시니라. (『도전』8:1:2, 6)

이처럼 상제님께서는 천지공사로 앞세상의 운로를 정하고 천하사 일꾼은 일심의 노력으로 그 일을 실천해 나가야 한다.

> 천지부모이신 증산 상제님과 태모 고 수부님께서 인간과 신명이 하나되어 나아갈 새 역사를 천지에 질정質定하시고 일월日月의 대사부大師父께서 천지도수에 맞추어 이를 인사人事로 집행하시니 일꾼은 천지일월天地日月 사체四體의 도맥과 정신을 이어받아 천지대업을 개척하여 후천 선경 세계를 건설하는 자이니라. (『도전』8:1:3~5)

위의 『도전』 구절에서 '모사재천 성사재인'의 참 뜻을 이해할 수 있다.

세 살림 도수

<u>문자적 의미</u> 상제님으로부터 종통을 이어받은 태모 고 수부님이
세 번의 변화를 겪으면서 도운을 열어 나가도록 짜여진 섭리를
말한다.

<u>본질적 의미</u> 증산 상제님은 태모 고 수부님에게 음양합덕 천지이치
에 따라 종통대권을 전수했다. 이에 따라 태모 고 수부님은 도문
을 개창하여 상제님의 도를 이 땅에 뿌리고, 도운이 난법 시대를
지나 상제님 진리의 참 주인에게로 계승되도록 하는 역할을 맡았
다.

> 무신년 겨울에 대흥리에 계실 때 어느 날 수부님께 옥황
> 상제玉皇上帝라 써서 붉은 주머니에 넣어 주시며 "잘 간직
> 해두라. 내가 옥황상제니라." 하시니라. 또 수부님께 이르
> 시기를 "내가 없으면 그 크나큰 세 살림을 어떻게 홀로 맡
> 아서 처리하리오." 하시니 수부님께서는 다만 상제님께서
> 어느 외처에 출입하시겠다는 말씀으로 아시니라. (『도전』
> 6:82:1~5)

여기서 보듯 세 살림은 고 수부님에게 지워진 운명이자 섭리이
다. 도운의 파종 역할을 떠맡은 고 수부님은 상제님이 정하신 세
살림 도수에 따라 크게 세 차례 변화마디를 거치며 도운을 개척

해간다.

핵심 사상 상제님의 도운은 항상 크게 세 마디를 거치면서 변화한다. 이를 간단히 삼변성도三變成道라고 한다. 상제님으로부터 종통을 이어받은 태모 고 수부님의 도문 개척도 그와 같이 세단계의 변화를 수반한다.

> 태모님께서 당신을 수부首婦로 내세우신 상제님으로부터 무극대도의 종통宗統을 이어받아 대도통을 하시고 세 살림 도수를 맡아 포정소布政所 문을 여심으로써 이 땅에 도운의 첫 씨를 뿌리시니라. 태모님께서는 수부로서 10년 천지공사를 행하시어 온 인류의 원한과 죄업을 대속代贖하시고 억조창생을 새 생명의 길로 인도하시니라. (『도전』 11:1:5~7)

태모 고 수부님이 떠안은 세 살림 도수는 다음과 같이 전개된다.

1) 첫째 살림

신해(1911)년 9월 성령 감응 속에 대도통을 하고 신권과 조화권을 획득한 태모 고 수부님은 그해 10월 정읍 대흥리 차경석 성도의 집을 본소로 정하고 도장 개창을 선언한다. 이때 교 이름을 묻는 성도들에게 "천하를 통일하는 도道인데 아직은 때가 이르니 '선도仙道'라고 하라. 후일에 다시 진법眞法이 나오면 알게 되리라."(『도전』 11:29:2)고 말한다.

2) 둘째 살림

교단이 차경석 성도에 의해 장악되고 도운이 여러 갈래로 분파되면서, 태모 고 수부님은 무오(1918)년 김제군 백산면 조종리에 사는 강씨 성도들의 간곡한 청을 좇아 그곳으로 옮긴다. 이로써 태모 고 수부님의 둘째 살림 조종리 도장 시대가 열린다. 조종리로 본소를 옮긴 지 8년이 되는 병인(1926)년 태모 고 수부님은 "건乾 십수十數의 증산 상제님께서는 9년 공사요, 곤坤 구수九數의 나는 10년 공사이니 내가 너희 아버지보다 한 도수가 더 있느니라."(『도전』 11:76:3~4)고 밝히면서, 천지공사 시행을 선언한다. 이 시기에 칠성용정 공사, 육임구호대 도체 조직 공사, 인마 공사, 숙구지 공사 등 추수 도운과 관련된 중요한 공사들이 이뤄진다.

3) 셋째 살림

1931년 태모 고 수부님은 이상호의 주도로 창립된 동화교가 자리한 용화동으로 거처를 이전한다. 그곳에서 도장 조직을 새롭게 구성하고 통합교단을 주재함으로써 셋째 살림 도수가 열리게 된다. 셋째 살림은 태모 고 수부님으로서는 교세가 벌려 나가는 확장이 아니라 수렴과 정리의 시기였다. 또한 진리의 참 주인이 나서서 포교하고, 판 밖에서 성공하여 들이도록 도수를 짜는 기간이었다.

용화동을 떠나기 얼마 전 "일후에 사람이 나면 용봉기를 꽂아 놓고 잘 맞이해야"(『도전』 11:365:3) 한다고 이른 태모 고 수부님은 이상호 형제에게 건곤사당을 짓고 영정을 잘 받들 것을 끝으로 다짐받고 세 살림의 파란곡절을 뒤로 한 채 오성산 도장으로 옮긴다. 이곳에서 2년을 보낸 태모 고 수부님은 을해(1935)년에 선화하였다.

세운世運

문자적 의미 세상의 일이 진행되는 과정

본질적 의미 증산 상제님의 천지공사의 한 축으로 세계정치질서가 전개되는 과정을 짜 놓은 공사(세운공사)이며, 이 세운의 흐름은 도운과 마찬가지로 세 번의 큰 과정을 거쳐서 전개된다. 그 세 번의 변화 과정은 오선위기 도수와 상씨름 도수로 전개되어 그 열매를 맺게 된다.

핵심 사상 천지공사는 세계 역사의 운명에 대한 변화 프로그램인 세운과 증산도의 종통宗統 전개 프로그램인 도운道運으로 구분된다. '세운'의 문자적 의미는 세계사의 움직임이며, 세운공사는 세계 역사의 운로運路가 어떻게 변화해 갈 것인가를 정하는 천지공사이다. 한 마디로 말하면 앞으로 나아갈 세계의 정치질서다. 그러나 증산 상제님이 이야기하는 '세운'은 그보다 더욱 포괄적인 방대한 뜻을 담고 있다.

> 이로써 하늘땅의 질서를 바로잡아 천지 속에서 일어나는 신도神道와 인사人事를 조화시켜 원시반본原始返本과 보은報恩·해원解寃·상생相生의 정신으로 지나간 선천상극先天相克의 운運을 끝막고 후천 새 천지의 상생의 운수를 여시니라. 이에 상제님께서 만고원신萬古寃神과 만고역신萬古逆

神, 세계문명신世界文明神과 세계지방신世界地方神, 만성선
령신萬姓先靈神 등을 불러모아 신명정부神明政府를 건설하
시고 앞세상의 역사가 나아갈 이정표를 세우심으로써 상
제님의 대이상이 도운道運과 세운世運으로 전개되어 우주
촌의 선경낙원仙境樂園이 건설되도록 물샐틈없이 판을 짜
놓으시니라. (『도전』 5:1:4~9)

새 하늘, 새 땅의 후천 가을천지가 열리기 전까지의 일정기간은
난법해원이 이루어지는 과도기이다. 증산 상제님은 이 기간 동
안 상극의 선천 오만 년 동안 원한을 쌓고 죽은 수많은 만고원신
萬古寃神들을 지상에서 현실역사를 만들어 가는 뭇사람에게 응기
시켜 그들의 깊은 원과 한을 신인합발神人合發의 정신으로 해원
시키게 된다. 이러한 해원의 과정이 세상의 정치질서와 접목되어
증산 상제님이 뜻하는 바대로 전개되는 프로그램이 바로 세운의
도정이다.

세운世運이 세계의 정치질서라고 하지만 그 궁극 목적은 상제님
의 도를 받은 일꾼들이 천하사 일꾼이 되어서 개벽을 극복하고
후천선경을 건설하게 되는 역사의 흐름, 즉 도운을 위한 것이다.
그리고 이러한 세운의 결론은 남북 상씨름과 병겁을 극복하고
이루어지는 선경이다. 후천선경은 증산도 일꾼들이 지향하는 최
고의 목적이다. 따라서 세운 속에는 언제나 도운이 갈무리되어
있는 것이다.

세운의 핵심은 오선위기五仙圍碁의 바둑판 도수와 세 번에 걸쳐
치러지는 씨름판 도수, 그리고 인류 역사를 총체적으로 심리하여
생사존망을 판단하는 만국재판소로 요약할 수 있다.

오선위기의 바둑판 도수에 입각한 국제정치 흐름의 설명은 증산
도 사상이 가지고 있는 가장 독특한 내용 중의 하나로 상제님 당

시뿐 아니라 현재의 국제정치를 설명하는 데에도 유용하다.

> 내가 이제 천지의 판을 짜러 회문산에 들어가노라. 현하
> 대세를 오선위기五仙圍碁의 기령氣靈으로 돌리나니, 두 신
> 선은 판을 대하고 두 신선은 각기 훈수하고 한 신선은 주
> 인이라. 주인은 어느 편도 훈수할 수 없어 수수방관하고
> 다만 손님 대접만 맡았나니... (『도전』5:6:1~4)

증산 상제님은 한반도를 바둑판으로 하여 다섯 신선이 바둑을
두는 형국으로 세계정세가 흘러가도록 세계사의 운로를 짰다.
즉 한반도 땅덩어리는 바둑판에, 한반도에 사는 백성들은 바둑
돌에 비유된다. 두 신선이 판을 대한다는 것은 두 강대국이 한반
도를 집어삼키기 위하여 전쟁을 벌이는 것이고, 두 신선이 훈수
한다는 것은 다른 두 강대국이 서로 편을 갈라 도와주는 것을 말
한다. 즉 한반도를 중심으로 4대 강국이 서로 편을 갈라 패권다
툼하는 국제 정세 구도를 도수로 예정하고, 이를 바둑판에 비유
한 것이다.
다른 한편 증산 상제님은 세계정세를 씨름판으로 비유하여 세
번의 씨름(즉 전쟁)이 벌어지면서 세계의 정치질서가 새롭게 변화
전개됨을 도수로 예정하셨는데, 이것을 각각 '애기판 씨름' '총각
판 씨름' '상씨름판 씨름'이라고 한다.

> "현하대세가 씨름판과 같으니 애기판과 총각판이 지난 뒤
> 에 상씨름으로 판을 마치리라." 하시고 종이에 태극 형상
> 의 선을 그리시며 "이것이 삼팔선이니라." 하시니라. 또 말
> 씀하시기를 "씨름판대는 조선의 삼팔선에 두고 세계 상씨
> 름판을 붙이리라. 만국재판소를 조선에 두노니 씨름판에

소가 나가면 판을 걷게 되리라. (『도전』5:7:1~4)

씨름은 모두 한반도를 중심에 놓고 발생한다. 오선위기와 관련하여 씨름판의 흐름을 설명하면 세계열강들은 씨름판의 주인인 한반도에서 각기 세력을 다투며, 이 세력 다툼은 애기판인 제1차 세계대전, 총각판인 제2차 세계대전, 그리고 남북한이 벌이는 최종적인 상씨름판에 의하여 종결된다. 따라서 오선위기나 씨름판에 의한 국제정치의 흐름과 종결은 모두 한반도가 정치적 변동의 동인이자 주체적인 행위자로서 세계사의 중추적 역할을 한다는 것을 말해주고 있다.

애기판 씨름: 한반도를 사이에 두고 러일전쟁을 붙여 러시아의 세력을 몰아낸 공사이다. 애기판 씨름은 1904~1905년에 있은 러시아와 일본의 전쟁 곧 '러일전쟁'을 말한다. 이 전쟁에서 프랑스는 러시아를 도왔고, 영국은 일본을 도왔다. 이것이 네 신선(4대 강국)이 바둑을 두는 오선위기의 형국이다.
이처럼 애기판은 어린애들의 싸움에 비유할 수 있는 전쟁인데, 러일전쟁(1904년)에서 시작하여 제1차 세계대전(1914~1918년)이 끝나기까지를 말한다. 애기판 전쟁 공사는 서양 열강 제국주의로부터 동양의 역사질서가 다 먹혀버리기 때문에 동·서의 기울어진 문명의 틀을 바로 잡는 일이다. 동양에서 서양 열강 세력을 물리치시기 위해서 증산 상제님은 천상에서 병권을 쥐고 있는 관운장에게 천지신명과 동양 신명을 데리고 서양에 가서 열강들끼리 전쟁을 일으키라고 천지대권으로 천명을 내리셨다.

관운장이 조선에 와서 극진한 공대를 받았으니 그 보답으로 당연히 공사에 진력 협조함이 옳으리라. (『도전』5:166:4)

관운장은 신명계에서 서양 세력을 동양에서 몰아내고 누란累卵의 위기에 처한 약소국을 건지려고 서양 열강 사이에 싸움을 일으켰다. 이것이 애기판 씨름인 제1차 세계대전이다.

총각판 씨름: 애기판 씨름 다음으로 벌어진 씨름을 말하는 것으로 1937~1945년에 걸쳐 전개된 '중·일 전쟁'을 가리킨다. 이 전쟁은 제2차 세계대전과 맞물려 전개되었는데, 일본이 독일과 한 편이 되고, 중국은 소련과 한 편이 됨으로써 네 신선이 바둑을 두는 오선위기의 형국을 이루었다.

총각판은 혈기방장한 젊은이들의 전쟁을 비유한다. 이것은 중일전쟁(1937년)에서 비롯하여 제2차 세계대전(1939~1945년)이 종결되기까지의 기간에 일어났다. 증산 상제님은 천지공사를 집행하실 때, 우리나라는 물론이고 동양의 여러 나라는 서양 제국주의에 의해 정복을 당하여 수탈당해서 멸망의 기로에 서 있었다.

> 이제 만일 서양 사람의 세력을 물리치지 않으면 동양은 영원히 서양에 짓밟히게 되리라. 그러므로 서양 세력을 물리치고 동양을 붙잡음이 옳으니 이제 일본 사람을 천지의 큰 일꾼으로 내세우리라. (『도전』5:50:4~5)

증산 상제님은 동양을 구하기 위해 일본을 서양 제국주의 세력을 물리치는 지렛대로 삼으셨다. 그 후 1945년 2차 세계대전이 종결되면서 우리나라는 물론이고 세계의 여러 약소민족은 서양 제국주의의 강압으로부터 독립하게 되었고, 선천의 왕정문화기운이 걷혔으며, 근대화의 민주질서, 해원질서가 뿌리내리게 되었다.

상씨름판 씨름: 첫 번째와 두 번째 판은 선천 상극 질서의 틀 속에서 기울어진 동·서의 균형을 바로잡고, 세계해원의 질서가 뿌리내리게 하는 전쟁이었다. 이제 세계가 한 집안으로 세계일가를 이루기 위해서 후천 선경문화를 준비하는 기간을 거친 후에 치러야 하는 남·북 상씨름의 대전쟁이 남아 있다.

이러한 남북 상씨름판의 시작은 해방 5년 뒤에 일어난 6·25전쟁, 곧 한국전쟁이다. 이것을 오선위기로 보면 남한(미국)과 북한(소련)이 바둑판을 대하고, 일본과 중국이 각각 편을 나눠 훈수한 것이다. 증산 상제님이 짜 놓은 도수대로 전개되는 남북한 대결구조, 즉 남북한의 상씨름은 인류사의 모든 문제를 가늠질하는 최후·최상의 대결구조이며, 그 역사성 또한 매우 크다. 초기의 상씨름은 아직 끝나지 않은 정전 상태이며, 여전히 진행 중에 있다. 이 상씨름이 앞으로 어떻게 전개될 지는 천지공사로 정해진 세운에 달려 있다.

상제님의 세운공사에서 만국재판소는 남북한의 대결인 상씨름판이 마감할 무렵 인류의 생사판단을 가름할 목적으로 한반도 삼팔선에 설치하게 되는 일종의 초국가적인 심판기관이라고 할 수 있다. "만국재판소를 소선에 두나니 씨름판에 소가 나가면 판을 걷게 되리라."고 말한 것에서 이 만국재판소 역시 상씨름과 관련되며, 인류사에 누적된 모든 문제를 심판하는 최상의 기구가 될 것으로 보인다. 즉 만국재판소는 후천개벽 상황이 전개되면서 선천先天 오만 년 인류역사에서 파생되었던 정치제도나 역사, 종교, 문화, 그리고 삶의 문제들을 종합적으로 판단하여 후천선경을 예비하는 성격을 갖는다고 볼 수 있다. 따라서 만국재판소는 인류의 역사진행에서 파생된 모든 원한과 문제들의 원인과 결과에 대하여 진단하고 이를 토대로 국가나 민족의 운명을 결정한다고 할 수 있다.

수부/태모

<u>문자적 의미</u> 수부首婦는 '머리 수(首)', '여자·아내 부(婦)'로서 가장 존귀하고 높은 여자를 뜻한다.

<u>본질적 의미</u> 수부의 의미는 크게 두 가지로 정의해 볼 수 있다. 하나는 모든 생명의 어머니요, 만백성의 어머니가 되는 근원적인 존재[태모太母]이며, 또한 옥황상제의 반려자이며 종통대권을 전수 받은 후계자로서 천지의 여주인[수부首婦]이라는 의미이다.

<u>핵심 사상</u> 수부는 증산 상제님의 반려자인 고판례를 지칭한다. 증산 상제님은 1907년 천지공사를 집행하기 위해 차경석의 이종 누이인 고판례를 수부로 책봉하였다. 수부는 증산 상제님의 반려자이며, 종통의 후계자이며, 상제님 이후 천지공사를 집행하는 대행자이다.

수부사상은 증산도의 우주관, 종통관, 여성관 및 도운관과 밀접히 관련되는 중요한 사상이다. 즉 수부사상은 음양동덕이라는 우주의 섭리에 바탕하고 있으며, 상제님의 종통을 이어받은 주체에 대한 사상이며, 남신 위주의 선천 종교관에서 벗어나 여성을 종통후계자로 삼은 파격적인 남녀동권사상이다.

먼저 이 수부사상을 통해서 증산도 여성관을 분명히 읽을 수 있다. 기존의 종교, 철학, 사상에서 도외시했던 여성의 문제를 가장 분명하게 드러내고 그 근원적 해결점을 찾아가는 키포인트가 수부론/태모사상에 담겨 있기 때문이다. 그러나 수부사상은 단순히 여성해원이나 여성해방의 차원을 넘어서 새 우주를 여는 방법의 문제와 연관되어 있다. 즉 수부사상에는 새로운 생명세계를 여는 우주창조의 핵심이 담겨 있다고 할 것이다.

'태모太母[Grand Mother]'는 수부와 같은 대상을 지칭하지만 그 의미는 조금 다르다. 증산 상제님이 지칭할 때는 "나의 수부"와 같이 '수부'로 부르게 되지만, 천하 만민에게 있어서는 증산 상제님이 "너희들의 어머니"로 지칭해준 바 만백성의 어머니, 뭇 생명의 어머니라는 뜻으로서 '태모太母'가 된다. 태모는 우주 뭇생명을 낳고 기르는 큰어머니로서 그 존재성이 확대된다. 증산도 신앙관에서 태모는 아버지 하느님인 상제님과 짝을 이루는 어머니 하느님으로 존숭된다. 상제님과 태모님은 우주를 주재하시는 남자 하느님, 여자 하느님으로 음양동덕의 하느님이다.

이렇게 수부/태모는 앞으로 열리는 후천 음존시대를 맞아 선천의 억음존양抑陰尊陽의 질서를 깨고 새로운 정음정양의 질서를 여는 인류구원의 선봉장이며, 인사의 주창자로 내세운 종통대권의 후계자이다. 또한 상제님의 반려자로 후천개벽, 도운창업의 기틀을 열어주시는 어머니(태모)로서 여성 해원 시대의 새 문화를 여는 천지의 여주인[首婦]이다.

> 태모太母 고수부高首婦님은 억조창생의 생명의 어머니이시니라. 수부님께서 후천 음도陰道 운을 맞아 만유 생명의 아버지이신 증산 상제님과 합덕合德하시어 음양동덕陰陽同德으로 정음정양의 새 천지인 후천 오만년 조화 선경을 여시니라. (『도전』11:1:1~3)

후천 선경세계를 위해 천지공사를 집행하신 증산 상제님은 공사

의 일환으로 여성을 내세웠다. 그것이 '수부 공사'이다. 증산 상
제님이 수부로 하여금 천지공사에 참여케 한 것은 남성과 여성
의 평등과 동권을 상징하는 정음정양의 우주원리에 따른 것이며,
선천의 상극이치로 인해 깊은 수렁에 빠진 여성의 인권과 지위를
한껏 들어 올리는 후천 음존陰尊시대의 섭리에 부합하는 것이다.
이는 증산 상제님의 말씀, "여자의 원寃을 풀어 정음정양正陰正陽
으로 건곤乾坤을 짓게 하려니와 이 뒤로는 예법을 다시 꾸며 여
자의 말을 듣지 않고는 함부로 남자의 권리를 행치 못하게 하리
라."(『도전』 4:59:2~3)에서 분명히 알 수 있으며, 수부로 인해 후천
이 정음정양의 남녀 동권시대가 될 것임을 선언한 것이다.

증산 상제님은 후천 가을천지를 음개벽[坤] 도수로 열었고, 그 인
사의 주재자는 다름 아닌 머릿여자요, 태모가 되는 수부님이다.
증산 상제님의 후계자로서 종통계승과 도통의 연원문제, 인사의
출발과 매듭 등 도맥의 모든 열쇠가 태모 고 수부님에게 맡겨진
수부 도수에 담겨 있다. 그러므로 수부와 그에 담긴 수부사상을
이해하지 못한다면, 또 그것을 받아들이지 않는다면 증산도의
가르침을 정확히 이해하기 힘들 것이다.

> 내 일은 수부가 들어야 되는 일이니, 네가 참으로 일을 하
> 려거든 수부를 들여세우라. (『도전』 6:34:2)

여기서 '내 일'이란 물론 병든 하늘과 병든 땅을 뜯어고쳐 새 하
늘과 새 땅을 건설하는 천지공사를 말한다. 결국 상제님의 말씀
에서 천지공사는 증산 상제님이 홀로 완성하는 것이 아니라 반
드시 수부님과 함께 하는 음양합덕陰陽合德으로 이루어진다는 것
을 알 수 있다. 이것이 수부사상에 담긴 핵심이다.

상제님께서 대흥리 경석의 집에서 수부 책봉의 예식을 거행하실 때 고부인께 일러 말씀하시기를 "내가 너를 만나려고 15년 동안 정력을 들였나니 이로부터 천지대업을 네게 맡기리라." 하시고 (『도전』 11:5:1~2)

상제님께서 천지공사를 통해 평천하를 이루시고 '수부 도수(首婦度數)로 천하 만민을 살리는 종통대권(宗統大權)은 나의 수부, 너희들의 어머니에게 맡긴다.'고 말씀하셨느니라. (『도전』 11:345:6~7)

천지자연에 맺힌 원한과 살기는 편음편양(삼양이음)에 따른 선천 상극의 운으로 인한 것이므로 증산 상제님은 천지공사를 통해 정음정양(음양동덕)으로 상생의 운을 열어 후천선경의 새세상이 실현되도록 예정하였다. '수부'는 이러한 공사의 핵심이다. 여성에게 종통대권을 전함으로서 선천 역사이래 여성에게 맺힌 원한을 풀어주는 중요한 계기가 마련되었다.

후천은 음과 양이 조화를 이루어 새 생명을 여는 음의 시대이다. 본래 우주는 음이 생명의 근원이며 변화의 바탕이다. 인간의 문제에 있어서도 그러하나. 증산 상제님은 이 세상을 새롭게 하는 많은 방법 가운데서 무엇보다 중요한 것이 여자의 원과 한을 푸는 일이라고 하였다.

선천은 억음존양抑陰尊陽의 세상이라. 여자의 원한이 천지에 가득 차서 천지운로를 가로막고 그 화액이 장차 터져 나와 마침내 인간 세상을 멸망하게 하느니라. 그러므로 이 원한을 풀어 주지 않으면 비록 성신聖神과 문무文武의 덕을 함께 갖춘 위인이 나온다 하더라도 세상을 구할 수가 없느니라. (『도전』 2:52:1~3)

선천의 여성들은 지구촌 곳곳에서 억압받으며 천고의 한을 품고 살아왔다. 그러므로 여자의 원한을 이해하고 여자의 원한을 푸는 것, 여자의 생명을 참되게 이해하고 여자를 바르게 보는 것이 선천의 인간문제를 해결하는 전제가 된다는 말씀이다. 이러한 여성 해원이 증산도에서 강조하는 음개벽 성취의 관건이다. 태모님의 수부 도수도 이 여성 해원의 발판을 열어 주시는 인류사적 맥락에서 보아야 한다.

이처럼 여성의 인권이 성숙되어야 진정한 남녀동권이 실현된다는 상제님의 '음개벽' 사상은 단순히 사회적 불평등과 부조화를 넘어서 우주원리에 뿌리를 두고 있다. 증산 상제님은 음개벽으로 후천의 새로운 세상이 열리는 우주의 원리에 따라서 여성에게 전하고 인사문제 또한 모든 여성의 우두머리인 수부를 내세워 종통과 도통을 전한 것이다.

태모님은 상제님과 대도의 동반자로서 상제님의 무극대도가 현실에서 실현될 수 있도록 공사를 보셨다. 태모님은 상제님의 9년 천지공사보다 1년이 더 지속되는 '10년 천지공사'를 집행하셨다. 태모님의 공사는 도운道運, 즉 증산도의 미래 역사와 관련되어 있다. 젊은 일꾼들이 출현하여 상제님의 대도를 펼칠 '칠성七星'공사, 진법도운을 이끌 지도자를 위한 '잠든 개를 깨우는' 공사를 대표적인 예로 들 수 있다.

수부首婦 공사

<u>문자적 의미</u> 수부 책봉을 천지에 선포하고 종통을 전수하는 상제님의 천지공사.

<u>본질적 의미</u> 수부는 선천 억음존양의 질서를 깨고 후천 음존시대를 여는 여성 구원의 선봉장이자 하느님의 반려자이며, 인류 역사 속에서 뭇생명을 낳고 길러 후천선경의 새세상에 살도록 하는 생명의 어머니다. 태모 고 수부님은 수부책봉 공사를 통해 증산 상제님과 부부의 연을 맺고 천지의 아버지와 함께 천지의 어머니로 존숭된다.

<u>핵심 사상</u> 수부 공사는 상제님이 집행하신 천지공사의 한 축이다. 정미(1907)년 동짓날 초사흗날, 정읍 대흥리 차경석의 집에서 수부 책봉 의식이 벌어진다. 30여 명의 성도들이 지켜보는 가운데 증산 상제님은 웃통을 벗고 누운 고부인의 배 위에 걸터앉아 장도칼을 고부인의 목에 대고 "천지대업에 중도불변中途不變하겠느냐?"고 다짐을 받는다. 그리고 고부인으로 하여금 자신의 배 위에 걸터앉아 "나를 일등一等으로 정하여 모든 일을 맡겨 주시렵니까?" 하고 다짐을 받게 한다. 이와 같이 서로 번갈아 다짐을 받는 예식을 행한 뒤, 증산 상제님은 "이것이 천지대도의 수부 공사首婦公事니라. 만백성의 부모가 되려면 이렇게 공사를 맡아야 하느니라."고 말한다. 그리고 잠시 후 "우리 내외 하나 되자!" 하고 큰

소리로 외친다.(『도전』 6:37~38) 이로써 차경석의 이종누이인 고판
례는 상제님의 반려자로 수부의 자리에 오르게 된다.
태모 고 수부님은 자신이 천상 도솔천의 내원궁 법륜보살이었음
을 밝히면서 다음과 같이 말한다.

> 금산사 미륵전 남쪽 보처불補處佛은 삼십삼천三十三千 내
> 원궁 법륜보살內院宮 法輪菩薩이니, 이 세상에 고씨高氏인
> 나로 왔느니라. 내가 법륜보살로 있을 때 상제님과 정定한
> 인연으로 후천 오만년 선경세계를 창건하기로 굳게 서약
> 하고 세상의 운로에 맞춰 이 세상과 억조창생을 구제할 목
> 적으로 상제님을 따라 인간 세상에 내려왔느니라. (『도전』
> 11:20:1~3)

태모 고 수부님은 본관이 장택長澤이고 성휘聖諱는 판判 자 례禮
자로서 증산 상제님이 강세한지 9년만인 1880년 전라남도 담양
에서 태어난다. 그 후 모친과 함께 정읍에 사는 이숙 차치구의 집
에 이사하였다. 열다섯 살에 같은 동네의 신씨에게 출가했으나
13년만에 사별하고, 정미년 수부 공사로 증산 상제님을 만나 천
지부모의 자리에 오른다. 증산 상제님의 어천 이후에는 천지대업
의 계승자로서 고난의 세 살림 도수를 맡아 이 땅에 도운을 개척
한다. 또한 10년 천지공사로 온 인류의 원한과 죄업을 대속代贖
하고 억조창생을 새 생명의 길로 인도한다.
이처럼 수부 공사는 음양동덕의 우주이치에 따라 상제님의 반려
자로 수부를 책봉하고 수부로 하여금 상제님의 종통을 계승하
고, 상제님의 뒤를 이어 천지공사를 완결하도록 하는 일련의 과
정 전체를 말한다.
태모 고 수부님 이전에도 증산 상제님이 스물한 살 때 혼인을 한

정 수부(정치순, 1874~1928), 천지공사 초기 수부로 맞아들인 김형렬 성도의 셋째 딸 김 수부(김말순, 1890~1911)가 있었다. 정 수부와의 결혼은 부모의 명과 혼인을 무작정 늦출 수 없는 현실이 크게 작용했다. 하지만 그보다 '정씨 왕국'이라 하여 세상을 혼란스럽게 하는 정씨 기운을 자신의 혼인을 통해 거두어야 한다는 공사의 이치가 더 큰 이유였다. 하지만 정씨 부인은 몸이 정상이 아닌 데다 성정性情이 원만하지 못하여 상제님의 배필이 되기에는 여러 가지로 부족함이 많았다. 그러나 증산 상제님의 수도에 수발들어 수부로서의 역할을 수행하였다. 증산 상제님은 정씨 부인과 화목한 관계를 갖지 못하고 명목상의 부부 연만을 유지했다고 한다.

반면 천지공사 초기에 맞아들인 김 수부는 천지공사에 수종드는 등 잠시 수부로서 활동하기도 한다. 그러나 김 수부는 김형렬 성도 부부가 수부 예식을 올리자는 증산 상제님의 뜻을 끝내 좇지 않는 바람에 수부 종통을 맡지 못한 채 훗날 비운의 죽음을 맞는다.

증산도의 다른 진리와 마찬가지로 증산 상제님의 수부 공사 역시 세 번의 단계를 거쳐 완성되는데 고판례 수부님은 태모로서 완전한 수부의 위격을 갖게 되고, 천지공사를 집행함으로써 수부로서의 사명을 완수하였다.

수부 도수首婦度數

문자적 의미 증산 상제님의 반려자로서 수부의 역할과 사명에 대한 섭리.

본질적 의미 수부는 상제님의 반려자이며 모든 생명의 어머니로서 상제님의 도를 계승하고 상제님과 음양합덕으로 새로운 가을 세상을 여는 여자 하느님이라고 할 수 있다. 또한 수부는 천지만물을 낳고 기르는 생명의 큰어머니, 태모太母라 불리기도 한다. 이러한 수부에게 천지공사로 맡겨진 사명과 역할을 수부 도수라 부른다. 수부를 정하여 종통맥을 전하고 음양동덕, 정음정양의 세상을 만드는 천지공사의 한 종류로써 수부 공사가 있다면, 수부 도수는 이러한 수부 공사로 고 수부님에게 주어진 진법도운의 전개와 인류구원의 사명 등의 천지섭리를 말한다.

핵심 사상 상제님의 천지공사 중에 수부 공사가 있으며, 이 수부 공사로 고 수부님에게 맡겨진 사명이 수부 도수이다. 수부 도수에 담긴 수부의 정의와 그 역할은 증산도 진리에서 매우 중요한 의미를 갖는다. 일단 수부는 상제님의 반려자로서 의미를 갖는다. 또한 수부는 종통의 계승자로서 도운의 창시자이기도 하다. 또한 수부는 상제님의 천지공사를 계승하여 10년 천지공사를 집행하는 어머니 하느님이다. 이러한 수부의 사명은 다음 몇 가지로 정리할 수 있다.

첫째, 수부는 여자 하느님으로서 음양동덕의 이치에 따라 만백성의 천지부모가 된다. 일찍이 동양 문화에서 하늘, 땅을 말할 때 하늘은 양의 덕성을 가지고 땅과 함께 만물을 낳는 아버지였다. 반면에 땅은 음의 덕성을 가지고 만물을 기르는 어머니였다. 그래서 하늘과 땅은 만물을 낳고 기르는 음양 짝인 것이다. 하늘없는 땅도 땅없는 하늘도 존재할 수 없다. 이 천리의 바탕 위에서 인간으로 오신 상제님과 그 반려자로서 이 땅에 오신 수부님을 받아들여야 한다. 이제 이 천지부모의 조화 속에 천지가 새롭게 개벽되고 인간의 새 역사가 시작된다.

둘째, 수부는 상제님과 같은 조화권능으로 우주 주재자 상제님의 천지공사를 완결 짓는 역할을 한다.

> 천지에 독음독양獨陰獨陽은 만사불성이니라. 내 일은 수부首婦가 들어야 되는 일이니, 네가 참으로 일을 하려거든 수부를 들여세우라. … 천지공사에 수부가 있어야 순서대로 진행할 터인데 수부가 없으므로 도중에 지체되는 공사가 많으니라. (『도전』 6:34:2~3)
>
> 그대와 나의 합덕으로 삼계三界를 개조하느니라. (『도전』 6:42:3)

'천지공사'에 담긴 문자적인 뜻 그대로, 천지공사의 완성을 위해서는 하늘을 대행하는 상제님이 인간으로 오시고 그와 짝하여 땅의 어머니 역할을 하는 수부님이 오셔야 한다. 그럼으로써 천지공사의 기운과 뜻이 인사人事에 미쳐 인간 역사가 제대로 돌아가게 된다. 다시 말해 상제님과 상제님의 반려자이며 뭇 생명의 어머니인 태모님과의 합덕으로 새로운 가을 세상이 열리는 것이다.

태모 고 수부님은 병인(도기 56, 1926)년 3월 "건乾 십수十數의 증산 상제님께서는 9년 공사요, 곤坤 구수九數의 나는 10년 공사"(『도전』 11:76:3)라고 선언하시고 그 후 곤도를 바탕으로 10년 천지공사를 집행한다. 그러나 수부 도수로 맡겨진 천지공사에 대해 "상제님의 천지공사는 낳는 일이요 나의 천지공사는 키우는 일"(『도전』 11:99:3)이라 말씀하신 대로, 태모님의 천지공사에는 도통道統맥을 확고히 세우고 도체道體를 조직하며 일꾼을 양성하는 공사와 일꾼의 심법에 대해 가르치는 공사들이 많다.

셋째, 수부는 또한 종통맥을 계승하는 역할을 맡는다. 즉 상제님으로부터 도통을 받고 그 종통의 맥을 새로운 인사의 대권자에게 전하는 사명을 맡고 있다. 인사의 지도자는 천지일월의 우주섭리에 따라 천지부모인 상제님과 수부를 대신하여 일월로서 현실 역사 속에서 천지사업을 매듭짓는다. 수부의 매개로 완성되는 4진주의 도체는 음양의 논리인 건곤감리로 이해되고, 유형적으로는 천지일월로 규정된다. 또 삼변성도三變成道로써 전개되며, 무극과 태극과 황극의 삼극론으로 설명된다.

넷째, 이밖에 수부는 우주만물이 상생의 조화를 이루는 정음정양의 남녀동권시대를 여는 상징으로서 후천 가을의 새로운 음시대를 여는 역할을 한다. 우주 주재자 상제님은 수부와 합덕으로 정음정양의 후천선경 세상을 열었으며, 종통의 맥을 수부님에게 전수하여 올바른 진법맥을 열도록 했다. 이 같은 상제님과 수부님 사이의 음양합덕 관계는 인간 역사에 뿌리를 내려, 새로운 가을 문명 속에 정음정양의 문화를 꽃피도록 한다.

수원水原나그네

문자적 의미 수원 지방에 내려오는 전설 속의 인물로서 조선시대 정조대왕을 지칭한다.

본질적 의미 증산도 사상에서 수원나그네는 진인眞人을 뜻한다. 평소 세속의 인간들 속에서 고난과 역경의 험난한 길을 걷다가 때가 오면 등장하여 인류구원의 대업을 완수하는 인물을 비유하여 수원나그네라고 한다.

핵심 사상 조선 정조 때 전해 오는 이야기인 수원나그네 전설은 정조대왕과 관련되어 있다. 수원나그네에 얽힌 전설은 다음과 같다.

지극한 효심을 지녔던 정조대왕은 수시로 억울하게 죽은 아버지인 사도세자가 묻힌 능으로 행차를 하였다. 그런데 어느 날 미복차림으로 아무도 모르게 사도세자의 능이 있는 안녕리로 암행을 나갔다. 안녕리는 지금의 수원이 조성되기 전에 불렀던 이름이다. 그때 마침 밭에서 일을 하던 농부를 만나게 되었는데, 정조는 사도세자의 능에 대해 그 농부가 어떤 생각을 하고 있는지 알고 싶었다. 그래서 농부에게 능을 가리키며 저곳이 어떤 곳인가를 물었는데, 농부는 저곳은 뒤주대왕의 애기능이라고 대답하였다. 그 이유는 정치적 희생양으로 뒤주 속에서 억울하게 죽임을 당하지만 않았어도 왕이 되었을 사도세자의 능이라 뒤주대왕이라 했고, 애기능이라 한 건 임금님들의 무덤을 능이라 하지만 왕이 못되셨으니 그렇게 부른 것이라고 하였다. 정조는 내심으로 크게 기뻐하였다. 대신들의 반대로 사도세자를 추존하지 못하고 있던 차, 한 농부의 입에서 뒤주대왕 애기능이라는 말을 들었기 때문이었다. 정조는 그 농부가 너무나 고마웠다. 그래서 농부에게 글을 얼마나 읽었는지 물어보았다. 그 농부는 책도 많이 읽고 과거도 여러 번 본 실력 있는 선비였으나, 번번이 낙방한 불운한 선비였다. 다시 한 번 과거를 봐 보라는 정조의 말에 농부는 아무리 실력이 있어도 또 떨어질 것이 뻔하다 하면서 관심이 없었다. 정조는 그 농부의 마음을 겨우 돌려 다시 한 번 과거를 보게 하였다. 그리고 정조는 급히 환궁하여 과거시험을 보게 하는 영을 내렸다. 과거시험을 보러간 선비가 과거시제를 받아보니 융능 근처에서 있었던 자신과 어느 선비의 대화를 적는 문제였다. 과거에 급제하고 왕을 배알하던 중 얼굴을 마주 대하고 보니 그는 바로 지난 날 수원에서 만났던 그 나그네였던 것이다.

이 전설에서 수원나그네의 신분은 임금이었다. 즉 농부가 본 과객은 그냥 평범한 사람이 아니라 임금이었으며 임금은 자신에게 새로운 세상을 살아가는 여건을 마련해주었다. 수원나그네 이야기가 갖는 의미는 바로 이점에서 찾을 수 있다. 정조대왕은 스스로 호를 만천명월주인옹萬川明月主人翁이라 짓고 수원을 중심으로 새 희망의 조선을 열기 위해 노력한 임금이었다.

"상말에 '이제 보니 수원水原 나그네'라 하나니 '누구인지 모르고 대하다가 다시 보니 낯이 익고 아는 사람이라.'는 말이니 낯을 잘 익혀 두라. 내가 장차 열석 자로 다시 오리라." 하시고 "수운가사에 '발동發動 말고 수도修道하소. 때 있으면 다시 오리'라 하였나니 알아 두라." 하시니라. (『도전』10:24:3~5)

수원水原이란 글자는 우주만유가 생겨난 '물의 근원자리'를 의미하는 것으로서(수원에는 실제로 물이 많다) 수원 나그네는 오행상 물의 근원자리인 '술戌생에 태어난 성자'를 말한다. 술생의 성자는 우리 전통놀이인 술래잡기나 강강술래에도 들어 있어 민간에 퍼져 있는 전설이다. 증산 상제님은 이러한 민간에 전해오는 전설을 예로 들어 수원나그네의 뜻을 풀어주고 있다. 이를 증산도 진리로 살펴보면 수원나그네는 술생으로 오시는 대두목을 뜻한다. 수원은 물(水)을 뜻하고, 물은 1태극을 뜻한다. 수원나그네라는 말에는 11성도成道라는 의미가 내포되어 있다. 즉 수원나그네에는 10무극(상제님)과 1태극(수원나그네)이 결합하여 우주의 이상과 세계역사가 완성되고 인류가 구원되는 섭리가 담겨 있다. 즉 상제님은 신미辛未생으로 무극을 뜻하며 대두목으로 오시는 사람은 임술壬戌생으로 오신다는 것을 뜻한다. 그리하여 우주생명은 미未에서 통일을 준비하고 술戌에 와서 공空으로 완전히 통일된다는 것이다.

수원나그네라는 말은, '후천을 개벽하고 인류를 구원하는 상제님의 천지대업은 인사적 측면에서 볼 때 술戌의 기운으로 성사되는데 인간 씨종자를 추리는 성자가 사람 주변에 있으나 알아보지 못한다는 것'을 의미한다.

증산 상제님은 삼계대권을 주재하시는 하느님으로서 5만년 무극대운이 펼쳐지는 무형의 설계도를 물샐틈없이 짜 놓으셨으며, 이를 현실의 역사위에 유형으로 완성하시는 분은 바로 태극의 생명원리인 임술생으로 출세하는 대두목이다. 수원나그네는 이러한 인류구원의 대두목이 출세함을 의미한다.

숙구지 도수宿狗地 度數

문자적 의미 숙구지는 전라북도 정읍시 신태인읍 화호리禾湖里의 지명이다. 이 지명에 관련된 도수를 숙구지 도수라고 한다.

본질적 의미 수원나그네, 독조사 도수 등과 함께 증산도 지도자에 관련된 도수이다. 숙구지는 개가 잠을 자는 곳이라는 뜻의 지명으로, 이는 술생戌生으로 이 땅에 오는 대두목과 연관되며, 이 대두목은 인사의 주재자로서 증산 상제님의 도맥을 이어 후천 새 세상을 여는 주도적 인물이다.

핵심 사상 이 지역의 지명은 '개가 잠자는 곳'이라 하여 '숙구지宿狗地', 또는 '성숙한 말 구駒' 자를 써서 '숙구지宿駒地'라 한다. 조선 말기에 어떤 도인이 부안과 변산, 고부 두승산 근처의 지형을 살펴보고 '개 구狗' 자가 들어가는 지명 아홉개(백양구지, 흙구지, 진구지, 돌구지, 거명구지, 역구지, 숙구지, 서구지, 미륵구지)를 이름 붙여 구구지九狗地라 불렀는데, 예로부터 구구지는 가활만인可活萬人의 길지吉地라는 말이 전한다.

증산 상제님은 이 땅의 기운을 취하여 증산도의 포교 운을 여는 도운공사道運公事를 보았는데, 숙구지 도수는 개벽기에 상제님의 일을 대행할 수 있는 자에게 붙인 천하사 최종 결론 도수이다. 이 숙구지 도수와 관련하여 증산 상제님은 "잠자던 개가 일어나면 산 호랑이를 잡는다."(『도전』 6:75:2)고 하였다. 증산 상제님은 도

道의 원뿌리이며, 상제님의 무극대도가 3변 성도의 과정을 거쳐 열매 맺게 하는 주체가 대두목大頭目이다. 여기에서 잠자는 개는 대두목을 상징한다.

증산 상제님의 일을 대행하는 자, 즉 후천개벽시대에 인류를 구원하고 세계를 통일할 대두목은 숙구지 도수로 예정되었다. 우주변화의 원리 측면에서 볼 때, 삼극三極, 즉 무극無極·태극太極·황극皇極은 우주 전체의 변화를 주도하는 원리이다. 무극은 본체本體로서 모든 변화의 가장 근원적 원리이고, 태극太極은 이를 바탕으로 해서 실제로 작용作用하여 유형의 존재를 만들어 내는 역동적인 역할을 한다. 이를 상수학象數學으로 보면 십무극十無極과 일태극一太極이라 한다. 여기에서 십수十數와 일수一數를 결합하면 우주 창조의 이상과 세계 역사가 완성의 단계로 접어드는 생명의 존재원리인 11성도成道가 이루어진다. 이러한 11성도는 인류구원과 후천선경의 실현을 상징한다.

모사재천謀事在天의 원리에 따라 10무극 상제가 천지의 이상적인 운로를 천지공사로 예정해 놓았다면, 성사재인成事在人의 원리에 따라 이것을 인간의 역사 속에서 인사문제로 현실화시키는 자가 태극 기운을 타고 출세하는 대두목이다. 다시 말해 증산 상제님이 모사재천하여 후천선경 건설의 바탕, 즉 5만 년 무극대운의 도수를 물샐틈없이 짜 놓은 무극상제無極上帝라면, 이러한 상제님의 천지공사를 성사재인하여 현실의 역사 위에 유형으로 추수하는 일꾼이 바로 태극의 생명원리인 임술壬戌생으로 출세하는 태극제太極帝 대두목이다.

증산 상제님께서는 어용御容이 금산 미륵불金山彌勒佛과 흡사하시어 용안龍顔이 백옥처럼 희고 두루 원만하시며 양미간에 불표佛表의 큰 점이 있고 천안天眼은 샛별과 같

이 반짝이시니라. 또 목소리는 인경처럼 맑고 크시며 왼손
바닥에 '북방 임壬' 자와 오른손바닥에 '별 무戊' 자 무늬가
있고... (『도전』3:210:1~3)

증산 상제님은 신미辛未생으로 화신化身하였고, 상제님의 왼쪽 손
바닥에는 임壬 자, 오른쪽 손바닥에는 무戊 자 무늬가 있다. 이는
임술[戌: 戊+一]생의 대두목 탄생을 예고하는 것이다. 신미생인
증산 상제님은 10무극을 상징하며, 10무극을 대행하여 통일과
조화를 이룩하는 대두목은 1태극을 상징한다. 특히 북방 임壬 자
는 우주 조화의 모체인 1태극수이며, 임금 왕王 자는 임자가 변형
된 것이다. 증산 상제님의 양 손바닥에 있는 임壬 자와 무戊 자는
이 임술을 의미하며 임술생의 태극제와 더불어 세계 구원의 의통
성업醫統成業이라는 궁극이상이 이루어짐을 보여준다.

숙구지는 곧 수數 꾸지라. 장래 일을 수놓아 보았노라.
(『도전』6:111:7)
장차 초막에서 성현聖賢이 나오리라. (『도전』11:413:2)
이곳이 운산雲山이 아니냐. 운안雲岸 물줄기를 금만경金萬
頃으로 돌리더라도 하류에서 원망은 없을 것이니 이 물줄
기가 대한불갈大旱不竭이라. 능히 하늘을 겨루리라. (『도
전』5:198:8)

결론적으로 '숙구지 도수'란 증산 상제님이 물샐틈없이 짜 놓은
대업을 이어 인사화로 매듭지어 나갈 지도자(大頭目)가 개띠(壬戌)
생으로 오는 것을 의미한다. 임술생으로 오는 대두목은 20년간
의 긴 휴계기 속에서 일어나 후천선경 건설을 위한 일꾼들을 길
러내며, 궁극적으로는 대환란의 개벽기에 후천선경 건설을 향한

세계 구원의 의통성업을 실현한다. 이러한 숙구지 도수의 현실화는 태모 고 수부님의 '잠자는 개를 깨우는 숙구지 공사'(도전』11: 134)에 의해서 이루어지게 된다.

시두時痘

문자적 의미 시두(천연두) 바이러스variola virus에 의해 일어나는 악성 전염병. 시두에서 시時는 때나 철을 가리키고 두痘는 역질, 천연두를 의미한다. 두창痘瘡·포창疱瘡이라고도 하며, 속칭으로 '별성마마', '손님마마' 또는 '역신마마' 등이라 하고, 줄여서 마마·손님이라고도 부른다.

본질적 의미 시두는 서양의학 용어로 '천연두天然痘(smallpox)'를 가리킨다. '시두'는 '천연두'란 이름이 알려지기 전 우리 민족이 널리 사용하던 용어다. 최근 의학계에서는 시두가 인류역사상 최고의 사상자를 낸 전염병일 뿐 아니라 최초의 전염병이라는 주장이 설득력 있게 제기되고 있다. 아직까지 치료약이 없으며 백신을 통한 예방이 유일한 방법이다. 면역이 없는 상태에서 발병하면 30% 이상의 치사율을 나타내는 악성 전염병이다. 특히 공기로 전파되기 때문에 전염력 또한 매우 높다. 20세기에만 전 세계에서 5억 명이 시두로 목숨을 잃었다. 여러 차례 세계사를 주도하는 왕과 황제들의 목숨을 앗아갔고 아테네 제국을 비롯하여 로마제국, 마야, 잉카 제국 등 많은 고대 제국을 몰락시켰고 동시에 새로운 제국을 탄생시켰다. 시두는 세계의 역사에 주요한 분기점이 되기도 했던 것이다. 1796년 영국의 에드워드 제너가 백신(1796년 종두법)을 개발한 이후 서서히 줄어들었다. 1980년 WHO는 천연두 소멸을 선언하였고 우리나라의 경우도 1993년 제1종법정전염병의 목록에서 삭제됐다.

인류에게 치명적이었던 시두는 증산도 사상에서 '천자국天子國', '간艮 도수'와 함께 가을개벽의 비밀을 푸는 핵심 코드에 속한다. 한동안 사라졌던 시두는 다시 발발하여 도래하는 개벽, 즉 지난 선천 역사의 끝과 새로운 시작과 관련한 실상을 암시한다는 것이다. 시두는 가을개벽을 맞아 닥칠 병겁을 예고하며, 본래 천자국이었던 동북방 간방에 위치한 조선이 개벽의 환란에서 인류를 구원하고 새로운 세상을 건설하는 주역임을 알린다는 것이다. 시두는 개벽의 전령 역할을 하는 병이다.

핵심사상

이제 전에 없던 별놈의 병이 느닷없이 생기느니라. 이름 모르는 놈의 병이 생기면 약도 없으리라. (『도전』3:311:1~2)

시두손님인데 천자국天子國이라야 이 신명이 들어오느니라. 내 세상이 되기 전에 손님이 먼저 오느니라. 앞으로 시두時痘가 없다가 때가 되면 대발할 참이니 만일 시두가 대발하거든 병겁이 날 줄 알아라. 그때가 되면 잘난 놈은 콩나물 뽑히듯 하리니 너희들은 마음을 순전히 하여 나의 때를 기다리라. (『도전』7:63:7~10)

이후로는 시두손님을 내가 맡아 보노라. … 앞으로 시두가 대발하면 내 세상이 온 줄 알아라. (『도전』3:284:9, 12)

장차 이름 모를 온갖 병이 다 들어오는데, 병겁病劫이 돌기 전에 단독丹毒과 시두時痘가 먼저 들어오느니라. 시두의 때를 당하면 태을주를 읽어야 살 수 있느니라. (『도전』11:264:2~3)

전염병은 인류가 농경문화와 목축업을 시작하고 문명이 형성되면서부터 발생했을 것으로 본다. 전염성 질병은 대부분 사람과 접촉하는 동물로부터 감염되기 때문이다. 시두 바이러스 역시 소에서 왔다. 최근 학자들의 연구 발표를 보면 전염병은 대략 5,500년에서 6,000년 전에 생겼을 것으로 추정된다. 오늘날에도 여전히 크고 작은 전염병들은 멈추지 않고 일어나면서 인간을 괴롭히고, 심지어 인류의 생존 자체마저 위협하고 있다. 2,000년 이후만 보더라도 사스(SARS), 조류인플루엔자, 신종플루, 에볼라 등이 출몰하였다. 2020년 현재에는 코로나19가 중국을 시작으로 하여 여러 지역으로 확산되면서, 팬데믹(pandemis; 대륙간 전염병)으로 변하여 많은 희생자를 내고 경제적으로, 심리적으로 막대한 타격을 주고 있다. 많은 전문가들은 정체를 알 수 없으며 강력한 파괴력을 지난 유행성 전염병들이 계속적으로 출몰할 것이라고 경고하고 있다. 이 이름 모를 병들의 유행 속에 시두가 발발한다.

한동안 사라졌던 시두는 "내 세상이 되기 전", 즉 새로운 후천 세상이 들어서기 이전의 어느 때 다시 대발하면서 장차 가을개벽에 일어날 병겁의 대환란을 예고한다. 『도전』에 의하면 시두가 새롭게 출현하는 곳은 '전사국'이다. 천자는 '천제지자天帝之子'의 약자로서 '하느님의 아들', '우주의 주재자이자 천상의 통치자[天帝]인 상제의 아들'을 칭한다. 천자는 본래 제정일치 시대에 나라의 통치자요 하늘에게 제사를 주관하는 제사장이었다. "천자는 동이족 임금의 호칭이다. 하늘을 아버지, 땅을 어머니로 섬기는 까닭에 하늘의 아들이라 한다[天子, 東狄之所稱, 父天母地故, 稱天子]."(채용蔡邕, 『독단獨斷』) "(중국의 순 임금은 보위에 오를 때) 동쪽으로 순행하여 산천에 제를 지내고 마침내 동방의 임금을 알현하였다[東巡望秩肆覲東后]" 이 구절에서 '근관'은 아랫 사람(제후 순)이 윗 사람(동방의 천자)을 찾아뵙는다는 뜻이다. 여기서 동방의 임금은 고조선의 단군왕검을 가리킨다. 천자문화의 본향은 조선이었으며 실제로 고조선 이후 고려 말에 이르기까지 천자 칭호가 계승되어 왔다. 고구려의 전신인 북부여를 계승한 해모수가 스스로를 '천제자天帝子'라 칭했고 고구려의 창업 시조인 주몽 역시 자신의 신원을 천제의 아들[天帝之子]로 밝혔다. 원나라의 지배를 받던 고려 말에 이르러 임금을 천자 대신 왕으로 내려 부르게 되었으며 그 후 국력이 약화되고 사대주의 세력이 집권하면서 천자 문화, 천손天孫 의식은 역사의 전면에서 사라지다시피 했다. 그리고 조선이 망국으로 기울던 1897년에 들어 고종 임금에 의해 천자국의 황통皇統을 회복하려는 마지막 시도가 이뤄졌다. 고종은 국호國號 '조선'을 '대한제국大韓帝國'으로 바꾸고 황제로 즉위했으며 천자 등극을 고告하는 천제를 올렸다.

"천자국이라야" 시두가 들어온다는 것은 본래 천자의 나라였으며 동시에 앞으로 천자국의 지위를 회복하는 동방 조선에서 시두가 시작된다는 말이다. 이것은 곧 시두에 이은 병겁의 진원지가 조선이 될 것이라는 사실을 의미한다. 시두와 병겁이 조선에서 처음 터지는 가장 중요한 이유는 "병겁에서 살리는 구원의 도道가 조선에 있기 때문"(『도전』 7:40:2)이다. 병겁이 시작된 곳에서 구원이 있다는 것이다. 이것은 또한 '간도수艮度數'의 실현에 속한다. 간은 팔괘八卦의 이치에서 초목으로 보면 열매이고 지리地理로 보면 지구의 동북방, 한반도이다. 가을의 열매는 또한 새로운 봄의 시작을 위한 씨종자이다. '간도수'는 결실의 땅인 간방艮方 한반도에서 한 시대(선천)의 끝매듭과 새로운 시대(후천)의 시작이 이뤄진다는 섭리를 말한다.

예로부터 시두가 터질 때는 신명들이 시두기운인 '천화天花'를 뿌리고 다닌다고 믿었다. 그래서 민간에서는 시두를 '손님', '마마'로 높여 불렀고, 시두에 걸리면 깃대를 꽂아놓고 시두손님을 달랬다. 이 시두손님, 마마손님은 인도에서는 '시탈라마타Shitala Mata', 아프리카의 나이지리아에서는 '소포나Sopona'라는 여신으로 숭배되었다. 인도에는 시탈라마타 여신을 모셔놓은 사당이 아직까지 남아있다고 한다. 시두 신명을 포함하여 천지의 모든 신명들은 이법理法에 따라 우주를 주관하는 상제의 주재 아래 속한다. 신명들이 매개가 되어 우주 이치와 상제의 말씀을 자연과 역사에 현실화하는 것이다. 일련의 유행성 전염병들, 특히 시두는 여름철 말이 되어 모든 생장을 끝맺고 가을의 새 질서를 열기 위해 일체의 생명을 거두는 이치[理]에 따라 천지의 숙살 기운인 서신과 신명들[神]이 개입하여 일어난다[事].

태모 고수부님은 시두에서 살아남는 유일한 구원의 법방은 태을주 주문에 있음을 일러 주신다. 스물 석자로 구성된 태을주는 천지조화의 성령을 받는 주문으로써 만병을 물리치고 우리를 성숙한 영적 인간으로 인도하는 주문이다.

시두는 개벽과 관련하여 다음의 사실을 알리고 있다. 가을개벽에 병겁의 대환란이 따른다. 그 발원지는 천자국이며 동북 간방에 속하는 동방 조선이다. 동시에 조선은 병겁을 극복하는 인류 구원의 나라다. 병겁은 새로운 가을의 후천 세계를 열기 위해 불가피하게 숙살의 비극을 치러야 하는 이치를 실현하는 신명들의 개입으로써 일어난다. 그리고 병겁에서 살아남을 구원의 성약은 태을주 주문이다.

시천주 주문侍天主呪文

<u>문자적 의미</u>　시천주는 하늘에 계신 하느님(天主)을 지극히 모신다 (시侍)는 뜻이다. 따라서 시천주주문은 하늘에 계신 상제님을 지극히 모시는 주문을 말한다.

<u>본질적 의미</u>　시천주 주문은 수운 최제우 대성사가 오랜 시간 하늘을 향해 지극한 정성으로 기도를 한 결과 천상 상제님으로부터 내려 받은 주문이다. 주문은 '시천주조화정 영세불망만사지侍天主造化定永世不忘萬事知' 본주문 열석자와 '지기금지원위대강至氣今至願爲大降' 강령주문 여덟 자로 합해서 21자로 이루어진다. 천주, 즉 상제님을 지극히 모시고 조화를 정하여 만사지 도통을 하는 큰 은혜를 영원히 잊지 못한다는 뜻이다.

<u>핵심 사상</u>　시천주 주문은 수운 최제우 대성사가 1860년 4월에 일명 '천상문답사건'이라는 신비체험을 하면서 상제님으로부터 내려 받은 주문이다. 비록 수운이 문자화 한 것이지만 수운이 창작한 주문이라고 할 수는 없다. 왜냐하면 수운 스스로 밝히고 있듯이, 이 주문은 신비한 체험을 할 당시 하늘에서 선어仙語가 들리면서 대도의 가르침을 받았기 때문이다.
수운이 주문을 내려 받은 날은 1860년 4월 초 닷샛날이었다. 그날은 장조카의 생일이어서 초대를 받아 음식을 먹고 있었다. 그때 갑자기 몸이 떨리고 정신이 혼미해지자 수운은 집으로 왔다.

집에서도 여전히 꿈인 듯 생시인 듯 한 상태에 접어들면서 아득한 음성이 하늘에서 들려왔다. 수운은 『동경대전』에서 이때의 상황을 다음과 같이 전하고 있다.

> 뜻밖에도 사월에 마음이 선뜩해지고 몸이 떨려서 무슨 병인지 집중할 수도 없고 말로 형상하기도 어려울 즈음에 어떤 신선의 말씀이 있어 문득 귀에 들리므로...“두려워하지 말고 두려워하지 말라 세상 사람들이 나를 상제라 이르거늘 너는 상제를 알지 못하느냐...나의 영부를 받아 사람을 질병에서 건지고 나의 주문을 받아 사람을 가르쳐서 나를 위하게 하면 너도 또한 장생하여 덕을 천하에 펴리라.”
> (『동경대전』「포덕문」)

여기서 수운이 기도 끝에 받은 주문이 바로 시천주 주문이다. 그후 수운은 그 주문을 오랫동안 헤아리고 생각하면서 거의 한 해를 닦고 또 닦은 후에 그 이치가 자연스러운 것을 깨닫게 되었다. 그래서 수운은 “한편으로 주문을 짓고 한편으로 강령의 법을 짓고 한편은 잊지 않는 법을 지으니, 절차와 도법이 오직 이십일 자로 될 따름이니라”(『동경대전』「논학문」)라고 고백하였다. 여기서 말하는 스물한 자가 시천주 주문이다.

수운은 당시 주문의 뜻을 묻는 주변의 지식인 및 제자들에게 그 뜻을 다음과 같이 말하고 있다.

> ‘시’라는 것은 안에 신령이 있고 밖에 기화가 있어 온 세상 사람이 각각 알아서 옮기지 않는 것이요 ‘주’라는 것은 존칭해서 부모와 더불어 같이 섬긴다는 것이요, ‘조화’라는 것은 무위이화요, ‘정’이라는 것은 그 덕에 합하고 그 마음

을 정한다는 것이요, '영세'라는 것은 사람의 평생이요, '불
망'이란 생각을 보존한다는 뜻이요, '만사'라는 것은 수가
많은 것이요, '지'는 그 도를 알아서 그 지혜를 받는 것이니
라. (『동경대전』「논학문」)

여기서 중요한 것은 시천주의 뜻이다. 수운은 시천주를 "하늘에
계신 천주님을 모시면 안으로 신령이 들고 밖으로 기의 조화가
생겨 온 세상 사람들이 그 믿음에서 벗어나지 않는다"고 해석한
다. 즉 시천주는 하늘에 계신 천주, 즉 상제님을 지극히 신앙한다
는 뜻이다.
증산도에서 시천주 주문의 중요성은 『도전』을 통해서 알 수 있
다. 『도전』은 여러 곳에서 시천주 주문을 언급하고 있으며 그 주
문 수행의 과정과 결과를 다양한 어조로 강조하고 있다.

시천주주侍天主呪는 천지 바탕 주문이니라. 시천주주에 큰
기운이 갊아 있나니 이 주문을 많이 읽으면 소원하여 이루
지 못하는 일이 없느니라.

시천주주侍天主呪

侍天主造化定永世不忘萬事知 至氣今至願爲大降
시 천 주 조 화 정 영 세 불 망 만 사 지 지 기 금 지 원 위 대 강

(『도전』2:148:1~3)

시천주주에 큰 기운이 박혀 있도다. (『도전』7:31:10)
태모님께서 친히 시천주주를 읽으시며 "시천주주가 근본
이니 이제부터는 시천주주를 읽어라." 하시니 성도들이 이
때부터 시천주주를 위주로 하여 공사에 시봉하니라. … 하
루는 태모님께서 의통 공사를 보시며 말씀하시기를 "시천
주주가 의통 주문이니 너희는 많이 읽어 의통 준비를 잘

해 두라." 하시고 (『도전』11:84:4~7)

위의 인용문에서 보듯, 시천주 주문은 큰 기운이 박혀 있는 천지의 바탕주문이며 의통주문이라고 할 수 있다.

시천주 주문에 담긴 시천주 사상은 수운이 대구 장대에서 형장의 이슬로 사라진 후 2세 최시형, 3세 손병희를 거치면서 그 뜻이 왜곡되어 '양천주', '인내천' 사상으로 변질되었다.

신神

문자적 의미 신이란 과학의 영역을 벗어난 초월적, 영적 존재를 말한다. 귀신이라고도 하고 신명이라고도 하지만 신이라는 개념이 가장 보편적이고 일반적으로 사용된다.

본질적 의미 신은 우선 종교의 대상으로서 인간의 현실적 작용과 능력을 초월하여 초자연적, 초인간적, 초감각적 능력을 가진 존재로 이해된다. 일상적으로는 귀신鬼神이라고도 한다. 신중에서 최고의 신을 천주교에서는 천주님, 기독교에서는 하나님, 신교 문명권에서는 삼신상제님이라고 한다. 철학과 종교와 과학이 모두 신을 다루고 있으나 그 성격은 조금씩 다르다. 철학에 있어서 신은 무한하고 완전한 존재로 세계의 근원이며, 종교에서 신은 세계를 구원하는 절대자이며, 과학에서는 그 존재성을 규정할 수 없는 추상적 존재이다.

핵심 사상 증산도의 신관은 일원적 다신관이며, 범재신관이다. 즉 모든 존재하는 것은 신이 내재하며, 신은 모든 곳에 존재한다. 우주전체에 만연한 신을 원신이라고 부르며, 그 신성이 모든 존재에 내재하며 그 신격이 다양하여 다신론이라고 부른다.
증산도에서는 세상만사가 모두 신이 들어야 성립된다고 한다. 그러므로 신은 어느 곳에도 있고 어떤 일에도 개입해 있다. 신은 가히 모든 것을 이루는 기본 요소이고 모든 것을 이루어지게 하는 근본요인이다.

> 천지간에 가득 찬 것이 신神이니 풀잎 하나라도 신이 떠나
> 면 마르고 흙 바른 벽이라도 신이 떠나면 무너지고, 손톱 밑
> 에 가시 하나 드는 것도 신이 들어서 되느니라. 신이 없는
> 곳이 없고, 신이 하지 않는 일이 없느니라. (『도전』 4:62:4~6)

증산도 신관에서 신은 크게 인격신과 자연신으로 구분된다. 인
격신은 인간이 죽어서 천상에 다시 태어난 존재로서 신명神明이
라고도 한다. 신명도 인간처럼 생각하고 활동하며 절망과 좌절
을 한다. 원한을 가지기도 하고 이를 풀려고 노력하기도 한다. 그
삶은 지상에서의 인간의 삶과 밀접한 연관성을 가진다. 인격성을
갖는다는 것은 비록 신이지만 인간의 모든 것을 함께 하는 존재
라는 뜻이다. 그러므로 인간은 신명에게, 신명은 인간에게 상호
영향을 끼친다. 각종 보호신, 수호신이나 원한을 맺고 죽은 원신,
척을 지고 죽은 척신은 지상의 인간들과 일정한 관계를 주고받
는다. 이렇듯 인간과 신명은 그 존재방식이 다를 뿐 각각의 세계
는 동전의 앞뒤와 같이 분리될 수 없다. 그래서 상제님께서는 "신
명을 부르면 사람이 이르느니라."(『도전』 4:62:3)고 말한다.
주신主神 혹은 주재자신主宰者神으로서의 인격신은 자연 만물에
내재하는 본성인 원신元神을 주재하는 역할을 한다. 주신은 천차
만별의 만물을 각기 다른 위격으로 주재하기 때문에 다자多者이
다. 주신들은 일정한 위계질서를 따르고 있다. 그 질서의 정점에
는 모든 주신들을 다시 주재하는 상제님이 있다.
인격신 중에는 생전에 인간의 문명에 관심을 가지고 이를 위해
노력하다가 죽어서 신명이 되어서도 계속 노력하는 문명신이 있
다. 생전에 세계를 문명화하여 천국을 지상에 건설하고자 노력한

마테오 리치 신부는 문명신을 이끌고 지금도 천상에서 세계 문명화를 위하여 노력하고 있다. 또한 지상에서 원한을 품고 죽은 원신寃神이 있다. 원신은 자신이 가장 하고 싶던 일을 하지 못했거나 억울한 누명을 쓰고 죽는 바람에 소망하던 바를 펼칠 수 없었던 자의 신명이다. 역신逆神은 부조리한 세계를 바꾸고자 정치 현실을 비판하여 새로운 정치 현실을 만들고자 노력하다가 역적으로 몰려 억울하게 처형된 자들의 신명들이다. 이밖에 일정한 지방을 수호하고 그 지방의 발전을 위하여 노고를 아끼지 않는 지방신이 있는가 하면, 자손을 지키고 자손의 안녕을 위하여 활동을 하는 선령신이 있다. 그밖에도 척을 짓고 죽은 척신, 눌려 죽은 압사신, 질식해 죽은 질사신 등등의 신명이 있다.

자연신이란 천지만물에 내재하는 자연적인 본성이 신성을 띠고 드러난 것을 말한다. 대표적인 경우가 천지를 주장하는 망량신魍魎神(천상깨비, 천도깨비), 일월을 주관하는 조왕신竈王神, 북두칠성을 주장하는 성신星神 등이다. 또한 모든 자연물에는 그 자연물을 관장하거나 수호하는 자연신이 있다. 예컨대 나무에는 목신, 바위에는 바위신, 물에는 수신, 바다에는 해신 등이 이에 속한다. 또한 상제님이 천지공사 때 쓰신 각종 산하기령山河氣靈도 일종의 자연신이다.

자연신으로서 원신은 만사만물에 내재하는 가장 보편적인 속성이기 때문에 다자가 아닌 일자一者이다. 원신은 인격신은 아니지만 인격신의 바탕을 이루고 있기 때문에 신명계와 소통이 가능하며 이를 형상화할 수 있는 상제님에 의해서 인격신과 같은 대상으로 바뀌기도 한다. 자연계에서 일자는 원신이라는 신성이고, 다자는 천태만상을 한 사물들(개별물)이다. 한편 주신계에서 일자는 상제님이고, 다자는 주신들이다. 이처럼 일과 다는 원신과 주신을 음양 관계로 설명하는 한 특성이다.

신과 이법의 관계

문자적 의미 신이란 모든 존재의 바탕이지만 과학적으로는 그 존재성을 확인할 수 없는 초월적, 비물질적 존재를 말한다. 이법이란 현상계 혹은 사실계의 근거가 되는 이치, 원칙을 말한다. 그 양자의 관계는 증산도 우주관에서 중요한 의미를 갖는다.

본질적 의미 신과 이법은 서로 다른 요소이지만 둘 다 현상계와 밀접한 관계를 갖는다. 증산도에서는 신과 이법과 현실과의 관계를 이-신-사(사건)의 원리로 설명한다. 이중 신은 이법과 현상계(사태)를 매개하는 역할을 한다. 따라서 신과 이법의 관계는 신과 사태의 관계를 가능하게 하는 바탕이 된다.

핵심 사상 이법과 신도와 사실(사건) 사이에는 밀접한 관계가 있다. 신神들의 집합인 천상 신도세계는 원신元神과 주신主神의 음양관계로 이루어져 있다. 원신이란 곧 자연신으로서 천지만물의 바탕에 내재된 근원적 실재이다. 그리고 주신이란 모든 신성을 주재하는 주재신이면서 인간이 죽어서 천상에 새로 태어난 인격신으로서 신명들을 통틀어 주신이라고 한다.

이법이란 만물로 하여금 바로 그러한 만물이게끔 하는 이치요 원리이다. 도가에서 말하는 도, 유가에서 말하는 리理, 불가에서 말하는 법法과 일맥상통한다. 천지만물의 존재와 변화를 규정하는 법칙이라고 할 수 있다. 천지만물에는 그 생성변화의 원리인 리

理가 내재한다. 리는 만사만물의 근거이며 바탕을 이루는 객관적 요소로서 보편성을 가진다. 그러나 리 자체는 사실계, 현실계에 아직 실현되지 않은 단지 가능성으로 존재한다. 이러한 가능성으로서의 리를 현실계에 조화시켜 실현시켜 주는 역할을 하는 것이 바로 신이다.

증산도에서 신은 이법으로 하여금 개별적 사물을 바로 그러한 모습으로 드러나도록 하는 결정적인 요인이다. 신이 없으면 세상에 아무 일도 일어날 수 없다는 것이다. 나아가서 인간 만사人事는 곧 이법이 신을 통해서 드러나는 사건이라고 본다. 그러므로 역사란 곧 신이 인간의 행위를 통해서 우주 이법을 실현해 가는 과정이다. 이것이 이신사理神事(이법과 신도와 사건의 관계) 원리이다.

> 천하의 모든 사물은 하늘의 명命이 있으므로 신도神道에서 신명이 먼저 짓나니 그 기운을 받아 사람이 비로소 행하게 되느니라. (『도전』 2:72:2~3)

여기서 "천하의 모든 사물은 하늘의 명이 있다"는 것은 사실계의 만물이 그러한 만물로 있기 전에 먼저 전혀 다른 차원에 존재하는(시공을 벗어난) 이법계의 "하늘의 命"(=이理(기氣), 이치, 이법)이 존재한다는 것을 뜻한다.

"신도에서 신명이 먼저 짓는다" 함은 사실계의 사물이 직접적으로 우주 이법의 규정을 받는 것이 아니라 신명의 역할에 의해서 비로소 그것이 가능함을 나타낸다. 그렇다고 신명에 의해서 실제로 모든 일이 직접 이루어지는 것은 아니다. 인간이 신명의 기운을 받아 실제로 일을 행해야만 일(인간사)은 이루어진다. 결국 신은 이법과 인간을 매개하는 역할을 한다.

우주 주재자인 상제님의 역할은 삼계를 주재하고 통치하는 일이

다. 특히 삼계가 균형과 조화를 상실한 선천 말에는 그 관계를
새로이 설정할 과제를 안고 있다. 상제님의 주재란 이법에 순응
하면서 동시에 이-신-사의 조화와 균형을 유지하도록 하는 무위
적 작위(무위이화)이다.

> 나의 일은 무위이화無爲以化니라. 신도神道는 지공무사至公
> 無私하니라. 신도로써 만사와 만물을 다스리면 신묘神妙한
> 공을 이루나니 이것이 곧 무위이화니라. (『도전』4:58:2~3)

우주의 주재자인 상제님이 인간 세상에 강세하여 천지의 일을 바
로잡는 천지공사도 "이치를 쓰는"(『도전』 4:58:4) 행위에 의해서 가
능해진다. 상제님이 천지(우주)를 주재하는 것은 철저히 생장염장
이라는 우주 순환의 원리에 의한 것이다. 증산 상제님은 이 이치
를 "쓴다", 즉 작위적으로 사용하고 "뜯어고치기도 한다". 그러나
여기서 뜯어고치는 것은 곧 이치와 하나 된 상제님의 의지의 현
현이다. 상제님은 우주의 주재자이므로 생장염장의 순환이치를
쓰는 것은 사사로운 차원(사욕)에서가 아니라 철저히 우주의 이
치와 일치하는 차원(공욕)에서 이루어진다. 그러나 이는 신도로서
다스림이라는 과정을 갖는다. 우주 주재자는 이-신-사의 전체
과정을 무위이화로 주재한다.

신교神敎

문자적 의미 신은 귀신 신神 자, 교는 가르칠 교敎 자로, 신교는 신의 가르침, 신의 뜻에 따라 삶을 살아가는 인류 시원 종교를 말한다.

본질적 의미 신교는 '신으로써 가르침을 베푼다', '신의 뜻과 가르침으로써 세상을 다스린다', '신을 인간 삶의 근본으로 삼는다' 등의 폭넓은 의미를 지닌다. 신교는 단순히 한 종교나 신앙 형태에 그치는 것이 아니라, 고대 한국의 종교며 사상이며 문화 형태다. 신교는 자연과 역사의 모든 변화가 신의 개입으로 이뤄진다고 믿으며, 신을 섬기고 신의 뜻을 모든 가치의 중심에 두는 생활문화 혹은 삶의 방식이다.

핵심 사상 신교에서 받드는 지고의 신은 천지만물을 맡아 다스리는 통치자 하느님인 삼신상제님이다. 오래전부터 동방의 신교문화권에서는 천상의 하느님을 '상제님' 혹은 '삼신상제님'이라 불러왔다. 삼신이란 우주의 바탕인 가장 근원적인 신성을 말한다. 삼신은 신령한 우주의 조화기운으로서 우주 만물과 만사의 공통된 기운이며 모든 변화를 짓는 근본적 존재이다. 상제는 더 이상 위가 없는 자리에서 우주를 다스리는 최고의 신이며, 없는 곳이 없고 하지 않음이 없는 삼신과 일체가 되어 조화로써 우주를 주재한다. 『환단고기』는 이 통치자 하느님을 "삼신일체상제三神一體

上帝", "삼신즉일상제三神卽一上帝"라 하여 그 뜻을 더욱 분명히 표현하고 있다.

일찍이 한민족은 천제天祭를 통해 상제님에 대한 신앙을 표현했다. "동방의 조선은 본래 신교神教의 종주국으로 상제님과 천지신명을 함께 받들어 온, 인류 제사 문화의 고향이니라."(『도전』 1:1:6)는 말씀처럼 하늘에 제사지내는 문화인 천제의 기원은 고대 동방에서 찾을 수 있다. 9천 년 역사의 첫머리인 환국을 연 환인 천제를 시작으로 역대 임금들은 천제 봉행을 국가 경영의 근원으로 삼았다. 특히 환인과 환웅의 제천문화 전통을 계승한 고조선의 역대 단군은 매년 봄, 가을에 정기적으로 천제를 거행했다.

천제문화는 그 후 부여의 영고, 예맥의 무천, 고구려의 동맹으로 이어진다. 고려 때 국가 최고의 의례인 팔관회 역시 신라 때부터 이어져 온 제천행사였다. 현재까지 남아 있는 제천단인 강화도의 참성단, 태백산의 천황단 그리고 고종황제가 고유제告由祭를 올린 원구단 등은 천제문화의 흔적을 증거하고 있다. 이러한 천제문화는 신교의 대표적 특성이다.

신교의 핵심은 신의 뜻을 지상에 실현하는 데 있다. 그리고 그 신의 뜻은 하늘을 대신하여 다스림을 폈던 통치자들의 가르침을 통해 알 수 있는데, 그것은 환국에서부터 이어져 내려온 홍익인간弘益人間 사상으로 요약된다. 홍익인간의 근본 뜻은 나도 이웃도 제 본성을 틔워 우주의 가장 근원적이고 원초적인 존재인 삼신과 하나가 되어 상제님을 섬기며, 그 뜻을 실현하는 온전한 인간이 되도록 하는 데 있다. 상제님을 받들며 본성을 열어 밝혀 참나가 되고[성통性通] 그 깨달음을 대사회적으로 실천하여 이웃과 협력하여 새 세상을 이룩하는[공완功完] 것이 홍익인간, 재세이화在世理化의 가르침이다. 그것이 또한 하느님에 대한 신앙을 완성하는 것이기도 하다. 참 인간이 됨으로써 하느님 신앙이 온전하게 되며 하느님 신앙을 통해서 인간 완성은 성취될 수 있는 것이다.

초대 단군왕검은 환국, 배달에서 이어받은 천제문화를 바탕으로 나라를 열고 백성을 다스리며 신의 뜻을 가르쳤다. "너희 무리는 오로지 하늘이 내려 주신 법을 지켜...성통공완하면 하느님을 뵐 수 있을 것이다[咨爾有衆 惟則天範...性通功完 乃朝天]."(『규원사화』) 요컨대 제천으로 대표되는 하느님 신앙과 성통공완, 홍익인간이란 인간의 길이 하나로 결속하여 신의 가르침, 신교의 골간을 이룬다.

이러한 신교의 전통은 면면히 이어오다가 고려의 불교정책과 조선의 유교정책으로 그 명맥만 간신히 유지되었고 조선 말 고종에 의해서 다시 되살아나게 된다. 즉 고종은 원구단을 짓고 삼신상제님에게 천제를 올리면서 조선이 천자국임을 천명하게 된다. 특히 근대의 문을 연 동학은 상제님을 신앙하고 모시는 '시천주' 사상으로 신교를 보편화하였고, 이 동학의 신교문화는 인간으로 강세하신 증산 상제님에 의해 이 땅에 온전히 실현되어 참동학 증산도에 의해 보편화 세계화되는 계기를 마련하게 되었다.

기존 문헌의 용례 신교와 관련된 용례를 보면, 조선 숙종 때 인물로 추정되는 북애자가 지은 『규원사화』에서 다음과 같은 기록을 찾아볼 수 있다. "우리나라는 신으로 가르침을 베풀고[이신설교以神設敎] 옛것을 좇으니 그것이 풍속이 되어 사람들 마음이 안정되었다"

이보다 약간 후대의 인물인 이종휘의 『수산집修山集』에 포함된 『동사東史』에는 신시 배달의 시대에는 신으로써 가르침을 베풀었다고 하여 같은 표현이 등장한다. 또 이들에 앞서 조선 성종 때 서거정 등이 편찬한 『동문선東文選』에는 "신도로써 가르침을 베

푸니 태평이 가득하다"라고 언급돼 있다. 『환단고기』에서도 "이삼신설교以三神設敎", "이삼신입교以三神立敎", "제천위교祭天爲敎", "이신시교以神施敎" 등 같은 뜻을 가진 여러 표현들이 나온다.

『주역』에서도 "성인이 신도로써 가르침을 편다[聖人以神道設敎]"라고 하여 신교를 시사하는 구절이 등장한다. 고대 한민족의 고유한 종교, 사상과 관련하여 또 하나의 소중한 기록은 통일신라의 대학자 최치원이 남긴 「난랑비서鸞郎碑序」인데, 그 일부가 『삼국사기』(「신라본기」 진흥왕조)에 실려 있다. 그는 한민족의 고유한 도를 풍류風流라 부르며 다음과 같이 말한다. "나라에 지극히 신령스런 도가 있으니 풍류風流라 한다. 그 교를 창설한 내력은 『선사仙史』에 자세히 실려 있으니, 실은 곧 삼교를 포함包含하여 군생群生을 접화接化하는 것이다." 여기서 풍류도는 곧 유불도 삼교가 포함된 시원종교로서 신교를 뜻한다.

신인합발神人合發 / 신인합일神人合一

문자적 의미　신과 인간이 서로 음양동덕의 조화를 이루어 우주의 창조적 변화에 주체적으로 참여함을 말한다. 신인합일이 신과 인간이 하나된 경계를 말한다면, 신인합발은 신인합일의 경계에서 행해지는 조화작용을 말한다.

본질적 의미　"천지개벽을 해도 신명 없이는 안 되나니, 신명이 들어야 무슨 일이든지 되느니라."(『도전』 2:44:5) 혹은 "신인합일神人合一이라야 모든 조화의 기틀을 정한다."(『도전』 11:98:9)고 하는 것처럼 천지에서 일어나는 모든 일은 신과 인간이 하나가 됨으로써 이루어진다. 이는 이신사원리와 상통하는 것으로 우주만물의 생성변화가 인간과 신명의 조화로 이루어진다는 증산도 중요 세계관이다.

핵심 사상　우주의 현상적 모습은 만물이 서로 독립적이고 분리된 것처럼 보이지만, 내면의 본원적인 차원에서 본다면 우주와 인간과 만물의 본성은 모두 동일하다. 왜냐하면 온 우주가 신성을 바탕으로 하고 있기 때문이다. 물질적이든, 정신적이든, 유형이든 무형이든 천지만물은 그 바탕에 신神이 내재해 있으며, 그 천지신성의 존재근거는 바로 우주의 조화성신造化聖神이며 원신元神인 삼신이다. 이러한 우주의 조화성신 속에서 인간과 신은 하나가 될 수 있다. 우주만물의 창조와 진화는 신과 인간이 상호 유기적인 관계를 이룰 때 조화롭게 실현된다. 이러한 우주의 본성에 대한 상제님의 가르침이 신인합발(혹은 신인합일)이다. 인간은 우주 안에서 그러한 우주의 유기적인 조화성을 자각할 수 있는 유일한 존재이다.

문제는 우주만물이 신성을 갖고 있지만 선천 세상에서는 상극의 이치가 만물을 지배하여 신과 신, 신과 인간, 인간과 만물은 서로 소통하지 못하고 교류하지 못해 결국 조화작용을 하지 못하는 데 있다. 신인합일이 그 본래의 역할을 하는 것은 선천 말대인 후천개벽기이다. 그래서 후천개벽기의 신인합일은 특별한 의미를 갖는다. 선천개벽 이래 신과 인간은 상극의 이치에 따라 분열과 대립을 거듭하여 서로의 영역을 견고하게 다져왔다. 다시 말하자면 우주는 스스로의 분열성을 확고하게 드러내는 방향으로 자기 전개의 과정을 걸어왔을 뿐 통일과 조화를 이루지 못했다.

> 선천은 삼계가 닫혀 있는 시대니라. 그러므로 각국 지방신地方神들이 서로 교류와 출입이 없고 다만 제 지역만 수호하여 (『도전』 4:6:1~2)
> 모든 족속들이 각각 색다른 생활 경험으로 유전된 특수한 사상으로 각기 문화를 지어내어 그 마주치는 기회에 이르러서는 마침내 큰 시비를 이루나니 (『도전』 4:18:3)

상제님의 말씀처럼 신은 신대로 인간은 인간대로 또 신과 인간은 각각 그들의 영역 속에서 각자의 영역을 분열 발전시키고 그 영역의 경계를 지키고자 하였다. 그 결과 신과 신, 신과 인간, 인간과 인간의 교류는 원활하지 않았을 뿐만 아니라 분란과 쟁투를 야기하여 원과 한을 조성하여 마침내 걷잡을 수 없는 재앙을 일으키는 지경에 이르게 되었다. 닫힌 우주, 닫힌 삼계에서 인간과 신의 관계는 상호 배타적 관계에 있었다.

선천의 인간은 물질과 사리에만 병적으로 집착함으로써 대립과 갈등을 키우고 그로인해 신도와 천지인 삼계의 혼란을 가져왔다. 이러한 상극의 갈등과 분열은 원한을 낳고 원한은 우주를 병들게 하였다. 따라서 이 부분에 대한 치유가 절실하게 요청되었다. 천도天道, 지도地道, 인도人道 그리고 신도神道를 바로잡는 천지해원 공사는 이러한 병의 유일한 치유책이다. 천지공사는 우주의 생명력과 조화력을 회복하고자 하는 것이다. 이는 바로 닫힌 선천의 신명세계를 열어 인간과 서로 교류하게 하는 것이며, 병든 우주를 치유하고 상생의 후천을 열기 위한 것으로 상제님의 주재의 결과이다. 이제 인간과 신은 서로 분리된 영역에서 상호 독립된 삶을 사는 것이 아니라 서로 교통하고 조화되어 천지성공 시대를 열어 나간다. 열린 후천에서 인간은 신을 알고, 신은 인간을 알아서 함께 새로운 우주를 열어 나가게 된다.

"인존시대를 당하여 사람이 천지대세를 바로 잡느니라."(『도전』 2:22:2)는 구절과 함께 "이 세상은 신명조화가 아니고서는 고쳐 낼 도리가 없느니라."(『도전』 2:21:2)는 구절은 이제 이 시대가 닫힌 삼계가 아니라 열린 삼계이며, 신인합발의 시대임을 알려준다. 후천은 인간이 신과 함께 하는 우주적 과정인 신인합발 즉 인간 영성의 장대한 흐름이라는 것을 인식해야 한다. 그러므로 증산 상제님은 우주의 가을을 "추지기秋之氣는 신神"(『도전』 6:124:9)이라고 함으로써 우주의 가을이 영성의 시대임을 천명하고 있다. 영성의 시대는 인간과 신이 하나가 되는 신인합일神人合一의 시대이다.

후천은 신성을 회복한 인간에 의해서 우주의 모든 것이 조화롭게 유지되는 세계이다. 신성을 되찾기 위해서 선천의 인간은 끊임없이 스스로의 영성을 열어나가야 한다. 인간이 스스로의 영성을 열어 신성을 회복해나가는 노력이 수행이다. 증산도의 태을주 수행은 우주의 근원을 찾는 내용과 언어의 우주적 율동이라는 형식이 온전하게 갖추어져 있는 수행법이다. 신과 인간이 함께 새로운 우주를 만들어 가는 후천개벽은 신인합발에 의한 것이다. 이것을 인간의 관점에서 본다면 금수와 같은 감각과 본능과 욕망에 충실하여 물질적 발전에만 매몰된 선천 인간이 우주의 신성을 회복함으로써 신인神人이 되어 지심대도술知心大道術의 후천 새 세상을 열어 가는 주체가 되는 것이다.

알음귀

<u>문자적 의미</u> 알음귀란 순수한 우리말로서 '알음'이란 지식 혹은 지혜를 뜻하며, '귀'란 '알아듣는 기관 혹은 능력'을 뜻한다. 즉 알음귀란 '지식과 지혜를 얻는 능력'이다.

<u>본질적 의미</u> 증산도에서 알음귀는 과학적, 학문적 인식능력 뿐 아니라 이보다 더 차원이 높은 앎의 능력인 고도의 예지력叡智力, 혹은 영적인 능력으로 얻는 인식력까지 포함한다.

<u>핵심 사상</u> 『도전』은 동양에 천국을 건설하기 위해서 온 서양사람 이마두가 평생의 꿈을 이루지 못하고 죽어서 동양의 문명신을 거느리고 고향인 서양으로 돌아가서 다시 천국을 건설하고자 했다고 전한다. 이에 따르면 지하신이 천상에 올라가 지상의 사람들에게 '알음귀'를 열어주어서 과학과 기술을 발명케 하여 천국의 모형을 본떠 건설한 것이 서양의 근대문명이라고 서술하고 있다. 여기서 알음귀는 근대과학과 기술, 그리고 이에 의한 근대문명과 깊은 관련을 맺고 있다. 말하자면 근대문명의 토대가 되는 과학과 기술을 발명하도록 한 인간의 예지력이라고 할 수 있다. 이러한 인간의 예지력은 이성의 논리적 추론의 한계를 넘어선 인식능력이며, 영적 차원의 직관력이다. 즉 증산도 문명론에서 알음귀는 근대문명의 바탕이 된 합리성과 함께 이를 넘어선 초이성적 능력이다. 발명왕 에디슨은 "99%의 노력과 1%의 영감"으로 새

로운 문명이기를 발명하였다고 고백하였다. 여기서 99%의 노력이란 이성적, 합리적 추론능력을 말한다면, 1%의 영감은 이성의 한계를 넘어선 능력으로서 예지력을 말한다. 이 두 인식능력 모두가 '알음귀'로 표현된다.

이처럼 증산도 사상에서 알음귀는 현상적 인식과 초월적 인식 모두에 관련된다. 증산 상제님은 신명계의 주벽인 마테오 리치를 통해서 알음귀의 능력과 그 역할에 대해 알려주었다.

> 이로부터 지하신이 천상에 올라가 모든 기묘한 법을 받아내려 사람에게 '알음귀'를 열어 주어 세상의 모든 학술과 정교한 기계를 발명케 하여 천국의 모형을 본떴나니 이것이 바로 현대의 문명이라. (『도전』 2:30:6~7)
>
> 선천에는 천지간의 신명들이 각기 제 경역境域을 굳게 지켜 서로 왕래하지 못하였으나 이마두가 이를 개방한 뒤부터 지하신地下神이 천상에 올라가서 천국의 문명을 본떠 사람들의 지혜를 열어 주었나니 이것이 오늘의 서양 문명이니라. (『도전』 4:13:4~6)

상제님의 이 두 말씀을 종합하면 결국 마테오리치(이마두)가 천상에서 사람들의 인식능력인 알음귀를 열어주어 오늘의 고도로 발전한 과학문명이 성립되었다는 것이다. 여기서 '알음귀'는 '지식의 능력'이면서 '지혜의 능력' 양자의 의미로 사용되었다. 그리고 중요한 것은 문명신들이 천상의 기묘한 법을 받아 지상 사람들의 "알음귀"를 열어주었다는 사실이다. 그리고 이로 인하여 세상의 학술과 정교한 기계를 발명케 했다는 것이다. 결국 알음귀는 신의 도움으로 인간에게 주어진 새로운 인식능력이며, 그 결과 근대 과학문명이 탄생하게 되었다는 것을 알 수 있다.

'알음귀'는 근대에 갑자기 자연과학과 수학이 폭발적으로 발전한 현상을 잘 설명하고 있다. 천상의 신명세계로부터 기원한 알음귀의 도움을 받아 과학자, 수학자들이 앞다투어 과학 법칙과 수학 법칙을 연구, 발견하고 그것을 체계화하여 과학과 수학을 근간으로 한 근대과학을 탄생시켰다. 그러므로 과학과 수학, 그리고 이를 바탕으로 한 근대기술은 모두 신도와 인간의 관계를 종합적으로 설명하는 '알음귀'를 통해서 비로소 이해될 수 있다. 그러므로 알음귀와 관련해서 증산도 문명관과 신관을 또한 읽을 수 있다. 천상의 발달된 문명을 지상에 이식시키기 위하여 문명신들은 사람들의 알음귀, 즉 예지적 능력을 열어주었다. 이 능력에 의해서 지상에 건설된 근대문명은 천국의 문명을 지상에 이식한 것, 즉 천국 문명을 그대로 모방한 것이다. 증산 상제님이 서양의 "현대문명"(지금의 시점에서 보면 근대문명)을 "천국의 모형을 본떴다"고 한 것은 바로 이 점을 알려준 것이다. 이처럼 근대문명과 그 건설은 신적인 기원을 통해서만 비교적 설득력있게 설명될 수 있다.

"알음귀"는 16세기 중반부터 18세기 후반에 걸친 근대 과학혁명을 이끈 숨은 힘으로 작용했다. 알음귀는 근대의 이성이나 합리성을 초월하는 것이다. 이성과 합리성은 인간 능력의 차원에 머무는 것이라면 알음귀는 신적인 기원을 가지는 것으로서 인간에 대한 신성의 발현과 같은 것이다. 인간의 고차원적인 능력 가운데는 신과 만날 수 있는 접점이 바로 알음귀인 것이다. 그래서 이 알음귀는 신적인 예지력이라고 할 수 있다.

역 도수逆度數

문자적 의미 도수度數는 천도지수天度地數의 약자. 하늘의 섭리가 땅에 이루어지는 원리와 과정을 밝히는 수리철학적 용어다. 역 도수는 생명의 법칙에서 자꾸 멀어져가면서 성장하는 원리로서 성장의 극한에 이르면 순 도수가 이어받아 생명을 성숙시키는 원리가 작동한다.

본질적 의미 동양 상수론의 극치는 천체의 운행[天道]을 수리화하여 선후천변화를 논증한 점에 있다. 도수란 원래 하늘의 원리가 땅에서 이루어진다는 천도지수天度地'數'의 약칭이다. 1부터 10까지의 수로써 세계의 실상과 변화를 해명하는 체계가 곧 도수론이다. 도수의 운동은 천간지지天干地支의 6갑 시스템에서 벗어나지 않는다는 것이 통설이다. 6갑은 음양론과 오행론이 결합된 구조로 이루어져 있다. 도수의 운동방식에는 두 가지가 있다. 하나는 역 도수逆度數이고, 다른 하나는 순 도수順度數이다. 역 도수란 상극 질서를, 순 도수란 상생 질서를 뜻한다. 낙서는 상극 질서를, 하도는 상생 질서를 가리킨다.

핵심 사상 음양의 부조화로 인한 상극 질서는 천지자연으로 하여금 상호 대립하고 갈등하는 운동을 하도록 하는 우주원리이다. 그것은 우주론적으로 볼 때 지축의 경사와 연관되어 있다. 증산 상제님은 상극의 이치를 낙서원리로 설명한 다음에 역 도수를 발

동시켜 선천을 문 닫고 후천을 여는 공사를 집행하였다. 역 도수
의 상극 세상을 순 도수가 펼쳐지는 상생의 세상으로 만드는 조
화가 바로 상제님의 천지공사이다.

> 선천은 상극相克의 운運이라 상극의 이치가 인간과 만물을
> 맡아 하늘과 땅에 전란戰亂이 그칠 새 없었나니 그리하여
> 천하를 원한으로 가득 채우므로 이제 이 상극의 운을 끝
> 맺으려 하매 큰 화액禍厄이 함께 일어나서 인간 세상이 멸
> 망당하게 되었느니라. 상극의 원한이 폭발하면 우주가 무
> 너져 내리느니라. (『도전』2:17:1~5)
> 하루는 상제님께서 "천지가 역逆으로 가니 역 도수를 볼
> 수밖에 없노라" 하시고 공사를 보시며 글을 쓰시니 이러하
> 니라.
> 左旋 四三八 天地는 魍魎이 主張하고
> 좌선 사삼팔 천지　　망량　주장
> 　　　九五一 日月은 竈王이 主張하고
> 　　　구오일 일월　　조왕　주장
> 　　　二七六 星辰은 七星이 主張이라
> 　　　이칠륙 성신　　칠성　주장
> 좌선이라.
> 사삼팔, 천지는 망량이 주장하고
> 구오일, 일월은 조왕이 주장하고
> 이칠륙, 성신은 칠성이 주장하느니라. (『도전』4:141:1~2)

위의 내용에서 사삼팔, 구오일, 이칠육은 모두 합이 15가 되는
수의 조합이다. 그리고 이러한 수의 배열을 담고 있는 것이 낙서
이다. 천지와 일월과 성신이 망량신과 조왕신과 칠성신과 함께
선천의 변화에 대한 함축적 내용을 담고 있다. 이 성구는 증산도

의 수리철학[度數]에 근거한 우주관과 신관을 비롯하여 증산도의 인사관(종통관. 후천문명을 이끌어가는 지도자의 출현은 우주원리에 근거한다는 이론) 등이 총체적으로 담겨 있다.

낙서와 하도는 동양 수리철학의 핵심이다. 하도낙서는 상수론의 출발점이자 귀결처로서 상생의 질서와 상극의 질서가 압축되어 있다. 하도는 순 도수順度數의 원리에 따라 10, 9, 8, 7, ⑥, 5, 4, 3, 2, 1의 방향으로 진행하며, 낙서는 역 도수逆度數의 원리에 따라 1, 2, 3, 4, ⑤, 6, 7, 8, 9의 방향으로 진행한다. 역 도수의 발동에 따른 억음존양抑陰尊陽의 시대(선천)가 낙서라면, 억음존양의 세상에서 정음정양의 후천세상이 되기 위해서는 건곤乾坤의 위치가 바뀌어야 한다. 즉 복희팔괘의 건남곤북乾南坤北이 정역팔괘의 건북곤남乾北坤南으로 바뀌어야 하는데, 증산 상제님은 이를 하도의 '도생역성倒生逆成'(상생 질서)과 낙서의 '역생도성逆生倒成'(상극 질서)의 이치에 따라 전환됨을 밝혀 주고 있다. 그리고 그러한 시간변화의 근원은 상제님의 천지공사에서 찾을 수 있다.

낙서가 표현하는 선천의 모습은 대립과 갈등을 통해 성장하는 것으로 역逆하는 이치로 상징된다. 즉 뿌리에서 점점 멀어지는 성장의 모습은 바로 역의 원리로 표현된다. 선천의 천지가 상극의 원리로 인해 역의 방향으로 나아가는 현상이므로 증산 상제님은 역 도수를 본다고 하였다. 여기서 역 도수는 천지가 역으로 가는 선천 상극을 질서를 상징하는 도수로서, 선후천의 우주론적 변화를 상징하는 공사이다.

이러한 역 도수의 발동은 신도가 들어서야 가능한 것이다. 그래서 망량과 조왕과 칠성의 주장으로 역 도수가 실현되는 것이다. 즉 우주가 선천에서 후천으로 진입하기 위해서는 우주원리 자체만으로는 불가능하며 신도의 개입이 필요하다. 신도가 없는 세계는 죽어 있는 우주와 다르지 않다. 낙서 9수의 세계에서 하도 10

수의 세계로 전환시키는 열쇠는 신도이다. 역 도수를 발동시키는 눈에 보이지 않는 힘이 바로 신도인 것이다.

하루는 공사를 보시며 글을 쓰시니 이러하니라.

龜馬一圖今山河여 幾千年間幾萬里로다
귀 마 일 도 금 산 하   기 천 년 간 기 만 리

胞運胎運養世界하니 帶道日月旺聖靈이로다.
포 운 태 운 양 세 계   대 도 일 월 왕 성 령

하도와 낙서의 판도로 벌어진 오늘의 산하.

수천 년 동안 수만 리에 펼쳐져 있구나.

가을개벽의 운수 포태하여 세계를 길러 왔나니,

변화의 도道를 그려 가는 일월이 성령을 왕성케 하는구나. (『도전』2:143:3~4)

이 성구는 하도와 낙서의 수리철학적 원리로 선천과 후천의 교역기에 해당하는 오늘의 산하 판도를 판단하니, 가을개벽의 운수는 성령이 왕성한 역 도수로 변화하고 있음을 밝힌 것이다.

기존 문헌의 용례 역 도수라는 단어는 고전에 구체적으로 나오지 않는다. 다만 『주역』에는 우주가 돌아가는 방식을 순역順逆으로 표현하였다. 즉 역 도수에서 역逆은 우주가 거슬러서 움직여[逆] 진화한다는 것이고, 도수度數는 천간지지로 하늘의 원리가 땅에서 이루어지는 원리와 과정을 가리킨다. 결국 역 도수란 천지가 완성되는 과정을 밝힌 수학적 논리라고 할 수 있다.

역상일월성신경수인시曆象日月星辰敬授人時

문자적 의미 해와 달이 돌아가는 역법의 본질적 이치와 그 의미를 헤아려 백성들의 일상생활에 도움이 되는 시간표를 알려주라는 뜻으로, 백성들이 시간과 공간의 변화를 잘 살펴 편안히 살게 하라는 가르침이다.

본질적 의미 시간의 주기인 역법은 고대 이래 다양한 근거와 방법으로 발전해왔다. 이에 대한 철학적 기술이 『주역』이다. 『주역』이 천도를 설명하는 방식 중 하나는 괘도(복희팔괘, 문왕팔괘)로 표상하는 것이고, 다른 하나는 하도-낙서의 도상으로 표상하는 것이다. 괘도[象]가 진리의 공간적 표상방식이라면, 하도-낙서는 진리의 시간적 표상방식[曆]이다. 이것을 합하여 역상曆象이라 한다. 한마디로 '역법[曆]'과 '상징 혹은 이미지[象]'는 해와 달과 별이 변화하는 천도를 표상하는 방법론이다. 이를 우리말로 옮기면 천도를 '력曆하고(캘린더 구성법칙)', '상象한다(이미지화, 상징화)'는 의미로 풀이된다.

핵심 사상 '역상일월성신경수인시曆象日月星辰敬授人時'라는 말은 『서경書經』「우서虞書」 '요전편堯典篇'에 다음과 같은 내용으로 기술되어 있다.

　이에 희씨와 화씨에게 명하시어 호천을 삼가 공경하고 순응하여 일월성신日月星辰을 력曆으로 하며 상상象으로 하여 공경스럽게 백성들에게 삶의 시간을 알려주시다. ... 아아! 희와 화여. 1년은 366일이니 윤달을 두어야 4시를 정하여 한 해를 이루어

乃命羲和하사 欽若昊天하여 曆象日月星辰하여 敬授人時하시다. ... 帝曰 咨汝羲暨和야 朞는 三百有六旬有六日이니 以閏月로 定四時成歲하여

요임금은 천하의 백성들이 평안하게 살기 위한 가장 시급한 일은 자연의 변화현상을 자세히 살피는 것이라고 판단하여 천문 담당관(희씨와 화씨)에게 하늘의 운행을 관찰하라는 명을 내렸다. 인간 삶에 대한 자연현상의 두드러진 영향은 지진이나 홍수 등으로 삶의 모든 것을 빼앗아 가는 재앙이었다. 자연의 변화는 주기성을 갖고 나타나기 때문에 요임금은 천문현상에 뛰어난 신하에게 달력을 만들도록 하였던 것이다. 여기서의 달력은 어느 때 씨앗을 뿌리고 김매고, 수확하는 시기를 밝히는 생활시간표였다. 달력 제작은 천문학의 소관이다. 그러니까 요임금 시대의 달력은 고도의 천문학이 발달한 농업사회였음을 반영한다.

하지만 그들이 작성한 책력은 태양력과 태음력이라는 음양이 부조화된 캘린더였다. 만약 음양이 조화된 책력이었다면 1년 360일의 달력이었을 것이다. 전통의 주역학은 '역상일월성신경수인시曆象日月星辰敬授人時'의 내용이 『주역』에 전혀 등장하지 않는다는 이유 하나 때문에 주된 관심사로 여기지 않았다. 지금도 대부분의 주역학자들은 위에서 인용한 『서경』의 내용들과 『주역』을 함께 고찰하는 것 자체를 거부하고 있는 실정이다.

하지만 증산 상제님이 말하는 '역법의 이치[曆]'는 단순히 캘린더의 구성법칙을 뜻하는 자연의 시간표가 아니다. 그것은 캘린더

구성의 근거, 즉 태양력과 태음력이 나누어지기 이전의 본원적 구조인 자연의 시간표에 대한 근거 혹은 바탕에 대한 가르침이다. 왜 태양력은 366일[堯之朞]에서 365¼일[舜之朞]의 엄청난 변화를 겪는가, 그리고 태음력은 왜 1년 360일에서 며칠이 모자라는 354일일까? 라는 천지시간표의 근본 원인에 대한 가르침으로 이를 통해 시간론의 본질과 인간 삶의 목적을 깨우치고 있는 것이다. 결국 자연의 시간은 우주 순환의 원리에 따른 인간의 성숙과 구원인 것이다.

> 겨울에 성도 20여 명을 와룡리 문공신의 집에 모아 놓고 며칠 동안 진액주津液呪를 수련케 하신 후에 성도들에게 요堯의 '역상일월성신경수인시曆象日月星辰敬授人時'를 해설하시며 말씀하시기를 "당요唐堯가 비로소 일월이 운행하는 법을 알아내어 백성들로 하여금 모든 일에 때를 알게 하였나니 천지의 큰 공덕이 이로부터 열렸느니라." 하시니라. (『도전』 3:221:1~3)
>
> 정미년 12월에 정토칠봉淨土七峰 아래 와룡리 문공신文公信의 집에 계시며 대공사를 행하시니라. 며칠 동안 진액주津液呪를 수련케 하시고 당요唐堯의 '역상일월성신경수인시曆象日月星辰敬授人時'를 해설하시며, "천지가 일월이 아니면 빈껍데기요, 일월은 지인至人이 아니면 빈 그림자라. 당요가 일월이 운행하는 법을 알아내어 온 누리의 백성들이 그 은덕을 입게 되었느니라." 하시고 "일월은 사사로움 없이 만물을 다스리고 강산은 큰 도가 있어 온갖 작용을 수용하느니라[일월무사치만물日月無私治萬物하고 강산유도수백행江山有道受百行이라]" 하시며… (『도전』 5:196:1~5)

상제님의 말씀은 동양 고대의 성인들이 일월의 운행원리를 알아내어 백성들로 하여금 삶과 농사의 때를 알게 하였으니 이것이 큰 공로라는 것이다. 그러나 이러한 역법의 변화원리는 모두 사람을 위한 것이고, 사람이 없으면 천지의 운행 역시 공허하다는 것을 알려주었다. 그리고 이러한 천지의 변화도수는 선후천의 변화와 관련되어 상제님의 천지공사로 새로운 시공간이 열리게 되는 바탕이 된다. 그러나 새로운 시공간과 이로 인한 역법 역시 상제님의 무위이화가 드러난 결과이다.

공부하는 자들이 '방위가 바뀐다'고 이르나니 내가 천지를 돌려놓았음을 세상이 어찌 알리오. 나는 서신사명西神司命이니라.

水火金木이 待時以成하나니 水生於火라
수화금목　　대시이성　　　　수생어화
故로 天下에 无相克之理니라
고　 천하　무상극지리

수화금목(4象)이 때를 기다려 생성되나니 물[水]이 불[火]에서 생성되는 까닭에 천하에 서로 극克하는 이치가 없느니라. 내가 이제 천지를 개벽하여 물샐틈없이 도수를 정하였느니라. (『도전』4:152:1~4)

영가무도詠歌舞蹈

문자적 의미 '주문 같은 노래를 부르며 춤추듯 걷다'는 뜻. 영가무도는 김일부가 정역사상을 수립하는 과정에서 잃어버린 우리 고유의 수행법을 발견하여 '음·아·어·이·우'라고 노래 부르고 춤추면서 몸과 마음을 닦은 심신단련법이다.

본질적 의미 김일부는 유학자로서는 보기 드물게 정신수양을 극대화하는 방안으로 노래와 춤을 통해 심신을 수련하였다. 그는 대자연의 리듬에 맞추어 온몸으로 노래하고 수련한 수행가였다. 그의 춤은 흥에 겨워 막무가내로 몸을 흔드는 것이 아니라 춤사위 하나하나가 우주의 율동상에 꼭 들어맞는 영가무도였다. 영가무도는 김일부의 수행법이며 노래와 무용이 함께 하는 특별한 공부법이다.

핵심 사상 영가무도를 창시한 사람은 김일부이다. 김일부는 충청도 연산땅 인내 강변에 있는 용바위 근처에서 자주 노니며 풍월을 읊조렸다. 그는 그곳에서 우주의 신비를 느끼며 천지와 더불어 혼연일체가 되어 영가무도를 즐겼다. 그의 영가무도는 의식적으로 노래를 짓고 춤을 창안한 것이 아니라 수행을 하면서 자연스럽게 흘러나오는 노래와 몸동작이었고 이것이 하나의 수행법이 되었다. 아침저녁은 물론 어떤 때는 하루 종일 가무歌舞를 즐기다가 새벽녘에야 갓에 서리를 하얗게 싣고 도포자락이 찢어진 채로 돌아오곤 하였다. 집안 사람이나 동네사람들은 그가 물가에서 도깨비에 홀려서 미친 것으로 알고 그를 위해 『옥추경玉樞經』을 읽은 일이 있다고 말할 정도로 영가무도에 심취하였다고 전한다.

김일부가 영가무도에 심취한 까닭은 단순히 지친 심신을 달래기 위해서라기보다는 영가무도의 리듬과 율동이 자연계의 숨겨진 율려 도수를 실천하기 위한 최선의 방법이었기 때문이다. 원래 영가무도는 막혔던 혈맥을 관통시키고 정신의 안정과 집중력을 도모하는 유교의 수련법으로 개발되었다. 오랫동안 잃어버린 이 심신수련법을 김일부가 부활시켰던 것이다.

영가는 노래요 무도는 춤이다. 영가무도는 일종의 연속성을 띤 수련이다. '영'은 호흡조절을 통해 천천히 '음아어이우'를 읊조리는 것이고, '가'는 '영'의 단계를 넘어서 신나게 노래 부르는 단계를, '무'는 율동에 맞추어 춤추는 것이고, '도'는 춤의 형식이 무너진 상태에서 아래에서 위로 솟구치는 동작을 일컫는다.

이처럼 영가(노래)와 무도(춤)는 떼려야 뗄 수 없는 관계에 있다. 흥겹게 노래부르다 보면 자신도 모르게 어깨를 들썩거리며 춤을 추게 마련이다. 읊조림[詠]에서 노래[歌]로, 춤[舞]에서 뜀뛰기[蹈]로 차츰차츰 옮겨 가다 보면 노래와 춤이 하나가 되는 경지에 이른다. 이런 점에서 '영가'는 자연의 리듬에 근거한 생명의 언어이며, '무도'는 잠들었던 생명 에너지를 깨어나게 하는 몸짓이라 할 수 있다. 따라서 하늘의 음성이자 율동인 율려를 바탕으로 이루어진 영가무도는 소리와 춤의 극치인 것이다. 김일부가 인내 강변에서 풀 한 포기 남지 않을 정도로 영가무도를 수련했다는 것을 보면, 그의 정역사상은 영가무도의 체험을 통해 더욱 심화된 것이라 추정할 수 있다.

영가무도는 정역사상과 더불어 김일부의 삶을 형성하는 두 날개이다. 새가 두 날갯짓을 통하여 하늘을 훨훨 날 듯이, 영가무도는 김일부가 정역사상을 잉태할 수 있었던 원동력이었다.

> (김일부는) 이에 분발하여 서전書傳과 주역周易을 많이 읽고 영가무도詠歌舞蹈의 법으로 공부하면서…. (『도전』1:9:5)
> 충청도 강경을 지나 연산連山에 이르러 향적산香積山 국사봉國師峯에 있는 김일부를 찾으시니라. 지난밤 일부의 꿈에 하늘로부터 천사가 내려와 '옥경玉京에 올라오라'는 명을 전하거늘 일부가 천사를 따라 올라가 요운전曜雲殿이라는 편액이 걸린 장려한 금궐에 들어가 상제님을 뵙고 내려왔는데 이제 맞이한 증산을 뵈니 간밤 꿈에 뵌 상제님과 그 형모가 같은지라 그 일을 아뢴 뒤에 '요운曜雲'이란 도호를 드리며 심히 경대하되 증산께서는 그 호를 받지 않으시니라. 증산께서 그곳에 머무르시며 영가무도의 교법을 관찰하시고 일부와 후천개벽의 천지대세에 대해 말씀을 나누시니라. (『도전』1:68:1~6)

증산 상제님은 천하를 대순하다가 연산땅에 이르러 김일부와 만나 후천개벽의 천지대세에 대해 말씀을 나누었다고 전한다. 이때 김일부는 증산 상제님을 만나기 전 꿈에 천상궁궐에서 상제님을 뵈었는데 그 날 찾아온 분이 하늘에서 보았던 상제님이라는 것을 알고 심히 경대하였음을 기록하고 있다.

기존 문헌의 용례 정역사상과 영가무도는 밀접한 관계가 있다. 전자가 학술이라면 후자는 몸과 마음을 닦는 수행이다. 하지만 『정역』에 영가무도에 대한 구체적인 언급이 없다는 이유에서 정역사상과 영가무도는 전혀 관련이 없다고 주장하는 사람도 있다. 『정역』「십오일언」〈구구음九九吟〉에 "평범하고 도도한 선비님네야, 나의 한 곡조 방랑음을 들으시라[凡百滔滔儒雅士아 聽我一曲放浪吟하라]"고 하여 '방랑음'이라는 글자만 나온다. 영가무도라는 개념이 정역에는 나오지 않으나 이 방랑음이 곧 영가무도라고 추정할 수 있다.

영동천심월影動天心月

문자적 의미 달빛이 천심월에서 움직인다는 뜻.

본질적 의미 영동천심월影動天心月이란 문장은 연담蓮潭 이수증李守曾이 제자인 김일부에게 전한 한 편의 시에 담겨 있다. 그 시 속에서 연담 선생이 준 수수께끼는 '영동천심월影動天心月', 즉 '달의 변화와 운동'이라는 암호 같은 싯구이다. 이를 통해 김일부는 정역사상의 핵심을 풀어내었다.

핵심 사상 연담 이수증이 제자인 김일부에게 던진 화두는 한 편의 시에 들어 있었다. 스승은 제자에게 시간 흐름의 목적과 과정을 밝히라고 부탁하면서 시 한 수를 주었는데 그 시에 '영동천심월'이 들어 있다.

> 내 나이 36세 때 처음으로 연담 이선생을 따르니 선생이 호를 내리시니 '관벽'이라 하시고, 시 한 수를 주시되 '맑은 것을 보는 데는 물만 같은 것이 없고, 덕을 좋아함은 어짐을 행함이 마땅하다. 달빛이 천심월에서 움직이니 그대에게 권하노니 이 진리를 찾아보시게나.
> 余年三十六에 始從蓮潭李先生하니 先生賜號曰觀碧이요 賜詩一絕曰 觀淡은 莫如水요 好德은 宜行仁을 影動天心月하니 勸君尋此眞하소 (『正易』19장 후면)

김일부는 어린 시절부터 36세에 이르기까지는 조선조의 학풍과 광산 김씨 문중의 영향을 받아 성리학과 예학에 힘썼다. 그러나 연담 선생을 만나게 되면서 새로운 학문에 눈을 뜨게 된다. 김일부가 『정역』을 장기간에 걸쳐 구상하고 체계화하는 데 결정적인 도움을 준 인물이 바로 연담 이수증이다. 김일부는 연담 선생을 만나 그의 세계관에 흠뻑 빠진 뒤로 인생관이 확연하게 바뀌게 되었다. 스승의 권고로 영가무도의 정진과 더불어 『서경』과 『주역』 연구에 온 힘을 기울여 김일부는 '영동천심월'이 담은 진리를 갈구하고 연구하여 우주변화에 대한 중요한 통찰을 거듭하였다. 김일부가 해와 달의 변화에 대한 복잡한 이론들을 종합하고 관통하여 내놓은 결과가 바로 정역팔괘도이다. 이러한 과정에서 ① 천지는 선천의 '갑기甲己' 질서에서 후천의 '기갑己甲' 질서로 바뀌며, ② 일월日月은 회삭晦朔의 전도로 말미암아 선천의 16일이 후천의 초하루로 바뀌며(한 달로는 망변위삭望變爲朔, 1년으로 추변위춘秋變爲春), ③ 1년 365일에서 시간의 꼬리가 없는 무윤력无閏曆의 360일 세계가 도래함을 읽어냈다. 그것은 우주의 신비에 대한 위대한 쾌거였다.

김일부는 조화옹造化翁(화옹化翁, 화무상제化无上帝, 화무옹化无翁)이 천지를 조화하여 완성시키는 근거와 방법을 천지도수에서 찾았다. 그는 천지도수에 근거한 해와 달의 운행을 새로운 60간지干支의 질서에 부합하는 체계로 수립하여 선후천 전환의 이치를 밝혔다.

이를 풀어서 말하면 원력原曆 375에서 선천개벽 이후 본체 도수 '15(十五)'가 윤력閏曆으로 작용하여 시간의 파도를 일으키는데, 후천 진입기에 이르러 윤도수 15는 다시 본체 도수로 환원還元되는 현상이 일어나 결과적으로 '무윤력无閏曆'의 360일 정역세상이 수립된다는 것이다. 이것이 바로 체용의 극적 전환에 의해 필연적으로 나타나는 시간질서의 근원적 전환인 것이다.

그것은 물리적 변화를 수반한다. 반대로 물리적 변화가 시간의 극적 전환을 일으킨다고 말할 수도 있다. 이 둘은 동시적으로 일어나는 사건이기 때문에 그 선후를 구분하기는 매우 어렵다. 하지만 정역은 조화옹[最高神]의 섭리를 낱낱이 분해한 '도수'로 모든 것을 추론하는 까닭에 아무래도 원리(이법)가 현상을 이끈다고 해야 옳을 것이다.

우주의 생성진화는 시간의 전개를 통해 드러나기 때문에 우주의 생성사가 곧 시간의 역사이고, 시간의 역사 마디를 해명하는 것이 바로 易의 궁극명제이다. 김일부는 시간의 흐름은 일정한 목적을 갖는다는 것과, 우주의 생성사는 시간의 변화 법칙 하에 있다는 것을 논증했다. 그것은 3단계의 '생장성生長成'이라는 절차를 통과하면서 우주는 완성을 지향한다는 것이다. 즉 괘도로는 복희팔괘에서 문왕팔괘로, 문왕팔괘에서 정역팔괘로 나아가며, 시간적으로는 원력原曆에서 윤력閏曆으로(375일 → 366일), 윤력閏曆에서 정력正曆(366일 → 365¼일)으로 진행한다는 것이다. 이를 통해 김일부는 괘도의 이치와 시간흐름의 절차를 일원화시켰던 것이다.

김일부는 '영동천심월'을 바탕으로 우주의 변천사를 괘도의 변천사로 압축 정리하여 복희괘도와 문왕괘도를 이어 정역괘도의 출현을 예고하였다. 특히 정역사상의 핵심은 존재론인 무극·태극·황극의 3극론과, 윤력閏曆과 정력正曆의 시간론과, 하도낙서의 생성론을 일원적으로 통일시켜 정역팔괘도로 압축시킨 점이며, 이는 곧 선후천 전환의 당위성을 밝힌 것이다.

정역사상이 후대에 끼친 영향은 크게 두 가지로 요약할 수 있다. 하나는 우주의 조화옹이 직접 강세하심을 전한 것이며, 다른 하나는 지금의 선천 세상은 머지않아 후천으로 뒤바뀐다는 것을

수리철학적으로 밝힌 점이다. 그것은 해의 변화와 관련되어 있
다. 즉 선후천 변화는 일월의 변화요, 일월의 변화가 시간의 질적
변화[曆數變化]이며, 역수의 변화는 음양 도수의 변화(선천의 삼천양
지三天兩地에서 후천의 정음정양正陰正陽으로)이다. 해와 달의 위치와
운동방식이 바뀌면 당연히 지구의 운동방식도 바뀐다. 이는 시간
의 질적 변화와 밀접한 관계가 있다.

김일부는 "선천역은 교역만을 말하고, 후천역은 세상의 본질적
인 변화다[先天之易은 交易之易이니라 後天之易은 變易之易이니라]"
(「十一一言」)라고 하여 '변역'은 천지 자체의 변화라고 단정했던 것
이다. 달빛은 원래 태양빛을 받아 반사하기 때문에 달의 궤도가
변화하면 태양의 궤도 역시 변화한다는 것이 전제되어 있다. 즉
영동천심월에는 태음력과 태양력이 하나로 통합된 시스템이 만
들어진다는 의미가 함축되어 있다.

오선위기 도수五仙圍碁度數

문자적 의미 '오선위기'는 '다섯 신선이 바둑을 두는 형국'의 혈자리 이름이며, 이러한 혈자리의 기운을 빌어 본 천지공사가 오선위기 도수이다.

본질적 의미 증산 상제님은 천지공사의 일환으로 조선에서 사대명당 발음 공사를 보았는데 그 사대명당이 각각 호승예불胡僧禮佛, 군신봉조群臣奉朝, 오선위기五仙圍碁, 선녀직금仙女織錦이다. 오선위기 도수는 이중 오선위기혈의 기운을 발음시켜 장차 세계 정치질서가 열리는 방향을 정하는 천지공사를 말한다.

핵심 사상 오선위기 도수는 천지공사의 한 축인 세운世運공사의 핵심개념이다. 증산 상제님이 이 땅에 강세한 것은 병든 하늘과 땅을 뜯어고쳐 비겁에 빠진 신명과 인류를 구원하기 위해서이다. 이 구원을 위해 하신 일을 천지공사라고 한다. 천지공사는 삼계대권의 주재자인 증산 상제님이 1901년부터 1909년까지 9년에 걸쳐 신도로써 짜 놓은 프로그램으로서, 가을 우주에 건설될 통일 문명의 청사진이자 새 역사를 여는 이정표이다.
이러한 천지공사는 세운世運공사와 도운道運공사로 구분된다. 세운공사는 선천 세계 정치역사의 이정표를 세워 그 나아갈 바를 예정하신 공사를 말하고, 도운공사는 상제님의 도법이 향하는 방향을 정한 공사이다. 오선위기 도수는 이 중에서 세운공사의 바탕이 되는 도수이다. 여기서 도수란 천지질서가 전개되는 원리 혹은 이치로, 곧 우주 이법을 바탕으로 인간 역사를 창조하는 상제님의 조화가 내포된 역사의 이정표, 시간표를 말한다.

천지공사는 신명공사라고 할 수 있는데 증산 상제님이 우주의 주재자로서 이법에 따라 신명들에게 명을 내리시고 이것이 인사로 현실화되어 나타난다. 세운공사 역시 신도에서 먼저 일어나고 이것이 현실화되어 나타난다. 이 오선위기 도수에서 사역하는 신도의 주인공은 단주이다. 단주는 당요唐堯의 아들로 왕위계승자였으나 아버지와의 갈등으로 왕위를 계승하지 못해 큰 원한이 맺힌 역사적 인물이다.

> 무릇 머리를 들면 조리條理가 펴짐과 같이 천륜을 해害한 기록의 시초이자 원寃의 역사의 처음인 당요唐堯의 아들 단주丹朱의 깊은 원을 풀면 그 뒤로 수천 년 동안 쌓여 내려온 모든 원의 마디와 고가 풀리게 될지라... 그러므로 이제 단주 해원을 첫머리로 하고 또 천하를 건지려는 큰 뜻을 품었으나 시세時勢가 이롭지 못하여 구족九族이 멸하는 참화를 당해 철천의 한恨을 머금고 의탁할 곳 없이 천고千古에 떠도는 모든 만고역신萬古逆神을 그 다음으로 하여 각기 원통함과 억울함을 풀고, 혹은 행위를 바로 살펴 곡해를 바로잡으며, 혹은 의탁할 곳을 붙여 영원히 안정을 얻게 함이 곧 선경을 건설하는 첫걸음이니라. (『도전』 4:17:1~8)

이처럼 오선위기 도수는 신명세계에서 단주가 품은 원한을 푸는 해원을 매개로 해서 만고역신의 원과 한을 푸는 과정으로 진행된다. 즉 왕이 되어 천하를 다스릴 수 있는 기회를 잃어 원한이 맺힌 단주의 기운을 써서 현실 역사에서의 정치질서가 오선위기 도수로 흘러가도록 한 것이다. 이로써 단주의 원한은 해원되고 선천의 정치질서는 천지공사의 도수로 전개된다. 여기서 증산 상제님은 오선위기혈의 땅기운을 빌어 국제정치의 질서가 돌아가는 틀을 확정하게 되는데 이것이 곧 오선위기 도수이다.

> 내가 이제 천지의 판을 짜러 회문산回文山에 들어가노라. 현하대세를 오선위기五仙圍碁의 기령氣靈으로 돌리나니 두 신선은 판을 대하고 두 신선은 각기 훈수하고 한 신선은 주인이라. 주인은 어느 편도 훈수할 수 없어 수수방관하고 다만 손님 대접만 맡았나니 연사年事에 큰 흠이 없어 손님 받는 예禮만 빠지지 아니하면 주인의 책임은 다한 것이니라. 바둑을 마치고 판이 헤치면 판과 바둑은 주인에게 돌아가리니... (『도전』5:6:1~6)

이러한 『도전』의 기록처럼 회문산에는 오선위기혈이 있는데 이를 바탕으로 공사를 보았다. 오선위기란 다섯 신선이 바둑을 두는 형국을 말한다. 증산 상제님은 조선을 비롯한 세계 4대 강국(네 신선)이 한반도라는 바둑판을 중심으로 패권 다툼을 벌이며 지구촌 정치 질서의 대세를 형성해 나가도록 판을 짜 놓았는데 이 오선위기 도수는 전쟁 도수로 현실화 된다.

세운공사는 그 판도가 지구의 중심이자 혈자리인 한반도를 바둑판으로 삼아 주변 4대 강국이 바둑을 두는 형국으로 되어 있는데 이것이 20세기 초반의 동북아 정치지형과 완전히 일치하고 있다. 이 오선위기의 형국대로 애기판인 제 1차 세계대전, 총각판 2차 세계대전을 거쳐서 인류 역사를 마무리 짓는 주인끼리의 한판 승부인 상씨름으로 매듭지어진다. 그리고 바로 남북 상씨름의 발발과 함께 전 인류는 개벽의 실제상황으로 진입하게 된다.

오주五呪

<u>문자적 의미</u> 다섯 오五 자, 주문 주呪 자의 오주는 다섯 구절로 이루어진 증산도 주요 주문의 하나이다. 진액주津液呪라고도 부른다.

<u>본질적 의미</u> 오주는 태을주, 시천주주, 운장주 등과 더불어 증산도 주요 주문에 속한다. 상생과 조화의 가을 신천지를 열어 주는 증산 상제님의 천지공사에 모든 일꾼이 적극적으로 참여하여 천지성공을 이루고 천지의 영원한 복록과 수명을 받아 내리게 하는 주문이다. 천지의 진액이 응축돼 있다는 의미로 천지진액주天地津液呪라고도 불린다.

<u>핵심 사상</u> 오주 혹은 진액주의 전문은 다음과 같다.

新天地家家長世 日月日月萬事知
신천지가가장세 일월일월만사지

侍天主造化定 永世不忘萬事知
시천주조화정 영세불망만사지

福祿誠敬信 壽命誠敬信 至氣今至願爲大降
복록성경신 수명성경신 지기금지원위대강

明德 觀音 八陰八陽 至氣今至願爲大降
명덕 관음 팔음팔양 지기금지원위대강

三界解魔大帝神位 願趁天尊關聖帝君 (『도전』3:221:6)
삼계해마대제신위 원진천존관성제군

각 구의 주요 내용을 차례대로 살펴보면, 제1구의 '신천지가가장세'에서 신천지란 천갱생天更生·지갱생地更生·인갱생人更生, 즉 하늘, 땅, 인간이 다시 태어난, 새로운 천지를 말한다. 이 새 하늘 새 땅 위에 인간이 새로 태어나 장생과 조화의 복락을 누리는 선경세계가 펼쳐진다. '가가장세'는 그런 신천지의 지상 선경 세계에서 가정마다 화목하게 조화를 이루며 상생의 도로써 천지와 함께 무궁한 행복을 누리기를 기원하는 것이다.

시천주주의 본주문이기도 한, 제2구의 '시천주조화정 영세불망만사지'는 천주인 인존 상제님을 모심으로써 무궁한 지혜인 만사지를 내려 받게 된 것을 감사하는 내용이다.

제3구 '복록성경신 수명성경신 지기금지원위대강'은 먼저 신천지의 무궁한 복록과 수명을 받아 내리는 길을 밝히고 있다. 복록과 수명은 오직 천주를 성경신으로 모시는 것, 즉 천주를 정성과 공경과 믿음으로 섬기는 가운데 천주의 조화성령인 지기와 하나 되는 한 마음에서 얻을 수 있다는 것이다. 이어 시천주 주문 중 강령주문인 '지기금지원위대강'으로 신령한 지기가 크게 내려 주기를 기원하고 있다.

제4구 '명덕 관음 팔음팔양 지기금지원위대강'에서 명덕, 관음, 팔음팔양은 각기 유불선의 진액에 해당한다. 명덕은 '천지의 도덕심, 천지의 밝은 마음의 덕'이란 뜻으로서 이통理通을 주장하는 유교의 결론이며, 우주 참마음의 실상을 들여다보는 관음은 심통心通을 주장하는 불교의 핵심이다. 팔음팔양은 천지의 기틀인 순수 음양을 말하는 것으로서 신통神通을 주장하는 선仙 공부의 요체다. 복록과 수명을 성취하기 위해서는 '명덕'과 '관음'과 '팔음팔양' 공부가 바탕이 되어야 한다. 그것을 위해 다시 지기가 크게 내려주기를 기원한다.

마지막으로 제5구에서 '삼계해마대제'는 강력한 권능으로 천지

인 삼계의 모든 마魔를 끌러 주는 신격이다. 그리고 '원진천존관
성제군'은 '천상의 거룩하신 천존 성제군을 따르기를 원하옵나이
다.'는 뜻이다. 도의 성취를 가로막고 방해하는 온갖 영적 세력을
극복하며 참 신앙을 지킬 수 있기를 간구하는 내용이다.

천지의 진액주인 오주는 이치, 이법에 통하는 주문이다. 여기에
인간이 궁극적으로 성취해야 할 진리의 열매가 모두 들어 있다.
우리는 이 주문을 통해서 후천의 무극대도에 눈을 뜨고 큰 깨달
음을 얻어 마침내 천지의 꿈과 이상을 이루는 천지성공자가 될
수 있다. 그래서 고 수부님은 "오주를 많이 읽으라. 오주는 너희
들의 비결이니라."(『도전』 11:92:7)고 하셨다.

옥추문玉樞門

<u>문자적 의미</u> 옥황상제가 살고 있는 궁궐의 문.

<u>본질적 의미</u> 증산 상제님이 계시는 하늘나라 수도가 옥경이라면, 그 옥경의 중심은 바로 천상궁궐이다. 그 천상궁궐을 드나드는 대문을 옥추문이라고 한다. 이 옥추문으로부터 선천 상극을 끝막고 새로운 세상을 여는 개벽의 큰 기운이 내려오게 된다.

<u>핵심 사상</u> '옥玉'은 일반적으로 '옥체玉體', '옥언玉言', '옥지玉旨', '옥새玉璽', '옥문玉門' 등과 같이 임금과 관련된 사물의 미칭으로 사용되며, 다른 한편 우주의 절대자를 '옥황상제玉皇上帝', 천상의 수도를 '옥경玉京', 옥황상제가 사는 곳을 '옥경대玉京臺'라고 하는 것처럼 상제 또는 상제와 관련된 사물의 미칭으로 사용된다. "나는 옥황상제玉皇上帝니라."(『도전』 2:16:3)라는 『도전』 구절에서 볼 때 증산 상제님은 스스로의 신원을 옥황상제로 밝히고 있으며, 또 그 신표로 옥단소를 가지고 다닌 것에서도 옥의 고귀한 상징적 의미를 확인할 수 있다.

'추樞'는 원래는 문의 지도리이지만 국가의 정권이나 천자의 자리를 의미하는 말로 사용된다. 따라서 옥추문은 문자적 의미로 볼 때 옥황상제가 살고 있는 천상 궁궐의 문이라고 할 수 있다.

오욕五慾으로 뒤섞여 번뇌에서 벗어나지 못하는 자는 옥

추문玉樞門을 열 때에 뼈마디가 뒤틀려 살아남기 어려우리
라. (『도전』7:26:5)
만인경萬人鏡에 비추어 보면 제 지은 죄를 제가 알게 되니
한탄한들 무엇하리. 48장將 늘여 세우고 옥추문玉樞門을
열 때에는 정신차리기 어려우리라. (『도전』7:64:1~2)

위의 『도전』 구절을 살펴볼 때, '옥추문'은 '가을 우주심판의 법
정문'이며, '옥황상제의 어명을 집행하여 천지간의 선악을 심판
하는 사령탑'이라고 말할 수 있다.

가을 우주심판은 우주 1년의 과정에서 선천 오만 년을 정리하고
후천의 새 세상을 여는 상제님의 개벽심판이다. 선천에서 후천으
로 넘어가는 후천개벽기는 우주사적인 전환기이다. 전환기에는
우주차원의 대혼돈이 발생한다. 선천에 누적된 자연계와 인간계
의 부조리와 모순, 신명계의 원한이 원인이 되어 발생하는 개벽
기의 병겁과 병란의 대혼란은 우주가 새롭게 태어나기 위해 반드
시 겪게 되는 통과의례이다. 봄과 여름의 방만한 생명활동이 가
을기운에 의해서 수축되는 것처럼 선천의 생명은 후천개벽으로
정화된다. 그리하여 자연계와 신명계 그리고 인간계의 질서가 새
롭게 바뀐다. 위의 상제님 말씀에서 볼 때 옥추문은 이러한 개벽
기에 신도의 추상같은 심판이 시작되는 것을 상징한다. 따라서
옥추문은 선천의 묵은 때를 벗고 후천으로 갈 때 통과해야 하는
개벽문이라고 할 수 있다

옥추문이 열린다는 것은 개벽의 때가 되었다는 것, 천지가 개벽
한다는 것을 뜻하면서, 또 그 개벽의 때에 반드시 신도의 심판이
삶과 죽음을 결정한다는 것을 뜻한다. 여름과 가을이 바뀌는 개
벽의 때는 시간의 질서가 정음정양으로 바뀌는 때이고, 태양 주
위를 도는 행성들의 궤도가 타원형에서 정원으로 바뀌게 된다.

이것은 지축이 바로 서기 때문이다. 지축이 서면 대변혁이 초래되는데, 예를 들면 대지진, 화산폭발, 해일, 홍수 등의 자연재해가 발생한다. 이러한 지축정립에 앞서 무서운 질병이 엄습하고 세계에는 큰 전쟁이 발발하게 된다. 그리하여 이 땅에 있는 모든 생명이 절멸의 위기에 처하게 된다. 환경의 변화가 닥쳐오면 그 속의 생명은 그 환경에 적응할 수 있어야만 살아남게 되듯이, 개벽이 올 때는 그 개벽의 상황에 맞는 사람으로 다시 태어나는 자만이 살아남을 수 있다.

> 마음을 바르게 못 하고 거짓을 행하는 자는 기운이 돌 때에 심장과 쓸개가 터지고 뼈마디가 튀어나리라. (『도전』 4:32:6)
> 평소에 도를 닦지 않고 때를 기다리고 있다가 정작 성도成道의 때를 당하게 되면 뼈마디가 뒤틀리느니라. (『도전』 8:35:3)

증산 상제님은 오욕汚辱에서 벗어난 사람, 즉 도덕적으로 순결한 사람만이 개벽문을 지나갈 수 있다고 한다. 이는 달리 표현해서 마음이 바르지 못하고 거짓을 행하는 자, 그리고 평소에 도를 닦지 않는 자는 옥추문이 열릴 때 비참한 죽음을 맞게 되리라는 것을 뜻한다. 여기서 우리는 옥추문이 열릴 때 살아남는 가장 분명한 방안은 수행을 통해 오욕에서 벗어나고, 도를 닦아 심성을 바르게 하는 것이라는 것을 알 수 있다.

무엇보다 태을주 주문 수행이 가장 중요하다. 그렇다면 왜 태을주를 읽어야만 사는 것일까? 개벽 때 이 태을주를 바탕으로 한 의통으로써 생사를 가늠하기 때문이다. 태을주는 바로 "심령과 혼백을 안정케 하여 성령을 접하게 하고 신도를 통하게 하며 천

하 창생을 건지는 주문"이다.(『도전』 11:180:4)

> '훔치'는 천지부모를 부르는 소리니라. 송아지가 어미를 부르듯이 창생이 한울님을 부르는 소리요 낙반사유落盤四乳는 '이 네 젖꼭지를 잘 빨아야 산다'는 말이니 '천주님을 떠나면 살 수 없다'는 말이니라. 태을주를 읽어야 뿌리를 찾느니라. 태을주는 수기水氣 받아 내리는 주문이니라. (『도전』 7:74:1~6)

개벽이 될 때에는, 천지부모를 찾아야 살 수 있다는 말이다. 이 말씀에서, 우리는 왜 태을주를 읽어야 하는지, 그 이유를 알 수 있다.

후천개벽의 하늘 문을 여는 개벽신장의 최고 통수자는 후천개벽기의 천상신명대장으로 임명받고 의통인패를 전수 받았으며 '만국대장'이라고 일컬어지는 박공우 성도이다.

참고로 상제님께서 옥추문을 열 때, 대동하는 48장의 신장 이름은 『옥추경』에 의거하여 열거하면 다음과 같다.

> 구천응원뇌성보화천존九天應元雷聲普化天尊,
> 상천영보천존上天靈寶天尊, 대청도덕천존大淸道德天尊,
> 만법교주萬法敎主, 동화교주東華敎主,
> 대법천사大法天師, 신공묘제허진군神功妙濟許眞君,
> 홍제구천사弘濟丘天師, 허정장천사許靜張天師,
> 정양허진군旌陽許眞君, 해경백진인海瓊白眞人,
> 낙양살진인洛陽薩眞人, 주뢰등천군主雷鄧天君,
> 판부신천군判府辛天君, 비첩장천군飛捷張天君,
> 월패주천군月孛朱天君, 통현교주신조사洞玄敎主辛祖師,

청미교주조원군淸微敎主祖元君,

청미교주위원군淸微敎主魏元君,

통현전교마원군洞玄傳敎馬元君,

혼원교주노진군混元敎主路眞君,

혼원교주갈진군混元敎主葛眞君,

신소전교종리진선神霄傳敎鐘離眞仙,

화덕사천군火德謝天君, 옥부유천군玉府劉天君,

영임이대천군審任二大天君, 뇌문구원수雷門苟元帥,

뇌문필원수雷門畢元帥, 영관마원수靈官馬元帥,

도독조원수都督趙元帥, 호구왕고이원수虎丘王高二元帥,

혼원방원수混元龐元帥, 인성강원수仁聖康元帥,

태세은원수太歲殷元帥, 선봉이원수先鋒李元帥,

맹렬철원수猛烈鐵元帥, 풍륜주원수風輪周元帥,

지기양원수地祇楊元帥, 낭령관원수朗靈關元帥,

충익장원수忠翊張元帥, 통신유원수洞神劉元帥,

활락왕원수豁落王元帥, 신뢰석원수神雷石元帥,

감생고원수監生高元帥, 소거백마대장군素車白馬大將軍

용봉 도수龍鳳度數

<u>문자적 의미</u> 상제님의 천지공사에서 용龍과 봉鳳이 상징하는 바를 취하여 집행한 종통전수 도수이다.

<u>본질적 의미</u> 용과 봉은 동양사상에서 다양한 상징을 지닌 영적인 동물이다. 특히 전통적으로 용과 봉은 나라의 지도자나 중요 인물을 상징하며, 음양오행 사상에서 용과 봉은 물과 불을 상징한다. 이러한 용과 봉의 상징은 증산도 도운공사에서 중요한 의미를 갖는다. 특히 대두목과 관련된 종통에서 용봉 도수는 그 핵심이라고 할 수 있다.

<u>핵심 사상</u> 인류 역사상 용과 봉의 상징성과 그 문화적 양태는 다양한 형태로 변모하여 왔다. 그중 용은 물의 조화를 상징한다. 용은 비를 관장하고 가뭄과 장마를 주관하였으므로 고대 중국인들은 용을 우신雨神 혹은 수신水神으로 여겼다. 이때문에 용은 농업과 밀접한 관계를 맺게 되었고, 따라서 농업신農業神으로 신앙의 대상이 되었다. 반면 봉은 불의 조화를 상징한다. 상고시대의 봉토템족은 역시 불을 숭배한 종족으로 불과 봉황은 불가분의 관계에 있다. 고대의 동이족東夷族과 염제족炎帝族은 봉을 숭상하는 봉족이고, 태호족太昊族과 복희족伏羲族은 용을 숭상하는 용족에 속하지만 그 두 문화는 서로 이질적이고 독립적인 것이 아니라 서로 동화되고 융합되어 왔다.

우주변화의 핵심은 수水·화火 운동이다. 우주는 물[水]과 불[火]의 이치로 순환하고, 물과 불은 우주 만물을 생성하고 다스리는 축이다. 인간을 비롯한 만물의 생명은 물과 불의 두 기운으로 살아 움직이며 끊임없는 변화운동을 하고 있다. 수와 화의 관계에 관하여 살펴보면, 겉으로 보기에 타오르는 불기운의 물리적 성품은 분열을 의미하는 양陽이나, 그 이면에 흐르고 있는 '불의 진실된 본성'은 생장(분열)에서 통일로 수렴해 들어가는 통일 지향적이고 정적인 음陰이다. 반면에 무거워 보이는 물기운의 물리적 성품은 통일을 의미하는 음陰이나, 그 이면에 흐르고 있는 '물의 진실된 본성'은 수렴 통일에서 생장으로 분열해 가는 양陽이다. 즉, 수水가 양의 분열운동을 하여 극에 다다르면 본래의 자기모습과는 정반대의 성질인 불(火)기운으로 화化하게 된다. 이와 같이 수와 화는 근원적인 본체에 있어서는 같은 것이나 현상의 측면에서는 서로 다르게 작용한다. 이러한 의미를 담지 한 용봉 도수는 물의 조화를 상징하는 용과 불의 조화를 상징하는 봉이 서로 만나 하나가 되어 증산 상제님이 짜 놓은 천지대업을 계승하고 이를 조화롭게 성사시킨다는 의미를 갖는다.

『도전』에서 용봉 도수와 관련된 성구는 다음과 같다.

> 태모님께서 용화동을 떠나실 때 거처하시던 집은 이상호에게 주시고 다짐받으며 물으시기를 "상호야! 저기다 건곤 사당을 짓겠느냐?" 하시니 상호가 대답하지 않거늘 담뱃대로 머리통을 후려치시며 "이놈아! 빨리 대답해라." 하고 재촉하시니라. 이에 상호가 엉겁결에 "예, 짓겠습니다." 하고 대답하거늘 태모님께서 "암, 그래야지." 하시니라. (『도전』11:366:1~4)
>
> 용화동을 떠나시기 얼마 전에 다시 용봉기龍鳳旗를 꽂아

두시고 이상호에게 이르시기를 "일후에 사람이 나면 용
봉기를 꽂아 놓고 잘 맞이해야 하느니라." 하시고 "용봉
기를 꼭 꽂아 두라." 하시며 다짐을 받으시니라. (『도전』
11:365:1~3)

건곤사당을 지어 용봉기를 꽂아놓고 맞이해야 할 사람은 상제님
과 태모님의 도업을 계승하는 주인공이다. 즉 개벽기에 선천 상
극시대를 매듭짓고 후천 5만 년의 선경세계를 건설하게 될 인사
대권자 두 사람을 가리킨다. 그 주인공에 대해 고 수부님은 '일후
에 일어날 사람'이라고 지칭하며 그에게 종통을 전하는 공사를
본 것이다.

이 『도전』의 설명은 동방 용봉문화의 특징을 잘 나타내고 있으
며, 그 핵심은 종통전수와 관련된 용봉 도수에서 찾아볼 수 있
다. 용龍은 물의 조화를, 봉鳳은 불의 조화를 상징한다. 용봉정상
龍鳳呈祥은 애정을 나누는 모습, 즉 부부간의 화목한 모습을 나타
내며, 또한 봉은 여성의 온유하고 아름다운 용모를 상징하고, 용
은 남성의 굳세고 강건함을 나타내기도 한다. 이렇게 용龍과 봉鳳
의 만남은 창조적 조화 작용을 일으킨다.

용봉 도수는 우주만물의 변화운동을 주관하는 수水·화火 운동을
상징하지만 본질적으로는 수화일체의 종통전수 도수를 의미한
다. 즉 증산도에서 상제님과 태모님은 건곤乾坤 일체로 모사謀事
하고, 인사의 대두목大頭目은 수화일체의 용봉도수를 통한 종통
전수를 매개로 건곤을 대행하여 성사成事하게 된다.

전통적으로 우리 신교문화의 특징은 장수불사의 생명문화에서
찾을 수 있고 그것은 바로 선仙문명으로 표현된다. 그리고 그 불
멸하는 생명성을 상징하는 것이 바로 용봉龍鳳이다. 천지와 더불
어 영원불멸하는 인간의 생명의 이상과 신성을 상징하는 용봉은

신교 선문화를 대변하는 음양의 두 축이기도 하다.

북부여 시조 해모수 단군의 '해解'는 해(태양)를 말하는 것으로 태양숭배 종족의 유풍에서 유래했다는 것이 학계의 정설이다. 해모수 단군은 천제의 아들로서, 처음 하늘에서 내려올 때 오룡거를 타고 왔다. 고기古記의 기록은 "전한 선제 신작 3년 임술 4월 8일에 천제가 흘승골성訖升骨城에 내려왔는데 오룡거를 탔다. 도읍을 정하여 왕이라 일컫고 북부여라 하였으며 스스로 이름하여 해모수라 하였다"(『환단고기』「북부여기」)라고 전한다. 머리에는 오우관烏羽冠을 쓰고, 허리에는 용광검을 찼으며, 아침에는 인간 세상에서 살고 저녁에는 천궁으로 돌아갔다고 한다. 여기서 해모수 단군의 오룡거, 오우관, 용광검 등은 고대 한민족이 가진 용봉문화의 뚜렷한 흔적이다.

고조선으로부터 나온 북부여, 동부여, 고구려, 신라, 백제, 가야 등에 나타나는 일월 숭배사상에는 용봉문화의 오랜 자취가 남아있다. 한민족의 일월숭배사상은 흔히 일월을 상징하는 삼족오三足烏와 두꺼비로 나타나며, 이들은 각기 봉황과 용으로 대치되기도 한다. 이처럼 용봉문화의 원류는 고대 중국과 한민족에 공통적으로 나타나고 있다.

고대 한민족의 문화적 특징이나 우주변화의 음양원리에서 본 용봉龍鳳의 의미는 수화水火 일체의 인사법도로서 종통이 전수되고, 후에 상제님의 도운을 추수하고 매듭짓는 자에 관련된 천지공사의 일환으로 새겨진다. 『도전』에 보이는 용과 봉이 마주 보고 있는 글은 계묘(癸卯: 道紀 33. 1903)년에 증산 상제님이 모악산 청련암에서 대원사 주지 박금곡에게 써 준 글이다. 갑술(甲戌: 道紀 64. 1934)년 9월에 이중성에게 전해졌다가 다시 김종용에게 전달되었다.

우주일가宇宙一家

문자적 의미 크고 복잡한 우주를 한 집안으로 통일한다는 뜻.

본질적 의미 증산도에서 우주일가는 세계일가世界一家나 천지일가天地一家와 같은 뜻이다. 후천개벽을 통해 새롭게 열리는 새 세상은 증산 상제님의 천지공사에 의해 천지인 삼계가 모두 한 식구가 되는 한 집안을 이룬다는 말이다.

핵심 사상 오늘날 우리가 살고 있는 세계는 온 세상을 이웃집 나들이 하는 것처럼 쉽게 오갈 수 있을 정도로 아주 가까워져 하나의 지구촌이 되었다. 그러나 과학문명이 세계전체를 하루생활권으로 만들었지만 그 내부의 각 국가들은 여전히 대립과 갈등으로 반목하고 있다. 오히려 선천 말대에 이르러 세계 곳곳에서 많은 전쟁과 테러, 폭동이 시시각각 발생하고 있다. 이러한 분열된 세계가 한 집안으로 통일되어 서로 가족처럼 화해하고 평화를 이루는 것은 인류의 이상이다.

그래서 동아시아 철학에서는 고대부터 온 천하를 한 집안으로 여기는 사유방식이 형성되었다. 『논어』 「안연」에 "온 천하의 안이 다 형제이다."(四海之內皆兄弟也.)라는 말이 있다. 사마우司馬牛가 어느 날 공자의 제자였던 자하子夏를 찾아가서 형제가 없는 외로움을 털어놓자, 자하는 온 천하에 있는 사람들이 모두 형제이거늘 어찌 걱정할 필요가 있겠느냐고 위로한다. 이런 생각이 전제가 되어 '사해일가四海一家'(『순자荀子』「의병議兵」)와 '천하일가天下一家'(『진서晉書』「유홍전劉弘傳」)라는 말이 생겨난다. 청대의 홍수전洪秀全은 「원도성세훈原道醒世訓」에서 "천하는 한 집안이니 함께 태평을 누린다."(天下一家, 共享太平.)라고 하여, 천하를 한 집으로 간주하였다.

『장자』는 천지를 만물의 어머니로 보고, 인간이 천지만물과 하나가 되는 이상적 인간을 제시하였다. 또한 북송시대의 장재는 우주가족이란 개념을 제시하였다. 장재의 만물동포사상이 바로 그것이다. 하늘과 땅을 자기의 부모로 보고, 모든 사물이 한 뱃속에서 태어난 한 가족이라는 것이다.

증산 상제님은 하늘과 땅을 뜯어고치는 천지공사를 통해 천지만물을 한 집안으로 통일시키고자 한다. 즉 천상의 조화정부를 조직하여 천지공사를 집행하고 하늘과 땅과 사람과 신명이 서로 소통하고 감응할 수 있는 새로운 길을 제시하고 이를 바탕으로 천지인 삼계가 하나로 통일되도록 도수를 짰다. 세계통일을 위해 증산 상제님은 무엇보다 먼저 전주의 모악산과 순창 회문산을 부모산으로 삼아 지운을 통일하였다. 부모가 집안을 통솔하듯이, 지구의 지운을 통일함으로써 지구촌에 통일문화가 꽃필 수 있는 근거를 마련한 것이다. 이처럼, 증산 상제님은 천지공사를 통해 천상과 지상을 하나로 융합함으로써 우주와 문명을 통일할 수 있는 기반을 만든 것이다.

증산도의 우주일가, 세계일가, 천지일가는 세계질서의 흐름을 바로잡는 세운공사世運公事로 이루어진다. 단주 해원이 그 출발점이다. 증산 상제님은 오랫동안 천지만물을 한 식구로 만들어 대동세계를 꿈꾸었던 단주에게 선천 세상을 마무리 짓는 명을 주었다. '단주수명'(『도전』5:250:3)이 바로 그것이다. 단주가 증산 상제님의 천명을 받은 뒤로 이 세계는 다섯 신선이 바둑을 두는 오

선위기의 형국으로 전개된다. 증산 상제님은 오선위기의 도수로
전개되는 세 차례의 세계대전을 통해 우주만물이 한 집안이 되
는 세운공사를 처결하셨다. 증산 상제님은 이 세 차례 세계대전
을 통해 세계를 한 집안 식구로 만드는 '세계일가 통일정권 공사'
(『도전』 5:325:10)를 집행하심으로써 '세계 통일시대'(『도전』 4:6:3),
나아가 우주일가 통일시대를 연 것이다.

우주 일년宇宙一年

문자적 의미 지구 1년에 유비되는 시간대로 우주의 1년 시간대를 말한다.

본질적 의미 증산도 우주론의 특징은 순환론이며, 그 순환의 최고 단위는 우주 1년이다. 즉 우주 1년은 우주만물이 태어나고 자라고 열매 맺고 휴식하는 우주 변화의 한 단위로 지구 년으로는 129,600년의 시간대이다. 지구 1년이 초목농사를 짓는 단위이듯이 우주 1년은 인간농사를 짓는 단위이다. 즉 우주 1년의 목적은 성숙한 인간을 내는 인간농사에 있다. 증산도 개벽론과 구원론의 중심에 우주 1년이 자리 잡고 있다.

핵심 사상 지구의 일 년에 4계절의 순환주기가 있는 것처럼 우주 1년 순환 역시 4단계의 변화과정이 있는데 이를 생장염장生長斂藏이라고 한다. 그래서 우주 1년은 네 단계의 과정을 거쳐 순환하게 된다. 뿐만아니라 우주 1년 안에서 생성소멸하는 모든 우주 생명의 리듬 역시 생장염장의 4단계를 갖는다. 증산 상제님께서는 우주 생명의 리듬을 다음과 같이 말씀하셨다.

> 나는 생장염장生長斂藏 사의四義를 쓰나니 이것이 곧 무위이화無爲以化니라. 해와 달이 나의 명命을 받들어 운행하나니 하늘이 이치理致를 벗어나면 아무 것도 있을 수 없느니

라. (『도전』2:20:1~2)

생장염장은 우주의 이치이며, 그 변화과정은 곧 증산 상제님의 주재의 결론이기도 하다는 말씀이다.

우주 생명의 네 단계 리듬은 거시적인 세계와 미시적인 세계에 보편적으로 적용되는 우주의 원리이다. 소천지인 인간과 대천지인 우주를 관통하는 근원적인 리듬인 생장염장의 과정을 지구 1년 사계절에 유비하여 각각 우주의 봄, 여름, 가을, 겨울로 부른다. 우주의 봄에 따스한 기운이 하늘에서 내려와 만물이 탄생하며, 여름의 뜨거운 화火기운은 만물을 무성하게 성장시키며, 가을의 차가운 금기운은 만물을 성숙케하고 겨울이 되면 긴 휴식기에 접어든다. 이 모든 과정의 한 단위를 우주 1년이라고 부르는 것이다. 이처럼 지구1년의 봄, 여름, 가을, 겨울을 우주적인 범위로 확대하면 그것이 우주1년이다.

중국 송대의 철학자 소강절邵康節(1011~1077)은 지구와 인간의 리듬을 근거로하여 우주의 시간대를 계산하였고, 그 각 단계를 동양철학적 개념으로 원회운세元会運世로 명명하였다. 그는 우주의 변화 마디를 소·중·대변화의 3단계로 구분하여 우주적 단위를 파악하는데 우주적 단위는 이미 말한 것처럼 임의적인 것이 아니라 우주 자체의 질서 정연한 시간 흐름이다. 우주의 주재자로서 인간으로 강세하신 증산 상제님은 소강절의 이러한 우주론을 우주원리에 대한 깨달음으로 받아들이고 그 공덕을 인정하였다.

하루는 상제님께서 말씀하시기를 "수운가사에 새 기운이 갊아 있으니 말은 소장蘇張의 구변이 있고, 글은 이두李杜의 문장이 있고, 알음은 강절康節의 지식이 있나니 다 내 비결이니라." 하시니라. (『도전』2:32:1~2)

여기서 강절의 지식은 바로 소강절의 우주론을 말한다. 소강절이 파악한 시간단위는 지구의 시간에서 유비된 것이다. 즉 인간생활을 지배하는 시간의 변화단위는 년·월·일·시이고 우주의 시간단위는 원元·회會·운運·세世이다. 1년은 12개월이고, 1월은 30일이고, 1일은 12시이고, 1시간은 30분인 것과 동일하게 1원은 12회이고, 1회는 30운이고, 1운은 12세이고, 1세는 30년이다. 따라서 우주의 1년은 129,600년이다. 이것을 도표로 나타내면 다음과 같다.

	변화의 단위	지구 시간	지구 운동각	우주 시간	
원元	1주기	1년	129,600°	129,600년	12회
회會	대변화	1월	10,800°	10,800년	30운
운運	중변화	1일	360°	360년	12세
세世	소변화	1시	30°	30년	1세

이러한 우주 1년의 시간대에서 봄, 여름의 시간대를 선천이라고 하고, 가을, 겨울의 시간대를 후천이라고 한다. 그래서 선천의 시간이 64,800년, 후천의 시간이 64,800년이다. 우리가 살아가는 지금은 우주1년 가운데 여름에서 가을로 접어드는 하추교역기 즉 가을개벽기이다. 봄에 만물이 생겨나는 것을 선천개벽이라 하고 가을에 성숙한 만물을 추수하는 것을 후천개벽이라 한다. 선천에서 후천으로의 전환점인 가을개벽은 우주1년에서 모든 생명의 생사가 판가름 나는 중요한 사건이다.

선천과 후천의 시간대에서 우주변화의 근본이치는 상극과 상생이다. 즉 선천은 상극의 이치가 지배하고, 후천은 상생의 이치가 지배한다. 그 상극의 세상에서 상생의 세상으로의 전환은 반드시 거대한 대변혁을 동반하는데 이를 가을개벽이라고 부른다. 가을개벽으로 우주의 이치는 상극에서 상생으로 바뀌게 된다. 선천은 상극의 이치에 의해 분열·생장하고, 후천은 상생의 이치에 의해 수렴·통일된다. 이것이 우주변화의 한결같은 과정이다. 선천에서 후천으로, 후천에서 선천으로 넘어가는 때에는 우주의 변화과정이 종래와는 달리 결정적인 방향전환을 하게 된다. 우주1년 속에는 이러한 획기적인 전환점이 두 번 있다. 그것이 선천개벽과 후천개벽이다.

선천개벽과 후천개벽을 통해 생장염장하는 우주1년은 단순한 시간적 주기의 반복이 아니라, 우주정신의 창조적 자기실현 과정이다. 이것은 나무에 열린 열매를 땅에 심었을 때 그보다 많은 새로운 열매를 맺는 것과 같다. 우주1년은 무한한 과거의 우주를 담지하고 있으며 무한한 미래의 우주를 포함하는 과정이다. 따라서 현재의 우주시간은 과거와 미래 우주의 총화이다.

우주의 통치자 상제님이 이 땅에 강세하여 천지공사를 통해 가을개벽을 주재하고 있다는 것은 그만큼 현재 전개되고 있는 우주의 상황이 중요하다는 것을 대변한다. 가을개벽은 신의 개입으로 이루어진다. 증산 상제님께서는 그래서 추지기秋之氣는 신야神也(『도전』 6:124:9)라고 말씀하신다. 우주 가을의 변화는 신의 조화라는 것이다. 신의 개입은 신의 적극적인 참여를 말한다. 신의 적극적인 참여는 우주1년 가운데 가을개벽의 중요성을 보여주는 것이다. 가을개벽의 중요성은 천지가 결실을 맺는다는 데 있다. 바로 여기에 단순한 패턴으로서의 개벽을 넘어서는 가을개벽의 내적인 의미가 담겨 있다. 따라서 가을개벽을 통해 천지가 결실을 맺는 천지성공시대가 열리는 것이다. 우주1년이라는 시간의 단위 속에서 가을개벽은 그 변화과정의 핵심이며 새로운 세계로 나아가는 필연적 단계이다.

인간은 이것을 깨닫고 실천하는 유일한 존재이다. 그래서 인간을 우주의 목적이며 열매라고 한다. 우주 1년에서 우주 변화의 목적은 인간을 낳고 성숙시키고자 하는 것에 있다. 생장염장하는 우주의 전개과정 속에서 지금은 인간이 성숙하고 통일되는 가을개벽으로의 전환점 즉 하추교역기이다.

증산도 우주관과 인간관으로 볼 때 우주1년을 알고 그 속에서 가을개벽을 알 때 인간은 천지와 함께 성공할 수 있는 것이다. 우주를 주재하는 상제님이 행하는 천지공사는 바로 우주 1년의 시간대에서 이상적인 가을을 여는 개벽공사이다. 따라서 우주1년의 의미는 인간과 신명의 새로운 삶을 여는 가을개벽에서 찾을 수 있다.

원冤과 한恨

문자적 의미 『자전字典』에는 원에 대해 '원冤은 원寃과 같은 자이며, 한恨과 같고, 구仇와 같다'고 설명하고 있다. 원과 한은 동의어라는 것이고 원과 한이 쌓이게 되면 그 대상과는 원수[仇]가 된다는 의미이기도 하다. 원과 한은 스스로 만들어 낸 욕망이 내적 외적 조건에 의해서 방해받거나 좌절될 때 생기는 마음의 부정적 상태를 말한다.

본질적 의미 그러나 양자가 완전히 동일하지는 않다. 원은 "토끼가 족쇄에 갇혀 있는 모양으로 외부적 압박에 의해 당하는 고통"이며, 한은 "외부에서 가해지는 원이 내면화되어 마음속에서 샘물처럼 솟아나는 고통"이다. 여기서 볼 때 한은 원이 깊어진 것이므로, 시간적으로 원은 한보다 앞서며, 좀 더 그 고통이 구체적인 상태를 말한다. 즉 원怨이나 한恨은 모두 원冤이 깊어진 상태이다. 그래서 이 양자를 합하여 원한怨恨이라고 한다. 그러나 이 원怨과 한恨을 다시 구별한다면 원怨은 원冤이 깊어져서 공격적 성향의 심리상태로 응축된 것을 말한다면, 한恨은 원이 깊어졌지만 공격적으로 드러나지는 않고 마음 속 깊은 곳에 응어리져 내장된 심적 상태를 말한다. 『한어대사전漢語大詞典』 제2권 459쪽의 "원굴지한冤屈之恨"이 '원통함으로 인해 생긴 한', '원통함의 한', 혹은 '원에 대한 한' 등으로 해석될 수 있다면 원冤과 한恨의 관계를 추론할 수 있을 것이다. 즉 원이 깊어져서 생긴 것이 바로 한恨이라는 것이다.

핵심 사상 원과 한의 문제는 증산도 사상에서 해원과 관련하여 매우 중요하다. 원·한은 부정적 심리 상태로 그치는 것이 아니라 자신과 타인, 그리고 자연에 미치는 병과 죽음의 가장 근원적 원인이 되기 때문이다. 증산도에서는 원·한이 발생하는 원인을 '무언가 하고자 하는 욕망'에서 찾는다. 즉 욕망과 그 욕망의 좌절에서 원과 한이 쌓인다는 것이다. 무언가를 하고자 하는 욕망, 무엇을 가지고자 하는 욕구가 없다면 인간은 스스로 원과 한의 억압에서 벗어날 수 있으며, 원과 한이 없는 인간은 자신이 자신의 삶의 주인이 되며, 삶 자체를 관조하면서 타인과 더불어 아무런 불평불만이 없는 삶을 영위할 수 있을 것이다. 그러나 실지로 인간의 삶이 그러하지는 않다.

인간의 욕망과 욕구는 '무언가 하고자 하는 힘'인데 이때 그 무언가를 함으로써 얻어지는 것은 쾌락이거나 행복이다. 그렇다면 인간의 욕망은 쾌락과 행복을 위한 것이라고 할 수 있다. 그리고 이 쾌락과 행복은 인간이 삶을 살아가는 목적이다. 즉 행복한 삶을 추구하는 것은 인간의 본능이다. 그렇다면 인간이 욕망과 욕구를 가지는 것은 불가피할 뿐만 아니라 인간의 본성이라고 할수 있다. 인간의 가장 기본적인 욕망은 개체보존의 욕망과 종족보존의 욕망이다. 이는 삶을 유지하기 위해 피할 수 없는 것이다. 그 다음으로 의식화된 욕망을 들 수 있다. 이는 2차적 욕망인데 사회 속에서 쾌락을 얻기 위한 욕망이라고 할 수 있다. 이러한 욕망과 충족사이의 틈이 존재하고 그 틈을 좁히려는 노력은 투쟁과 갈등 대립을 통해 이루어진다. 이 틈에서 욕망이 충족되면 쾌락과 행복이 주어지고 좌절되면 원과 한이 발생하게 된다.

원과 한은 이러한 욕망의 좌절에서 오는 모든 내적 불만 및 외부의 억압과 불의, 폭력에 의해 마음에 가해지는 고통이 만들어 내는 병적 상태이다. 그러나 이 두 부류가 동일한 것은 아니다. 전자가 이러한 고통이 의식적으로 혹은 무의식적으로 마음에 쌓여 다시 스스로를 억압하는 힘이라면, 후자는 그 고통이 쌓여 외부로 표출되어 상대방을 공격하는 심적 상태로 드러난 것이다. 어쨌든 원과 한이 극에 달하면 그 고통은 내면에 잠재하는 것이 아니라 외부로 표출되며, 그 표출되어 드러난 힘을 척이나 살기라고 부를 수 있다.

원冤에 대해 『설문해자說文解字』에서는 "원冤은 구부린다는 뜻이다. 문門과 토兔로 이루어져 있다. 토끼가 문 밑에 있어서 달릴 수 없으므로 더욱 더 구부리고 꺾게 된다."라고 풀이한다. 즉 원이란 외부의 억압으로 인해하고 싶은 것을 하지 못함으로써 마음에 쌓이는 고통과 절망 회한 등을 한마디로 표현한 것이다. 욕망이 사회적, 물질적 조건에 의해서, 혹은 타인의 방해나 억압에 의해서 좌절될 때 그 욕망의 크기만한 고통이 가슴속에 쌓이게 되는데 이를 원冤이라고 표현하는 것이다. 그리고 이러한 원과 한이 발전하여 척과 살기로 드러난다. 해원의 필요성은 이처럼 원과 한이 자라나서 타인의 생명을 억압하고 천지만물의 생명을 위협한다는 데 있다.

척과 살기의 근거가 되는 심리상태는 원과 한[冤恨]이며, 이 원과 한이 깊어진 병리적 현상이 원한怨恨이다. 그러나 원冤이나 한恨에 그친다면 척이나 살기가 일어나지 않는다. 이 원과 한이 원한怨恨으로 화할 때 여기서 척과 살기가 발생하게 된다. 그러므로 원한冤恨과 원한怨恨의 심리상태는 상호 구별되어서 이해되어야 한다. 원한冤恨은 원冤과 한恨을 합쳐서 만든 용어이지만 단순히 산술적 더함이 아니다. 원한冤恨이라고 할 때는 원冤이나 한恨의 감정이 상승작용을 일으켜 한 걸음 나아간 상태를 뜻한다고 보는 것이 옳을 것이다.

원은 곧 한恨과 원한怨恨의 이전 단계이며, 한이 대상이 없고 비지
향적 개념이라면 그러한 한은 대상이 구체적이지 않은 원으로 인
한 것이다. 예를 들어 어떤 여성이 태어날 때부터 얼굴이 못생긴
상태였고 못생긴 얼굴로 인해 그 여성은 사회적으로 여러 가지
불이익을 당했다고 생각하며 스스로도 불만족하고 있다고 할 때
그녀는 자신의 외모에 대해 원을 갖고 있으며 그 원은 차츰 한으
로 맺히게 된다. 이때 외모는 그 여성의 어떤 의지나 행위, 혹은
외부적 원인과는 무관하다. 그럼에도 그 여성은 원과 한을 갖게
되는 것이다. 그러나 이 원과 한은 이 상태에서 원한怨恨이나 살
기로 발전하지 않는다. 이러한 원의 풀림 방식은 원한怨恨의 갚음
과는 다르다. 그러나 만일 이 여성이 자신의 원을 외모를 중시하
는 사회의 구조나 문화적 풍습 등 외부적 요인에서 찾는다면 그
녀의 원과 한은 결국 원한怨恨으로 진행되게 될 것이다. 이럴 경
우 원을 갚는다는 표현보다는 원의 풀림이란 표현이 더 정확할
것이다.

하고 싶은 일을 하지 못해 억압된 심적 상태가 해원되지 못하면
원寃-한恨-원한寃恨-원한怨恨-척隻-살기殺氣 등의 단계로 발전하
게 된다. 우리가 이 다양한 개념들에 대응하는 심적 상태를 그 병
리적 현상의 크기에 따라 일일이 산술적으로 규정하기는 어렵다.
그러나 우리말이 사용되는 여러 용례에 유추한다면 위의 순서가
타당할 것이다. 하고 싶은 일을 하지 못할 때 애석해하는 마음寃
이 생기고, 이 애석한 마음이 깊어지면 한恨이 되며, 이렇게 쌓인
원과 한은 억울하다는 마음으로 진행하여 원한寃恨이 되며, 이보
다 더 나아가면 결국 원통하고 분한 마음怨恨에서 상대방을 해하
려는 강력한 심적 상태(척隻과 살기殺氣)에서 그 대상을 해코지하게
된다.

원과 한이 무대상적인 상태로 계속 유지되게 될 경우 그 원과 한의 해소는 내면적 풀림을 통해서 가능하게 된다. 그러나 이 원과 한이 무대상적인 상태에서 대상을 갖게 되면 원한怨恨으로 발전하게 되며 그 원한은 갚음에 의해서 해소되어야 한다. 그리고 그 갚음의 힘은 바로 척과 살기이다. 다시 말하면 인간이 하고 싶은 일을 하지 못할 때 원이 맺히게 되는데 이 원이 맺히게 된 원인이 외적이라면 그 원은 원한怨恨으로 발전하게 되면서 상대방에게 '갚음'을 통해 원한을 해소하려고 할 것이며, 그때 드러나는 것이 바로 척과 살기이다. 즉 이러한 심리적 증상의 발전은 '애석하다'에서 '억울하다'로 그리고 더 발전하여 '분하다'는 상태로 나아가서 드디어는 상대방을 해코지하는 행위로 드러난다. 『도전』에서 "원한이 맺히고 쌓여 삼계에 넘치매 마침내 살기殺氣가 터져 나와 세상에 모든 참혹한 재앙을 일으키나니"(『도전』 4:16:3, 이 구절에서 원한은 원한怨恨이 아니라 원한寃恨이다.)라는 구절에서 바로 이러한 설명구조를 확인할 수 있다.

원불교圓佛教

문자적 의미 우주만물의 근본 원리인 일원상一圓相의 진리를 신앙 대상으로 하는 한국 신종교의 하나로서 소태산少太山 박중빈朴重彬(1891-1943)이 1916년에 창시하였다.

본질적 의미 원불교는 박중빈이 제시한 우주만물의 궁극적 진리인 법신불 일원상을 신앙의 대상과 수행의 표준으로 삼고 있다. 원불교는 모든 사람들이 우주만물의 참모습인 일원상의 진리를 깨달아 일상생활에서 구체적으로 실행할 수 있도록 가르쳐서 이를 생활화하고 대중화하는 새로운 시대의 불교를 표방하고 있다. 그러나 원불교는 증산도의 핵심진리인 후천개벽사상을 근거로 삼아 기성불교를 재해석하는 가운데 이루어진 것이기 때문에 그 진리의 뿌리와 도통의 근원은 증산 상제님의 가르침에 있다고 하겠다. 왜냐하면 『원불교교전』에는 증산 상제님의 가르침을 수록하고 있는 증산도의 『도전』에 나오는 용어를 차용한 것이 많기 때문이다. 예컨대 '개벽', '천지신명', '원시반본', '보은', '제생의세', '복마', '해마', '혈심', '천하가 한 집안이 된다' 등이 바로 그것이다. 이외에도 증산도의 『도전』과 『원불교교전』을 비교하여 보면, 원불교가 증산도의 영향을 받았음을 부인할 수 없는 명확한 증거자료가 많이 있다.

핵심 사상 박중빈은 26세에 되던 해인 1916년에 깨달음을 얻고 기존의 종교가 시대의 변화에 발맞추어 세상 사람들을 참된 진리로 생활화하고 대중화하지 못하고 있다는 사실을 자각하면서 새로운 불교의 혁신방안을 제시하였다. 또한 박중빈은 인류와 세계의 미래가 비약적인 물질문명의 발달로 인해 정신문명이 크게 약해질 것을 미리 내다보고 다가올 후천개벽의 시대를 맞이하여 인류 정신문명을 이끌어 나갈 새 시대의 새 종교를 '진리적 종교의 신앙'과 '사실적 도덕의 훈련'을 통해 열고자 하였다. 여기서 '진리적 종교의 신앙'이란 미신적인 신앙에 반대되는 말로 일원상에 대한 진리를 말하고, '사실적 도덕의 훈련'이란 공리공담을 일삼는 허황된 도덕이 아니라 진리적 종교에 근거를 둔 도덕 훈련을 말한다.

19세기 말에 등장하는 한국 민족종교의 특성은 후천개벽사상에 있다. 박중빈은 수운 최제우의 다시개벽과 증산 상제님의 후천개벽의 사상을 수용하여 "물질이 개벽되니 정신을 개벽하자."는 표어를 내걸고, 인류문명이 새롭게 개벽되는 중대한 전환기에 일원상의 진리적 종교에 근거하여 정신개벽을 완수함으로써 병든 세상을 치유하려는 원불교의 종교이념을 제시하였다.

박중빈은 도교의 '도'와 유교의 '태극'과 불교의 '청정법신불' 등을 비롯한 모든 종교의 본질은 일원의 진리를 지니고 있다는 측면에서는 동일하지만, 각기 그 처한 시대적 조건과 상황에 따라 자신들의 진리를 구현하는 방법은 서로 다르다고 주장한다. 문제는 당시 종교 가운데 특히 불교가 불상을 숭배하여 기복행위에 치중하고 종파불교의 입장에서 대립각을 세우는 모순점에 빠져들고 있었다는 사실이다. 박중빈은 이런 불교의 문제점을 직시하여 새로운 불교혁신을 꾀할 뿐만 아니라 유불도 삼교를 융합하여 새 시대 새 진리에 걸맞는 새로운 종교인 원불교를 창시하려고 한 것이다. 이런 측면에서 본다면, 박중빈의 원불교는 한민족의 근본정신을 대변하고 있는 『환단고기』의 '삼일론적 사유방식'에 입각하여 유불도 삼교를 회통하려는 정신을 지니고 있다고 하겠다.

박중빈은 무엇보다 먼저 일원상의 진리를 제시한다. 일원상이란 우주만물의 생성과 변화를 주재하는 궁극적 진리이고 성자들을 비롯한 모든 중생의 본성을 뜻한다. 그러기에 원불교의 신앙대상은 석가모니 부처가 아니라 일원상으로 제시된 우주만물의 궁극적 진리이자 모든 중생의 본래 청정한 마음이다. 따라서 인간을 포함한 이 세계에 존재하는 모든 사물은 존재론적으로 일원상을 그 참모습으로 지니고 있는 것이다.

박중빈은 우주만물의 참모습을 일원상으로 드러내었다. 하지만 일원상은 형상으로 표현하면 둥그런 원이지만, 인간의 감각작용을 통해 파악할 수 없는 것이다. 일원상은 인간의 언어와 형상으로 표현하는 데는 근원적 한계가 있다. 이를 비유하자면 달을 찾으려고 할 때에 달을 가리키는 손가락에 지나지 않는다. 박중빈은 일원상을 중심으로 원불교 신앙의 강령인 '사은四恩'을 제시한다.

'사은'이란 '천지은天地恩', '부모은父母恩', '동포은同胞恩', '법률은法律恩'이다. '천지은'은 하늘과 땅의 은혜를 말한다. '천지은'에 보답하는 길은 천지의 도를 본받아 체득함으로써 천지와 인간이 하나가 되어 천인합일天人合一의 숭고한 경지에 이르는 것을 뜻한다. '부모은'은 자기생명의 근원인 부모의 은혜를 말한다. '동포은'은 인간을 비롯한 만물이 떨어지려야 떨어질 수 없는 가족관계를 이루면서 서로의 생명을 돌보아주고 보살펴주는 은혜를 말한다. '법률은'은 인간사회의 관계질서를 유지하게 해주는 은혜를 말한다. 이 네 가지 은혜는 단순히 인간사회의 도덕질서를 유지하는 데 필요한 도구나 수단이 아니라, 우주만물이 본연의 생명력을 온전히 발현할 수 있도록 서로 도움을 주고받는 생명의 근원적 관계를 말한다.

박중빈은 일원상의 진리를 자각하고 실천할 수 있는 세 가지 수행법인 '삼학三學'을 제시한다. '삼학'이란 마음공부인 '정신수양精神修養'과 이론 공부인 '사리연구事理硏究'와 실천 공부인 '작업취사作業取捨'이다. '정신수양'은 온전한 정신력을 길러 자주적으로 수행할 수 있는 능력을 얻는 것을 말하고, '사리연구'는 우주만물의 이치를 연구하여 인간 세상에서 일어나는 모든 사건을 제대로 이해하여 그에 대해 적절하게 대응할 수 있는 것을 말하며, '작업취사'란 구체적인 삶의 실제상황에서 선악을 분별하며 사는 것을 말한다. 원불교의 수행법은 일원상 진리에 근거하여 정신수양을 통해 온전한 마음을 지키는 공부를 하고, 사리연구를 통해 우주만물의 사리를 아는 공부를 하며, 작업취사를 통해 몸과 마음을 모두 완전하게 하는 '영육쌍전靈肉雙全'의 공부를 하자는 것이다. 원불교는 이런 '삼학'의 수행법을 실천하여 병든 세상을 개벽하고 온 천하가 한가족이 되는 새 개벽세상을 만들려는 것이다.

원시반본原始返本

문자적 의미 시원을 살펴서(원시原始) 근본으로 되돌아간다(반본返本)
는 뜻이다.

본질적 의미 원시반본은 우주가을의 근본정신으로서 개벽기를 맞
이하여 존재하는 모든 것들이 처음 생겨날 때의 상태를 되살펴서
그 근본으로 되돌아간다는 뜻이다. 선천은 상극의 이치가 지배
하는 투쟁과 대립의 시대이다. 만물은 상극을 통해 분열 발전하
면서 처음의 상태를 점점 잃어버리고 근본에서부터 멀어져간다.
이제 후천 가을개벽기를 맞이하여 우주도 원래의 상태를 회복하
고 문명과 역사도 처음 시작할 때의 근본정신을 되살펴 새로운
이상적인 상태를 회복한다는 것이다. 상제님의 천지공사는 후천
개벽의 근본정신인 원시반본에 따라 인류구원의 프로그램을 짜
는 것이다.

핵심 사상 증산도 가르침에 의하면 가을의 정신, 개벽의 정신을 한
마디로 원시반본이라고 한다. 가을에는 만물이 그 생명의 근원,
즉 뿌리로 돌아간다. 증산 상제님 도의 주제는 가을개벽이며, 가
을개벽의 변화 정신이 곧 원시반본이다. 이는 우주의 가을이 되
면 성장하던 만물이 다시 그 처음의 상태를 되살펴 그 근본으로
돌아간다, 혹은 돌아가야 한다는 것을 뜻한다. 따라서 원시반본
이 무엇인지 모르고서는 앞으로 밀어닥칠 새로운 개벽세상이 어

떠한 것인지, 그 자연섭리와 문명의 역사 정신이 과연 무엇인지를 알 수 없다.

우주의 최고 통치자이신 증산 상제님은 우리가 살아가는 현재를 "원시반본하는 시대"라고 선언하셨다. 우주 1년의 커다란 주기에서 볼 때 이때는 지금까지의 온갖 모순과 상극의 위기 상황을 벗어 던지고 인간과 신, 하늘과 땅이 하나로 조화를 이루던 저 태고의 시대정신으로 다시 돌아가는, 돌아가지 않을 수 없는 대변화와 변고의 시대라는 것이다.

원시반본에서 반본返本이란 돌이킬 반 자, 돌아갈 반 자에 근본본 자다. 즉 근본으로 돌아간다, 근본으로 다시 돌이킨다는 뜻이다. 본本이란 매순간 끊임없이 변화해 가는 천지 만물에 내재되어 있으면서 동시에 그것을 초월하는 도의 실재實在, 도의 바탕, 그 근본정신을 뜻한다. 그러므로 '반본'은 시간 세계에서는 앞으로 오는 가을 천지의 추수 정신을 말한다. 즉 '도의 실재, 도의 본성과 변화하는 가을철의 추수 정신'을 '반본'이라고 한다. 그리고 이 반본의 방향을 규정하는 것이 '원시原始'이다. 즉 '원시'란 인간 삶의 가장 이상적인 상태, 시원 상태를 회복하기 위해 그 궁극의 그 원형의 모습을 성찰하고 돌아보는 것을 말한다.

원시반본의 가장 기본이 되는 뜻은 가을의 변화 정신, 가을의 추수 정신이다. 생명이 원시반본하는 이치는 한 그루의 나무를 살펴보면 쉽게 이해할 수 있다. 봄이 되면 나무는 뿌리로부터 생명의 수액을 빨아들여 나무줄기와 잎으로 왕성한 생명기운을 분산시킨다. 대지 속 밑뿌리에서부터 생명력이 쭉 뻗쳐올라 하늘을 향해 힘차게 솟구친다. 그리하여 나무는 온통 생명의 천연색인 녹색으로 바뀐다. 생장기의 극치인 여름철에는 나무의 생명력으로 가득 찬 숲에서 생동하는 기운이 넘쳐난다.

가을철에 생장의 시간이 다 지나면 '극즉반極則反'이라는 생명의 기본 원리인 원시반본 현상이 일어난다. 나무 생명의 진액인 수액이 다시 뿌리로 되돌아가는 것이다. 노자의 『도덕경道德經』에도 "반자도지동反者道之動', 즉 '돌아가는 것이 도의 운동'이라는 말이 있다. 이처럼 원시반본이란 시간 세계의 생명 운동에 있어서 춘하추동의 순환처럼, 혹은 언제나 본래의 상태로 돌아가는 도의 본성처럼, 우주만유의 근본 법칙으로서의 되돌아감을 말한다. 그렇다면 우주 일 년의 시간의 물결에 맞추어 무상하게 변화해가는 역사 현실에서 볼 때 근본으로 돌아간다는 것은 구체적으로 무엇을 뜻하는가?

　　이때는 원시반본原始返本하는 시대라. (『도전』2:26:1)

'이때'란 바로 '천지 가을의 큰 운수로 들어가는 시작점'을 뜻한다. 그러므로 원시반본이란 '가을의 정신, 가을의 추수 정신, 대자연의 가을의 변화 정신'이다. 우리가 살고 있는 현실은 끊임없이 매순간 시간의 물결에 휩쓸려 있다. '이때는 원시반본하는 시대' 라는 것은 곧 지금 이때가 이번 우주 일 년에서 여름철이 지나고 가을로 들어가고 있는 때라는 말씀이다. 가을에는 우주 만유가 근본으로 돌아간다.

인간이 우주만유의 근본 법칙인 원시반본의 도에서 깨쳐야 할 것은 우주의 섭리로서 돌아감이다. 가을의 정신은 원시반본의 도요, 원시반본은 곧 가을의 추수정신이다. 그것은 천지와 만물 생명이 열매를 맺는, 만물이 한 마음으로 조화, 통일되는 성숙의 도이다. 상제님께서 '이때는 원시로 반본 하는 때, 모든 만물이 근본으로 돌아가는 때'라고 선언하셨을 때 그것은 결론적으로 근본으로 돌아가지 않으면 다 죽는다, 소멸된다는 뜻을 내포한다. 원시반본이야말로 이번 가을개벽기 뭇 생명의 으뜸가는 과제이며 삶의 궁극 목적이라고 할 수 있다.

원시반본은 대자연의 도요, 역사의 도요, 앞으로 열리는 새로운 문명의 도이다. 그것은 이 세상에 살고 있는 인간과 만유 생명의 도이자 존재 법칙이다. 대우주의 순환 운동에서 지금은 여름에서 가을로 들어가는 대전환기이다. 그러기에 모든 인간은 "이 때의 정신"에 따라 생명의 근원으로 돌아가 열매 맺는, 성숙하는 삶을 살아야 한다. 이것이 원시반본의 도이다.

원시반본을 실현하는 실천이념에는 보은, 해원, 상생이 있고 후천개벽시대의 원시반본의 7대 주제가 있다. 첫째, 신인합발, 둘째, 인존사상, 셋째, 일심법, 넷째, 중록사상, 다섯째, 진법사상, 여섯째, 정음정양사상, 일곱째, 의통사상이다.

원시반본의 11가지 사상

문자적 의미 원시반본의 의미와 원시반본하는 상태를 11가지로 압축하여 설명한다는 뜻이다.

본질적 의미 원시반본이란 '시원을 살펴서(시원原始) 근본으로 되돌아간다(반본返本)'는 뜻이다. 즉 만물이 생겨난 그 처음의 의미를 찾아서 가장 이상적이고 본질적인 상태를 회복한다는 뜻이다. 이때 중요한 것은 그 이상적이고 본질적인 상태, 즉 본本이 무엇인가이다. 시원의 의미를 살펴서 그 근본으로 되돌아간다고 할 때 원시반본은 곧 근본에 대한 깨달음을 통해서 가능하다. 증산도에서는 그 본의 의미를 11가지로 나누어서 설명한다.

핵심 사상 1. 천지만물과 인간이 생명의 근본으로 복귀함을 뜻한다. 이때 본은 시원의 생명질서인 가을의 도, 곧 무극대도를 의미한다. 무극대도를 깨닫고 실천하는 삶을 말한다.
2. 내 생명의 뿌리와 관련지을 때 본은 선령신과 생명의 근원인 상제님을 뜻한다. 내가 태어난 뿌리는 내 생명의 가장 소중한 근본이며 그 생명을 주신 조상과 상제님은 가장 큰 은혜로운 존재이다. 따라서 그에 보은함이 원시반본의 실천이다.
3. 인간의 원시반본과 관련하여 본은 몸과 마음이 생명의 근원으로 돌아감을 뜻한다. 수행을 통해 천지일심의 경지에 도달함이 심신의 원시반본이다. 일심의 경계에서 천지의 본성에 대한 깨달

음을 도통천지보은이라고 한다. 천지보은은 만물의 고향인 천지에 감사하고 천지의 이상을 깨닫고 실천하는 것이며, 이 역시 원시반본을 실천하는 길이다.

4. 우주론적으로 볼 때는 선천문명의 상극을 상생으로 전환시키는 근본바탕이 되는 정음정양의 우주질서로의 복귀를 뜻한다. 이를 우주론적 원시반본이라고 한다. 우주 1년의 질서 속에서 우주는 생장염장의 과정으로 순환하게 되는데 이 때 가장 이상적인 상태인 정음정양의 우주질서를 상생이라고 하고, 가을 개벽을 통해 그러한 조화로운 우주상태로 돌아감은 가장 중요한 원시반본의 실현이다.

5. 천존, 지존의 선천역사를 거쳐서 이제 천지가 인간의 존엄성을 위해서 존재하는 시대, 인간이 만물의 근본이 되는 시대, 인간이 후천의 선경을 실현하는 시대, 인존시대가 됨을 뜻한다. 인간이 천지의 뜻을 이루는 시대를 천지성공시대라고 한다. 원시반본은 인간이 천지의 일꾼으로 그 역할을 다하여 역사와 문명과 생명이 그 근본으로 되돌아가는 것을 함축한다.

6. 우주원리적으로 볼 때 원시반본의 또 다른 측면은 음양의 조화로운 상태를 회복하는 것이다. 즉 선천 양의 시대를 지나서 후천 음의 시대, 남녀 불평등과 부조화를 극복한 남녀동권의 사회, 편음편양의 부조화한 음양의 관계가 사라지고 음양이 완전한 조화를 이루는 정음정양의 시대가 도래한다.

7. 신인합발이 이루어진다. 선천 상극의 시대에 신과 인간이 서로 단절되어 있었다면 이제 후천을 맞이하여 신과 인간은 처음의 상태, 즉 서로 조화를 이루고 소통하며 하나가 되는 통일 상태로 되돌아간다. 신인관계의 근본은 신과 인간이 하나가 된 신일합일, 신일합발의 상태이다.

8. 후천 가을을 맞이하여 선천종교와 과학과 역철학이 각자의 영

역을 상호 포섭하는 진리의 일원화 시대가 열린다. 그동안 이성과 감성이 서로 분리되어 각자의 영역을 고수하고, 영성을 부정하는 시대였다면 이제 가을을 맞아 원시반본하여 이성과 영성과 감성이 하나로 통일되어 과학과 종교와 철학이 신교문화의 이름으로 통일되고 신앙과 지식이 본래의 통일 상태로 되돌아간다.

9. 정교의 통합으로 국가체제가 원래의 제정일치 시대로 돌아간다. 정치와 종교가 분리되었던 선천에는 신성과 성웅이 그 바탕을 달리하여 갈등과 분열의 관계를 이어갔지만 이제 후천 원시반본하는 시대를 맞이하여 성웅이 서로 합치하며, 정교합일의 정치체제를 회복하고 종국적으로는 군사위가 하나로 통일된다.

10. 도덕율의 원시반본을 말한다. 수만 갈래의 도덕적 판단과 도덕성의 기준이 모두 통합되어 지구상의 모든 민족과 국가의 도덕율이 신의 가르침에 일치하는 시대가 열린다. 모든 인간의 영성이 열려 서로의 마음을 들여다보면서 각각의 행위가 서로에게 부합하는 선善의 시대가 열린다.

11. 민족정신의 원시반본을 말한다. 한민족의 관점에서 볼 때, 이때의 본은 우리민족의 뿌리이며 민족사의 주신인 환인, 환웅, 단군을 말한다. 역사를 망각하고, 조상을 부정하고, 고유의 문화를 잃어버린 민족에게 미래는 없는 법이다. 한민족 고유의 종교와 철학을 바탕으로 우리 역사의 시원조상을 되찾아 삼성조시대의 뿌리문화와 근본정신을 회복하게 된다.

육임六任

문자적 의미 천하사를 집행하는 증산도 일꾼의 조직 단위이며, 후천개벽의 때에 죽어가는 인류를 살려서 구원하는 여섯 가지 임무를 뜻한다.

본질적 의미 육임, 육임군六任軍, 육임조직은 각각의 임무를 맡은 여섯 명의 단위조직을 뜻하지만 실제로는 7명으로 구성된다. 즉, 육임조직은 증산 상제님의 일을 창조적으로 실현시킬 수 있는 일꾼 한 사람이 다른 6명을 포교하고, 이들을 한 단위로 묶어 7명으로 구성된다. 육임은 후천선경을 여는 천하사 일꾼 조직이면서 후천개벽기에 인류를 구원하는 의통구호대이다.

핵심 사상 육임의 7명 단위 조직은 '칠성 도수七星度數'를 바탕으로 설명될 수 있다. 칠성 도수는 인간의 생사화복을 주관하는 별인 칠성을 중심으로 짠 천지공사 도수이다. 우주변화의 원리에서 볼 때 황극皇極의 불기운, 즉 남방南方 칠화七火를 상징하는 7수를 바탕으로 한다. 칠성 도수는 물과 불의 조화로 이루어져 있다. 칠성 도수의 불은 북방의 물에서 나온다. 즉 물의 도가 먼저 나오고 이를 바탕으로 하여 불의 도가 나온다. 그래서 황극의 칠성 도수는 천지의 조화, 모든 생명 변화운동의 근원인 북방北方 1,6 수一六水'로 되어 있다. 이러한 칠성 도수는 인간의 생명탄생과 구원에 관련되며, 증산 상제님의 진리교육을 통해 성숙한 도꾼道軍,

천지의 참일꾼을 길러내는 도수이다.

육임에 대한 『도전』의 구절은 다음과 같다.

> 평천하平天下는 내가 하리니 치천하治天下는 너희들이 하
> 라. (『도전』4:155:3)
> 나를 믿는 자는 매인每人이 6인씩 전하라. 포교의 도道가
> 먼저 육임六任을 정하고 차례로 전하여 천하에 미치게 되
> 나니 (『도전』8:101:1~2)

증산 상제님이 도수로써 정해 놓은 육임 조직은 천하사의 중요
한 일을 수행하는 일꾼조직인데, 이는 후천개벽 전까지는 상제님
의 도를 인류에게 전하고(포교), 대환란의 병겁 심판기에는 죽어
가는 사람들을 넘나들며 의통인패의 조화로써 인류를 살리는 의
통 구호대의 역할(구원)을 수행한다.

상제님이 9년 동안 짜 놓은 천지공사의 결론은 병든 천지와 인간
을 구하는 의통이고, 상제님의 천지공사에 따라서 의통성업을 집
행할 수 있는 일꾼은 육임조직으로 이루어진다. 우주가 생명을
낳아 기르는 궁극의 목적은 인간농사, 즉 성숙한 인간, 열매 인
간을 양육하는 데 있다. 이러한 성숙한 인간은 선천 5만 년의 상
극세상을 개벽하여 후천 5만년 상생의 새 문화를 열어 후천선경,
신인합일의 인존시대를 건설하는 주인공들이다. 성숙한 가을의
전도사들인 육임조직은 선천에서 후천으로 넘어가는 대개벽의
병겁기에 창생을 구원하는 천하사의 살림조직, 즉 의통구호대이
다.

증산 상제님의 도는 궁극적으로 가을 추수의 도, 개벽의 도이며,
이를 구체적으로 실현할 수 있는 조직이 곧 육임군 조직이다. 육
임군의 체계적 조직을 제세핵랑군이라 부르기도 한다. 원래 이

말의 기원은 『환단고기』에서 그 출처를 찾을 수 있다. 즉 "환웅천황께서는 환인으로부터 제세핵랑군 3,000명을 거느리고 홍익인간, 광명이세, 제세이화의 건국이념을 받았다."에서 유래한다.

제세핵랑군의 문자적 의미는 '세상을 건지는 핵이 되는 낭군'이라는 뜻이며 이는 육임군의 역할에 대한 올바른 해석이다. 이 인용문을 통해서 볼 때 제세핵랑군은 인류 역사상 가장 오래된 정치군사조직이면서 종교구원조직이라는 것을 알 수 있다. 그리고 그 개념에는 신성을 바탕으로 가르침을 펴는 이신설교以神設教와 널리 인간을 이롭게 한다(弘益人間)라는 신교적 전통이 내포되어 있다. 즉 신의 가르침을 받아 새로운 세상을 여는 조직이란 의미가 내포되어 있다.

증산도의 육임군을 제세핵랑군이라고 부르는 것은 가을개벽기에 상제님의 가르침을 전하고 세상을 건지는 조직이기 때문이다. 제세핵랑군은 상제님의 천지대업을 인사로 실현하는 대두목大頭目의 명을 받아 인류를 구원하는 핵심 일꾼 조직이며, 후천선경건설의 주역이다.

음 도수陰度數

문자적 의미 음을 중심으로 만물이 조화를 이루는 후천문명 도수.

본질적 의미 우주 내에 존재하는 모든 것은 음양의 조화로 생겨나고 변화해 나간다. 그 음양질서가 어그러지면 세상은 서로 대립 갈등하여 원한이 쌓이는 병든 사회가 된다. 선천이 양의 기운이 강한 시대라면, 후천은 음의 기운이 바탕이 되어 정음정양의 조화를 이루는 시대이다. 음을 바탕으로 후천 선경문명을 건설하는 천지공사의 내용을 음 도수라고 한다.

핵심 사상 음양의 조화는 우주 만물을 생성하고 변화·발전시키는 원동력이다. 그러나 지축의 경사로 음양 조화는 깨어지고 불균형을 이루고 있다. 선천은 양의 기운이 강한 양의 시대이다. 이를 삼양이음三陽二陰이라고 부른다. 즉 양이 강하고 음이 약한 상태를 말한다. 이러한 음양의 불균형은 인간과 신명사회에서 대립과 갈등을 양산하고 원과 한을 쌓게 하여, 결국 우주 전체를 병들게 한다. 선천의 이러한 불균형한 음양 관계로 인해 상극의 이치가 세상을 지배하고 인간과 신명은 모두 상극의 삶을 살게 된다.
선천의 음양불균형은 가을개벽으로 지축이 바로서는 선천 말에 이르러서 조화로운 음양 관계를 형성한다. 즉 기울어진 지축이 바로서면서 우주에 작용하는 음양 관계도 새롭게 바뀌게 된다. 즉 양이 과한 시대에서 음양이 균형을 이루는 시대가 되는 것이다. 이렇게 음양의 조화로운 관계를 정음정양正陰正陽이라고 부른다. 음과 양이 서로 같은 정도로 작용하기 때문에 서로 조화를 이루면서 대립과 갈등이 사라지고 만물이 상생하는 세상이 도래한다.

> 이때는 해원시대라. 몇 천 년 동안 깊이깊이 갇혀 남자의 완롱玩弄거리와 사역使役거리에 지나지 못하던 여자의 원寃을 풀어 정음정양正陰正陽으로 건곤乾坤을 짓게 하려니와 이 뒤로는 예법을 다시 꾸며 여자의 말을 듣지 않고는 함부로 남자의 권리를 행치 못하게 하리라. (『도전』 4:59:1~3)

이때는 선천이 끝나고 후천으로 접어드는 하추교역기이다. 음양이 조화를 이룬 정음정양의 세상이다. 여기서 중요한 것은 그 뒤에 나오는 구절이다. 즉 '여자의 말을 듣기 않고는 함부로 남자의 권리를 행치 못하게 하리라'는 내용인데 여기서 비록 후천이 정음정양으로 음양이 조화를 이룬 때이지만 실질적으로 음을 바탕으로 한 음양동덕의 시대라는 것이다.

음 도수는 이처럼 증산 상제님의 천지공사에서 음의 기운을 바탕으로 후천 5만년 도수를 짜는 것을 말한다. 이는 후천을 상징하는 지천태괘를 보면 더 잘 알 수 있다. 지천태괘는 음의 괘인 곤이 위에 있고 양의 괘인 건이 아래에 있는 괘상이다. 따라서 아래로 향하는 음과 위로 향하는 양이 서로 결합하고 조화를 이루게 되는 형상이다. 그러나 선천을 상징하는 천지비괘는 양이 위에 있고 음이 아래에 있어 음양이 서로 불통하고 조화가 이루어지지 않는 상이며, 이는 후천 지천태괘와는 반대되는 괘상이다.

예전에는 억음존양이 되면서도 항언에 '음양陰陽'이라 하
여 양보다 음을 먼저 이르니 어찌 기이한 일이 아니리오.
이 뒤로는 '음양' 그대로 사실을 바로 꾸미리라. (『도전』
2:52:4~5)

후천은 음양 그대로 음이 앞에 있고 양이 뒤에 있는, 음이 주가
되는 세상이 된다. 그래서 증산 상제님은 "독음독양獨陰獨陽이면
화육化育이 행해지지 않나니 후천은 곤도坤道의 세상으로 음양동
덕陰陽同德의 운運이니라."(『도전』 2:83:5)고 말씀하셨다. 여기서 볼
때 후천은 음양동덕으로 음과 양이 서로 조화를 이룬 세상이지
만 곤도, 즉 음이 중심이 되는 세상이라는 것을 알 수 있다.

음양陰陽
―사상四象、팔괘八卦、육십사괘六十四卦―

문자적 의미　음양은 천지만물의 존재근거인 두 가지 근본요소로서, 서로 상반된 성질을 갖고 있다. 사상은 이 음양을 태소로 나눈 태음太陰, 태양太陽, 소음少陰, 소양少陽을 말하고, 팔괘는 음과 양을 세 개의 단위로 조합한 건태이진손감간곤乾兌離震巽坎艮坤괘를, 그리고 육십사괘는 팔괘를 여덟 번 겹쳐서 나온『주역』전체의 괘이다.

본질적 의미　음양陰陽이란 산의 음지와 양지라는 상반된 자연 현상으로부터 왔다. 역학은 원래 강유剛柔의 원리로 우주의 생성과 변화를 설명했으나 후에 음양 사상과 오행의 순환 사상으로 대체되었다. 만물의 운동은 음양이라는 상반적인 두 기운의 상대적인 작용으로 해석된다. 이러한 사고방식을 음양설이라 하며, 음양이라는 두 상반적인 기운의 소장消長에 의해 만물의 생성과 변화를 설명한다. 이 사상을 역학에서 받아들여 기본 원리로 삼았다.

핵심 사상　음양은 우주와 만물의 생성 과정을 대립하는 두 기운의 운동으로 설명하는 역학적 개념이다. 적극적으로 뻗쳐나가는 기운이 양이고, 소극적으로 움츠려드는 기운이 음이다. 만물은 이 두 상반된 기운이 상호작용하는 데서 생겨나고 변화한다. 또한 음양에 의한 만물의 형상화로 주어지는 가장 기본적인 원질로서

목화토금수木火土金水라는 다섯 가지 기본 성질이 있으며 이를 오행五行이라고 한다. 여기서 '행行'이란 기능과 성질을 뜻한다. 음양설과 오행설은 함께 발전하여 음양오행설로 불리어지게 된다. 한자 문화권의 근본 사상이라 할 수 있는 유가철학儒家哲學은 음양사상에 기초하고 있다. 그리고 유가의 유儒라는 글자는 사람[人]과 수요[需]의 합성어이다. 즉 유란 '수요되는 인재'라는 뜻을 포함한다. 그러므로 유가 철학은 근본적으로 실천적 관심에서 출발한다. 그리고 실천의 원리를 철저히 자연법칙으로부터 끌어온다. 이 자연법칙이 곧 음양이며, 음양은 역易사상으로 통합된다.

역易이란 복희씨가 괘를, 그리고 문왕과 주공이 단사彖辭와 효사爻辭를 짓고 공자가 십익十翼을 달아서 성립한 것이라고 한다. 역은 간이簡易요 변역變易이요 불역不易을 뜻한다. 즉 역으로 천지간의 모든 자연 현상이 변역하는 불역의 이치를 파악하면 복잡한 과정을 간이하게 이해하게 된다는 것이다.

역은 모든 자연 현상을 음양이라는 두 기운이 순환 교섭하는 가운데 발생하는 것으로 보며, 이 두 대립된 기운은 하나의 근원인 태극太極의 기운에서 갈라져 나온다. '역에 태극이 있으니 여기서 양의가 나오고 양의에서 사상이 나오고 사상에서 팔괘가 나오고 팔괘에서 길흉이 정해지고 길흉에서 큰 업이 나온다.'(易有太極 是生兩儀 兩儀生四象 四象生八卦 八卦定吉凶 吉凶生大業) 여기서 양의란 음양의 두 상반된 기운이다. 이 음양이 각각 세분화된 노음老陰, 소음小陰, 소양小陽, 노양老陽을 사상四象이라 한다. 또한 이를 더 세분화한 것이 팔괘이다. 즉 우리가 경험하는 자연계의 대표적인 현상을 하늘과 땅, 못과 산, 불과 물, 우뢰와 바람(天澤火雷風水山地) 등 여덟 가지로 분류하여 기호화한 것이 이른바 건태이진손감간곤乾兌離震巽坎艮坤의 팔괘이다. 이 팔괘가 다시 분화한 것이 육십사괘(8×8=64)이다.

음양의 두 상반된 기운이 사상으로 분화하는 가운데 주야가 교체하고 사시가 순환하여 팔괘가 상호 작용한다. 그러한 천지자연의 변화는 만물을 낳고 기르는 원형이정元亨利貞[생장염장生長收藏]의 원리로 표현되고, 여기서 인간이 마땅히 행해야 할 원리인 인의예지仁義禮智가 도출된다. 계사전에서 말하는 정길흉定吉凶과 생대업生大業이 바로 이것이다.

이상 본 것처럼 음양, 사상, 팔괘, 육십사괘는 주역의 근간이다. 그리고 주역은 증산도 사상과 깊은 관련이 있으니, 증산 상제님은 "주역周易은 개벽할 때 쓸 글이니 주역을 보면 내일을 알리라." (『도전』 5:248:6)라고 하였다. 『도전』은 이 주역과 후천개벽의 원리를 담은 정역의 상관성에 대해서 다음과 같이 알려주고 있다.

우주의 변화 이치를 밝히는 역도易道의 맥은 동방의 성철聖哲들이 대대로 이어오더니 조선 말의 대철인 김일부金一夫가 선후천先後天이 바뀌는 우주 대변혁의 원리와 간艮 동방에 상제님이 오시는 이치를 처음으로 밝히니라. …이에 분발하여 서전書傳과 주역周易을 많이 읽고 영가무도詠歌舞蹈의 법으로 공부하면서 아침저녁으로 반야산 기슭에 있는 관촉사를 찾아가 은진恩津미륵을 우러러 간절히 기도하니라. 54세 되는 기묘己卯(도기道紀 9, 1879)년에 이르러, 눈을 뜨나 감으나 앞이 환하여지고 알 수 없는 괘획卦劃이 끊임없이 눈앞에 나타나기 시작하더니 3년을 두고 차츰 선명해지고 커져 마침내 온 천지가 괘획으로 가득 찰 지경에 이르렀으나 그 뜻을 알지 못하니라. 그 후 어느 날 주역周易 설괘전說卦傳의 '신야자神也者 묘만물이위언자야妙萬物而爲言者也'라는 구절을 읽다가 문득 모든 것이 공자

의 예시임을 확연히 깨닫고 이에 새로이 정역팔괘正易八卦
를 그리니, 이는 억음존양抑陰尊陽의 선천 복희팔괘伏羲八
卦와 문왕팔괘文王八卦에 이은 정음정양正陰正陽의 후천팔
괘도라. (『도전』1:9:1~10)

음양의 원리를 근간으로 하는 주역에 대한 증산도의 입장은 양
면적임을 알 수 있다. 그것은 먼저 선천의 세상에 알맞은 이치를
담고 있다는 점에서 그 역사적 역할과 기능을 인정한다는 점이
다. 그리고 개벽할 때 쓰기 위하여 상제님이 주역을 내었다는 것
과 그것을 바탕으로 개벽 세상의 이치를 새로이 밝힌『정역』을
조선 말의 철학자 김일부를 시켜서 만들었다는 사실이다. 일부
의『정역』은 상제님이 조선땅으로 강세한다는 원리를 밝혀 놓았
고, 후천개벽의 섭리를 드러내고 있다. 이것이 바로 편음편양 혹
은 삼양이음 그리고 정음정양의 사상이다. 증산도 음양론의 핵심
은 정음정양, 음양동덕 사상에서 찾을 수 있다.

음양동덕陰陽同德

<u>문자적 의미</u> 선천에는 음과 양이 부조화를 이루어 양이 과대하고 음이 과소한 삼양이음의 상태였다. 음양동덕은 이러한 음양이 서로 조화를 이룬다는 뜻이다.

<u>본질적 의미</u> 음양은 상호 대립과 조화로 우주의 모든 생성과 변화를 지어내는 근본 요소이다. 증산도의 선후천관에 따르면 선천은 음과 양이 서로 부조화를 이룬 상태이며 이를 삼양이음三陽二陰이라고 한다. 후천은 음양이 상호 조화를 이루는 상태이며 이를 정음정양正陰正陽이라고 한다. 이런 정음정양의 음양 상태를 음양동덕이라고 부른다.

<u>핵심 사상</u> 동양 문화의 바탕이라 할 수 있는 음양론의 핵심은 거대하고 복잡한 우주의 생성과 변화를 서로 상반되는 음양의 두 기운으로 설명한다는 점이다. 음과 양은 호근互根 관계를 이룸으로써 서로 갈라지면서도 서로에게 향하는 대대의 일체관계에 놓여 있다. 『주역』에서는 "일음일양지위도一陰一陽之謂道"라고 정의했다. 모든 것은 일음일양의 대대와 균형을 통해 존립한다.
사물에는 겉과 속이 있으며 공간에도 위와 아래, 좌와 우가 있다. 천체에는 해와 달이 있으며 하루도 낮과 밤으로 돌아가고 인간도 남과 여가 있다. 우리 몸은 정신과 육체로 구성돼 있고, 정신은 다시 정精과 신神으로 구분된다. 이처럼 우주의 모든 사물과

사건은 음양의 상호 작용에서 벗어나지 않는다. 그것은 우주 1년의 시간 변화도 마찬가지다.

우주 1년의 전반부인 선천 봄, 여름은 지축이 동북으로 기울어짐으로 인해 양이 음보다 많은[삼양이음三陽二陰] 양의 시대, 건도乾道의 시대다. 하늘은 높이고 땅은 낮춤으로써 음양이 조화를 이루지 못하는 억음존양抑陰尊陽, 편음편양偏陰偏陽의 시대다. "선천은 억음존양抑陰尊陽의 세상이라."(『도전』 2:52:1)고 하신 말씀처럼 양(하늘, 남자)이 위에 있어 아래에 있는 음(땅, 여자)을 억압하는 세상이며, 이를 괘상으로 표현하여 천지비天地否괘가 성립한다. 이때는 분열 생장 과정으로서 경쟁과 대립, 분열과 갈등, 억압과 원한 등 상극의 이치가 천지와 인간 삶을 주도하게 된다.

반면 가을개벽기에는 지축이 바로 섬으로써 음을 바탕으로 한 정음정양의 새천지, 새문화가 개벽된다. 분열과 대립, 억압 등 모든 상극적 요소가 극복되고 만물이 성숙하여 결실을 맺고 조화, 통일되어 평화와 안정을 누리는 상생의 시대가 열리는 것이다. 이와 함께 역사의 뒷전에 밀려나 억압받던 여성들이 세상의 전면에 나서서 남성과 함께 새로운 문명을 선도하게 되는 남녀동권 문명이 실현된다. 남자, 여자 모두 대인이 되는 대장부大丈夫 대장부大丈婦의 시대가 펼쳐지는 것이다. 이를 표현하는 괘상이 바로 지천태괘이다. 이러한 우주 음양질서의 변화는 세상의 모든 질서에 영향을 미치게 된다.

> 이때는 해원시대라. 몇 천 년 동안 깊이깊이 갇혀 남자의 완롱玩弄거리와 사역使役거리에 지나지 못하던 여자의 원宪을 풀어 정음정양正陰正陽으로 건곤乾坤을 짓게 하려니와 이 뒤로는 예법을 다시 꾸며 여자의 말을 듣지 않고는 함부로 남자의 권리를 행치 못하게 하리라. (『도전』

4:59:1~3)

남녀동권 시대가 되게 하리라……앞세상에는 남녀가 모두
대장부大丈夫요 대장부大丈婦이니라. (『도전』 2:53:2~4)

독일의 빌헬름(Richard Wilhelm, 1873~1930)이 '평화의 괘'라고도
부른 지천태地天泰가 후천 가을의 변화성을 상징적으로 보여준
다. 지천태의 괘는 음은 아래로 기운이 내려오고 양은 아래에서
위로 그 기운이 상승하여 음양의 조화가 일어나 안정을 누리게
되는 모습을 담고 있다.

선천은 천지비天地否요, 후천은 지천태地天泰니라. 선천에
는 하늘만 높이고 땅은 높이지 않았으니 이는 지덕地德이
큰 것을 모름이라. 이 뒤에는 하늘과 땅을 일체로 받드는
것이 옳으니라. (『도전』 2:51:1~3)

상극을 낳은 선천 양의 시대를 넘어 새로운 가을 세상으로 들어
서는 전환점이 가을개벽이다. 인간으로 오신 상제님이 선천 억음
존양의 건곤을 바로잡아 음양동덕의 후천세계를 개벽한 것이다.
이로써 천지도 정음정양의 질서로 바로잡히고 인간도 정음정양
의 삶과 문명을 누리게 되는 것이다.
증산 상제님은 가을의 정음정양 문화를 현실 역사 속에 실현시키
기 위해 먼저 음양동덕의 수부 공사로써 건곤 천지부모의 자리를
바로잡아 준 것이다. 상제님과 태모님의 음양합덕 관계는 음양이
서로 대립하던 선천의 자연과 문명 질서를 넘어 상생으로 정음정
양의 조화를 이루는 신천지 통일문명의 패러다임을 제시해 준 것
이다.
더욱이 증산 상제님은 어머니 하나님 되는 태모 고 수부님에게

종통대권을 전수하였다. 종통맥이 남성이 아닌 여성에게 전수된 것은 동서의 종교사나 문명사에서 보기 드문 대사건이다. 증산 상제님은 이를 통해 억음존양의 선천 문화 속에서 살아 온 여성들을 불평등과 억압으로부터 모두 해방시킴은 물론, 그들의 원과 한을 끌러주고 진정한 남녀동권의 새 역사를 열어 준 것이다.

의통醫統

<u>문자적 의미</u> 의통이란 '살려서(醫) 통일한다(統)'는 뜻으로, 증산도 구원사상의 별칭이다.

<u>본질적 의미</u> 살린다(의醫)는 것은 병겁의 숙살기운에서 인간과 신명을 구원한다는 것이고 통일한다(통統)는 것은 그렇게 구원된 인간과 신명이 하나되어 후천의 선경을 이루어 조화롭게 살아간다는 뜻이다. 의통은 후천개벽기에 전세계를 휩쓸 대병겁에서 생명을 살릴 수 있는 유일한 방안을 뜻한다. 의통은 후천개벽기에 죽어가는 인간과 신명을 살리기 위해 이 세상에 강림하신 상제님의 구원의 법방이다.

<u>핵심 사상</u> 의통의 근본적 의미는 '살림'과 '통일'이다. 그리고 살림과 통일의 대상은 천지인 삼계의 생명이다. 의통은 상극의 원리에 의한 삼계의 분열과 그 분열의 결과로 나타나는 병을 상생의 원리에 따라 살리고 통일하는 상제님의 법방이다. 우주의 가을, 천지의 심판은 병겁으로 실행되며 그 병겁은 순전한 죽임, 절대적 파괴를 뜻하는 것이 아니라 살림의 목적을 달성하는, 그리고 통일을 지향하는 죽임이다. 의통은 바로 이러한 죽임의 길에서 얻어지는 살림의 궁극적 방안이다.

　큰 병도 무도에서 비롯하고 작은 병도 무도에서 생기나니

> 도를 얻으면 큰 병도 약 없이 스스로 낫고 작은 병도 약 없
> 이 스스로 낫느니라. (『도전』 5:347:5)

큰 병도 작은 병도 모두 무도無道함에서 발생하며, 병을 고치는 것은 바로 도를 얻는 것으로 가능하다. 즉 작은 병이나 큰 병이나, 도道를 떠나서 치유할 수 없다. 이러한 도는 곧 살림과 통일의 도, 바로 의통이다.

의통은 살림의 방안이고, 그 살림은 바로 우주의 가을에 나타나는 병, 즉 병겁에 대한 치유와 구원이다. 조선에서 발병하여 전세계를 3년간이나 휩쓸 이 병에 대해서 증산 상제님은 이제까지 알고 있던 질병들과는 다른 괴질이라고 하였다. 이는 춘생추살의 우주원리에 따라 선천의 악업에 대하여 신명들의 원한과 보복으로 일어나는 것이기 때문이다. 개벽기의 괴질은 모든 의술을 무용지물로 만든다. 괴질이 발생하면 홍수가 넘쳐흐르듯이 인간 세상을 휩쓸 것이니 천하만방의 억조창생이 살아남을 자가 없을 정도로 병겁의 위력은 강력하다. 어떤 약과 의술도 소용이 없기 때문에 증산 상제님은 "모든 기사묘법奇事妙法을 다 버리고 오직 비열한 듯 한 의통醫統을 알아 두라."(『도전』 7:33:5)고 하였던 것이다.

의통은 무엇보다 병겁기에 괴질신장의 공격을 막아줄 녹표이다. 그것에는 세 가지 형태가 있는데 이를 의통인패醫統印牌라고 부른다. 집 문 앞에 붙이는 호부의통戶符醫統과 몸에 지니고 다니는 호신의통護身醫統이 그러한 녹표(혹은 부적)이다. 그리고 도장과 같은 형상의 것으로서, 병겁이 돌 때 죽은 사람을 살려낼 도구인 '해인海印'이 있다. 이는 괴질신장에 의해 죽은 사람의 인당에 인印을 쳐 사람을 살려내는 역할을 하게 된다.

그리고 의통의 핵심은 태을주이다. 증산 상제님은 태을주에 대

해 "이 모양이 숟가락 같으니 이것이 곧 녹표祿票니라. 이 녹을 붙이면 괴질신명이 도가道家임을 알고 들어오지 않느니라."(『도전』 7:73:5~6)라고 하셨다. 태을주는 전 인류의 생명의 뿌리인 태을천 상원군을 부르는 것으로 괴질이 횡행하는 죽음의 순간에 삶의 길을 얻게 되는 만트라가 된다.

증산 상제님이 성도들에게 전해준 태을주는 김경수의 주문에 '훔치훔치'를 덧붙인 것이다. '훔치훔치'라는 말은 천하 창생이 천지부모를 부르는 소리이다. 우주 생명의 근원인 태을천 상원군을 부르는 태을주는 생명의 근원으로 돌아가고자 하는 주문이다. 증산도에서는 인간이 생명의 근본으로 돌아가게 되는 우주의 가을철에 이 태을주를 음송해야만 생명의 원시반본을 성취할 수 있다고 본다. 따라서 태을주는 개벽기에 괴질을 치유하고 새생명을 얻기 위한 의통이 된다.

개벽시기에 의통을 집행하는 자들은 모두 상제님의 진리를 따르는 일꾼들이다. 증산 상제님은 성도들에게 "병겁이 밀어닥치면 너희들이 천하의 창생을 건지게 되느니라"(『도전』 7:50:3)고 하였다. 이는 증산 상제님의 가르침을 따르는 도인들이 천하 창생의 구원 사업을 벌일 주체가 된다는 것이다. 그리하여 증산도에서는 이러한 구원사업을 위한 조직을 준비하고 있다. 그것이 '육임구호대' 조직이다. 육임은 포교를 위한 기본 조직일 뿐만 아니라 개벽기에 의통을 집행할 조직이다. 해인을 갖고 의통을 집행하는 데에는 반드시 여섯 사람이 각자의 임무를 다해야 한다는 것이다. 그리하여 일곱 명이 하나의 조를 구성하게 되는데 이것이 육임 조직이다. 이 육임이 의통을 집행함으로써 죽은 자를 살리게 될 것이다.

기존 문헌의 용례 후한의 허신許愼은 『설문해자說文解字』에서 '의醫'라는 글자를 해부하여 "병을 다스리는 기술"(醫, 治病工也.)이라고 하였고, 『세본世本』의 구절을 인용하여 "옛날에 무팽巫彭이 최초로 의사가 되었다"고 덧붙이고 있다. 여기서 우리는 '의'를 공工이라고 기술하고 '의醫'의 기원을 샤먼에서 찾고 있다는 것을 알 수 있다.

상제님께서 남기신 〈현무경〉을 보면 의통은 성인의 직업과 관련되어 있다.

> 宮商角徵羽는 聖人이 乃作이라
> 궁 상 각 치 우   성 인   내 작
> 先天下之職하고 先天下之業하니
> 선 천 하 지 직   선 천 하 지 업
> 職者는 醫也요 業者는 統也니
> 직 자   의 야   업 자   통 야
> 聖之職이요 聖之業이니라
> 성 지 직   성 지 업
>
> 궁상각치우의 오음은 자연의 소리(율려)를 듣는 성인이 지은 것이라 성인은 천하의 직책과 천하의 업무를 우선으로 삼나니 천하의 직은 병들어 죽어 가는 삼계를 살리는 일(醫)이요 천하의 업은 삼계문명을 통일하는 일(統)이니라. 성스러운 직이요 성스러운 업이니라. (『도전』 5:347:17)

여기서 볼 때 직職은 죽임이 아니라 살림, 즉 '다시 개벽'에 있음을 의미하고, 업業은 문명통일을 의미하며 세계일가 통일정권을 의미한다. 이것이 성인의 직이고 업이다. 곧 의통은 성인이 맡은 (직) 일(업)로써 개벽기 생명의 살림과 통일을 뜻한다.

이신사理神事의 원리

<u>문자적 의미</u> 세상의 사건[事]이 일어날 때는 신神이 개입하여 이법 [理]이 사건으로 실현되도록 하는 우주 만물의 변화법칙이다. 세상의 사건이 일어날 때 실제로 그것을 일어나도록 하는 근본적인 힘과 숨겨진 이치를 밝힌 것이다.

<u>본질적 의미</u> 리理란 존재하는 모든 사물의 원리이며 법칙이다. 그러므로 세상의 모든 일은 리라는 법칙의 지배를 받아서 생성소멸한다. 근대과학을 법칙과학이라고도 하는데, 이것은 바로 리理의 보편성과 필연성을 밝힌 것이다. 과학은 현실계의 일들이 어떻게 해서 그렇게 일어날 수밖에 없는지를 법칙을 통해서 밝히는 학문이다. 그런데 근대과학이 보지 못한 것이 있는데, 그것은 바로 신神이다. 근대과학은 현상 속에 내재한 신이라는 존재자를 알지 못하며 모든 사물의 변화를 단지 현상이 드러낸 원리로써 설명하고자 한다. 그래서 증산 상제님은 근대과학이 "물질과 사리에만 정통했다"고 평하고 그 결과 "신도의 권위가 떨어졌다"고 하였다.(『도전』 2:30:9~10) 근대과학을 법칙과학이라 하지만 그 법칙에 실려 있는 또다른 질서인 신도를 알지 못했던 것이다. 이신사 원리는 이법과 사건 사이에 들어있는 신도에 관련된 법도이며, 이로써 세상의 모든 존재와 모든 사건은 신의 개입을 통해서 이루어진다는 것을 강조하고 있다.

핵심 사상 이신사의 원리를 제대로 알기 위해서는 다음의 『도전』 구절에 대한 해석이 선행되어야 한다.

> 천하의 모든 사물은 하늘의 명命이 있으므로 신도에서 신
> 명이 먼저 짓나니 그 기운을 받아 사람이 비로소 행하게
> 되느니라. (『도전』 2:72:2~3)

여기서 "하늘의 명"은 리理에, "신도의 신명"은 신神에, 그리고 "천하의 모든 사물" 혹은 "사람이 행하다"는 사事에 각각 해당한다.

위 성구의 말씀처럼 만물에는 그 변화 원리인 리理가 작용하고 있다. 이것을 천리, 원리, 법칙 혹은 이치라고도 부른다. 리理는 사물의 궁극적 존재 원리이며 근거로서 시간과 공간의 제약을 벗어나서 영원히 그렇게 작용하는 객관적 법칙이다. 근대의 자연과학은 이를 자연법칙 혹은 존재원리라 하여 현상 속에서 이를 발견하기 위해 실험과 관찰을 시행한다. 법칙은 개별적인 현상이 일어나도록 하는 원인이다.

과학의 이러한 법칙은 철학에서도 관심의 대상이 된다. 신유학자인 주희는 리理가 우주 만물을 주재한다고 하였다. 한편 영국의 유기체철학자 화이트헤드A. N. Whitehead(1861~1947)는 영원적 객체eternal object를 리의 의미로 사용한다. 영원적 객체는 현실계의 단위존재인 현실적 존재actual entity로 하여금 다多에서 일一로의 창조를 가능케 하여 실제로 현실적 사건이 일어나도록 하는 요인이다. 플라톤과 아리스토텔레스는 모든 존재하는 것의 영원적, 불변적 원형으로 이데아나 형상을 강조했다. 그러나 리理는 현실 속에 실재한다기 보다는 모든 현상 존재를 그렇게 있도록 하는 원리로서 순수한 가능성에 속한다. 그래서 신유학자 주

희는 리理가 스스로 그러하게 만유를 주재하는 것이 아니라 리理의 주재자가 따로 있음을 주장하였다.

단순한 가능성으로서의 리를 현실계에 실현시키는 힘이 곧 신神이다. 화이트헤드 역시 리를 실현시킬 수 있는 궁극적 원인을 신이라 하였다. 근대과학은 이 신의 요소를 배제해 버리고 리理가 스스로 사건을 일으킨다고 간주했다. 그것은 본질적으로 기계론이었다. 과학은 물질적 요소와 그 물질적 요소를 설명하는 수와 양으로 모든 변화를 설명한다. 신은 그러한 과학적 한계를 벗어난 존재이다. 그래서 과학과 신도는 양립불가능하다. 과학에서 신은 신앙과 종교의 영역일 뿐 실재하지 않는 것이다. 그러나 증산도는 신의 존재를 통해 만물을 설명한다. 신이 과연 무엇인지를 제대로 규명하려면 매우 복잡한 과정을 거쳐야만 하지만 다음과 같이 간단히 이해할 수 있다.

> 천지간에 가득 찬 것이 신神이니 풀잎 하나라도 신이 떠나면 마르고 흙 바른 벽이라도 신이 떠나면 무너지고, 손톱 밑에 가시 하나 드는 것도 신이 들어서 되는 것이니라. 신이 없는 곳이 없고, 신이 하지 않는 일이 없느니라. (『도전』 4:62:4~6)

이는 상제님께서 신의 존재와 그 작용에 대해 알려준 것이다. 신의 본성과 그 작용에 대한 이러한 말씀에서 증산도 신관이 출발한다. 존재하는 모든 것은 신이 들어 있고, 그 신의 힘으로 변화한다. "귀신鬼神은 천리天理의 지극함"(『도전』 4:67:1)이며, 천지의 근본이다.

신은 원신元神과 주신主神이라는 음양의 구조로 되어 있다. 원신은 만물에 내재된 자연신으로서 보편성을 가지고 있다. 자연 속의 조화성신인 원신을 신교문화권에서는 삼신이라 불러 왔다. 주신이란 인간이 죽어서 천상에 태어난 신과 각각의 사물을 주재하는 모든 인격신을 동시에 말한다. 즉 주신은 반드시 인간이 죽어서 태어난 신만은 아니다. 자연 질서와 인간 역사를 다스리는 주재신을 모두 주신이라 부른다.

결국 만물에는 그 본성으로서의 원신과 그 사물을 지키는 주신이 동시에 존재한다. 원신은 만물을 관통하는 본성이기 때문에 일자一者인 반면 주신은 각 사물에 고유한 인격신이기 때문에 다자多者이다. 원신과 주신은 이처럼 일자(일신)와 다자(다신)의 음양 관계를 이룬다. 이러한 모든 과정을 최종적으로 주재하는 분이 곧 우주 통치자이신 상제님이다. 상제님도 인격신이기 때문에 주신이며 이법과 신도 그리고 인사를 최종적으로 다스리는 위치에 있다. 말하자면 이를 주재하여 현실계에 인사로 드러나도록 주재하는 역할을 하는 존재가 곧 상제님인 것이다.

사事는 사건 혹은 변화를 뜻한다. 우리가 감각적으로 혹은 심리적으로 인지할 수 있는 모든 변화가 곧 사事이다. 이 사건은 리와 신과 달리 우리가 체험할 수 있는 것이며, 이를 통해 신과 리에로 접근할 수 있다. 우리 현실계는 사건(일)으로 이루어진 총체적 과정이다. 그런데 사건은 이법에 따라서 생기生起하지만, 그리고 이것이 과학이 밝히는 세계이지만, 그 내면에 작용하는 신의 존재는 설명하지 않는다. 이 법칙과 사건 사이에 신의 작용이 있고, 이를 설명할 때 우리는 모든 변화의 궁극적 원리를 이해하게 되는 것이다. 이러한 현상적 변화에서 이법과 사건 사이의 신도의 작용을 함께 고려할 때 드러나는 존재와 변화의 법칙이 바로 '이신사 원리'이다.

인격신人格神/자연신自然神

문자적 의미 신은 크게 두 종류로 구분되는데, 인격을 가진 신은 인격신, 인격성이 없는 신은 자연신이라고 부른다.

본질적 의미 증산도 신관은 모든 존재하는 것들에는 신성이 있다는 것이다. 그리고 그 신성 중에서 인격을 가진 신명을 인격신이라고 한다. 인격신에는 우주만물을 통치하시는 상제님으로부터 어린아이의 인격을 가진 신 등 그 역할과 위치에 따라 무수히 많은 인격신이 존재한다. 증산 상제님의 천지공사는 이러한 신도를 바탕으로 이루어지며, 그 신도는 인격신과 자연신의 총화이다.

핵심 사상 증산도의 신론神論에 의하면 우주 전체는 신으로 가득 차 있다. 즉 우주 만물은 모두 신성을 가지고 있다. 이는 신이 들어있지 않은 어떤 것도 존재할 수 없다는 것을 말한다.

> 천지간에 가득 찬 것이 신神이니, 풀잎 하나라도 신이 떠나면 마르고 흙 바른 벽이라도 신이 떠나면 무너지고, 손톱 밑에 가시 하나 드는 것도 신이 들어서 되느니라. (『도전』 4:62:4~5)

신과 우주 만물의 관계는 마치 동전의 앞면과 뒷면의 관계와 같아서 상호 불가분의 관계에 있다. 신은 우주 만물속에 내재해 있고 우주만물은 신성으로 그 본성을 유지한다. 화이트헤드는 이를 우주만물이 신을 창조했다는 것과 신이 우주만물을 창조했다는 것은 동시에 참이라고 말한다. 이러한 측면에서 물성物性과 신성神性은 동일한 대상의 두 측면이라 볼 수 있다. 동일한 대상이 감각적 차원에서 보면 우주만물이며 신도적, 영적 차원에서 보면 원신이다. 따라서 천지간에 수많은 종류의 것들이 존재하는 만큼 그만큼의 신들이 존재한다고 볼 수 있다.

증산도의 신론은 한마디로 "일원적 다신론一元的 多神論"이다. '일원적 다신'이란 본래 근원적인 본체本體의 측면에 있어서는 '하나'이지만 그것이 현실적인 작용의 측면으로 드러날 때는 '다수의 신'으로 드러남을 의미한다. 근원적인 본체로서의 하나와 현상적인 작용으로서의 다수의 신은 분리되어 따로 존재하지 않는다. 왜냐하면 하나(본체)를 바탕으로 해서 무수한 신들(현상적인 작용)이 성립하기 때문이다. 무수하게 많은 신들 중 '으뜸이 되는 하나의 신성'을 원신이라고 하며, 원신을 바탕으로 존재하는 무수히 많은 개별적 신들을 주재하는 최상의 주신, 신들 중의 신을 증산도에서는 상제라고 부르는데, 상제는 인격성을 가진 우주통치자이며 주재자로서 최고신이다.

시간과 공간의 제약을 받지 않고 천지간의 어디에서나 작용하는, 무수하게 많은 신들은 크게 세 가지로 나뉜다. 즉 인격성을 갖춘 신(인격신人格神)과 그렇지 않은 신(자연신自然神), 그리고 인격성과 비인격성의 중간적인 형태의 신으로 나누어볼 수 있다. 그러나 인격신과 비인격신의 구분은 배타적 관계에 있지는 않다. 자연신도 인격성을 가질 수 있기 때문이다. 인격신은 인간성의 격格을 갖춘 신으로서 주로 인간으로 살다가 죽어서 신명이 된 신을 말하고, 자연신은 인간 이외의 자연적인 물성物性의 격格을 갖춘 신을 말한다.

인격신에 속하는 무수한 신명들이 존재한다. 『도전』 속에는 도통신道統神, 선영신先靈神, 장상신將相神, 천자신天子神, 치도신장治道神將, 사신邪神, 농신弄神, 적신賊神, 척신隻神, 역신逆神 원신寃神 등 인간으로 왔다가 간 신명 및 인간의 역사에 관계하는 수없이 많은 신들과 그 작용이 기록되어 있다. 반면 자연신들에 대한 기록도 존재하는데 목신木神, 바위신, 칼신, 투구신, 구름신[雲神], 번개신[雷神], 벼락신 등 자연적인 사물 및 물격에 관계하는 수없이 많은 자연신들에 대한 이야기가 있다. 중요한 것은 자연신이든 인격신이든 사람과 교감하고 있다는 것이며 이것이 신성으로 가득 찬 자연의 가장 큰 특징이다.

인존사상人尊思想

문자적 의미 '인존人尊'이란 인간이 우주만물 가운데서 가장 존귀하다는 뜻이다. 선천이 하늘과 땅을 높이는 시대라면 후천은 인간을 높이고 인간이 주가 되는 인존시대이다. 인존시대 인간의 역할에 대한 주요 사상이 인존사상이다.

본질적 의미 증산도의 인존사상은 일반적으로 동양철학에서 말하는 인본사상과는 뚜렷한 차이점을 지니고 있다. 왜냐하면 증산도의 인존사상은 후천개벽사상과 밀접하게 맞물려 있기 때문이다. 즉 증산도의 인존사상은 단순히 인간이 모든 것의 근본 혹은 중심이 된다는 것을 뜻하는 것이 아니라 자연질서와 인간질서의 동시적 전환을 이룰 수 있는 후천개벽의 실천적 주체가 바로 인간임을 강조하기 때문이다.

핵심 사상 증산도의 인존사상을 올바로 이해하기 위해서는 무엇보다 먼저 우리가 살고 있는 후천개벽시대가 어떤 시대이며, 이런 후천개벽시대에 인간이 어떤 위치와 역할을 차지하고 있는가를 아는 것이 매우 중요하다.

지금 우리는 우주만물이 천지생장시대를 지나서 천지성공시대로 나아가는 전환기에 살고 있다. 즉 지금은 천지가 분열기를 거쳐서 통일기로 전환하는 시점에 이르렀다. 이러한 선후천 전환기, 즉 개벽기라는 시대적 상황은 인간의 역할과 의미를 새롭게 규정한다. 여기서 우리가 주목해야 할 것은 이런 가을의 천지개벽이 우주자연의 섭리이지만 동시에 우주 주재자의 주재의 결과라는 사실이다. 다시 말해서 후천개벽은 시간적으로는 우주이법으로 다가오는 것이지만 내용적으로는 증산 상제님이 삼계대권으로 집행한 천지공사로 예정된 창조적 작업의 결과라는 것이다. 여기서 중요한 것은 바로 인간의 역할이다. 지금 이 시대는 천지가 후천개벽시대를 맞아서 그동안 공들여 생육하여 왔던 우주만물을 성숙시키기 위한 과정이며, 인간 역시 스스로 열매 맺는 추수기, 즉 천지성공 시대天地成功時代이다.

> 이때는 천지성공 시대니라. (『도전』 2:43:4)

천지성공이란 하늘과 땅이 성공하는 것이며, 천지와 함께 인간이 그 역할을 다해 새로운 시대를 만들어가는 것을 말한다. 지금까지 인간사의 모든 일은 인간이 일을 도모하고 그 일의 성취여부는 전적으로 하늘이나 땅에 의존해야 했다. 인간은 최선을 다하되 그 성패는 오직 하늘에 달려 있었다. 인간이 자신에게 주어진 모든 역할을 다한 뒤에 하늘과 땅의 뜻에 따라 그 결과를 기다려야 했다. 이러한 시대는 하늘과 땅이 인간보다 더 존귀한 위치와 역할을 수행하였던 '천존시대天尊時代'와 '지존시대地尊時代'였다. 하지만 여름과 가을의 전환기에 증산 상제님께서 이 땅에 인간의 몸으로 내려와 삼계를 뜯어고치는 천지공사를 통해 후천선경의 기틀을 도수로 정해 놓았고, 그 일을 실행하고 완성하는 책임은 오직 인간의 역할로 남겨두었다. 이 말은 모든 계획은 하늘이 정한 것이며, 그 실천과 완성은 인간의 손에 달려있다는 것을 뜻한다. 증산 상제님이 천지공사를 통해 기획한 모든 일이 그대로 실현되어 후천문명이 열리게 되는 과정에서 반드시 인간의 노력과 실천이 요구된다. 이처럼 인간에게 주어진 우주가을의 시명時命과 사명司命은 '인존人尊'으로 규정되며, 이 시대는 인존시대로 규명된다.

> 천존天尊과 지존地尊보다 인존人尊이 크니 이제는 인존시대人尊時代니라. (『도전』2:21:1)

이는 하늘과 땅과 신보다 인간이 더욱 존귀한 시대가 도래했다는 것이다. 그러나 지금 이 시대를 인존시대라고 규정한다고 해서 인간이 단순히 하늘과 땅과 신보다 더 존귀하다는 것만을 뜻하지는 않는다. 인존시대는 인간이 우주경영의 책임자가 되어서 능동적인 역할을 수행해야 한다는 것을 단적으로 보여주는 선언적 명제로서, 하늘과 땅과 신보다 인간의 책임과 역할이 더 막중한 시대라는 뜻이다. 그것은 선경을 건설하는 모든 일이 하늘과 땅과 신의 뜻에 달려 있는 것이 아니라 인간을 통해서 완성되기 때문이다.

> 하늘과 땅을 형상하여 사람이 생겨났나니 만물 가운데 오직 사람이 가장 존귀하니라. 천지가 사람을 낳아 사람을 쓰나니 천지에서 사람을 쓰는 이 때에 참예하지 못하면 어찌 그것을 인생이라 할 수 있겠느냐! (『도전』2:23:2~3)

이제 남은 문제는 인간이 어떻게 그 천지성공 시대天地成功時代에 발맞추어 인간성공 시대人間成功時代를 이룰 수 있는가 하는 것이다. 즉 천지성공天地成功과 인간성공人間成功을 어떻게 하나로 묶을 수 있는가 하는 것이다. 인간이 천지성공과 인간성공을 하나로 통섭하여 자연질서와 인간질서의 동시적 대전환을 이루기 위해서는 무엇보다 먼저 자아개벽이 이루어져야 한다. 인간이 성숙한 시대정신에 맞게 성숙한 인간으로 거듭나야 한다. 왜냐하면 자연질서와 인간 질서를 동시적으로 개조하여 새로운 후천문명을 열기 위해서는 후천개벽의 실상을 인식하고 그것을 구체적인 역사현실에서 구현할 수 있는 새로운 창조적 인간, 즉 '신인간'이 요망되기 때문이다. 그 초점은 천지 사이에 존재하는 인간의 본질적 의미, 즉 '중통인의中通人義'를 체득하여 그것을 어떻게 주체적으로 실현할 수 있느냐 하는 데 달려 있다. 따라서 인존시대는 신천지가 도래하는 후천개벽기를 창초적으로 맞이하려는 신인간의 주체적 확립에서 비롯되는 것이라고 하겠다.

일꾼

문자적 의미 일하는 사람, 사명을 맡은 사람을 뜻하는 일상적 생활 언어이다.

본질적 의미 증산도에서의 일꾼은 증산 상제님을 신앙하며 증산도 진리를 실천하며 포교하는 사람을 뜻한다. 또한 후천개벽기에 천하사를 하는 사람, 진리를 전하는 사람, 사람을 살리는 사람을 뜻하기도 한다. 한마디로 증산 상제님을 신앙하며 후천선경의 신세계를 개벽하기 위해 일하는 사람을 말한다. 이를 좀 더 구체적으로 정의하면 후천개벽기에 인류를 구원하고 새 하늘, 새 땅, 새 세상을 건설하는 개벽 일꾼을 말한다.

핵심 사상 상제님께서는 천명을 받아 광구천하의 대업을 맡은 사람을 일꾼이라고 부른다. 다음의 말씀은 일꾼에 대한 핵심적 의미를 내포하고 있다.

> 일꾼은 천명天命을 받아 천지사업에 종신하여 광구천하의 대업을 실현하는 자니라. 모사재천謀事在天하고 성사재인成事在人하는 후천 인존人尊시대를 맞이하여 천지부모이신 증산 상제님과 태모 고 수부님께서 인간과 신명이 하나되어 나아갈 새 역사를 천지에 질정質定하시고 일월日月의 대사부大師父께서 천지도수에 맞추어 이를 인사人事로 집행

하시니 일꾼은 천지일월天地日月 사체四體의 도맥과 정신
을 이어받아 천지대업을 개척하여 후천 선경세계를 건설
하는 자이니라. (『도전』 8:1:1~5)

여기서 보듯이 일꾼은 세상을 구원하고 새세상을 여는 대업에 종
사하는 사람이다. 그리고 일꾼의 사명은 천지사를 개척하여 후천
선경을 건설하는 것이다.. 즉 상제님의 천지공사에 따른 후천 선
경건설의 설계도를 가지고 그것을 인간역사에 구체적으로 실현
하는 것, 즉 선경건설의 시공과 감리를 담당하는 일이 바로 개벽
일꾼의 과제다. 증산도에서는 개벽 일꾼을 천지의 일을 행하는
'천지녹지사天地祿持士'라 부른다.

하루는 성도들에게 말씀하시기를 "시속에 전명숙全明淑
의 결訣이라 하여 '전주 고부 녹두새'라 이르나 이는 '전
주 고부 녹지사祿持士'라는 말이니 장차 천지 녹지사가 모
여들어 선경仙境을 건설하게 되리라." 하시니라. (『도전』
8:1:7~8)

천지녹지사란 천지의 녹을 지니고 있는 일꾼이란 뜻이다. 여기서
녹이란 일반적으로 녹봉의 줄임말로써 옛날에 벼슬을 한 자에게
연봉으로 주는 곡식, 돈, 옷감 등을 말한다. 그러나 녹은 인간이
생명을 유지해 나가는 데 필요한 유형과 무형의 모든 것을 총칭
하는 것이다. 중요한 것은 녹에 우주생명을 창조적으로 변화시
키는 근원적 힘을 뜻하는 천지조화의 살림기운이 동시에 포함되
어 있다는 사실이다. 다시 말해 녹에는 가을개벽기에 우주생명을
살릴 수 있는 천지만물의 통일적 조화기운이 포함되어 있다. 따
라서 천지의 통일적 조화기운을 써서 새로운 세상을 창조할 수

있는 능력을 지니고 있는 개벽 일꾼이 바로 천지녹지사이다.

천지녹지사로서 일꾼은 천지생명의 조화기운을 지니고 있기 때문에 인류의 생사를 좌우할 수 있다. "천하 창생의 생사가 다만 너희들 손에 매여 있느니라."(『도전』 8:21:3)라는 말씀처럼, 개벽기에 병겁으로 죽어가는 인류를 살리는 구원의 사명이 천지의 일을 하는 개벽 일꾼의 두 손에 달려 있는 것이다. 상제님은 천지녹지사, 즉 개벽 일꾼을 기르기 위한 새로운 대학교의 창립이 필요하다고 하셨다. 이 대학교는 후천선경을 건설하는 개벽 일꾼을 양성하기 위한 학교이다.

> 하루는 성도들에게 이르시기를 "이 세상에 학교를 널리 세워 사람을 가르침은 장차 천하를 크게 문명케 하여 천지의 역사役事를 시키려 함인데 현하의 학교 교육이 학인學人으로 하여금 비열한 공리功利에 빠지게 하므로 판밖에서 성도成道하게 되었노라." 하시니라. (『도전』 2:88:1~2)

상제님의 천지공사에 맞추어 천하사를 하는 상제님의 대행자를 대두목이라고 부른다. 대두목이란 말 그대로 '큰 우두머리'란 뜻이다. 대두목은 인간 역사의 과정에서 모든 인사의 권한을 행사하는 대권자이다. 즉 상제님의 '평천하'의 천지대업을 대행하여 구체적으로 '치천하'의 사명을 집행하는 최고의 지도자를 뜻한다. 대두목은 만수일본하는 우주변화의 원리에 따라 수많은 개벽 일꾼들을 일사불란하게 지도하여 최종적으로 후천선경 건설의 과업을 완수하는 추수자이다. 이런 측면에서 볼 때 대두목은 개벽 일꾼의 참주인[眞主]이다.

일꾼의 가장 중요한 일은 생명을 살리는 일이다. 후천개벽기에 인류를 구원하는 법방을 의통이라고 한다. 일꾼은 의통을 집행하여 개벽기에 죽어가는 인류를 살리고, 문명을 통일하여 후천선경 건설의 사역을 담당한다. 이러한 생명을 살리는 일꾼을 증산도에서는 육임구호대, 혹은 의통구호대라고 한다.

> 나를 믿는 자는 매인每人이 6인씩 전하라. 포교의 도道가 먼저 육임六任을 정하고 차례로 전하여 천하에 미치게 되나니 이것이 연맥連脈이니라. (『도전』 8:101:1~2)

의통구호대를 구성하는 육임은 일곱 명이 한 조를 이루는데, 지도자 한 명과 여섯 명의 조직원으로 구성된다. 개벽기에 죽어가는 사람을 살리는 이 여섯 명의 역할을 육임이라 하고 지도자 한 명에 육임을 맡은 사람을 합하여 육임구호대, 의통구호대라고 한다.

일심一心

<u>문자적 의미</u> '한 마음, 한결같은 마음, 온전한 마음'이다.

<u>본질적 의미</u> 일심은 수행자의 마음가짐, 그리고 수행자의 경계 혹은 경지, 그리고 일꾼이 갖추어야할 마음자세 등으로 그 의미를 나누어 볼 수 있다. 즉 일심은 한마음, 진실된 마음을 뜻하지만 그 일심은 궁극적으로 개벽시대를 열어 가는 증산도 일꾼의 마음을 말한다. 증산도에서는 친지일심이라고도 하는데 천지의 일꾼으로 천지와 하나 된 마음, 천지의 목적을 이루는 일꾼의 마음을 뜻한다.

<u>핵심 사상</u> 유·불·선 삼교와의 관계에서 증산도의 일심을 정의한다면 그것은 천지에 바탕을 둔 도심道心이라 할 수 있다. 유가의 마음이 도덕심이고, 도가의 마음이 자연심이며, 불가의 마음이 열반심이라 한다면 증산도의 마음은 천지일심이라 할 수 있다.
태모 고 수부님이 "마음 심 자의 아래 모양은 땅의 형상이요 위의 점 세 개는 불선유佛仙儒라."(『도전』 11:67:3)고 한 것처럼 증산도의 마음은 유불선 삼교의 마음을 하나로 아우른 것이며 그 바탕이다. 증산도의 천지일심은 곧 도심道心이며, 삼교의 마음을 통일하는 바탕이다. 천지일심인 도심道心의 중요성은 "...도심주道心柱를 잘 가지라. 천지집을 지으려면 기둥이 완전히 서야 천지공사가 무궁하리라."(『도전』 8:51:9~10)라 하신 상제님의 말씀에서 그

의미가 강조되고 있다.

형이상학적 의미의 일심은 천지만물의 뿌리인 우주의 근원적 실체를 가리킨다. 그것은 우주의 마음이고, 우주의 본체라 할 수 있다. 증산 상제님은 "천지만물이 일심에서 비롯하고 일심에서 마치느니라."(『도전』 2:91:2)고 함으로써 일심의 형이상학적 의미를 드러내고 있다.

또한 일심이란 용어를 사용하고 있지는 않지만 "천지의 중앙은 마음이니라. 그러므로 천지의 동서남북과 사람의 몸이 마음에 의존하느니라."(『도전』 2:137:2)와 "하늘이 비와 이슬을 내리고 땅이 물과 흙을 쓰고 사람이 덕화에 힘씀은 모두 마음자리에 달려 있으니"(『도전』 4:100:6), "내 마음의 문지도리와 문호와 도로는 천지보다 더 큰 조화의 근원이니라."(『도전』 4:100:7)라고 한 것은 이러한 의미이다. 일심은 천지만물이 생겨나는 근원이고 천지만물이 생성 변화하는 조화의 근원은 마음이다.

본래적인 마음작용의 주체는 우주와 한 마음이다. 그것은 우주의 본성으로서 신성이며 모든 조화와 질서의 바탕으로서 천지심이다. 우주 일심의 진실하고 거짓이 없는 마음은 천지질서를 통해서 나타난다. 우주 사시의 질서, 선천과 후천의 질서, 일 년과 하루의 질서는 정연하다. 정연하고 가지런하기 때문에 천지가 착오 없이 운행하면서 만물을 기를 수 있는 것이다. 변함이 없이 진실한 마음, 사사로움이 없는 공정한 마음, 그것이 우주의 한마음이고 천지를 닮은 인간의 본래적인 마음, 곧 일심이다.

증산 상제님은 천지일심의 경계 혹은 경지를 "이제 모든 일에 성공이 없는 것은 일심一心 가진 자가 없는 연고라. 만일 일심만 가지면 못 될 일이 없나니 …"(『도전』 8:52:1~2) "일심을 가진 자는 한 손가락을 튕겨 능히 만 리 밖에 있는 군함을 깨뜨리느니라."(『도전』 8:53:3)고 설명한다. 이것은 일심이 무한한 능력과 힘을 발휘

할 수 있음을 말하는 것이다. 즉 일심은 선불권술仙佛權術과 직접적으로 연관되어 있다. 따라서 "쓸 때가 되면 바람과 구름, 비와 이슬, 서리와 눈을 뜻대로 쓰게 되리니 일심혈심一心血心으로 수련하라. 누구나 할 수 있느니라."(『도전』 11:117:6)고 한다.

우주의 마음과 하나가 되어 우주의 덕을 나의 덕으로 하고 나의 덕을 우주의 덕으로 할 수 있는 마음이 일심 혹은 천지일심의 경계이다. 그러므로 증산 상제님은 "천지의 마음을 나의 심법으로 삼고 음양이 사시四時로 순환하는 이치를 체득하여 천지의 화육化育에 나아가나니 그런고로 천하의 이치를 잘 살펴서 일어일묵一語一黙이 정중하게 도에 합한 연후에 덕이 이루어지는 것이니라." (『도전』 4:95:11~12)고 한다. 우주는 신으로 가득한 신성 그 자체이므로 천지일심은 우주의 조화성신과 함께하는 것이다.

마지막으로 일심은 일꾼의 한결같은 마음, 인간의 역사에 주체적으로 참여하여 새역사를 여는 창조적인 마음, 천지개벽의 때에 생명을 살리는 상생의 바탕이 되는 마음이다. 그러므로 천하사 일꾼은 한마음으로 천지사역에 참여하고 일심으로 개벽기 생명의 살림에 참여하여야 할 것이다.

> 천지가 사람을 낳아 사람을 쓰나니 천지에서 사람을 쓰는 이 때에 참예하지 못하면 어찌 그것을 인생이라 할 수 있겠느냐! (『도전』 2:23:3)

개벽기에 모든 인간은 바로 이처럼 천지일꾼으로 천지개벽에 참여하여야 한다. 그러한 천지일꾼의 마음가짐, 그것이 바로 일심이다.

일원적 다신론

문자적 의미 최고신 하나(一元)만을 인정하는 것이 유일신론이고, 대등하거나 다양한 여럿의 신(多神)을 인정하는 것이 다신론이다. 이 양자를 종합하여 최고의 신과 그 하위의 여러 신들을 모두 인정하는 형태가 일원적 다신론이다.

본질적 의미 하나의 최고신만을 믿는 유대교, 기독교, 이슬람교 등의 유일신관은 창조론적 신관의 입장이다. 그리스, 로마, 이집트, 한국, 일본의 토속 신앙은 다신을 받드는, 일종의 범신론적 입장이다. 이 양자의 입장을 종합한 것이 일원적 다신론으로서 동방신교의 전통을 이어받은 증산도 신관이다. 이 신앙관에는 우주의 최고 통치자이신 상제님을 절대자로 모시는 신앙과 천지간에 가득 찬 신명들을 함께 섬기는 다신숭배의 사상이 한데 어우러져 있다.

핵심 사상 인류 역사상 신에 대한 인식에는 크게 두 가지가 있었다.
일신론은 신을 하나(일자一者)로 본다. 기독교의 유일신관이 가장 대표적이다. 유일신관은 원신元神적 요소가 강한 인격신을 주신으로 받든다. 기독교 유일신은 우주만유를 무로부터 창조(creatio ex nihilo)한 창조신이다. 유일신은 곧 창조신이다. 그러나 유일신관은 이처럼 전지전능한 신이 왜 자족한 상태에서 다시 우주만유를 창조했는가에 대한 만족할만한 설명을 하지 못한다. 역사적으로 제기되어 온 신 존재 증명은 한 번도 성공한 일이 없다. 또한 일로부터 다의 발생의 필연성을 설명하지 못한다. 일은 통일인데 왜 이러한 통일로부터 분열과 다양성이 생겨나는지를 설명하지 못하는 것이다.

이에 반해서 신이 여럿임을 주장하는 다신론이 있으며, 이를 극단적으로 대표하는 것이 범신론(Pantheism)이다. 범신론은 우주 만유에 모두 신이 들어 있으며 그 자체가 신이라고까지 주장한다. 근세 철학자 스피노자의 학설이 그러하다. 물론 만유에는 신성이 들어 있고 또한 위계가 있음을 인정한다. 그러나 그 정점에 어떤 인격신이 있음을 거부한다. 그러므로 범신론에 따르면 우주는 신으로 가득 차 있다. 범신론을 대표하는 스피노자의 입장은 궁극적으로 신은 곧 자연(deus sive natura)이라는 명제로 귀결된다. 그러나 범신론적 입장의 한계점은 '신 즉 자연'의 세계 속에서 인간의 자유는 전혀 없다는 것이다. 모든 것은 신의 의지에 의한 원인과 결과의 사슬에 따라서 결정되기 때문이다. 세계는 다원이요 모든 것은 신이라고 하지만 그 안에서 다자의 진정한 다자다운 개성은 불가능하다는 것이 된다.

증산도의 신관은 동방 신교의 전통을 이어받아 이러한 상이한 두 신관을 아우르고 있다. '천지간에 가득 찬 것이 신이니...'(4:62:4)에서 보듯이 만물은 신으로 가득 차 있다. 이런 측면에서 본다면 범신론이다. 그러나 그 신들은 자연과 같은 것이 아니라 자연에 내재한 신이며, 인격성을 갖기도 하며, 다양한 신성을 갖는다. 그러나 그러한 모든 신을 하나로 아우르는 원신이 있으며, 그 원신으로서 조화성신은 일신이다. 또한 그 원신, 조화성신과 하나되어 우주를 주재하는 상제는 최고신으로서 일신이다.

상제님은 인격신이며 최고의 주신이다. 이는 기독교의 유일신과 같이 무로부터 우주와 만물을 창조하는 것이 아니라 이미 존재하는 우주와 우주 질서를 주관하고 주재하는 역할을 한다. 일신이자 주신인 상제님은 우주를 주재할 뿐 창조하지 않는다. 일원적 다신론에서 모든 존재들의 존재원인은 원신이며 조화성신이지만 그 존재원인은 창조가 아니라 신의 자기현현이다. 즉 증산도 신관에서 우주만물은 원신의 현현으로서 존재하는 것이다. 그래서 『도전』에서는 "삼신께서 만물을 낳으시니라"(『도전』 1:1:3)고 한다. 그러한 조화성신, 즉 삼신과 하나되어 만물의 변화를 주재하는 신, 즉 주신이 바로 상제님이다. 상제님의 통치권능은 하늘과 땅과 인간을 모두 다스리는 권능이므로 삼계대권이라 한다. 이로써 상제님은 신도와 인사 그리고 이법의 세계를 통치한다.

　내가 삼계대권을 주재하여 조화造化로써 천지를 개벽하고
　불로장생不老長生의 선경仙境을 건설하려 하노라. 나는 옥
　황상제玉皇上帝니라. (『도전』 2:16:2~3)
　공자, 석가, 예수는 내가 쓰기 위해 내려 보냈느니라.
　(『도전』 2:40:6)
　천지간에 가득 찬 것이 신神이니... (『도전』 4:62:4)
　나는 생장염장生長斂藏 사의四義를 쓰나니 이것이 곧 무위
　이화無爲以化니라. 해와 달이 나의 명命을 받들어 운행하나
　니 하늘이 이치理致를 벗어나면 아무 것도 있을 수 없느니
　라. (『도전』 2:20:1~3)

여기에 상제라는 일신과 공자, 석가, 예수 등 인격신과 천지신명 등의 다신이 어우러진 일원적 다신관이 잘 나타나 있다. 일원적 다신관은 유일신관과 다신론의 종합적 성격을 갖는다.

제帝

문자적 의미 '하나님 제帝'이다. 동양 문화권에서 오래 전부터 써온 용어로서 온 우주를 맡아 다스리는 최고신을 가리킨다.

본질적 의미 제는 서양의 창조신(God)과 서로 유비된다. 제는 우주의 자연이법과 신도의 조화권을 써서 우주를 맡아 다스리는 주재자 하느님, 조화주 하느님이라는 데 근본특성이 있다. 같은 뜻의 유사 개념으로는 상제, 호천상제, 옥황상제, 천天, 천신天神 등이 있다.

핵심 사상 '호천상제', '옥황상제' 등 유교와 도교에서 써온 다양한 호칭들은 사실 한민족의 시원국가인 배달-고조선의 신교문화권에 그 유래를 두고 있다. 즉 그 개념들은 태고로부터 동방 한민족이 섬겨 온 '삼신상제三神上帝'를 여러 가지로 표현한 것에 지나지 않는다. 동방의 땅에 살아온 조선의 백성들은 삼신과 하나되어 온 우주를 다스리는 하느님을 아득한 예로부터 "삼신상제님", "삼신하느님", "상제님"이라고 불러왔다. 삼신은 우주 만물의 근본 바탕을 이루며 천지의 온갖 변화를 짓는 신령한 우주 영기와 같은 것이다. "조화성신", "원신"으로 불리기도 한다.
증산도 신관에서 중요한 점은 제와 인간의 소통이다. 하늘의 통치자 제, 즉 상제님이 인간의 몸으로 이 땅에 강세하였고, 인간으로 강세한 인간상제, 혹은 인존상제가 바로 증산 상제님이다. 하늘의 제가 우주 여름과 가을이 바뀌는 때에 인간이 사는 땅으로 강세하였다. 이때는 여름의 불기운과 가을의 금기운이 충돌함에 따라 우주가 무너져 내릴 위기의 국면이다. 우주 주재자 상제님은 하늘, 땅의 질서를 뜯어고치고 인류를 살려 신천지, 신문명을 여는 구원의 하느님으로 온 것이다.

1871년 동방 땅 조선에 강세한 증산 상제님은 우주 파국을 막고 새로운 가을 세상을 열도록 하는 이법에 따라, 그리고 인간과 신명들을 구해줄 것을 간청하는 천지신명들의 간절한 호소에 응답하여 이 땅에 인간으로 내려온 하늘의 제다.

> 동북 간방은 만물의 끝남과 새로운 시작이 이루어지는 곳이라. 고로 말씀이 간방에서 이루어지느니라. (『도전』 1:5:2)

공자가 일찍이 말한 바, 하늘의 제는 모든 것이 근본으로 돌아가는 우주 가을철을 맞아 신교문화의 종주국인 동방 땅 조선을 택해 강세하여 신천지 신문명의 새 세상을 여는 것이다. 이로써 천지의 원주인인 상제님이 하나되고 통일된, 성숙된 가을 문화 속에 제 자리를 잡고 상제님을 섬기는 신앙도 제 모습을 찾게 된다.

기존 문헌의 용례 공자가 당시까지의 민요와 역사기록을 모아 엮은 유교의 주요 경전인 『서경』이나 『시경』에서 확인할 수 있듯이, 원시 유교에서는 제에 대한 신앙이 남아 있었다.

> 상제님께서 강림하여 하나라 걸 임금에게 뜻을 보이셨다. 걸은 상제님의 명을 따르지 않고 크게 방종하고 변명만 하였다. 이에 상제님께서 그에게 내렸던 천명을 폐하고 벌을

내리셨다. (『서경』)

은나라가 백성을 잃지 않았을 때에는 능히 상제님과 함께
하였노라. 마땅히 은나라를 거울삼을지어다. 커다란 천명
을 얻기란 쉬운 일이 아니다. (『시경』)

상제님께서 문왕에게 이르시되, 나는 명덕明德을 드러내는
소리와 색을 대단하게 여기지 않으며, 잘난 체하고 변혁함
을 훌륭하게 여기지 않고 사사로운 지식을 쓰지 아니하여
상제님의 법을 순응하는 자를 사랑한다 하셨다. (『시경』)

특히 고대 중국의 은나라에서는 최고의 주재신이 인격신인 제(상
제)였다. 은족의 수호신이자 천신인 제는 자연현상과 인간 만사
의 길흉화복 등 만사를 주재하는 최고신으로 숭배되었다. 제에
게 평화와 안녕을 기원하고 그 뜻을 좇는 등 제를 섬기는 신앙은
화하계인 주대에 이르러 천 신앙으로 대치된다.

주나라 사람들은 천을 지상신至上神으로 숭배한다. 물론 제, 상제
관념이 없었던 것은 아니지만, 천이 그 자리를 대신하는 것이다.
이때 천은 인간에 의존하는 특징을 보인다. 천명天命은 고정돼 있
는 것이 아니라 인간의 바람과 행위에 따라 달라질 수 있다는 것
이다. "백성들이 바라는 것을 하늘이 반드시 좇는다."(左傳襄公 31
년)는 사상은 인본주의의 등장을 의미한다.

그런 가운데 공자가 『논어』에서 천을 인격천보다는 자연천과 도
덕천 그리고 운명천의 개념으로 자주 사용하고 사후死後와 귀신
의 문제를 언급하기를 꺼리면서 상제님 신앙은 문화의 중심에서
밀려나기 시작한다.

유교를 새롭게 종합한 주자의 경우는 주재자로서의 상제님의 존
재를 부인하지는 않았다. 나아가 상제님의 본질과 관련, "천상의
하느님 제는 우주의 창조 원리인 리理를 맡아 다스리는 분"이라

고 규정하기도 했다. 하지만 그는 상제님에 대해 "학자가 다 말할 수 있는 경계가 아니며, 언어로도 다 표현할 수 없는 세계"라며 더 이상의 상세한 논의를 회피했다. 대신 우주의 시원이자 주재자를 태극太極(리理)으로 설정하는 형이상학적인 이론 체계를 수립했다.

이처럼 쇠락의 길을 걷던 상제 인식은 오히려 동방 땅 조선에서 다산 정약용과 수운 최제우 등에 의해 새롭게 세상에 모습을 드러낸다. 그러나 조선조 후기에 일어났던 이러한 시도들은 안팎의 여러 가지 이유로 인해 상제님 문화의 중흥이란 결실로 연결되지는 못했다.

흔히 도교에서는 제를 끌어들이지 않고 도로써 우주의 생성 변화를 합리적으로 설명하는 것으로 알고 있다. 그렇지만 노자와 장자에게서도 또한 우주 만물의 바탕자리인 도와 우주 주재자 제가 함께 견지되고 있음을 확인할 수 있다.

> 도는 텅 비어 있어, 아무리 써도 다하지 않는 듯하네. 깊구나! 만물의 근원 같네......그윽하구나! 혹 존재하는 듯하지만, 내 그것이 누구의 자식인지 알지 못하네. 아마도 제보다 앞서는 듯하네. (『노자』4장)
> 무릇 도는 실정이 있고 미더움이 있으나 함이 없고 형체가 없으니, 전할 수는 있으나 받을 수 없다. 스스로 밑둥치가 되고 뿌리가 되어 하늘과 땅이 있기 이전에 예로부터 본래 존재하는 것이다. 귀신과 제를 신묘하게 하고 하늘과 땅을 생겨나게 한다. (『장자』「대종사」)

도와 더불어 제의 존재에 대한 인식을 보여주는 인용문에서 도에 비해 제는 충분히 규정되지 못하고 있음을 볼 수 있다. 도에 대한 설명에 제가 가려져 있는 것처럼 보이기도 한다.

송나라 때는 옥황상제玉皇上帝가 도교의 최고신으로 불리며 국가 제사의 대상으로 모셔진다. '옥황玉皇'과 '상제上帝'가 결합된 옥황상제는 천상수도 옥경玉京에서 위계조직을 갖춘 여러 신들을 거느리며 천지를 다스리는 하느님을 의미한다. 그러나 송대 이후 유교의 '호천상제昊天上帝'만이 국가의 제사 대상이 되고 옥황상제는 의례 대상에서 제외됨에 따라 민간 신앙으로 밀려나게 된다.

조화造化(사상)

<u>문자적 의미</u> 조화는 만든다는 뜻의 조造 자와 변화한다는 뜻의 화化 자의 복합어이다. 모든 만물이 저절로 그러하게 만들어지고 변화한다는 뜻이다.

<u>본질적 의미</u> 증산도의 조화사상은 우주만물을 주재하는 조화권능을 지닌 조화주 증산 상제님이 천지공사를 통해 천지와 인간과 신명이 삼위일체적으로 발현되게 함으로써 후천의 조화선경세계를 건설하는 총체적 바탕이다. 이러한 조화사상은 곧 신명조화 사상을 말한다.

<u>핵심 사상</u> 한국에서 조화사상은 중국과는 달리 철학이나 예술의 분야에서 시작된 것이 아니라 처음부터 종교적인 차원에서 제시된다. 신교의 삼신사상을 담고 있는 『환단고기』에는 삼신-조화신造化神, 교화신敎化神, 치화신治化神-의 하나로 조화신이 등장한다. 조화신은 우주만물을 창조적으로 생성하고 변화시키는 역할을 담당한다.

이런 삼신의 조화사상은 오랫동안 빛을 보지 못하다가, 조선 후기에서 이르러서 후천의 개벽사상과 맞물리면서 새롭게 조명된다. 여기서 우리가 주목해야 할 것은 조선 후기에 등장하는 조화사상은 이전의 조화사상과는 질적으로 그 차원을 달리한다는 사실이다. 19세기 조선조 후기의 정역과 동학과 증산도에서 말하

는 조화사상은 선후천의 개벽사상을 전제로 하기 때문이다. 따라서 조선조 후기의 조화사상은 선천 세상의 자연과 문명이 후천세상의 새로운 자연과 문명으로의 동시적 변화와 전환을 가능하게 하는 상제님의 조화권능에서 찾을 수 있다.

증산 상제님은 "모든 것이 나로부터 다시 새롭게 된다."(『도전』 2:13:5)는 놀라운 선언을 하였다. 인간을 포함한 천지만물이 선천의 낡고 병든 질서를 벗어나 증산 상제님의 조화권으로 다시 새롭게 태어난다는 뜻이다. 증산 상제님은 "나는 조화로써 천지운로를 개조改造하여 불로장생의 선경仙境을 열고 고해에 빠진 중생을 건지려 하노라"(『도전』 2:15:5)고 하여 천지공사 자체가 조화의 산물임을 밝혀주고 있다.

증산도에서 조화란 모든 생명을 창조적으로 생성하고 변화시킨다는 말이다. 모든 생명 존재의 창조적 변화는 각 생명이 다른 생명과의 통일적 연관성 속에서 독자적으로 생겨나고 변화한다는 뜻이다. 여기서 조화造化는 조화調和와 그 뜻이 다르다. 전자는 창조적 변화를 뜻하는 용어라면 후자는 양자 간의 관계를 표현하는 말이다. 증산도의 조화造化란 모든 생명이 서로 조화調和롭게 그 본성을 다하여 존재하되 다른 생명존재와 대립하지 않고 조화造化로써 생성변화한다는 것이다. 조화로써만이 새로운 세상을 만들 수 있으며, 그래서 증산도에서 말하는 선후천 변화는 앞뒤가 완전히 다른 새로운 세상의 창조로서 조화造化이다.

증산도에서 조화사상은 모든 사상의 바탕을 이룬다. 첫째, 상제관의 맥락에서 볼 때, 증산도는 증산 상제님을 우주만물을 창조적으로 변화시키는 조화주의 관점에서 해석한다. 둘째, 우주관의 맥락에서 보면, 증산도에서 우주는 천지조화 그 자체이다. 셋째, 인간관의 맥락에 보면, 증산도에서 인간은 조화를 지어내는 천하사 일꾼이다. 넷째, 신관에서 보면, 신은 조화를 부리는 신명이다. 다섯째, 조화공사로서 천지공사이다. 조화주 증산 상제님은 조화권능으로 천지대신문을 열고 조화정부를 구성하여 음양동덕의 우주섭리를 바탕으로 새 조화세상을 여는 천지공사를 집행하였다. 여섯째, 구원관에서의 조화작용이다. 구원의 관건은 조화에 달려 있다. 구원의 방안은 두 가지다. 하나는 태을주이고, 다른 하나는 의통이다. 양자는 모두 조화의 관점에서 그 신성한 효력을 드러낼 수 있다. 왜냐하면 태을주는 조화주문이고 의통은 조화법방이기 때문이다. 일곱째, 수부 공사에서 조화관계이다. 증산 상제님과 태모 고 수부님은 천지부모의 관계로서 음양합덕의 조화섭리로 천지를 개조하여 인간과 신명을 구원한다. 이는 지천태의 천지조화와 음양조화의 관계를 형성한다. 여덟째, 일꾼관이다. 일꾼은 시천주를 바탕으로 각 개인이 자기조화를 확립하여 조화인간이 되어 신명과 하나가 됨으로써 온 신인합발의 조화를 실천한다.

기존 문헌의 용례 조화란 말이 고대 중국의 문헌에서 처음으로 등장하는 것은 『장자莊子』「대종사大宗師」이다. 『장자』는 "이제 한결같이 천지를 큰 화로로 삼고 조화를 큰 대장장이로 삼는다면. 어디에 간들 옳지 않으리오!"(今一以天地爲大鑪, 以造化爲大冶, 惡乎往而不可!)라고 하여, 천지를 만물의 본질을 뜻하는 화로로 삼고 조화를 만물의 작용을 뜻하는 대장장이로 간주한다. 여기서 『장자』가 말하는 조화는 자연의 저절로 그러한 창조적 변화작용을 뜻한다. 서한 초의 가의賈誼(201~169)는 『복조부鵩鳥賦』에서 『장자』의 조화사상을 계승하여 천지와 조화와 만물을 각기 화로와 대장공과 구리에 비유한다. "대저 천지를 화로로 삼고 조화를 공인으로 삼으며, 음양을 숯으로 삼고 만물을 구리로 삼는다. 합치하고 흩어지며 사그라지고 자라나니, 어찌 일정한 준칙이 있겠는가? 천

만 가지로 변화하여 애초에 한계가 있지 않도다!"(且夫天地爲爐兮,
造化爲工; 陰陽爲炭兮, 萬物爲銅. 合散消息兮, 安有常則? 千變萬化兮, 未始有
極!) 가의에서 천지는 만물의 본질이고, 조화는 만물의 작용이며,
만물은 만물의 모습에 해당하기 때문에 삼자는 삼위일체적 구조
와 관계를 이루고 있다.

조화성신造化聖神

문자적 의미 조화성신造化聖神이란 우주에 미만해 있는 신성이며 성령이다. 원신元神이라고도 할 수 있다. 조화造化로써 우주만물에 신성과 생명력을 부여하는 역할을 한다.

본질적 의미 증산도 우주관에서는 만물의 근본 바탕을 이루면서 모든 변화를 짓는 힘과 원리를 신으로써 설명한다. 그리고 그 천지에 가득한 신성 혹은 성령을 "우주의 조화성신"(『도전』 1:1:2)으로 부른다. 또 만물의 근원에 내재한다는 의미에서 원신(primordial God)이라 호명하기도 한다. 『환단고기』에서는 이 신을 삼신三神이라 규정한다. '삼신'은 신이 셋이라는 뜻이 아니라 그 신의 조화가 세 가지 방식으로 이뤄지기에 붙여진 이름이다. 천지만물의 바탕에 내재된 근원적 실재인 원신은 자연신에 해당한다. 이에 대비되는 것은 주신主神(governing God)이라 하는데, 대개 두 가지의 주신이 있다. 첫째는 사람이 죽어서 천상에 새롭게 태어나는 신명과 각 사물을 주재하는 인격신이다. 둘째는 원신, 즉 삼신을 주재하여 실제로 인간과 만물을 다스리는 최고의 주신으로서 상제님이다.

핵심 사상 "우주의 조화성신"은 원신이요 자연신이다. 자연신이라 함은 인격신과 대비가 되는 표현이다. 말하자면 자연신은 곧 비인격신이다. 상제님은 "천지간에 가득 찬 것이 신이다."(『도전』

4:62:4)라고 하셨다. 자연신이란 이런 의미의 신과 일치한다. 자연
신은 굳이 어디라고 꼬집을 수 없이 천지간에 가득 차 있다. 그런
데 동양의 전통에서는 유형, 무형의 모든 것이 궁극적으로 기氣
로 이루어져 있다고 한다. 그러므로 신은 기 속에 들어 있다고 표
현하기도 한다.("神在氣中"『환단고기』「태백일사」) 최수운의 지기至
氣는 바로 그러한 방식으로 있는 기운을 가리킨다. 신은 기와 표
리관계에 있다. 그래서 상제님은 "신이 없는 곳이 없고, 하지 않
음이 없다."(『도전』 4:62:6)고도 했다. 이런 자연신은 일신과 삼신
이라는 표현을 통해서 드러나기도 한다.

> 홀연히 열린 우주의 대광명 가운데 삼신이 계시니, 삼신
> 三神은 곧 일신一神이요 우주의 조화성신造化聖神이니라.
> (『도전』 1:1:2)

'우주가 홀연히 열렸다' 함은 태초의 우주가 저절로, 자연적으로
시작되었음을 말하는 것이다. 그러한 시원에 이미 존재하는 것
은 기일 것이며, 이런 원시적 기는 곧 신이라고 할 수 있다. 기와
표리관계를 이루는 최초의 신은 고등종교의 대상이 되는, 인격적
모습을 갖춘 그런 신이 아니다. 그런 신을 동방 신교神敎의 전통
에서는 "삼신"이라 부른다. 물론 '삼신'에서 삼은 '석 삼자'의 삼
신이지만 결코 분화되었다는 의미의 세 신을 가리키는 것이 아니
다. 그것은 오히려 가장 원초적이고 근원적인 실재라는 의미에서
"일신" 혹은 일자一者라고 할 수 있다. 저 고대의 신플라톤주의자
인 플로티누스도 신을 일자(to proton, to hen)라 했다. 신을 일자
혹은 일신이라 하는 이유는 신의 절대성을 강조하기 위함이다.
원초적 신은 물질이나 기타 개별적 존재와 대립하는 것일 수 없
다. 그것은 언어로 더 이상 무어라 표현할 수 없기 때문에 '하나'

(일자, 일신)라 하는 것이다. 그것은 또한 "하지 않는 일이 없"기 때문에 "조화성신"이라 하는 것이다.

일신이자 삼신인 조화성신은 만물의 근원이요 근원적 실재임에 틀림없다. 그렇지만 그 자체만으로 본다면 스스로 변화의 운동을 시작할 수는 없는 것이다. 이것은 일대 문제가 아닐 수 없다. 그런데 『도전』은 "천지만물을 낳은 것은 곧 삼신"(『도전』 1:1:3)이라고 선언한다. 일신이자 삼신은 대체 그 어떤 능력으로 천지만물을 낳을 수 있는 것일까.

천지만물을 짓는 삼신을 일자 내지 일신이라 하는 것은 곧 그 근원적 실재성을 나타내기 위함이라 했다. 그런데 그것이 현실화되기 위해서는 그와는 전혀 다른 다자多者가 필요하다. 이 다자를 "주신主神"이라 한다. 주신은 각 사물의 변화를 주재하는 인격신이기 때문에 다자다. 그러므로 만물의 수만큼 주신이 존재하는 셈이다. 그런데 이 주신들을 모두 주재하는 최고의 주재신이 있으니, 이 주재신을 신교에서는 상제上帝라 불러 왔다.

> 이 삼신과 하나 되어 천상의 호천금궐昊天金闕에서 온 우주를 다스리시는 하느님을 동방의 땅에 살아온 조선의 백성들은 아득한 예로부터 삼신상제三神上帝, 삼신하느님, 상제님이라 불러 왔나니 상제는 온 우주의 주재자요 통치자 하느님이니라. (『도전』 1:1:4~5)

"삼신이 만물을 낳는다" 했지만 실은 삼신이 만물을 낳을 수 있기 위해서는 그 동인이 요구된다. 그것이 곧 최고 주(재)신인 상제님인 것이다. 물론 원신인 삼신과 직접적으로 맞닥뜨리는 것은 각 사물에 내재하며 그것을 주재하는 주신이다. 그러나 주신의 주재 활동을 가능하게 하는 최종적 근거가 되는 것이 곧 최고의 주재신인 상제님인 것이다. 만일 상제님의 주재가 없다면 삼신이 만물을 낳는다 하더라도 더 이상의 변화 작용이 불가능할 것이다. 그리스 최고의 철학자인 아리스토텔레스의 형이상학에서도 비슷한 구조를 읽어낼 수 있다. 여기서 개별물을 이루고 있는 최종 재료가 질료質料(hyle)인데, 질료를 운동하게 하는 요인을 형상形相(eidos)이라 한다. 그런데 개별적 형상으로 하여금 변화 운동을 일어나게 하는 최종 근거는 제1형상으로서의 신이다. 신은 본질(to ti en einai)을 통해서 개별물 속에 내재하면서, 변화 운동이 일어나도록 한다. 즉 신은 보편적 본질을 통해서 개별물에 관여함으로써 실제적인 운동이 일어나도록 하는 것이다. 이와 마찬가지로 최고 주신인 상제님은 원신과 주신으로 이루어진 개별물에 관여하여 변화 운동을 일으키는 최종 근거를 이룬다. 상제님은 원신을 주재함으로써 만물을 다스린다. 상제님은 이 우주에 창조와 변화 작용을 일으키는 최종적 원인이 된다.

조화정부造化政府

<u>문자적 의미</u> 증산 상제님의 천지공사를 현실화하는 신명들의 조직을 말한다.

<u>본질적 의미</u> 증산 상제님의 천지공사는 선천 5만 년 동안 자연과 인간, 인간과 신명, 인간과 인간 사이를 지배해 온 어그러진 상극 관계를 새로운 상생의 질서로 개벽하여 새로운 살림의 길을 여는 일이다. 이러한 천지공사의 기초는 신도의 일을 새롭게 하는 것으로 시작된다. 지금까지는 천·지·인天·地·人 삼계가 모두 혼란스럽고 닫혀 있어서 서로 조화롭게 교류하지 못하였다. 이를 조화 통일시키는 첫 번째 공사가 조화정부결성으로 나타난다. 모든 변화는 신神의 매개로 일어난다. 그 신도의 세계를 새롭게 조직함으로써 후천 신문명 건설의 토대를 마련하는 것이 바로 조화 정부 결성이다. 조화정부는 증산 상제님의 이상과 천지신명의 공의에 따라 우주의 새 역사를 기획하고 조정하고 심판하는 우주 통치의 사령탑이다. 이 천상의 조화정부에는 다음과 같은 신들이 참여한다. 원한을 맺고 죽은 원신寃神, 혁명을 일으켜 세상을 바로잡으려다가 실패한 혁명가 신명들인 역신逆神, 각 문명권의 주창자들인 공자, 석가, 예수 등 문명신文明神, 각 민족의 시조신始祖神과 지방신地方神, 그리고 각 성姓의 조상신祖上神과 우주 만물에 내재되어 있는 자연신自然神 등. 이로써 상제님은 모든 인격신과 자연신을 거느리고 우주 역사상 처음으로 대우주의 신명계를 하

나로 통일하였다.

핵심 사상 선천에는 상극의 운으로 인하여 지상의 혼란이 극에 달해 있었기 때문에 신도 및 인간사 역시 통일을 이루지 못하고 혼란이 가중되어 왔다. 인류 문화의 이상은 다양성과 통일성의 조화調和를 이루는 것이다. 그런데, 선천 세상은 상극의 질서로 인한 원한의 살기가 넘쳐흐르고 있기 때문에 통일 문화를 이루는 것은 근본적으로 불가능한 일이다. 상제님은, 하늘과 땅이 열린 이래 처음으로, 새 세계를 여는 통치 기구를 천상 신명계에 세우셨다. 그것이 바로 조화정부造化政府이다. '조화를 짓는다', '변화를 짓는다'는 것은, '역사 질서를 새롭게 연다'는 뜻이다. 조화정부는, 하늘과 땅의 질서를 새롭게 여는 하늘의 정부라는 말이다. 세계사의 크고 작은 문제는 모두 상제님의 조화정부에서 프로그램 짠 대로 돌아간다.

> 이제 예로부터 쌓여 온 원寃을 풀어 그로부터 생긴 모든 불상사를 소멸하여야 영원한 화평을 이루리로다. 선천에는 상극의 이치가 인간 사물을 맡았으므로 모든 인사가 도의道義에 어그러져서 원한이 맺히고 쌓여 삼계에 넘치매 마침내 살기殺氣가 터져 나와 세상에 모든 참혹한 재앙을 일으키나니 그러므로 이제 천지도수天地度數를 뜯어고치고 신도神道를 바로잡아 만고의 원을 풀며 상생의 도道로써 선경의 운수를 열고 조화정부를 세워 함이 없는 다스림과 말 없는 가르침으로 백성을 교화하여 세상을 고치리라.
> (『도전』4:16:1~7)

조화정부를 인식하기 위해서는, 먼저 사람과 신명의 관계를 알아야 한다. 신은 창조주 하나님이든, 보통 인격신이든, 모두 인간과 어떤 관계성(relationship)을 갖고 있다. 상제님은, 우리 삶에서 일어나는 갈등 구조를 하늘의 신명계 차원으로 말씀하셨다. 예를 들어, 한 가정에서 형제들끼리 싸우면, 하늘에서 그들의 조상들끼리도 싸움이 일어나고, 이 천상 조상 신명의 싸움이 끝나야 지상에서의 인간 싸움이 종결된다는 것이다. 즉, 지상 인간계의 싸움은 천상 신명계에 영향을 끼치고, 역으로 천상 신명 세계의 갈등과 대립은 인간계의 싸움에 영향을 끼친다. 따라서 증산 상제님이 신도조화정부를 결성한 궁극적인 이유는 신도를 바로 잡아야 인간사 또한 바로 잡힐 수 있기 때문이다. 이는 결국 원한의 역사로 얼룩진 선천의 세상을 바로잡아 새로운 후천 선경을 열기 위함이다.

> 크고 작은 일을 물론하고 신도神道로써 다스리면 현묘불측玄妙不測한 공을 거두나니 이것이 무위이화無爲以化니라. (『도전』4:5:1)
> 이 세상은 신명조화神明造化가 아니고서는 고쳐 낼 도리가 없느니라. (『도전』2:21:2)
> 이제 천지도수天地度數를 뜯어고치고 신도神道를 바로잡아 만고의 원을 풀며 상생의 도道로써 선경의 운수를 열고 ... 세상을 고치리라. (『도전』4:16:4~7)

그러므로 상제님은 조화정부를 결성하여 신도를 바로잡아야만 선천의 상극 질서에 따른 혼란스런 말대를 끝막고 후천의 새로운 상생의 질서로 탈바꿈할 수 있다고 본 것이다.

신명조화정부는 후천개벽 공사, 즉 천지공사를 실질적으로 뒷받침하는 신명계의 통일정부조직이다. 조화정부의 주재자인 증산 상제님은 이마두(마테오 리치) 신부를 신명계의 주벽主壁으로 삼아 신단의 무리를 이끌고 있다. 리치 신부가 신명계의 주벽이 된 공덕은 하늘과 땅의 경계를 틔워 삼계는 물론 동서양의 신명들이 그 경계를 자유롭게 넘나듦으로써 동서양 문명이 교류할 수 있도록 하였다는 것, 천상과학 문명을 지상에 이식될 수 있도록 함으로써 본격적인 근세 서양 과학 문명을 열도록 하였다는 것, 그리고 천상에 있는 증산 상제님에게 간청하여 지상으로 강세하여 인류를 구원하도록 요청했다는 것 등이다.

새롭게 결성된 신도조화정부의 조직은 다음의 주요한 몇 가지로 구분해 볼 수 있다.

첫째, 동서 문명신文明神과 도통신道統神이다. 문명신이란 상제님의 천명을 받고 지상에 내려와 인류 문명을 창조, 개화, 발전시킨 성신을 말한다. 현실 역사 속에 종교가, 과학자, 철인 등으로 다녀간 위대한 인물들의 신명이 여기에 해당한다. 도통신道統神은 도의 경지를 깨달아 통한 도통신道通神을 주재하는 신이다. 이 주재신은 거느릴 통統 자를 써서 도통신道統神이라고 불린다.

둘째, 증산 상제님은 선천의 전 문명사를 이끌어 온 동서양 유儒·불佛·선仙, 기독교 4대 종교와 종장의 기운을 거두고 새로운 종장을 임명하였다. 유도儒道의 종장이었던 공자孔子를 주자朱子로, 불도佛道의 종장 석가釋迦를 진묵眞墨으로, 선도仙道의 종장인 노자老子를 최수운崔水雲으로, 그리고 기독교의 종장인 예수를 이마두(마테오 리치)신부로 교체하였다.

셋째, 지금까지 선천 세상에서는 살면서 원寃을 품고 죽은 원신寃神들이 가득 쌓여 있다. 이 만고원신들은 죽어서도 자신들을 고통스럽게 하는 원을 풀고자 삼계에 걸쳐서 갖가지 복수와 악행을 저지른다. 이로 인해 삼계의 질서가 매우 혼란스럽게 된다. 이에 상제님은 이들을 해원시키기 위해 원의 기록의 시초인 단주를 원신의 주벽신으로 임명하여 모든 원한을 풀도록 하였다.

넷째, 만고의 역신逆神이 있다. 이들은 정의로운 세상을 열기 위해 반란을 일으켰다가 역적으로 몰려 죽은 혁명가의 신이다. 이들 역시도 원한을 품고 있으므로 천상 신명계가 어지럽게 되는 원인을 제공한다. 증산 상제님은 만고 역신의 주벽으로 동학 혁명을 이루려다 실패하고 죽은 전명숙 장군을 임명하였다.

다섯째, 인간이 죽으면 천상 신명계에 새 인간으로 태어나는데, 이들을 선령先靈신이라 부른다. 증산 상제님은 각 성씨의 조상인 선령신을 조화정부의 조직에 참여하도록 하였다. 선령신들은 각기 지상 복록과 수명 등을 통해서 열성껏 자손을 돌본다. 또한 가을개벽기에 선령신들의 공덕에 따라 지구촌 인간들의 구원이 결정되기도 한다. 보게 된다.

여섯째, 신명계에 속해 있으면서 동시에 지상 인간계와 매우 밀접한 관계를 맺고 있는 것은 명부冥府인데, 명부는 사람이 죽게 되면 제일 먼저 가는 곳이다. 명부는 인간계와 천상의 중간 지대에 위치해 있으며, 사람이 인간계에서 행한 일들을 바탕으로 그 사람의 운명을 심리하여 결정짓는 곳이다. 명부는 또한 죽은 사람이 아니라 살아 있는 사람의 운명도 직접적으로 결정짓기도 한다. 말하자면 그 사람의 명줄을 쥐고 이를 관리하고 판정하는 곳이 곧 명부이다. 선천 문명사에는 원신과 역신들의 원한이 쌓이고 맺혀 있어서 명부가 매우 혼란스럽게 되었다. 이로 인해 세상마저 혼란스럽게 되어 증산 상제님은 명부의 질서를 바로 잡기위해 조직을 개편하였다. 상제님은 전명숙을 조선 명부, 최수운을 일본 명부, 김일부를 청국 명부의 대왕으로 임명하게 된다.

주재主宰

문자적 의미 주인이 되어 맡아 다스린다는 뜻이다.

본질적 의미 상제님이 삼계대권을 가지고 이법과 신도로써 우주 만물을 무위이화로 다스리는 것을 말한다.

핵심 사상 상제님의 고유 권능에 속하는 주재는 우주가 스스로 창조의 이상과 목적을 실현하도록 하는 것이다. 주재는 무위이화, 즉 함이 없는 다스림의 조화로써 이뤄지는 것이다. 이러한 신묘한 조화권능은 우주 이법과 신도에 바탕을 두고 있다. 이법과 신도는 각기 우주 만물을 존재하게 하는 원리며 근본 힘이다.

이법은 천지의 모든 변화를 규정하는 규범과 같은 것이다. 상제님은 우주에 내재한, 스스로 그러한 이법에 따라 천지의 온갖 사물과 사건이 전개되도록 주재한다. 주자는 이르기를, "제는 우주의 창조 원리[理]로써 우주 만유를 다스리는 분[帝是理爲主]"이라고 한다.

한편 우주 변화의 원동력이라 할 신도는 천지에 가득 찬 신성한 기운인 조화성신[원신]과 다수의 신명들로 이뤄져 있다. 이 신의 세계는 천명과 우주 이법을 사私가 없이 인사人事로 이화시키는 공능을 가졌다.

    나의 일은 무위이화無爲以化니라. 신도神道는 지공무사至公

無私하니라. 신도로써 만사와 만물을 다스리면 신묘神妙한 공을 이루나니 이것이 곧 무위이화니라. 내가 천지를 주재하여 다스리되 생장염장生長斂藏의 이치를 쓰나니 이것을 일러 무위이화라 하느니라. (『도전』 4:58:2~4)

인간으로 오신 인존천주人尊天主 증산 상제님은 중통인의中通人義의 대도통으로써 삼계의 무궁한 이치를 통하고 신도를 마음대로 용사用事하여 천지의 온갖 변화를 짓는 조화주 하느님이다. 상제님은 이 무궁한 조화로써 삼계대권의 주재자가 되는 것이다. 상제님의 주재는 이법과 신도를 씨줄과 날줄로 삼아 천하의 경위經緯를 짜는 일이라고 할 수 있다. 이를 "도수를 짠다"고도 말한다. 천지와 인간 삶, 문명 등 모든 것이 그 주재섭리에 따라 생성 변화하고 성숙한다.

중록重祿

문자적 의미 행복한 삶을 위해서는 물질적, 경제적 요소가 중요하다는 뜻으로서 복록을 이루는 대표적인 요소이다.

본질적 의미 증산도에서 중록은 수명과 대비해서 이해될 수 있다. '복록 수명'이란 말에서 알 수 있듯이 녹祿과 명命은 인간의 행복을 규정짓는 중요한 두 가지 요소이다. 일반적으로는 '수명 복록'이라고 하여 오래 사는 것을 중요시하였으나 증산도에서는 복록 수명이라고 하여 복록을 앞세움으로써 명보다 녹이 더 중요함을 역설하고 있다. 따라서 중록사상은 인간의 삶에 있어서 물질적, 경제적 요소가 무엇보다도 중요함(심지어 수명보다도)을 강조하는 것이다.

핵심 사상 『도전』에서는 중록사상에 대해서 다음과 같이 분명하게 언급하고 있다.

> 선천에는 수명壽命 복록福祿이라 하여 수명을 앞세우고 복록을 뒤로 하였으나 복록이 없이 수명만 있으면 산송장이나 마찬가지니라. 나는 복록을 먼저 하고 수명은 다음이니 그러므로 후천에는 걸인이 없느니라. 이제는 복록을 먼저 하라. 녹祿 떨어지면 죽느니라. (『도전』2:25:5~7)

증산도 중록사상의 본뜻은 정신적인 것보다 물질적인 것을 우선시 한다는 것이 아니라, 정신에만 치우쳐 물질적 요소를 무시하는 것을 경계하는 것이다. 사실 인간의 삶에서 가장 원초적으로 필요한 것은 의식주이다. 의식주가 해결된 후에 정신적인 것이 의미가 있고, 수명이 긴 것도 의미가 있을 것이다.

> 세상에서 '수명壽命 복록福祿이라.' 하여 복록보다 수명을 중히 여기나 복록이 적고 수명만 긴 것보다 욕된 것이 없느니라. 그러므로 나는 수명보다 복록을 중히 여기나니 녹祿이 떨어지면 죽느니라. (『도전』9:1:4~6)

이러한 말씀에서 중록사상이 뜻하는 바를 알 수 있다. 수명과 복록은 모두 인간의 행복한 삶과 연관되어 있지만 물질적으로 궁핍한 상태에서 수명만 길어 오래 산다는 것은 진정한 행복이 될 수 없다는 것이다. 즉 '녹이 떨어지면 죽는다'는 것은 생명을 보전하는 데 있어 의식주가 정신적 풍요보다 더 일차적이라는 것을 강조한 말이다.

중통인의中通人義

문자적 의미 하늘과 땅 사이에 처한 인간이 마땅히 가야할 생명의 길에 통하는 것을 말한다.

본질적 의미 하늘, 땅, 인간 역사를 이끄는 이법과 신도, 그리고 천지의 열매인 인간의 마음세계를 활연 관통하여 천명에 따라 천지를 바로잡고 새 세상을 열 수 있는 무상의 대도통을 말한다. 우주의 가을을 맞이하여 참된 인간이 이르러야 할 인간성숙, 인간완성의 경계다.

핵심 사상 하늘, 땅과 더불어 삼재를 이루는 인간이 스스로의 참됨을 찾아 본성을 회복하고 천명을 깨닫는 것을 중통인의라고 한다. 인간은 다른 모든 것들과 함께 천지가 낳아 기른 천지의 자식이면서, 나아가 천지의 꿈을 성취시키는 존재다. 따라서 인간에 대한 깨달음은 이미 하늘, 땅의 이치를 통하는 것이다. 즉 그것은 천, 지, 인 삼계의 무궁한 이치를 깨닫는 만사지의 도통이다.

한편 천, 지, 인은 그 본성에서 보면 한 신성이다. 천, 지, 인은 그것이 갖는 일체성과 신령함에서 천일, 지일, 태일로 불린다. 그 천일, 지일, 태일에서 하나로 꿰뚫고 있는 일자가 신이라는 것이다. 천, 지, 인 삼계의 조화와 통일의 근거는 신성에 있는 것이다. 이 신성은 조화와 교화와 치화의 방식으로 작용한다는 점에서 '삼신', 만유의 바탕자리라는 점에서 '원신' 그리고 천지와 인사의 모든 변화를 짓는 힘이라는 점에서 '조화성신'이라고 불린다. 따라서 중통인의는 또한 인간의 영성이 열려 천지의 신성, 그 천지의 마음과 하나로 됐다는 것을 의미한다. 즉 중통인의의 깨달음은 삼계의 무궁한 이치를 통하고[理通] 천지의 신성과 합일을 이룬다는[神通] 것이다. 말하자면 궁리입신窮理入神의 경계다.

또한 이법과 신성은 천지의 온갖 생성 변화를 주도하는 보이지 않는, 감춰진 질서와 힘이다. 따라서 중통인의는 우주 만물과 만사를 자유자재로 주재하는 조화권능을 행하는 천지대도에 통하는 것이 된다.

오직 이 무상의 대도통으로써만 선천의 병든 하늘, 땅을 바로잡고 인류를 구원하여 신천지, 신문명을 열 수 있다. 중통인의의 도통은 천문과 지리를 통하고 천지의 열매인 인간의 도리에 통하여 인류 구원을 성취할 수 있는 가을철의 성숙한 도통인 것이다.

> 예로부터 상통천문上通天文과 하찰지리下察地理는 있었으나 중통인의中通人義는 없었나니 내가 비로소 인의人義를 통하였노라. 위징魏徵은 밤이면 상제님을 섬기고, 낮이면 당태종을 도왔다 하나 나는 사람의 마음을 빼었다 찔렀다 하노라. (『도전』 2:22:3~6)

증산 상제님은 3년의 천하유력 끝에 오직 신통변화와 천지조화가 아니고서는 하늘, 땅을 뜯어고쳐 새 세상을 열 수 없음을 자각하고 31세 되던 신축(1901)년 맹렬히 수도에 정진, 마침내 그해 7월 7일 중통인의의 대도통을 성취한다. 이를 통해 증산 상제님은 우주의 신도를 통일하여 조화정부를 열고, 원과 한으로 점철된 인류사를 개벽하는 천지공사를 집행하였다.

지기至氣

문자적 의미 지극한 기운, 우주에 충만한 신령한 기운을 말한다.

본질적 의미 기氣란 천지 만물의 공통된 하나의 바탕을 이루며 온 갖 변화를 짓는 것이다. 그런 의미에서 기는 곧 일기一氣다. 여기에 '지극한'이란 말로 수식하여 나타내고자 하는 것은 조화의 근원인 혼원한 기운이지만 특정한 시운을 맞아 새롭게 일어나며, 그것의 스스로 그러한 변화는 주재의 손길 아래 이뤄지는 것이란 점이다. 그 점에서 지기는 전통적 기론이 말하는 기와 같으면서 다르다.

핵심 사상 지기는 수운 최제우의 사상에서 나타난다. 수운은 하늘의 뜻을 받아 적은 시천주주呪에서 지기를 인간이 시천주 가운데 '조화정 만사지造化定 萬事知'에 이르기 위해, 체득하여 하나로 화化해야 할 것으로 말하고 있다. 지기가 크게 내려 그것과 하나가 될 때 조화정 만사지하는 경계에 들어설 수 있다는 것이다. 수운은 "지극히 지기에 화하여 지극한 성인에 이르느니라[至化至氣 至於至聖]"(『동경대전』「논학문」)고 하였다. 지기에 대한 수운의 풀이에 따르면, 지는 지극하다는 뜻이며, 기란 텅 비어 형상하기 어렵고 보기는 어려우나, 없는 곳이 없고 하지 않음이 없는 신령한 것이다. 수운은 여기에 그것은 또한 혼원한 한 기운이라고 덧붙인다. 지기는 우주 시원에 만물 화생의 본원을 이루고 있는 음양미분의 원초적 기운이로되 새롭게 일어나는 것이란 설명이다. 지기는 시간적, 역사적 성격을 갖는다는 것이다. 요컨대 수운에게서 지기는 혼원한 시원의 기운이로되 특정한 시운에 이윽고 크게 내려[大降] 인간을 새로운 삶으로 이끌 수 있는 조화의 기운이다.

지기는 수운에 앞서, 선도에서 한민족의 3대 경전으로 꼽는『참전계경』에서도 찾아볼 수 있다.『참전계경』은 고구려 9세 고국천 열제 때의 재상인 을파소(?~203)에 의해 완성된 것으로 알려져 있다. "형상 없는 하늘을 일컬어 하늘의 하늘이라고 하니 하늘의 하늘은 천신으로 사람이 이 천신을 공경하지 않으면 천신이 사람에게 지기로 응하지 않는다." 지기는 천신의 지기로 천신에 속하며 천신의 공경 속에, 다시 말해 시천주 가운데 지기가 사람에게 응한다는 것이다.

증산도 우주론에 따라 지기는 다음과 같이 보다 구체적으로 규정된다. 천지의 기란 생장염장의 우주 이법에 따라 방放, 탕蕩, 신神, 도道의 변화성을 갖는다. 지기는 선천 봄, 여름을 주도한 방탕放蕩한 변화성에서 돌아서 자기 본성을 찾은 지극한 가을 기운을 말한다. 그런데 그 가을 기운의 본성이란 신이다. 그래서 가을의 기, 지기는 신기神氣, 신으로 불린다. "추지기秋之氣는 신야神也요 … 가을기운은 조화의 신神"(6:124:9)이다. 신기 혹은 신인 천지 기운이 곧 우주 시원의 혼원한 기운과 같지만 이미 새로운 것이다. 그것은 바야흐로 우주 가을의 도래와 함께 대발大發하면서 천지 자연과 인간의 성숙과 통일을 이끈다. 그러나 이것은 기의 변화를 통해 스스로 일어나는 자연한 사건만이 아니다. 주재자가 그 수확의 기운을 씀으로써 비로소 성취되는 것이다. 지기는 우주의 조화주 상제님의 손길이 더해진 '지극한' 기운인 것이다.

그러나 가을의 성숙과 통일은 개벽의 참혹한 재앙을 거치면서 비로소 얻어지는 것이다. 가을의 성숙은 낡고 묵은 것을 뜯어고치고 열매 맺지 못한 것을 버리는, 파괴를 통한 건설이고 폐기를 통한 새로운 시작이다. 그러므로 가을의 기운인 지기는 죽임으로써 살리고 버림으로써 거둬 통일하는 '화복禍福'의 기운이다. 이에 따라 수운이 지기를 말하는 시천주주의 "기기금지원위대강至氣今至願爲大降"에 나오는 '지至', '기氣', '금今', '강降'의 뜻은 다음과 같은 것이다.

> 至曰天地禍福至요 氣曰天地禍福氣요
> 지 왈 천 지 화 복 지   기 왈 천 지 화 복 기
>
> 今曰至無忘이요 降曰天地禍福降이니라.
> 금 왈 지 무 망   강 왈 천 지 화 복 강
>
> 지至는 천지의 화복이 지극하다는 말이요
>
> 기氣는 천지의 화와 복의 기운이라는 말이요
>
> 금今은 지극하여 잊을 수 없다는 말이요
>
> 강降은 천지의 화복이 내린다는 의미니라. (『도전』7:69:2)

지축정립地軸正立

<u>문자적 의미</u> 현재 동북 방향으로 23.5도 기울어진 지구의 축이 바로 선다는 뜻이다. 지축이 정립되면 타원형으로 도는 지구의 공전궤도는 정원으로 바뀌고, 그로 인해 지구의 날씨와 지형이 완전히 바뀌게 된다.

<u>본질적 의미</u> 지축의 정립은 선천과 후천의 교체기에 일어나는 우주적 사건이다. 지축이 선다는 것은 하나의 단순한 물리적 사건으로 그치는 것이 아니라 천지 자연의 변화와 인간 문명의 변화, 그리고 새로운 세계로의 전이를 가져오는 대변국이다. 증산도에서는 후천개벽의 실질적인 사건 중에서 자연개벽을 뜻하는 것이 바로 지축정립이다.

<u>핵심 사상</u> 지축정립은 증산도 후천개벽의 세 가지 요소 중의 하나이다. 상씨름의 병란兵亂과 괴질병겁의 병란病亂, 그리고 지축정립으로 몰아치는 후천개벽상황은 후천선경을 여는 필연적 과정이다. 그중에서 지축정립은 자연개벽을 의미한다. 이 세 가지 개벽을 세벌개벽이라고 한다. 즉 상제님께서 천지공사로 세운공사를 본 대로 마지막 전쟁인 상씨름 대전쟁이 발생하고, 남북 상씨름 대전쟁은 병겁이 돌면서 마무리되며, 지축이 바로 서면서 천지가 뒤틀어진다.

우주 1년은 봄, 여름, 가을, 겨울, 즉 생장염장으로 변화하며, 우

주 1년은 봄과 여름에 해당하는 생장의 선천과 가을과 겨울에 해당하는 염장의 후천으로 크게 구분된다. 지축정립은 이중에서 여름과 가을이 바뀌는 때에 발생하는 자연개벽이다. 즉 선천과 후천이 교차하는 우주의 변혁기에 발생하는 대개벽이 바로 지축정립이다.

선천을 지배하는 천지의 이치는 상극이다. 선천 상극의 이치는 봄개벽으로 만물을 낳고 기르는 생성 성장의 힘이다. 그러나 상극의 힘은 천지만물을 낳고 기르는 성장과 발전의 힘이지만 그 바탕은 서로를 이기고 극복하는 성질을 갖는다. 이러한 상극의 힘이 인간과 문명에 작용할 때 물론 문명과 역사는 발전하지만 그 과정에서 무수한 원한과 비극을 낳게 된다. 이러한 상극과 원한의 근본 원인이 바로 지축의 경사傾斜이다.

지축이 경사짐으로써 천지만물은 양이 과대하고 음이 과소한 상태가 된다. 현재 지구의 지축이 동북방향으로 기울어졌다는 것은 과학적 사실이다. 그 결과 모든 우주운동은 삼천양지작용三天兩地作用을 받게 된다. 삼천양지운동이란 양작용이 3/5이고 음작용이 2/5가 되는 것을 말한다.

　천체의 기본은 북극이다. 북극은 물로써 구성되어 있으므로 이것을 감坎이라고 한다. 그런데 지금의 북극은 동북으로 경사져 있다. 북극이 동북으로 경사졌다는 말은 바로 인력의 과강過强, 즉 태과太過를 의미한다. 다시 말하면 북극은 정상적인 감의 작용을 하여야만 하는 것인데 북극이 경사졌기 때문에 태과太過 즉 비정상적인 과강현상을 나타내게 되는 것이다. 그러므로 천체는 북극을 중심으로 28수宿가 나열되어 있는데 그 중에 16수宿는 북극에 모여 있고 12수宿만이 남극에 배열되어 있다. 그런즉 이것은 북극의

> 인력상태가 태과太過한 것을 의미하는 것이지만 감의 태과
> 는, 즉 리離의 과항過亢을 의미하는 것이다. 그러므로 이와
> 같은 결과는 모든 우주운동으로 하여금 삼천양지운동을
> 하게 하는 것이다. (한동석『우주변화의 원리』1998 : 301)

즉 이는 북극이 경사져 있기 때문에 일월성신日月星辰도 그와 같이 경사지고, 지구를 비롯한 모든 우주만물도 다 그렇게 되어 있다는 것이다. 따라서 만물은 삼천양지운동을 할 수밖에 없다는 것이다.

이러한 우주의 현상은 선천이 왜 양의 시대이고 상극의 시대인가를 알려준다. 양은 곧 발산하는 힘, 분열성장하는 힘이다. 이러한 힘은 만물이 서로 극克하려고 하는 원인이 된다. 즉 선천의 만물은 상호 균형을 이루려는 것이 아니라 서로를 이기려는 운동을 하게 되는데, 이는 선천의 우주 환경으로 인한 필연적 결과라는 것이다. 따라서 선천에서 양의 태과太過는 선천의 모든 존재자들이 상호 극하게 되는 근본적인 원인이 된다.

지축정립은 우주가 변화하는 이치 속에서 필연적으로 발생하는 현상이다. 즉 지축은 고정된 것이 아니라 규칙적으로 변화한다는 것이다. 그리고 이러한 변화에 따라서 천지만물을 지배하는 이치도 바뀐다. 선천 상극과 후천 상생으로의 전환은 지축의 경사에 유래한다. 지축이 선다는 것은 지축의 경사로 인한 양의 태과太過상태를 벗어나서 양과 음이 동등한 작용을 하게 된다는 것을 의미한다. 즉 "정음정양"(『도전』 4:81)의 우주가 된다는 것이다. 이때는 음과 양의 작용이 동등하게 되고 우주가 가장 정상적인 운동을 하게 된다. 그리고 지축이 바로 섬으로써 정음정양이 되고, 우주가 정상적인 운동을 하게 되는 개벽을 후천개벽이라고 한다. 이러한 후천의 정음정양 우주는 우주 내 모든 생명존재를 상생의

길, 살림의 길로 인도한다. 즉 우주와 우주의 이치가 조화롭다는 것은 그 우주 내 생명존재의 존재방식이 바로 생명의 본성을 회복하는 것이며, 이는 한마디로 상생이며 살림이다.

선천의 시대에 기울어진 지축이 후천개벽의 때에 바로 섬으로써 선천 상극의 이치가 후천 상생의 이치로 변화한다. 이러한 이치의 변화는 우주내의 만물을 상생의 이치에서 살도록 하고 서로 대립하고 투쟁하던 관계에서 서로 조화되고 통일되는 관계로 변화한다. 이러한 상생의 세계를 증산도에서는 후천선경이라고 한다. 즉 후천선경은 지축정립이라는 우주의 변화를 통해서 이루어진다.

진법眞法

문자적 의미 참된 법이란 뜻이다. 법은 이치, 원리, 법칙, 법도 등을 의미한다. 따라서 진법이란 참된 이치, 참된 원리, 참된 법칙, 참된 법도라고 할 수 있다.

본질적 의미 증산도의 진법은 두 가지 의미를 갖는다. 첫째는 강증산 상제님께서 내린 도로서의 의미인데 이는 무극대도와 같은 의미이다. 둘째는 이러한 무극대도를 이 땅에 뿌리내리게 하고 지구촌 문명을 개벽하여 새로운 문명을 개척하는 정통 도맥을 말한다.

핵심 사상 진법이란 참된 법이다. 따라서 진법을 이해하기 위해서는 법이 무엇인가를 먼저 밝혀야 한다. 사실 '법法'이란 말에 덧붙인 '진법'이란 말은 법의 의미상 동어 반복이다. 왜냐하면 법과 동의어를 '진리'라고 할 수 있을 것이기 때문이다. 그래서 진법을 '참된 진리'로 문자풀이 할 수 있다면 이는 곧 진리 자체가 옳다는 뜻을 가지므로 참된 옳음, 혹은 올바른 옳음과 같은 말이다. 그럼에도 진법이라고 표현하는 것은 무엇 때문인가? 그것은 법이 진리를 뜻하기도 하지만 그 진리가 적용되는 사태도 표현하기 때문이다. 즉 참된 법은 법의 정신에 부합하여 적용되어야 하며 또한 그 법을 받아들이는 자들이 법의 내용을 공정하게 인식, 혹은 집행하여야 한다. 만약 그렇지 않다면 그 법은 참된 법, 즉 진법이 아니게 된다. 그렇게 진법이 아닌 법을 난법이라고 한다. 법률적 의미에서 진법의 반대는 위법이지만 증산도적 범주에서는 난법이 된다.

진리로서의 법에 대한 논의는 주로 불교적 사유를 중심으로 살펴볼 수 있다. 법, 법계, 연기, 진여, 공 등의 개념이 불교에서 유래하며, 그 외 동양의 다른 사상사 속에서는 쉽게 발견되지 않기 때문이다. 법에 대한 개념적 정의는 다음과 같다.

> 그 자신은 자신 그대로 있으면서 다른 모든 존재를 존재하게 만드는 질서의 근거를 뜻하는 용어. 산스크리트로는 <dharma>, 팔리어로는 <dhamma>로 나타내며, 중국학자들은 그 음을 따서 달마達磨, 뜻을 따서 법法이라고 옮겼다.

이처럼 고대 인도에서는 법(dharma, 다르마)이란 말이 사회제도, 관습, 도덕, 법률, 종교, 의무, 정의 등을 뜻하는 말로 쓰였다. 이렇게 법은 형이상학적 본질로서의 진리, 이성, 세계질서로 이해되었고 윤리적인 측면에서는 정의, 개인도덕, 사회규범 등으로, 또 의무 법률 등 다양한 의미를 갖게 되었다. 진리로서의 법은 종교적 성격으로 나타나게 되었고, 불교에 있어서도 법은 교설과 깨달음을 상징하는 주요 술어로 자리 잡았다.

그렇다면 진리로서의 법은 자연법칙이나 법률과는 다른 것인가? 그 세 가지가 모두 법이라고 불리는 근거는 모두 이성에 근거하고 있기 때문일 것이다. 자연법칙은 자연변화의 규칙성과 보편성을 이성이 발견한 것이고, 법률은 인간이 자신의 안전과 행복을 위해서 모든 사회구성원이 지켜야할 이성적 행위규범으로 만들어 낸 것이고, 진리로서의 법은 인간 삶의 가장 바람직한 가치를 이성적 깨달음에 의해서 발견한 것이다. 자연법칙은 그 발견의 근거가 과학적 실험과 관찰이라면, 법률의 제정은 이성상호간의 계약이고, 진리로서의 법은 이성적 직관이나 깨달음을 통해 드러난다. 따라서 그 모두가 이성에 근거한다고 하더라도 그 법의 근거가 알려지는 수단은 각자 다르다고 할 수 있을 것이다.

진법은 위에서 열거한 법의 세 가지 종류 중에서 마지막의 '진리로서의 법'에 속하는 것이다. 이러한 법에 대한 생각은 증산도에서도 그대로 적용될 수 있다. 진리로서의 법은 불교적 관점에서는 이치에 대한 깨달음에서 주어지는 것이다.

> '붓다'Buddha는 '인식하다', '깨어나다'라는 의미의 어근 'budh'의 과거 수동분사형으로서 "깨친 사람[覺者]"이라는 뜻이다.

여기서 붓다는 철저한 자기수행을 통해서 궁극의 진리를 인식한, 혹은 깨달은 자를 뜻한다.

> 너희들은 본래 너희들이며 나는 본래 나니라. 그러므로 본래의 이치를 깨달은 자를 성인이라 하느니라. 만법이 머무는 법이 없거늘 내가 낸 이 법이 진법眞法이라는 말이니라.... 그러므로 '성인의 말은 한마디도 땅에 떨어지지 아니한다.' 하느니라. (『도전』2:132:4~7)

증산 상제님의 이 말씀은 곧 깨달은 자와 진법의 관계를 잘 나타내고 있다. 그리고 그 진법이란 바로 깨달음의 대상인 본래의 이치, 즉 진리를 뜻한다. 위의 인용구절에서 증산 상제님은 여러 다양한 법이 존재하지만 그 어떤 법도 고정된, 절대적 진리성을 갖고 있지 않다는 것과, 그 모든 법을 뛰어넘는 새로운 법, 곧 진법이 존재하며, 그 진법의 근거는 바로 증산 상제님 자신이라는 것을 알 수 있다. 그리고 그 진법을 깨달은 자가 곧 성인이며 성인의 말, 곧 진리는 어떤 경우에도 부정될 수 없음을 강조하고 있다. 이 인용구절에서 증산도의 법이 왜 그냥 법으로 불리지 않고 진법이라고 이름 지워지는지 그 이유를 알 수 있다.

그렇다면 상제님이 인류에게 내려준 가르침의 본질, 즉 진법, 참법의 내용을 어떻게 규정할 수 있을 것인가? 즉 증산도에서 말하는 진법이란 구체적으로 무엇을 말하는 것인가?

진법은 두 가지 측면에서 고찰될 수 있을 것이다. 하나는 무극대도로서의 진법이고 다른 하나는 그 법의 전개과정으로서의 진법이다. 전자의 진법이 상제님의 가르침의 본질적 내용, 즉 무극대도를 뜻한다면, 후자의 진법은 그 가르침이 계승되는 법통, 혹은 도통의 맥을 말한다. 이 때는 난법과 대비되어서 이해될 수 있을 것이다. 일반적으로 진법이라고 할 때 전자를 뜻한다.

증산도 진법의 다른 이름은 무극대도이다. 증산 상제님께서는 인간으로 강세하여 천지생명과 인류를 구원하고 조화선경을 열기 위해 천지공사를 집행하였다. 이 때 인간으로 강세하신 증산 상제님이 새로운 세상의 새로운 진리로 가르쳐 준 것이 무극대도이다.

> 내가 이제 천지를 개벽하여 하늘과 땅을 뜯어고치고 무극대도無極大道를 세워 선천 상극의 운을 닫고 조화선경造化仙境을 열어 고해에 빠진 억조창생을 건지려 하노라. (『도전』 5:3:2~4)

증산 상제님은 천지를 개벽하고 새 세상을 열 때 그 새 세상의 가장 근본적인 원리를 무극대도라고 지칭하였다. 이는 최수운이 이미 예언한 바 새로운 진리의 탄생이다. 수운은 『몽중노소문답가』에서 "만고 없는 무극대도無極大道 이 세상에 날 것이니 너는 또한 연천年淺해서 억조창생 많은 사람 태평곡 격양가擊壤歌를 불구에 볼 것이니 이 세상 무극대도 전지무궁 아닐런가."라고 말하고 있다. 무극은 두 가지 의미로 이해된다. 하나는 상제님을 뜻하는 말이고 다른 하나는 '무한의'란 뜻의 형용사적 사용이다. 무극상제님으로서 증산 상제님의 진리를 무극대도라고 칭할 수 있으며, 그 무극대도는 무한하고 영원한 진리라는 뜻으로 무극無極, 즉 끝간 데가 없는, 다함이 없는 큰 진리란 의미이기도 하다.

진법眞法과 난법亂法

문자적 의미 진법과 난법은 상호 상대적 의미로 사용된다. 진법은 참된 법을 뜻하고, 난법은 진법이 아닌 모든 법을 뜻한다.

본질적 의미 증산도에서 진법은 증산 상제님이 내린 도를 말한다. 이는 무극대도와 같은 뜻이다. 여기서 참된 법이라고 할 때 법은 진리를 뜻한다. 진법의 다른 의미는 상제님의 도를 이 땅에 뿌리 내리게 만들고 지구촌 문명을 개벽하여 새로운 문명을 개척할 진리단체를 말한다. 한편 난법이 참된 법인 진법과 상대적이라고 해서 위법이나 오법인 것은 아니다. 단지 난법은 진리를 갖고 있으나 완전히 성숙한 참된 법이 아닌 아직 미성숙한 법을 뜻한다.

핵심 사상 진법과 난법은 서로 대립하는 말로써 진법이 드러나는 과정에서 발생하는 모든 법과, 선천 상극의 세상에서 나타난 왜곡된 문화를 난법이라고 칭한다.

> 원래 인간 세상에서 하고 싶은 일을 하지 못하면 분통이 터져서 큰 병을 이루나니 그러므로 이제 모든 일을 풀어놓아 각기 자유행동에 맡기어 먼저 난법을 지은 뒤에 진법을 내리니 (『도전』 4:32:1~2)

인간은 살아가면서 무한한 욕망을 추구하고 그 욕망을 충족시킴으로써 생을 영위하는 존재이다. 그리고 인간은 제약없이 자신의 욕구를 추구할 때 진정한 자유를 맛볼 수 있다. 그러나 상극의 선천에서 모든 인간은 자신의 욕망을 추구하지만 그것은 타인에 의해서, 혹은 제도적으로 좌절되거나 방해받게 된다. 그 결과 인간세상은 대립과 투쟁, 갈등과 전쟁의 역사를 되풀이 한다. 문명의 발전도 이러한 대립과 투쟁을 통한 자유로운 욕망추구가 바탕이 되어 이루어지는 것이다.

난법의 발생도 이러한 인간의 자유로운 욕망추구로부터 나온다. 즉 난법은 선천 상극의 우주 내에서 생기는 자연스러운 미성숙한 현상으로 받아들여야 한다. 넓게는 선천의 모든 종교들을 난법이라고 할 수 있다. 그런데 모든 선천종교들은 부분적으로 진리를 간직하고 있다. 진법과 난법의 과정을 이해할 때 진법은 참이고 난법은 거짓이라는 이원론에 빠지지 말아야 한다. 상제님의 참도법은 반드시 진법과 난법의 관계 속에서 나온다. 전적으로 그릇된 난법이란 존재하지 않는다. 그러므로 진법과 대립되는 말을 위법違法 혹은 불법不法이 아니라 난법亂法이라고 한다. 난법으로 분류되는 유불선 등 선천 종교들의 가르침 또한 상제님이 내신 것이다. 이러한 선천의 종교와 문화의 진액을 흡수하여 새로운 진리가 탄생하게 된다. 증산도는 상제님께서 전해주신 무극대도의 바탕위에 후천의 새로운 선 문명을 여는 진법의 주체이다.

진법은 어느 날 갑자기 도통한 사람에게서 전해지는 것이 아니다. 난법이 횡행한 후에 진법이 출현하고 난법과의 투쟁과 더불어 진법이 성숙하는 것이다. 고 수부님은 자신이 진법의 씨앗을 뿌리는 사명을 맡고 있다고 말했다. 대흥리 교단은 이러한 사명을 맡은 첫 교단이었다. 증산 상제님을 직접 모셨으며 대흥리 교단 주역의 한 사람이었던 차경석은 고 수부님의 낙종 도운을 이어 이종 도운을 열어 수백만의 신도를 자랑하는 보천교를 세웠다. 이후 다양한 난법들이 등장하였다. 그러나 난법 가운데서 진법이 다시 고개를 들게 된다. 바로 대두목이 이러한 역할을 할 인물이다.

대두목은 진법의 실천자로서 고 수부님이 개척한 대도창업의 맥을 이어받아 선천 인류문화를 통합하여 후천문명을 열게 된다. 이 대두목 밑에 천지의 일꾼들이 모여들어 후천선경이 건설된다. 대두목은 또한 진주이다. 이러한 대두목을 위해 증산 상제님은 진주 도수를 붙였다.

증산 상제님은 '가구假九 진주眞主치기 노름'에 비유하여 끝판에 진주가 판을 쓸 것이라고 말했다. 그러므로 진법은 대두목과 함께 그 진면목을 드러내게 되는 것이다. 상제님께서는 대두목을 통해서 옛 경전의 잘못을 바로 잡아 후천 인류의 새 생명의 교과서가 될 『도전道典』을 간행하도록 공사를 집행하셨다. 『도전』은 증산 상제님의 도를 전하는 진법의 교과서이며 무극대도를 밝히는 증산도의 통일 경전이다. 이로써 100여 년간의 긴 도운은 새로운 열매로써 법의 통일을 보게 된 것이다.

참동학東學

<u>문자적 의미</u> 본래의, 본연의, 진정한 동학이란 뜻.

<u>본질적 의미</u> 참동학, 본연의 동학이란 그것이 처음 성립할 때 실현
코자 했던 이상을 순수하게 담고 있는 동학이란 뜻이다. 수운水
雲 최제우崔濟愚(1824~1864)가 천명으로 동학을 처음 개창했을 때
그가 펴고자 했던 것으로, 달리 말하면 원동학이라고 부를 수 있
다. 참동학론은 수운 이후 동학이 시천주 신앙에서 이탈, 혹은 변
질된 것으로 보는 입장에서 시작한다.

<u>핵심 사상</u> 수운이 하늘의 뜻을 받아 개창한 동학의 참뜻, 즉 참동
학의 성격은 그가 천주와 나눈 대화와 천주로부터 가르침을 받
아 지은 시천주 주문에 담겨 있다. 1860년 4월 5일 수운의 기도
에 응답한 천주는 자신을 세상 사람이 말하는 상제라 밝히며 이
르기를, 선약仙藥으로 사람들을 살리고 자신을 위하게 하면 수운
또한 장생의 복락을 누리게 될 것이라고 한다. 이 천상문답은 위
천주爲天主 혹은 시천주와 인간을 이롭게 하는 공덕 그리고 장생
長生의 선仙이 동학의 핵심이 되리란 것을 시사하고 있다. 수운이
내려 받은 시천주 주문 역시 그 맥락에서 이해된다. 주문은 시천
주 조화정 영세불망 만사지侍天主造化定永世不忘萬事知 본주문 열석
자와 지기금지원위대강至氣今至願爲大降 본주문 여덟 자로 구성된
다. 상제님을 모신다는 뜻의 시천주, 모든 사람은 시천주 할 때,

또는 시천주 가운데, 만사지의 조화를 얻게 되리란 것이다. 수운은 이러한 변화가 무극대도가 이 세상에 나는 시운의 도래와 함께, 대발大發하는 지기를 체득하여 그것과 하나 되는 가운데 이뤄지는 것임을 말하고 있다. 수운의 또 다른 말들을 통해서는 이 새로운 시운은 12제국 괴질 운수의 환란을 수반하는 것임을 알 수 있다. "십이제국 괴질운수 다시개벽 아닐런가 태평성세 다시 정해 국태민안 할 것이니"(『용담유사』「몽중노소문답가」) "아동방 연년괴질 인물상해 아닐런가"(『용담유사』「권학가」) 이러한 수운의 말은 곧 다시개벽의 때에 괴질이 발생하고 새로운 세상이 도래할 것이라는 상제님의 가르침을 전한 것이다.

이로써 수운이 천명으로 열었던, 원래의 동학, 참동학은 병란病亂을 동반하는 새로운 시운 속에 천주인 상제님을 모시고 지기를 내려 받아 장생과 조화의 선으로 거듭나는 새 세상으로 동귀일체同歸一體하자는 가르침이라고 할 수 있다. 수운의 가르침은 "입도한 세상사람 그날부터 군자되어 무위이화 될 것이니 지상신선 네아니냐"(『용담유사』「교훈가」). "봄 오는 소식을 응당히 알 수 있나니 지상신선의 소식이 가까워 오네"(『동경대전』「결」)라는 말로 잘 드러나며, 이것이 동학의 이념이었다. 한편 하느님을 섬기고, 본성을 틔워 홍익인간의 공덕을 실천함으로써 선仙의 인간에 이르는 것은, 환인, 환웅, 단군의 삼성조이래 신교의 근본이념이었다. 그러므로 "신교의 도맥을 계승하게 하고 후천개벽後天開闢으로 새 세상이 열릴 것을 선언토록"(『도전』 1:8:4) 한 것이 수운이 내려 받은 천명이었고 그것이 곧 참동학의 요체였다.

증산 상제님은 1909년, 9년간에 걸친 지상의 주재를 마치고 다시 천상으로 복귀하는 그해 어느 날, 한 성도와의 문답에서 이렇게 말한다. "내내 하고 난 것이 동학東學이라. 이제 천하를 도모하려 떠나리니 일을 다 본 뒤에 돌아오리라."(『도전』 10:34:2) 또 자신의 강세 배경을 밝히면서 다음과 같이 선언한다. "최제우는 유가儒家의 낡은 틀을 벗어나지 못하였나니 나의 가르침이 참동학이니라."(『도전』 2:94:9) 증산 상제님이 내내 했던 것은 우주 가을을 맞아 개벽을 극복하고 장생과 조화의 새 삶을 누리는 후천선경을 인간과 더불어 건설하는 일이었다. 그것이 최제우에게 맡겼던, 그러나 그가 유가의 틀에 갇혀 완수하지 못했던 것, 곧 참동학이었다. 그 참동학의 맥은 고 수부님이 잇고 증산도가 받아 현재에 이르고 있다.

천국건설天國建設

문자적 의미　천국이란 하늘나라란 뜻이다. 동시에 그곳은 하느님이 직접 통치하는 영역으로 알려져 있다. 천국 건설이란 하늘이 아닌 이 지상에 그러한 나라를 건설한다는 뜻이 담겨 있다.

본질적 의미　천국이란 원래 기독교의 구원과 관련된 개념이다. 기독교에서 그려 온 이상적인 세계라는 의미를 담고 있다. 반대 개념은 지옥이다. 불교에서도 천당과 지옥 혹은 연옥이라는 개념이 통용된다. 일차적으로 천국과 지옥이란 선악과 관련된 윤리적 개념으로 사용되었다. 말하자면 선을 행한 사람은 사후에 천국에 태어나서 행복하게 살고, 악을 행한 사람은 사후에 지옥에 다시 태어나 영원한 고통을 받는다는 것이다. 그러나 마테오 리치(Mateo Ricci)에 의해 새로운 의미의 천국이 제시된다. 그에게 천국이란 인간이 행복하게 살 수 있는 구체적 공간으로서 이 지상에 건설되는 고도의 문명국이다.

핵심 사상　『도전』 속에서 천국건설과 관련된 인물은 가톨릭 예수회 신부인 마테오 리치이다. 그는 중국에 선교사로 있으면서 동양사상에 대해 공부하고 동양고전을 번역하기도 하였다. 『도전』에서 그와 천국건설에 대한 성구는 다음과 같다.

서양사람 이마두가 동양에 와서 천국을 건설하려고 여러

가지 계획을 내었으나 쉽게 모든 적폐를 고쳐 이상을 실현
하기 어려우므로 마침내 뜻을 이루지 못하고 다만 동양과
서양의 경계를 틔워 예로부터 각기 지경을 지켜 서로 넘나
들지 못하던 신명들로 하여금 거침없이 넘나들게 하고 그
가 죽은 뒤에는 동양의 문명신을 거느리고 서양으로 돌아
가서 다시 천국을 건설하려 하였나니... (『도전』2:30:3~5)

여기서 이마두는 이탈리아의 가톨릭 선교사 마테오 리치의 중국
식 이름이다. 서양사람, 즉 이탈리아의 가톨릭 신부인 마테오 리
치가 동양에 온 표면상의 이유는 기독교를 전파하고자 함이다.
그러나 원래 그의 깊은 마음속에는 천국을 지상에 건설하고자
하는 소망이 있었다. 천국이란 하늘나라, 즉 천상에 있는 하느님
의 나라라는 뜻이다. 물론 기독교의 이상세계에는 여러 갈래의
개념이 있다.
먼저, 최초의 인간인 아담과 하와가 살던 에덴동산이 있다. 이곳
에서는 인간이 힘든 노동을 하지 않고도 생활에 필요한 모든 것
이 완비된 지상낙원이 펼쳐진다.
다음으로 구약이나 신약, 특히 바울이나 예수가 전한 천국 사상
은 사람이 죽어서 영으로 체험하는 곳이다. 천국은 말 그대로 영
과 육이 함께 하는 땅의 나라가 아니라 저 하늘에 있는 하느님의
나라이다. 육신은 죄를 짓는 원인이 되므로 천국에 갈 수 없다.
마지막으로 사도 요한의 메시지에서 유추한 천년왕국은 지상에
서 펼쳐지는 하느님의 나라라는 의미에서 일종의 지상천국이라
고 할 수 있다. 천년왕국설은 원래는 종말론의 한 형태로서 그리
스도가 지상에 재림하여 왕국을 건설하고 마지막 심판 이전 천
년을 통치할 것이라는 믿음에 바탕한다.
기독교적 천국관과는 별도로 고대 그리스의 플라톤은 이데아사

상을 발전시켰다. 그것 역시도 본질적으로는 일종의 천국론인데, 『폴리테이아』에 그 실상이 잘 그려져 있다. 플라톤은 인간이 국가 안에서 삶으로써 비로소 이상적인 도덕 생활을 실현할 수 있다고 보았다. 그가 그리고 있는 궁극적인 것은 정의가 실현되고 재산을 공유하는 완전사회이다. 궁극적으로는 지상에 가장 이상적인 국가가 성립될 수 있고, 또 그래야 한다는 주장을 담고 있다.

리치가 태어나기 얼마 전에 토마스 모어는 『유토피아』(1516)에서 이전의 천국론을 종합하였다. 이러한 조류를 한 몸으로 체험했을 리치가 동양에 와서 천국을 건설하고자 할 당시는 근대 이성주의가 막 고개를 들기 시작하고 과학과 기술이 기지개를 켜기 시작할 때였다. 따라서 그가 중국에 와서 근대수학과 과학, 그리고 지도 제작법, 지구의, 천구의, 자명종, 클라비코드 등의 문물을 전하는 한편 그것을 중국에 이식하는 데 온 정성을 기울인 것은 바로 천국을 지상에 건설하려는 거대한 계획을 실천에 옮기는 일이었다.

동시에 리치는 중국의 정신문화를 천착하기 시작한다. 사서삼경을 비롯한 고전을 독파하는 가운데 동양의 전통적인 최고신인 상제는 곧 자신이 모셔 온 하느님과 같은 분임을 깨닫게 된다. 그리하여 동양 정신문화의 핵심에 통하게 된다. 이것은 그가 꿈꾸어 온 이상세계, 인간이 가장 행복하게 살 수 있는 곳, 즉 천국을 지상에 건설하기 위한 초석이 된다.

그러나 결과적으로 그의 꿈은 이루어지지 않았다. 그 이유는 누천 년간 쌓여 온 적폐로 인한 것이었다. 그가 전한 과학과 근대 문물은 뿌리를 내리지 못하고 부평초처럼 부유하거나 왜곡되어 본래의 기능을 상실하기도 했다. 혹은 미신을 부채질하는 엉뚱한 역할도 했다.

그럼에도 리치는 자신이 키워 온 천국건설의 꿈을 결코 포기할 수 없었다. 그는 죽어서 하늘나라에 올라가 "동양의 문명신을 거느리고 서양으로 돌아가서 다시 천국을 건설하려"(『도전』 2:30:5)하였다. 이에 자극을 받은 신들이 천상에서 문명건설의 법을 받아내려 사람들의 "알음귀"(『도전』 2:30:6)를 열어 주었다. 알음귀란 이성을 뛰어 넘는 고도의 예지능력으로서 과학 발명의 원동력이 되었다. 바로 이것이 서양의 근대 문명이다. 근대 문명이 인간에게 가져온 혜택은 이루 다 헤아릴 수 없을 지경이다. 그러나 동시에 인간이 해결할 수 없는 수많은 문제도 양산하기에 이른다. 황금만능주의와 이기적 욕망으로 인한 갖가지 병폐가 그것이다. 이 병폐는 마침내 한계에 도달하여 신들조차도 해결할 수 없게 되었다.

리치신명은 모든 신명들과 함께 구천에 임어해 있는 상제님께 이 문제를 직접 해결해 주실 것을 하소연했다.(『도전』 2:30:11) 마침내 상제님은 1871년 이 세상에 인간으로 강세하셔서 천지공사를 통해 지구촌의 문제를 근본적으로 해결하게 된다.

리치는 상제님의 명에 따라 신명계의 우두머리('주벽신', '구천상제')가 되어 개벽 후에 지상에 펼쳐질 천국, 즉 후천선경을 건설하는 데 역사하게 된다.

천상문명天上文明

문자적 의미 하늘나라에 있는 고도로 발전된 문명을 말한다.

본질적 의미 서양의 근대 문명은 천상의 문명을 본뜬 것이라고 한다. 물론 원본은 천상문명이고 복사본은 근대문명이기 때문에 복사본 속에 원본이 드러나겠지만 그 본질적 차이는 있다. 천상문명은 영성이 바탕이 되고 그 위에 물질문명이 성립된 것인데 반해서 근대문명은 영성적 요소가 매우 취약한 상태에서 건설되었다는 데 차이점이 있다.

핵심 사상 예로부터 하늘나라에는 하느님, 즉 상제님이 계신다고 했다. 상제님이 거하시는 궁궐은 "천상의 옥경대玉京臺"(『도전』 2:39:3)라 불렀다. 또 상제님이 직접 관할하시는 조정을 "천상공정天上公庭"(『도전』 6:135:3) 혹은 "천상의 조정天朝"(『도전』 2:13:6)이라 한다. 그러면 천상에는 그밖에 누가 있는가? 천상에도 지상처럼 그곳에 사는 사람이 있다. 천상에 사는 사람을 "천상신명"(『도전』 4:110:3)이라 한다. 상제님은 어린 호연에게 "천상 구경"(『도전』 4:90:1)을 시켜준 일이 있다. 그곳에는 주로 신명이라는 하늘사람 혹은 천상사람이 살고 있다.

그런데 천상에 천상사람이 살고 있기 때문에 당연히 그들의 삶 속에도 문명이 있다. 그것을 "천상 문명"(『도전』 2:30:8)이라 한다. 천상 문명은 지상 문명과 어떤 차이가 있을까? 그것을 알아보기 전에 우선 천상과 천상사람, 그리고 천상 문명이 다른 곳으로 이식된 경우를 살펴보자. 『도전』에 의하면 그것은 놀랍게도 지상이 아니라 지하다. 물론 예로부터 지하는 주로 부정적인 이미지와 결부되어 있다. 그리스신화에 나타나는 죽음과 지하의 신 하데스는 우울하고 창백하게 느껴질 뿐 사악한 신은 아니지만, 가혹하고 냉정한 성격 탓에 대부분의 작품에서는 악역으로 등장한다. 그런데 여기서 유의할 것은 죽음과 지하라는 이미지가 비록 어둡고 부정적이기는 하지만 악은 아니라는 점이다. 그것은 전체 질서의 일환으로 인식될 뿐이다. 천상과 지상과 지하의 세계, 『도전』에서는 그 상관관계를 잘 알려주고 있다.

> 천상사람이 있고 땅속에 사는 사람이 또 있느니라.
> (『도전』 4:66:3)

영국의 천문학자 헬 리가 지구에 구멍이 나 있다는 주장을 한 (1692) 이래, 노르웨이의 얀센 부자父子는 1829년 북극을 탐험하던 중 지하세계로 들어가서 그 곳의 발달된 문명을 체험했다고 한다. 그곳에는 건물들이 금속으로 되어 있고, 의사소통은 텔레파시를 이용했으며, 모두 지상문명과는 비교되지 않을 정도로 발전된 것이었다고 한다.
상제님은 천상문명이 지하로 이식되었고, 마테오 리치 신부가 동양에 와서 지상에 천국을 건설하기 위해 진력하면서부터 지하신이 천상의 모든 기묘한 받아내려 사람들에게 알려줌으로써 현대 문명이 열리게 됐다고 일깨워주셨다.

> 그가 죽은 뒤에는 동양의 문명신을 거느리고 서양으로 돌아가서 다시 천국을 건설하려 하였나니 이로부터 지하신

地下神이 천상에 올라가 모든 기묘한 법을 받아 내려 사람에게 '알음귀'를 열어 주어 세상의 모든 학술과 정교한 기계를 발명케 하여 천국의 모형을 본떴나니 이것이 바로 현대의 문명이라. (『도전』2:30:5~7)

이렇듯 서양 근대의 문명은 바로 천상문명을 본뜬 것이다. 근대문명은 지상에 엄청난 변화를 가져왔고, 인류에게 많은 혜택을 가져온 것이 사실이다. 그러나 천상문명이 가지고 있는 장점을 살리지 못하고 물질주의, 황금만능주의, 이기심을 키우는 부정적 역할을 하게 된다. 이는 서양의 문명이기가 원래 그런 요소가 있어서 그런 것은 아니다. 천상문명이 가지고 있는 영성적 측면을 도외시하고 물질적 측면에만 치중한 것이 그런 부정적 결과를 불러 온 것이다. 그러므로 서양문명이 비록 부정적 결과를 몰고 왔다고 하더라도 그 근원으로 보면 신성한 것, 천상적인 것이다. 서양문명은 해체나 폐지가 아니라 보완·발전의 대상이다.

"서양 사람이 발명한 모든 문명이기를 그대로 두어야 옳겠느냐, 거두어 버려야 옳겠느냐?" 하시니… 말씀하시기를 "네 말이 옳으니 그들의 문명이기는 하늘로부터 내려온 것이니라." 하시고 "옛것을 그대로 지키고 있으면 몸을 망치고 새 기운을 취하면 몸도 영화롭게 되나니 나의 운은 새롭게 바꾸는 데 있느니라." 하시니라. (『도전』5:340:2~5)

지금 우리 시대는 문명과 과학이 극도로 발전하여 인간의 능력이 신의 경지에 도달하고 있다. 그러나 그 문명의 발전과 함께 갈등과 대립과 원한은 더욱 큰 사회문제가 되고 있다. 천상의 문명을 본떠 발전한 현대문명이지만 그 한계를 드러내며 오히려 사회를 병들게 하는 것이다.

> 서양의 문명이기文明利器는 천상 문명을 본받은 것이니
> 라. 그러나 이 문명은 다만 물질과 사리事理에만 정통하였
> 을 뿐이요, 도리어 인류의 교만과 잔포殘暴를 길러 내어 천
> 지를 흔들며 자연을 정복하려는 기세로 모든 죄악을 꺼
> 림 없이 범행하니 신도神道의 권위가 떨어지고 삼계三界
> 가 혼란하여 천도와 인사가 도수를 어기는지라. (『도전』
> 2:30:8~10)

천상문명을 본받은 현대문명의 한계는 결국 개벽을 통해 새로운
변혁을 하게 되고 인류는 상제님의 천지공사에 맞춰 후천선경을
건설하여 참다운 천상문명을 지상에서 열어 지상천국을 건설하
게 된다.

천존天尊, 지존地尊, 인존人尊

문자적 의미　천존, 지존, 인존은 선천개벽 이후 우주 역사의 세 단계 변화 마디를 일컫는 말이다. 즉 선천개벽 이후 봄철은 천존시대, 여름철은 지존시대, 후천개벽의 가을철은 인존시대이다.

본질적 의미　증산도 우주론에서는 우주 1년 4계절을 크게 둘로 나누어 봄·여름시대를 '선천'이라 하고, 가을·겨울시대를 '후천'이라고 한다. '천존'이란 바로 선천의 봄[春]에 해당되는 것으로 하늘[天]이 생명 활동의 근본으로 작용하고, 천상의 각 성신들이 각 민족의 역사를 창조하여 주도해 나감을 뜻한다. 우주의 봄이 되면 지구 문명의 들판에는 인간과 생물이 처음으로 소생[春生]하여 생명활동을 다시 시작하는 시간의 첫 시발점[生物之始]을 갖게 되는 것이다. 우주의 계절로 보면 여름철이 되는 지존시대는 만물 양육의 덕성을 지닌 곤덕坤德으로 인해 모든 것들이 분열 발전하여 성장해 간다. 지존시대를 문명사적으로 보면, 인간의 의식 세계도 지덕의 선율에 맞추어 분열 성장해 감은 물론이고, 물질문명, 과학문명, 인문, 사회, 종교, 문화 등 모든 것들이 총체적으로 성장해 간다. 인존시대는 하늘의 창조적 덕성이 분열 성장하여 이룩된 지상의 모든 문명이 그 극의 과정을 지나 성숙되고 인간을 포함한 모든 생명이 성숙되는 천지성공시대이다. 이 말은 우주 역사의 궁극적 목적이 인간의 성숙이므로 사물 인식과 역사의 주체는 오직 인간이 되며, 인간의 행위를 통해 우주의 이상과 꿈이 실현될 수 있음을 말한다.

핵심 사상 천존과 지존과 인존은 우주변화의 원리에 바탕을 둔 시대 구분이다. 여기서 중요한 시대는 지금 우리가 맞이하고 있는 인존시대이다.

> 천존天尊과 지존地尊보다 인존人尊이 크니 이제는 인존시
> 대人尊時代니라. 이제 인존시대를 당하여 사람이 천지대세
> 를 바로 잡느니라. (『도전』 2:22:1~2)

천존과 지존과 인존은 각각 그 시대의 특징을 가지고 있다. 이를 구분하여 고찰하면 아래와 같다.

천존시대

천존은 글자 그대로 '하늘[天]을 높임'이란 뜻이다. 천인天人 천지天地 천천天天이라는 말에서 보듯이 하늘을 높인다는 뜻은 천天이 주체가 되어 하늘이 사람 노릇[天人], 땅 노릇[天地], 하늘 노릇[天天]을 한다는 것이다. 이는 곧 모든 일이 하늘을 중심으로 이루어지며, 하늘의 이치[天理]를 기준으로 하여 우주 만유의 생명 창조 활동이 일어남을 의미한다. 이것이 봄철의 천존시대이다.

하늘[天]은 만유생명의 시원이며, 근원적 손길로 작용한다. 때문에 천존시대는 하늘의 창조적 덕성을 위주로 하여 모든 만물의 생명기운이 태동되는 때다. 봄[春]에 만유 생명들이 소생함에서 보듯이, 천존시대에는 천지 기운이 창조에의 첫 출발[始動]을 디디므로 그 성품을 원元이라고 하며, 하늘이 베풀어주는 창조의 사랑을 인仁이라 하는 것이다. 다시 말하자면 천존시대는 하늘[天]의 이상이 천상 문명에서 설계된 대로 펼쳐지고, 우주의 역

사는 우주의 혼(영)으로부터 분화되어진 만물의 영혼과 성신들이 지구에 하강함으로써 만물이 화려하게 창조된다.

천존시대가 열리면서 지상에 만물이 화생되는 까닭은 바로 천상의 뭇 성신聖神들이 강세하여 창조의 활동을 시작하기 때문이다. 왜냐하면 모든 생명의 근원, 창조의 기원은 신에게서 비롯되기 때문이다. 또한 내적으로는 천상 신도神道 세계의 뭇 성신들이 각 부족과 민족을 주재하여 문화를 독자적으로 창조하여 주도해 나간다. 이러한 인류문명의 유아기에는 모든 원시의 문명, 종교적 신앙, 창조성의 초점이 하늘[天]과 신神을 주재로 하여 전개되기 때문에 천존시대를 달리 신존시대神尊時代라고 칭하는 것이다. 천존시대에 태동한 모든 것들은 우주 시간 질서에 따라 여름의 분열 성장의 시대로 접어들게 된다.

지존시대

지존은 '땅(地)을 높임'이란 뜻이다. 지인地人 지지地地 지천地天이라는 말처럼 땅을 높인다는 것은, 땅[地]이 주체가 되어 땅이 사람 노릇[地人], 땅 노릇[地地], 하늘 노릇[地天]을 한다는 것이다. 이는 곧 하늘이 대자적對自的으로 있는 상태를 말하는 것이며, 또한 하늘의 이치에 따라 우주 만유의 생명 활동이 땅의 기운을 받아 왕성하게 일어남을 의미한다. 그러나 지역에 따라 땅의 생명기운이 다르기 때문에 서양의 기독교 문명, 동양의 유교 문명, 인도의 불교 문명 등 서로 다른 동, 서양의 문명이 나오고 각양각색의 문화가 다양하게 성장한다. 그러므로 지존은 땅에서 나오는 화육化育의 덕德을 높인다는 것에 그 의의가 있다.

지존시대는 하늘의 창조적 덕성이 지상으로 옮겨져 땅위의 모든 생명존재들을 무성하게 성장하게 한다. 마치 여름철에 대지의 생명들이 최대한으로 자라나는 것처럼, 지존시대는 천지의 창조기운을 받아 만물을 양육하는 땅의 덕성의 그 역할을 다하게 된다. 여름철에 모든 것들이 번창하는 것을 형亨이라 하고, 길러주고 양육하는 사랑의 성품을 일러 예禮라 한다. 이러한 분열 성장의 덕을 총칭하여 곤덕坤德이라 한다. 이를 우주사적으로 보면, 봄의 천존시대를 지나 여름철 분열 성장의 시간대에 접어들면 중개벽의 시공이 열려, 땅이 창조의 이상을 펼치는 중심 무대로 등장하는 것이다. 이것이 지존시대의 가치이다.

지존시대라 불리는 우주의 여름철은 천지창조 이상을 실현시키기 위해 지구에 고도의 문명을 일으켜 발전시키는 성장의 시기이다[長養之時]. 지존시대에는 상극 질서의 투쟁을 거치면서 과잉 성장에 따른 타락, 피 흘리는 투쟁, 자기 모순 등의 얼룩진 미완성의 발전 단계이므로 아직 완성의 시기는 아니다. 이때를 '지존시대'라고 부르는 가장 중요한 이유는 우주 역사의 완성은 지상 위에 인간 문명이 탄생하고 성장하는 필수과정을 거친 뒤에야 실현되어지기 때문이다.

천존시대에 하늘에서 던져준 생명의 기운으로 소생한 모든 것들이 여름철 지존시대의 지덕地德에 의해 무성하게 분열하여 그 성장의 극에 달하면, 선천 역사의 기나긴 여로가 끝나고 후천 가을 하늘의 햇살이 비쳐온다. 가을의 수렴통일 기운은 하늘과 땅의 모든 것을 통일하는 결실문화로 전환시킨다. 이 시기에는 새 진리에 의해 모둔 인류문명이 개벽되어 가을문화의 상생의 질서, 후천 선경의 도술 문명권으로 들어서게 되는데, 이것이 바로 인존시대이다.

인존시대

인존은 글자 그대로 '사람[시을 높이다', '사람이 존귀하다'이란 뜻이다. 인인人人 인지人地 인천人天처럼 사람을 높인다는 뜻은,

사람[人]이 주체가 되어 사람이 사람 노릇[人人], 땅 노릇[人地], 하늘 노릇[人天]을 한다는 것이다. 이는 하늘의 이치에 따라 분열성장하는 우주 만유의 생명 활동이 인간을 위해 결실을 맺게 됨을 의미한다. 그러므로 인존의 의의는 후천의 대개벽기에 천지가 낳은 인간이 이제 완전히 성숙하여 스스로의 역할을 다하고, 용화낙원 혹은 지상 선경세계에서 가장 존귀한 삶을 살아간다는 데 있다.

인존시대는 하늘의 창조적 덕성이 분열성장하여 이룩된 지상의 모든 문명이 그 극의 과정을 지나 성숙되고 인간을 포함한 모든 생명이 성숙되는 천지성공시대이다.

> 이제 인존시대를 당하여 사람이 천지대세를 바로잡느니라. (『도전』 2:22:2)

분열 생장하는 선천시대의 막바지에 이르게 되면 극적인 변화가 일어나는데, 이것이 새로운 시대를 맞이하는 후천 가을의 개벽기이다. 후천의 가을 결실기에 접어들어서는 농부가 가을에 추수하듯이 우주의 만물농사는 성숙의 결실을 거두게 된다. 인간과 만물이 성숙하는 가을 추수기는 결실의 계절이므로 이利라 하고, 쭉정이는 버리고 성숙된 것만을 거두는 가을의 성품을 일러 의義라 한다.

우주 만물의 주재자이신 증산 상제님은 선천의 성장 기간 동안 지상의 세계문명을 마치 부모가 자녀 기르듯이 성숙시켜 놓은 뒤에, 천지성공시대[선·후천 교차]를 맞이하여 창조의 이상인 인간 완성을 이루어 실질적인 인간존엄의 시대가 펼쳐지도록 천지도수로 짜 놓았다. "이제는 인존시대니라."(『도전』 2:22:1) 여기에는 이 우주 속에서 인간의 역할과 사명에 대한 심오한 통찰과 새로운 인식이 깔려 있다.

> 인생을 위해 천지가 원시 개벽하고 인생을 위해 일월이 순
> 환 광명하고 인생을 위해 음양이 생성되고 인생을 위해 사
> 시四時 질서가 조정調定되고 인생을 위해 만물이 화생化生
> 하고 창생을 제도濟度하기 위해 성현이 탄생하느니라. 인
> 생이 없으면 천지가 전혀 열매 맺지 못하나니 천지에서 사
> 람과 만물을 고르게 내느니라. (『도전』11:118:4~10)

이는 우주 문명의 최고 이상을 인간이 주인이 되어 실현한다는
것, 즉 다가오는 후천 세계에는 인사人事가 주체가 되고 신도神道
와 일체가 되어 만사가 신인합발神人合發로 성사될 것임을 말한
것이다. 따라서 '인존'이란 천지의 신들보다 나아가 하나님 못지
않게 인간의 사명과 책임이 크다는 뜻을 내포한다.
그런 의미에서 상제님의 인존사상은 인본주의와 다르다. 그 말
속에는 인간이 모든 존재의 근본이 된다는 뜻을 넘어서 자연과
인간의 가장 이상적인 질서를 이루는 후천개벽의 실천적 주체가
바로 인간이란 뜻이 내포되어 있기 때문이다. 선천이 신도위주로
전개되었다면 후천은 신인합일문명을 열어가는 인간의 개벽된
영성에서 가능하다. 그래서 우주를 주재하는 상제님도 천상의 보
좌에서 영으로 오신 것이 아니라 직접 인간의 몸으로 강세하였던
것이다. 후천 인존시대에는 모든 인간이 신천新天 신지新地에 맞
는 새로운 인간, 즉 신인간新人間으로 새롭게 태어나게 된다.

천주天主

문자적 의미 하늘[天]의 주인[主]이란 뜻. 기독교의 하나님(God)의 한자식 표현.

본질적 의미 '천주'라는 이름은 기독교 가톨릭이 서교, 서학이라는 이름으로 전래되면서 우리에게 친숙하게 알려졌다. 가톨릭이 섬기는 신을 중국어로 번역하면서 '천주'라는 용어가 등장했고, 가톨릭을 가르켜 '천주교'라고 불렀다. 즉 이탈리아 선교사인 마테오 리치 신부가 중국 명나라에 와서 포교하면서 'Deus'라는 라틴어를 중국어로 '천주'라 번역한 데서 비롯된다. 기독교에서 신은 엘로힘, 야훼 등으로 불리기도 하지만 그 의미는 한결같이 하늘의 주인, 우주의 통치자란 뜻이다. 천주는 하늘의 통치자, 우주의 통치자로서 결국 우주만유와 모든 신들을 주재, 통치하는 최고신인 상제님을 뜻한다.

핵심 사상 천주란 용어, 그 존재가 꼭 서양 가톨릭에서만 통용되었던 것은 아니다. 『미륵상생경』에서는 영원한 생명을 누리는 최상의 낙원인 도솔천의 주인인 미륵불을 천주라 했다. 미륵불 천주는 이런 낙원을 이 지상에 실현시킬 수 있는 능력을 지닌 도의 대권자이다. 『미륵상생경』에 의하면 원래 도솔천이란 십선업十善業을 행한 과보로 갈 수 있는 하늘나라라는 뜻이다.
『도전』에는 조선에서 도솔천의 천주에 대한 신앙이 진표율사로부터 비롯되었다는 이야기가 나온다.(『도전』 1:7) 그는 "온 우주의 구원의 부처이신 미륵천주께서 동방의 이 땅에 강세해 주실 것을 지극정성으로 기원"(『도전』 1:7:16)했다는 것이다.

동학의 창도자인 수운 최제우는 신교의 맥락에서 양산 천성산에서 천주강령天主降靈의 기도를 드렸다. 그러던 중 경신년(1860년) 사월 초닷새 홀연히 공중으로부터 선어仙語가 들려오며 천주 강령을 체험하게 된다. 그런데 뜻밖에도 천주님은 스스로를 "상제上帝"라 칭한다. "두려워 말고 겁내지 말라. 세상 사람들이 나를 상제라 이르거늘 너는 상제를 알지 못하느냐?"(『동경대전』「포덕문」) 이를 천상문답사건이라 하는데, 수운이 천주님과 직접 대화한 전대미문의 사건을 이른다.

천주님, 즉 상제님과의 천상문답을 통해서 수운은 상제님으로부터 천명과 신교를 받아 주문을 지으니 이른 바 시천주 주문이다.

"侍天主造化定永世不忘萬事知 至氣今至願爲大降."
시 천 주 조 화 정 영 세 불 망 만 사 지 지 기 금 지 원 위 대 강
(『동경대전』「주문」)

그런데 여기서 흥미로운 점이 감지된다. 그것은 스스로를 상제라 칭한 하느님이 자신의 존재를 "천주"라 표현한 것이다. 더구나 상제님은 수운이 왜 상제라는 존재를 알지 못하는지 힐난한 바 있다. 세상 사람들은 이미 상제님을 잘 알고 있다는 것이다. 그러한 상제님을 너는 왜 알지 못하느냐는 것이다. 여기서 천주는 곧 상제라는 결론이 나온다.

세상 사람들이 당시 널리 알고 있던 천주라는 용어는 원래 서교에서 사용하던 신의 칭호로서 'Deus'의 번역어다. 마테오 리치는 "서양의 하나님이 곧 동양의 상제"라고 하였고, 그 상제와 하나님은 같다고 하였다. 그 후 상제와 천주는 서로 혼용되었고, 현

재 가톨릭은 천주교로 불리어진다. 특히 천주교에서는 하나님을 천주님이라 부른다.

한편 '상제'는 동방 신교의 전통에서는 아득한 예로부터 내려오던 최고신에 대한 호칭이다. 중국 고대의 갑골문 유적지인 은허에 이미 상제라는 글자가 보인다. 이로써 상제님은 동방 신교의 보편신으로 자리매김 되었음을 알 수 있다. 그런데 이 전통을 이어받아 수운이 창도한 동학에서 우주 주재자 최고신을 '천주'라 불렀다. 더구나 시천주주에서 드러나듯 그러한 호칭은 상제님의 뜻에 따른 것이기도 하다.

하늘의 한 분 원주인이 상제로도 천주로도 표현된 것이다. 이는 결국 동서양의 최고신은 같은 존재임을 말하는 것이다. 불교의 미륵불 천주, 서교의 천주나 데우스, 한자문화권의 상제는 하늘의 한 분 원주인을 가리키는 것이다. 동서의 다양한 호칭들은 각기 다른 역사와 전통 속에서 언어와 습관, 관념의 차이에서 생겨난 것으로 볼 수 있다.

천지공사天地公事

문자적 의미 하늘과 땅을 새롭게 질서 지우는 공적인 일.

본질적 의미 우주의 통치자이신 증산 상제님이 지상에 강세하시어 신도神道와 산하기령山河氣靈 그리고 인사人事를 조화調和시켜 앞 세상이 나아갈 길을 미리 예정한 해원 공사이며 구원 공사이다.

핵심 사상 상제님이 인간의 몸으로 이 땅에 강세한 궁극 목적은 천 지공사를 통해서 선천에 쌓인 인간과 신명의 원한을 풀어주고 뭇 생명을 구원하는 것에 있다. 그러므로 천지공사란 인간이 살 아가는 가장 기본적인 환경인 우주 변화의 실상과 문제점을 진 단하여 우주와 인간 역사의 운로를 뜯어고쳐 새 하늘과 새 땅 그 리고 새 역사를 여는 우주 개조 프로그램이다.

증산 상제님께서 선천개벽 이래로 상극의 운에 갇혀 살아 온 뭇 생명의 원冤과 한恨을 풀어주시고 후천 오만 년 지 상 선경세계를 세워 온 인류를 생명의 길로 인도하시니 이 것이 곧 인존상제님으로서 9년 동안 동방의 조선땅에서 집행하신 천지공사天地公事라. 이로써 하늘땅의 질서를 바 로잡아 그 속에서 일어나는 신도神道와 인사人事를 조화 調和시켜 원시반본原始返本과 보은報恩·해원解冤·상생相生 의 정신으로 지나간 선천 상극先天相克의 운運을 끝막고

후천 새 천지의 상생의 운수를 여시니라. 이에 상제님께서
는 만고원신萬古寃神과 만고역신萬古逆神, 세계문명신世界
文明神과 세계지방신世界地方神, 만성선령신萬姓先靈神 등을
불러모아 신명정부神明政府를 건설하시고 앞세상의 역사
가 나아갈 이정표를 세우심으로써 상제님의 대이상이 도
운道運과 세운世運으로 전개되어 우주촌의 선경낙원仙境樂
園이 건설되도록 물샐틈없이 판을 짜 놓으시니라. (『도전』
5:1:1~9)

이처럼 천지공사는 천상 신도神道에서 조화정부造化政府를 결성하
고 지상에서 지운地運 통일 공사를, 인간 역사에서는 세운世運과
도운道運 공사를 집행함으로서 완결된다. 따라서 천지공사는 크
게 천天개벽 공사와 지地개벽 공사 그리고 인간세계에 대한 개벽
공사, 즉 인人개벽 공사로 나뉜다.

천개벽공사란 선천의 신도 세계를 개편하여 신명들의 천상 조화
정부를 결성한 것을 이른다. 선천에는 상극의 운으로 인하여 지
상의 혼란이 극에 달해 있었기 때문에 신도 역시 통일을 이루지
못하고 혼란이 가중되어 왔다. 상극이 낳은 원한으로 얼룩진 선
천의 세상을 바로잡고 새로운 후천 선경을 열기 위해서는 먼저
신도가 바로잡혀져야 한다. 조화 정부는 후천 개벽 공사, 즉 천지
공사를 실질적으로 뒷받침하는 신명 조직이다.

다음으로 지운 통일공사는 땅개벽 공사이다. 인간과 신명은 지
운地運과 지기地氣라는 지구 에너지 환경을 타고 생성 변화한다.
땅은 신령한 영적 생명체로서 아버지 하늘의 조화 기운을 받아서
만물을 낳고 길러주는 어머니의 역할을 한다. 풍수지리학의 관점
에서 볼 때 지구 에너지의 통일을 주도하는 주요 혈과 혈맥은 한
반도, 특히 전주 모악산을 중심으로 모여 있다. 말하자면 한반도

는 지구의 혈자리이다. 땅은 음기운이므로 음기운의 극치인 모악산이 지운 통일의 주장이고 이에 응기하는 양기운의 산이 순창 회문산이다. 이 두 산을 천지부모산이라고 하는데, 이 두 산의 기운이 산하기령의 조화로운 통일을 주도하며 사명당四明堂의 기운을 응기시켜 천하의 지운 통일을 바탕으로 선천의 원한과 시비 그리고 각종 문제들을 해결하도록 되어 있다. 특히 인류의 원의 역사의 시초로 알려져 있는 단주의 원이 순창 회문산의 오선위기혈의 명당기운으로 해소되어 선천의 오래된 상극의 병이 치유된다. 오선위기혈의 문제는 세운공사의 제일가는 화두가 된다.

인개벽공사는 세운공사와 도운공사로 나뉜다. 세운공사는 세계역사의 진행방향을 오선위기혈에 응기시켜 한반도를 중심으로 전개되도록 짜놓은 공사를 말하며, 도운공사는 상제님의 도통맥이 진법을 중심으로 전개되도록 짜놓은 공사를 말한다.

천지공사는 삼계대권을 가진 상제님만이 할 수 있는 일이며, 인류역사상 전무후무한 일이었다. 증산 상제님은 9년간의 천지공사를 통해 후천선경의 기틀을 닦으시고, 종통대권을 고 수부님에게 전하신 뒤에 어천하였다. 그 후 고 수부님은 상제님의 도권을 이어받아 10년 천지공사를 집행하였다.

ㅊ

천지성공天地成功

문자적 의미 하늘과 땅과 인간이 가장 이상적인 상태에서 그 목적한 바를 모두 이루는 것을 말한다. 천지의 성공과 천지와 함께하는 성공, 두 가지 의미를 갖는다.

본질적 의미 봄개벽으로 열린 만물과 인간은 자연의 섭리에 따라 생성변화 하면서 종국에 성숙한 열매를 맺는 것으로 목적을 달성한다. 특히 인생의 목적은 우주 자연의 이치를 깨닫고 그 이치대로 살면서 천지의 목적을 달성하는 삶을 사는 것이다. 이러한 인류의 성숙과 완성을 바탕으로 후천의 새 세상을 건설하고 천지의 뜻에 따라 가장 이상적인 삶을 누리는 것을 천지성공이라고 부른다.

핵심 사상 인간은 누구나 성공적인 삶을 살기를 원한다. 학교에서 열심히 공부를 하고 좋은 직장에서 승진하고 높은 보수를 받으며, 나아가 사회적으로 명예를 얻는 삶을 원하며, 이러한 모든 것이 충족되었을 때 성공적인 삶을 살았다고 평가한다. 그러나 세속적인 부와 명예는 결코 영원한 것도 아니고, 인간 행복의 충분한 조건도 아니다. 전쟁으로, 자연재해로, 순간의 실수로 부는 잿더미가 될 수 있고, 명예 또한 봄눈 녹듯이 사라지는 게 인생이다. 이러한 세속적, 우연적 행복이 아니라 우리 인생에서 변하지 않고 영원한, 가장 가치 있는 성공을 증산도에서는 천지성공이라고 부른다.

지금은 온 천하가 가을 운수의 시작으로 들어서고 있느니라. 내가 하늘과 땅을 뜯어고쳐 후천을 개벽하고 천하의 선악善惡을 심판하여 후천선경의 무량대운無量大運을 열려 하나니 너희들은 오직 정의正義와 일심一心에 힘써 만세의 큰 복을 구하라. 이때는 천지성공 시대天地成功時代니라. 천지신명이 나의 명을 받들어 가을 운의 대의大義로써 불의를 숙청하고 의로운 사람을 은밀히 도와주나니 악한 자는 가을에 지는 낙엽같이 떨어져 멸망할 것이요, 참된 자는 온갖 과실이 가을에 결실함과 같으리라. 그러므로 이제 만물의 생명이 다 새로워지고 만복萬福이 다시 시작되느니라. (『도전』2:43:1~7)

이 『도전』 성구에서 알 수 있는 것은 우주의 가을은 천지가 성공하는 때며 이 성공이란 지상의 온갖 과실이 가을의 때를 맞아 열매를 맺는 것과 같이 후천개벽의 환란기에 죽어가는 우주 만물이 새 생명을 얻고, 새 세상에서 영원한 복락을 누리는 것을 말한다. 이처럼 천지성공은 가을개벽과 밀접한 관련이 있으며, 개벽을 극복하고 영원한 생명을 얻는 것에 성공의 가치와 의미가 들어있다. 천지성공의 뜻은 두 가지로 구분된다. 하나는 하늘과 땅과 만물이 모두 가을 개벽을 당하여 원시반본의 섭리에 따라 제 자리 제 모습을 찾아 새롭게 태어나는 것이다. 둘째는 가을 개벽시대, 새롭게 태어난 하늘땅과 함께 인간과 신명이 영원한 생명의 길을 찾고 후천의 아름다운 선경을 건설하는 것을 뜻한다. 전자가 우주변화 원리에 따라 이루어지는 천지만물의 성공, 즉 '천지의 성공'이라면 후자는 새로운 천지와 함께하는 '성숙한 인간의 성공'이다. 이러한 성공의 가장 큰 특징은 부분적이며 주관적인 한순간의 행복이 아니라 영원한 삶과 절대적인 행복을 주는 성공이라는 것이다.

천지도수天地度數

문자적 의미 천지에 정해진 변화의 질서.

본질적 의미 '천지도수'는 '천지'의 '도수'이다. 이는 풀어서 보면 '천지에 정해진 도수', 혹은 '천지가 변화하는 도수'의 의미로 이해된다. 이 용어는 증산 상제님의 천지공사와 밀접한 관련이 있는 말이며, 따라서 앞으로 전개될 자연과 문명의 전개방향과 관련되어 있다. 천지도수에 포함된 궁극적 의미는 천지만물의 끊임없는 변화에 있어서, 그 변화는 어떤 일정한 질서를 갖는다는 것이다. '도수'는 정해진 수, 정해진 변화의 질서란 의미가 포함되어 있다. 즉 도度는 변화의 정도, 단계, 한계 등을 의미하며 수數는 우주변화의 원리에 맞게 이치적으로 규정된 정도를 나타낸다.

핵심 사상 천지는 상하좌우, 사방의 공간구조와 그 곳에서 사계절이 순환교체하면서 일어나는 시간적 변화를 총칭한다. 천지는 우주나 세계, 때로는 자연과 같은 뜻을 지닌다. 이때 공간은 천지와 우주의 체體라고 한다면 시간은 천지나 우주의 용用이라 할 수 있다. 따라서 천지의 본체인 공간은 그 어떤 고정된 실체로 따로 존재하는 것이 아니라 천지의 작용인 시간이라는 변화과정을 통해 자신의 모양을 달리하면서 지속되는 것이다. 그렇기 때문에 천지는 만물을 생성 변화시키는 공간적 장소이면서 동시에 그 공간적 장소에서 연속적으로 시간의 흐름을 따라서 무궁한 생성과 변화의 작용을 지속시켜 나가는 과정적 존재이다. 따라서 천지란 말에는 천지만물이라는 의미와 함께, 천지변화라는 의미도 동시에 포함되어 있다.

일반적으로 '천지'는 글자 그대로 하늘天과 땅地을 가리킨다. 그러나 증산도에서의 '천지'는 하늘·땅 뿐만 아니라, 인간계와 신명계를 아우른다. '천'과 '지' 속에는 자연과 인간과 신명이 모두 포함되어 있는 것으로 본다. 이러한 천지는 단지 물리적 실재로 구성되어 기계적인 운동만을 반복하는 것이 아니라 하늘과 땅, 인간 그리고 인간 외의 모든 것들이 신명계의 조화작용을 매개로 오묘하게 연결되어 있는 거대한 유기적 존재이다.

반면 '도수度數'는 일반적으로 각도角度·광도光度·온도溫度 등에서 말하는 도度의 수數라는 의미와 일정한 제도制度라는 의미를 가지고 있다. 따라서 천지의 '도수'는 천지에서 '변화가 일어나는 정해진 정도[度]의 수數를 가리킨다. 보다 구체적으로 말하면 천지도수는 천지만물의 시간 공간적 변화가 이루어지는 과정, 그 과정의 정해진 정도이다.

이 같은 설명들로부터 증산도에서 '천지도수'는 우주 전체, 즉 자연과 인간과 신명의 변화질서에 대해 정해진 정도, 하늘·땅·인간·신명계 모두에 대해 정해진 프로그램으로 규정된다.

> 내가 삼계대권을 맡아서 선천의 도수度數를 뜯어고치고 후천을 개벽하여 선경을 건설하리니...인사는 기회가 있고 천리天理는 도수度數가 있나니, 그 기회를 지으며 도수를 짜 내는 것이 공사의 규범이라. (『도전』2:74:1, 8)

'선천의 도수'나 '천리의 도수'라는 용례에서 도수는 천지의 변화원리라는 것을 알 수 있다. 즉 도수는 변화의 질서를 말한다. 이는 변화의 진전 정도[度]의 수數란 말뜻에서 드러나듯이 상수象數 원리에 근거하여 일정한 시간의 마디를 가지고 전개된다. 증산도 우주론에서 천지의 변화는 직선적으로 나아감이 아니라 선천과 후천, 상극과 상생의 순환적 나아감이다. 이 순환질서는 인간에게 하루, 계절의 바뀜, 1년 4계절이라는 시간의 변화로 인식된다. 또한 '도수, 천지도수, 천지도수를 뜯어고친다'는 말씀을 통해 도수에는 또한 그 변화질서의 정신까지 내포돼 있음을 알 수 있다. 천지도수에 나타난 시간의 질서는 만물을 생성 변화케 하는 천지의 시간질서이며, 일정한 '시간의 마디'로 전개되는 천지의 변화정신을 말한다. 이에 따라 '내가 천지도수를 뜯어고친다.'는 상제님 말씀의 참뜻은 선천 시간대의 천지를 떠맡고 있는 상극의 이치를 상생의 질서로 바로 잡아 모든 사람이 다 함께 조화되어 사는 후천 선경의 새 세상을 열어 주신다는 것이다.

> 선천에는 상극의 이치가 인간 사물을 맡았으므로 모든 인사가 도의道義에 어그러져서 원한이 맺히고 쌓여 삼계에 넘치매 마침내 살기殺氣가 터져 나와 세상에 모든 참혹한 재앙을 일으키나니 그러므로 이제 천지도수를 뜯어고치고 신도神道를 바로잡아 만고의 원을 풀며 상생의 도道로써 선경의 운수를 열고 조화정부를 세워 함이 없는 다스림과 말 없는 가르침으로 백성을 교화하여 세상을 고치리라.
> (『도전』 4:14:2~7)

선천에서 후천으로의 천지질서 변화는 스스로 그러한 무위無爲의 이치이면서, '천지를 뜯어고친다.'는 말씀에서 볼 때 상제님의 주재의 결과이기도 하다. 즉 천지도수는 한마디로 자연의 이법을 바탕으로 한 인사人事의 프로그램이라고 할 수 있을 것이다.

천하의 병病

문자적 의미 인간과 신명을 포함한 천지만물이 부조리와 부작용을 드러내며 본래적인 상태에서 벗어나 있는 형세를 말한다.

본질적 의미 증산 상제님이 인간으로 강세한 이유는 온 천하가 큰 병이 들었기 때문이다. 그 병을 극복하여 인류를 구원하는 것은 오직 천지병病을 신도적 차원에서 치유할 수 있는 권능이 있어야 가능하다. 천하의 병은 천하의 의술이 필요한 것이다. 개벽시대에 온 우주와 인류가 처해있는 비정상적인 상태가 바로 천하의 병이며 그 병의 치유가 곧 증산도가 말하는 살림이며 구원이다.

핵심 사상 "천하가 모두 병들었다"[천하개병天下皆病]고 요약되는 인류의 병의 대세에 관한 진단은 다음과 같은 상제님의 글에 잘 드러난다.

> 忘其君者無道하고 忘其父者無道하고
> 망 기 군 자 무 도   망 기 부 자 무 도
> 忘其師者無道하니 世無忠 世無孝 世無烈이라
> 망 기 사 자 무 도   세 무 충 세 무 효 세 무 열
> 是故로 天下가 皆病이니라.
> 시 고   천 하   개 병

임금에게 입은 은덕을 잊은 자도 도리에 어긋난 자요 어버이에게 입은 은덕을 잊은 자도 도리에 어긋난 자요 스승에

게 입은 은덕을 잊고 배반하는 자도 도리에 어긋난 자이니
세상에 충忠도 없고 효孝도 없고 열烈도 없는 고로 천하가
모두 병들어 있느니라. (『도전』 5:347:7)

《현무경》에 들어 있는 이 글은 병의 원인과 치료법을 밝히고 있
어서 '병세문'이라고 부른다. 병세문은 천지의 병에 대해 대병과
소병으로 나누고 그 치유법을 알려주고 있다. 그런데 병세문에서
말하는 병은 결코 인간의 몸과 영혼에 관련된 병만이 아니라 천
지만물에 깃든 병을 말한다. 선천말대의 천지만물은 상극의 이치
가 낳은 원한으로 인해 모든 것이 병으로 죽어가고 있다. 그래서
상제님은 '천하개병'이라고 한 것이다.

천하가 모두 병들었다고 보는 이유는 세상이 모두 무도하다는
데 있다. 만물의 영장이라는 인간이 모여 사는 사회의 기둥과도
같은 윤리와 도덕이 타락했다는 것은 가장 심각한 병이라는 것
이다. 윤리와 도덕의 붕괴는 인간 사이의 규범이 무너졌다는 것
이고, 인간을 둘러싼 정치 사회적인 모든 환경의 질서 역시 온전
하지 못하다는 것이다. "천하가 모두 병들어 있다"는 가장 분명
한 증거는 이처럼 인간 세상의 무질서[無道]이다. 그러나 이러한
무도는 하늘과 땅의 질서에서부터 인간의 삶의 질서까지 모든 것
에 해당하는 진단이다. 천지는 상극의 이치로 돌아가고 있고, 인
간은 그 상극의 세상에서 원과 한을 안고 살고 있다. 그 궁극원
인이 바로 '무도'라는 것이다.

'천하의 병'이란 인류가 천지개벽 이래 앓아 온 고질병이라 할 수
있다. 지금 우리가 목도하는 각종 문명의 질병을 포함하는 사회
병리 현상, 인류의 힘으로는 더 이상 치유를 기대할 수 없는 각종
질병, 더불어 윤리 도덕의 타락 상황을 총체적으로 일컫는다(『도
전』 5:347:3 측주 참고).

《현무경》은 천지의 병에는 원칙적으로 약이 없다고 천명한다. 그러나 그 말은 의술로서의 약이 없음을 뜻한다. 다른 치유약은 있는데 이는 바로 천지의 병에 맞는 천지의 약이며, 신도의 약이다. 무도에 의한 병은 그 잃어버린 도를 찾으면 치유할 수 있을 것이다. 모든 병의 근원은 마음에 맺힌 척에 있고 따라서 그 근원적인 치유는 마음의 정화(본심, 일심의 회복)와 척의 제거를 통해서만 가능하다. 모든 병의 원인인 무도無道는 "대인대의大仁大義"를 통해서 치유될 수 있다. 상제님의 말씀에 "대인대의하면 병이 없느니라"(『도전』5:347:10)고 하였다. 인과 의는 무도의 반대이며, 참된 도를 낳고 천지의 뜻에 부합하는 가장 이상적인 길이다.

도가 무너져 병이 든 천하를 근본적으로 치유하는 "유도有道"와 "대인대의"는 결국 천지질서의 새로운 전환과 해원, 상생의 삶을 통한 치유라고 할 수 있다. 상제님을 지극히 모시고, 천지의 이치를 깨닫고 생명의 근원인 조상신을 잘 받들어 모시는 일이 모두 새로운 천지의 도이며 무도를 치유하는 유도이다. 이러한 유도, 천지의 도를 회복하는 가장 올바른 방법은 상제님이 내려주신 태을주 주문이다.

태을太乙은 우주 생성의 근원이며 우주 본체신의 조화 정신이다. 태을주는 마음과 신神을 하나 되게 하여 개벽 세계로 인도해 주는 우주 생명의 근원 소리이며, 우주 안에 살아 있는 모든 생명을 생명의 본원으로 원시반본하게 하는, 대개벽기에 전 인류가 반드시 읽어야 할 대신주大神呪이다. 인간은 질병이 천지를 휩쓰는 대병겁의 개벽기에 처하여 태을주를 통해서 생명의 근원 세계로 돌아가지 않으면 살아날 수 없다.

聖父
성부
聖子　元亨利貞奉天地道術藥局 在全州銅谷生死判斷
성자　원형이정봉천지도술약국 재전주동곡생사판단
聖神　　　　　　　　　　　　　　　　　(『도전』5:347:9)
성신

여기에 가을개벽기 이 땅에 강세한 상제님의 우주적 시명時命이
함축적으로 나타나 있다. 증산 상제님은 성부(인존 상제님으로 오기
전의 상제님), 성자(인간으로 온 상제님), 성신(우주에 충만한 신)의 삼신
일체(작용과 본체의 통일)를 바탕으로 우주 가을개벽기에 봄, 여름
에 쌓인 질병 기운을 진단하여 심판하고 새롭고 건전한 가을 문
화를 연다. 상제님은 이를 위해 창생의 생사를 판단하고 우주 도
술 약국을 열어 죽어 가는 창생을 건져 살려내는 천지 의원 역할
을 한다. 이러한 의미에서 상제님은 천지와 인간의 본질을 꿰뚫
어 그 병을 진단한 성스런 우주 의사인 것이다. "대저 제생의세濟
生醫世는 성인의 도道요, ….."(『도전』2:75:9) "성인은 천하의 직책과
천하의 업무를 우선으로 삼나니 천하의 직은 병들어 가는 삼계
를 살리는 일(醫)이요 천하의 업은 삼계문명을 통일하는 일(統)이
니라. 성스러운 직이요 성스러운 업이니라."(『도전』5:347:17). 상제
님의 이 말씀에서 천하의 병에 대한 궁극적인 법방이 담겨 있다.
바로 '의통'이다. 그리고 그 의통의 가장 중요한 수단이 태을주이
다.

천황天皇 지황地皇 인황人皇

<u>문자적 의미</u> 천·지·인 삼계, 즉 하늘, 땅, 인간 세계에서 각기 가장 존귀한 분을 일컫는다.

<u>본질적 의미</u> 천지와 인간 역사를 새롭게 연 가장 존귀한 분이란 뜻으로, 증산도에서는 도체道體를 이루는 증산 상제님, 태모 고 수부님, 인사의 지도자를 규정하는 개념이다.

<u>핵심 사상</u> 천황은 옥황의 다른 뜻으로서 하늘에서 제일 높은 하나님을 의미한다. 곧 우주 주재자 상제님을 가리킨다. 천지의 조화 성신과 하나되어 온 우주를 다스리는 신 중의 최고의 신, 지고의 존재자다. 증산 상제님은 천황씨로 이 세상에 온 것이다. "내가 참하늘이니라."(『도전』 4:66:2)라는 상제님의 말씀에서 천황으로서의 위격을 깨달을 수 있다.
땅에서 가장 높은 지황은 천황과 음양 짝을 이루며, 상제님의 도의 종통을 계승하고 후천 곤도의 문명을 연다. 태모 고 수부님이 지황의 자리에 해당한다. 천황과 지황은 음양합덕으로 천지를 개조하고 새로운 정음정양의 인류문화를 펼친다.

> 그대와 나의 합덕으로 삼계三界를 개조하느니라. (『도전』 6:42:3)

ㅊ

인황은 천황과 지황의 뜻을 인간 역사 속에 실현하는 인사의 최고 지도자다. 대개벽기에 의통성업을 집행하고 광구창생하는 추수 일꾼 대두목이 바로 인황이다. 인황은 후천 오만년 세상을 여는 첫 주인이 된다. 인황은 천황, 지황을 대행하여 인류를 구원하고 전 우주를 통일함으로써 천지의 이상을 실현하는 황제다. 이런 의미에서 인황은 천황, 지황보다 크다.

> 천황지황인황후天皇地黃人皇後에 천하지대금산사天下之大
> 金山寺라. (『도전』 7:77:4)

천황, 지황, 인황으로 설명되는 도맥의 틀은 천리에 따른 것이다. 모든 생명의 변화는 하늘과 땅, 건곤천지를 바탕으로 한다. 천지의 음양조화 속에 만물이 생성하고 변화하는 것이다. 이 천리를 따라 천황인 상제님은 여자 하느님을 동반하여 강세하는 것이다. 이로써 인간 역사에서 아버지(남자) 하나님과 어머니(여자) 하나님을 동시에 모실 수 있는 진정한 천지부모의 친정시대가 열린 것이다.

천황, 지황의 모사재천의 섭리는 성사재인의 지도자 인황에 의해 현실 역사의 무대 위에 펼쳐진다. 천황과 지황은 온 우주 생명을 주재하는 하늘 아버지, 땅 어머니로서 천지에, 인황은 그 천지를 대행하는 일월에 해당한다. 즉 천지의 주인인 상제님이 음양합덕을 위해 반려자인 태모님에게 종통을 전수하여 천지대업을 새 역사에 씨뿌렸듯이, 상제님의 대행자인 대두목 또한 음양합덕으로 수화일체, 용봉일체가 되어 그 하늘의 섭리를 인사로 성취하는 것이다. 증산 상제님은 스스로 "천지일월天地日月"(『도전』 4:111:14)이라고 하면서 "나는 천지天地로 몸을 삼고 일월日月로 눈을 삼느니라."(『도전』 4:111:15)고 말한다.

상제님께서 선천 억음존양의 건곤을 바로잡아 음양동덕陰
陽同德의 후천세계를 개벽하시니라. 이에 수부首婦님께 도
통道統을 전하시어 무극대도를 뿌리내리시고 그 열매를
수화水火(감리坎離)의 조화 기운을 열어주는 태극과 황극의
일월용봉 도수日月龍鳳度數에 붙이시어 신천지新天地 도정
道政의 진법 도운을 여시니라. (『도전』6:2:1~4)

기존 문헌의 용례 동양문화에서 천황, 지황, 인황은 흔히 오제五帝
와 더불어 고대 중국 문명을 연 제왕들인 삼황을 가리키는 것으
로 쓰인다. 삼황으로는 태호 복희, 여와, 염제 신농이 꼽힌다. 태
호 복희는 역易을 만들고 어획과 수렵의 방법을 가르치고, 여와
는 인류를 낳고 혼돈의 세계를 바로잡았다고 하며 신농은 농경
과 의약, 교역의 창시자로 알려져 있다. 사료史料에 따라서는 여
와 대신 수인이나 축융을 넣기도 한다. 오제에는 황제, 전욱, 제
곡, 요임금, 순임금이 속한다. 황제 대신 소호 금천이 들어가기도
한다.

그런데 고대 황하 문명의 시조를 이루는 태호 복희와 염제 신농
은 동방 신시배달의 혈통으로 동이족 출신이다. 그밖에도 오제에
속하는 모든 제왕들이 동이족 출신이다.

동이 배달국 구리의 한 제후인 소전의 아들인 황제 헌원에 대해
중국 고전 『초사』는 "황제는 백민白民에서 태어났고……그는 동
이족에 속한 사람이다."고 말하고 있다. 또 『사기』도 황제를 제후
인 소전의 아들로 기록하고 있으며, 그밖의 오제들이 모두 황제
에게서 유래하는 것으로 전하고 있다. "황제로부터 순임금, 우에
이르기까지 모두가 동일한 성姓이며, 나라 이름만 달랐을 뿐이
다." 현대 중국의 사학자들이 편찬한 『고사변』의 다음과 같은 주
장은 그같은 사실들을 정리 요약한 것이다.

동이는 은나라 사람과 동족이며, 그 신화 역시 근원이 같
다. 태호, 제준, 제곡, 제순 그리고 설들이 같다고 하는 것
은 근래의 사람들이 이미 명확히 증명하는 바다.

삼황오제, 특히 삼황에 대해 그 역사성을 인정하지 않는 주장도
제기된다. 삼황오제 시대는 중국 고대에 실재하지 않았으며, 삼
황의 전설에는 신화적 요소가 많다는 것이다. 무엇보다 사마천
의 『사기』에서 삼황을 받아들이지 않았으며, 뒤에 당唐 나라에 이
르러서 첨가되었다는 점은 삼황의 역사 시대가 처음에는 부인되
었고 나중에 중국의 역사로 편입되었을 가능성을 시사해준다는
지적이다. 물론 이런 사실들은 삼황오제의 시대가 중국 고대사에
속하지 않을 가능성을 말하는 것으로 삼황오제가 동이족이었다
는 설명과 상치되는 것은 아니다.

한편 중국 북송시대의 학자 소강절(1011~1077)은 그의 『황극경세
서』에서 인류역사가 황皇-제帝-왕王-패覇의 순서로 순환한다고
주장했다. 황, 제, 왕, 패는 각각 도, 덕, 공功, 힘으로써 다스리는
통치문화를 뜻한다. 증산도에서는 원시반본 섭리에 따라 도로써
다스리는, 도정일체의 황 시대가 새롭게 도래한다는 것을 말하고
있다. 앞으로 천황, 지황, 인황의 황 시대로 되돌아가 열매기 문
화, 군사부 진리로써 후천 오만 년이 전개된다는 것이다. "천황지
황인황후에 천하지대금산사"란 말은 새로운 삼황시대가 증산 상
제님이 강세하여 30년 동안 임어했던 곳이며 우리 민족의 미륵
신앙의 근본도량인 전주 모악산 금산사를 기점으로 삼아 펼쳐질
것이란 뜻이다.

이에 앞서 동학을 개창한 수운 최제우 같은 이는 상제님의 뜻을
받들어 시천주와 지상 선경의 도래를 밝힌 자신을 일러 세상이
천황씨라 할 것이라고 밝힌다. 수운의 제자이자 동학의 2대 교주

인 최시형은 천황을 신과 합일하는 경지에 이른 성인으로 이해하면서 스승의 말을 이렇게 받아들인다.

> 오늘 대신사께서 천황씨로써 자처하심은 대신사 역시 신
> 이신 사람이시니 후천 오만년에 이 이치를 전케함이니라.
> (『海月神師法說』「其他」)

그는 또 천지일월과 삼황에 대해서 다음과 같이 말한다.

> 천지가 밝은 것이 아니라 일월이 밝고 밝은 것이요, 일월
> 이 밝은 것이 아니라 천황이 밝은 것이요, 천황이 밝은 것
> 이 아니라 지황이 더욱 밝은 것이로다. 천황의 도와 지황
> 의 도를 인황이 밝히나니, 천황 지황이 세상에 난 뒤에 인
> 황이 세상에 나는 것은 이치가 본래 그러한 것이니라. (『海
> 月神師法說』「天道와 儒・佛・仙」)

이밖에도 '변강쇠가', '창부타령', '춘향전'과 같은 구비문학과 '궁을가'와 같은 비결에서 '천황', '삼황오제' 등의 개념을 발견할 수 있다.

춘생추살春生秋殺

문자적 의미 봄에는 만물을 낳고 가을에는 개벽 심판으로 죽인다는 의미.

본질적 의미 뭇 생명을 낳고 기르고 거두는 우주 자연의 섭리로서 봄 개벽과 가을개벽의 정신을 나타내는 말이다. 봄개벽으로 모든 생명 기운이 탄생한다면 가을개벽으로 그 봄, 여름 동안 기른 생명기운을 거둔다는 뜻이다.

핵심 사상 지구에도 1년 4계절이 있듯이 우주에도 1년 4계절이 있다는 것이 증산도 우주론의 핵심이다. 우주 1년은 지구 1년처럼 봄, 여름, 가을, 겨울을 한 주기로 한다. 이때 봄에는 만물이 하늘과 땅의 생명기운을 받아 탄생하고, 여름에는 만물이 풍성하게 잎과 가지로 벌어져 성장하고, 가을이면 잎은 떨어져 낙엽이 되고 열매를 맺게 되며, 겨울에는 깊은 휴식에 들어간다. 이러한 각 계절의 변화정신을 잘 표현하는 말이 바로 생장염장이다.

> 나는 생장염장生長斂藏 사의四義를 쓰나니 이것이 곧 무위이화無爲以化니라. 해와 달이 나의 명命을 받들어 운행하나니 하늘이 이치理致를 벗어나면 아무것도 있을 수 없느니라. 천지개벽天地開闢도 음양이 사시四時로 순환하는 이치를 따라 이루어지는 것이니... (『도전』2:20:1~4)

생장염장은 낳고(봄), 기르고(여름), 거두고(가을), 저장하는(겨울)
봄, 여름, 가을, 겨울 각 계절의 정신을 담고 있다. 이 생장염장의
현실적 변화 성격을 규정하는 것이 바로 방탕신도이다. 방탕신도
는 생장염장으로 현실화되며, 생장염장으로 4계절의 변화가 일
어난다.

萬物資生하여 羞恥하나니 放蕩神道는 統이니라
만 물 자 생　　수 치　　　방 탕 신 도　　통
春之氣는 放也요 夏之氣는 蕩也요
춘 지 기　　방 야　　하 지 기　　탕 야
秋之氣는 神也요 冬之氣는 道也니
추 지 기　　신 야　　동 지 기　　도 야
統은 以氣主張者也라 知心大道術이니라
통　　이 기 주 장 자 야　　지 심 대 도 술
戊申 十二月 二十四日
무 신 십 이 월 이 십 사 일

만물은 어머니 곤덕坤德(땅)에 바탕하여 생겨나 부끄러워
하는 본성이 있으니 방放 탕蕩 신神 도道는 천지변화의 큰
법도와 기강(統)이니라. 봄기운은 만물을 내어놓는 것(放)
이고 여름기운은 만물을 호탕하게 길러내는 것(蕩)이요 가
을기운은 조화의 신神이며 겨울기운은 근본인 도道이니라.
내가 주재하는 천지 사계절 변화의 근본 기강은 기氣로 주
장하느니라. 마음을 훤히 들여다보는 대도술이니라. (『도
전』6:124:9)

이처럼 증산 상제님은 우주 4계절의 변화를 방탕신도로써 설명
하며, 이 방탕신도의 정신으로 드러나는 것이 만물의 생장염장이
다.
여기서 춘생추살을 이해할 수 있는 중요한 마디는 생과 염이다.

생은 만물이 생겨나는 봄개벽의 현상이며, 염은 만물을 심판하여 추수하는 가을개벽의 현상을 말한다. 봄에 하늘의 따뜻한 기운으로 만물 생명이 탄생하는 것은 우주 주재자의 한량없는 사랑[인仁]의 표현이고, 가을이 되어 성숙한 열매와 쭉쟁이를 구분하여 거두고 떨구는 것은 엄격한 정의로움[의義]의 표현이다. 우주 자연과 이를 주재하시는 상제님의 창조법도가 바로 사랑과 정의로 표현되며, 이를 한마디로 요약한 것이 바로 춘생추살이다.

칠성 도수七星度數
/ 칠성용정공사七星用政公事

문자적 의미 북두칠성을 바탕으로 일곱 사람이 한 단위를 이루는 일꾼 조직을 내는 공사로 정해진 도수. 칠성용정공사, 즉 칠성 기운을 천지도정에 쓰는 공사와 같은 내용을 갖는다.

본질적 의미 칠성 도수는 병인丙寅(道紀56 1926)년 3월 28일에 태모님이 성도 고민환 등 청년 일곱 명을 선출하여 행한 것으로서 상제님의 새로운 일꾼을 내는 공사이다. 지도자 1명과 조직원 6명으로 구성된 기본 일꾼 조직을 '육임', '육임군'이라고 부른다. 그래서 칠성도수의 또 다른 이름은 육임군 도수이다. 또한 칠성 도수는 '칠성 기운을 천지도정天地道政에 쓴다'는 의미로 '칠성용정七星用政 공사'라고도 한다. 이는 후천의 선仙 문명을 여는 도수이며, 포교와 구원의 추수일꾼 도수이다.

핵심 사상 칠성 도수는 하늘에 있는 별자리인 칠성과 관계가 있다. 칠성은 '북두칠성北斗七星'을 말한다. 7개의 별이 국자 모양을 하고 있으므로 두斗자를 썼다. 오랜 옛날부터 우리 민족은 칠성이 모든 인간의 생사를 주관한다고 믿었다. 우리 민족의 칠성신앙은 뿌리가 매우 깊다. 민간신앙과 도교, 불교에서 칠성을 받들고 있는 것은 이러한 신앙의 연장이라 할 수 있다. 오늘날 불교 사찰에도 여전히 칠성각七星閣이 남아 신앙적인 기능을 하고 있는 것은 우리 민족 고유의 칠성신앙이 불교와 결합한 것이다.

별을 신앙의 대상으로 하는 것은 세계 각 문화권의 공통적 특성이다. 이중에 특히 도교에서는 천체에 대한 다양한 신앙형태를 가지고 있는데 그중 북두칠성을 신앙하는 칠성신앙은 상당한 비중을 차지한다. 동북아 칠성신앙의 원류가 한국이라는 최근의 연구결과는 여러 가지 측면에서 주목할 만하다. 칠성신의 기능을 종합하여 보면 다음과 같다.

첫째, 인간의 수명을 관장하는 신이다. 즉 무병건강하고 장수를 기원하기 위하여 칠성신에게 기도하며, 칠성은 인간의 수명을 수호하여 준다는 신앙과 관련되어 있다. 특히 어린아이의 수명을 수호하는 신으로 믿어진다. 그래서 우리 조상들은 칠성님께 명을 빌었으며, 특히 무속에서도 이 칠성신이 수명을 관장하는 신으로서 신격화되어 있다.

둘째, 칠성은 재물과 재능에 관한 것을 관장하는 것으로 믿어진다. 즉 민간에서는 농사나 어업이 잘 되기를 빌거나, 입신출세하고 과거에 급제하도록 칠성신에게 기원한다.

셋째, 비를 기원하는 신앙과 관련되어 물을 관장하는 신으로 상징되고, 비의 양과 시기를 결정하는 신이라 믿어진다. 비를 내리는 것이 하늘이라는 점에서 하늘을 상징하는 의미가 없는 것은 아니지만, 구체적으로는 우리들의 생활과 밀접한 비의 신이라 할 수 있다.

북두칠성을 구성하는 별은 각기 다음과 같은 이름으로 불린다. 탐랑貪狼, 거문巨門, 녹존祿存, 문곡文曲, 염정廉貞, 무곡武曲, 파군破軍. 각 별의 맡은 임무는 약간씩 다르다. 탐랑성星은 자손들에게 복을 주고, 거문성은 장애와 재난을 없애준다. 녹존성은 업장을 소멸시켜 주고, 문곡성은 구하는 바를 모두 얻게 해준다. 염정성은 백 가지 장애를 없애주고, 무곡성은 복덕을 두루 갖추게 해주며, 파군성은 수명을 연장시켜준다. 또 본명원신本命元辰이란 것이 있는데, 여기서 본명은 사람이 낳은 해의 간지를 말한다. 따라서 본명성星이란 것은 사람이 난 해의 간지에 해당하는 별을 말하는데, 누구를 막론하고 그 사람의 길흉화복은 모두 그 별의 지배하에 있다. 일곱 개의 별이 각기 모두 그 해에 태어난 사람의 본명성이 되는 것이다. 우리의 장례 풍속에 사람이 죽으면 송판에 일곱 구멍을 뚫어서 북두 형상과 같이 만들거나, 혹은 종이에 북두 형상을 그려서 시체를 받혀 놓는데 이를 칠성판이라고 한다. 이 또한 칠성신앙과 유관하다.

우주의 주재자인 증산 상제님도 전주 모악산 대원사의 칠성각에서 도통을 하여 천지대신문天地大神門을 열었다.(『도전』 2:11:3) 태모 고 수부님은 칠성경七星經이 복을 이끌고 재앙을 없애 주며 영원한 생명과 건강한 몸을 얻게 하는 신령스런 주문이라고 하였다.(『도전』 11:180:8)

칠성 도수는 달리 육임군 도수라고도 불린다. 육임은 '여섯 명이 임무를 맡는다'는 의미이다. 하도河圖의 북방 1·6수에서 육임 조직의 근본 형태를 알 수 있다. 생수(태극수) 1이 변화작용을 하는 것은 성수成數 6이다. 이는 지도자 1명과 육임 조직의 6명을 상징하는 것으로 이해할 수 있을 것이다. 죽은 사람 1명을 살릴 때에는 육임조의 지도자 한 명과 여섯 명의 조직원 등 도인 7명이 한 조가 되어 그를 살려낸다. 즉 육임 조직은 가을 개벽의 대환란기에 대비하여 억조창생을 살릴 상제님의 일꾼이라고 할 수 있다. 이 육임조직은 우주의 가을철에 새 생명을 구하는 의통 조직이요, 이러한 의통은 상제님 9년 천지공사의 결론이다.

천지공사는 우주 주재자이신 상제님에 의해 도수로 정해졌으나[모사재천] 그 도수를 실현하는 것은 인간이다[성사재인]. 그러나 선경을 실현하는 주체는 인간이지만 엄격히 말한다면 인간이 주체가 되어 신과 합일하여 이루어내는 것이다. 이를 신과 인간이 하나가 되어 일을 성사시키는 것, 즉 신인합일神人合一이라고 한다. 칠성용정 공사에서 칠성은 단순한 별자리가 아니라 신도세계의 칠성이다. 그러므로 고 수부님은 "신인합일이라야 모든 조화의 기틀을 정한다."(『도전』 11:98:9)고 한다. 칠성의 일곱 신성과 일곱 사람이 함께 일을 함으로써 생명을 다시 살릴 수 있는 것이다. 따라서 칠성 공사는 후천의 인간을 낳아서 키우는 공사이고, 복록과 생명의 추수일꾼 공사이다. 이는 칠성용정 공사와 일맥상통한다. 먼저 칠성 공사와 관련된 『도전』 구절을 보면 그 의미를 추론할 수 있다.

태모님께서 말씀하시기를 "칠성 공사는 후천 인간을 내는 공사요, 낳아서 키우는 공사니라." 하시고 "후천 기운은 사람을 키우는 칠성 도수七星度數이니, 앞세상은 칠성으로 돌아가느니라." 하시니라. 또 말씀하시기를 "상제님의 천지공사는 낳는 일이요, 나의 천지공사는 키우는 일이니라." 하시니라. (『도전』11:99:1~3)

여기서 칠성 공사에 대해서 '후천인간을 내는 공사이며, 낳아서 키우는 공사'라고 정의내리고 있다. 이와 함께

태모님께서 민환을 대리로 정하여 칠성용정 공사를 행하신 것은 태모님의 수壽가 민환과 일곱 살 차이라 칠 도수七度數를 취하심이요 또 민환이 심지心志가 바르고 사욕이 없으며 성품이 온순하여 남과 시비하는 것을 싫어하니 그 심법을 보시고 도수를 정하심이거늘 (『도전』11:101:1~2) 하루는 태모님께서 고민환을 수석 성도로 세우시어 칠성

용정 공사七星用政公事를 보시니라. 태모님께서 강응칠姜應
七에게 명하여 "네가 입는 갓과 도포를 가지고 오라." 하시
어 남장男裝을 하시더니 다시 민환에게 "네가 입는 의관을
가져오라." 하시어 그 옷으로 갈아입으시고 민환에게는 태
모님의 의복을 입히시어 여장女裝을 시키신 뒤에 내실內室
에 있게 하시니라. 이윽고 태모님께서 밖으로 나오시어 말
씀하시기를 "내가 증산甑山이니라." 하시고 "민환의 나이
마흔에 일곱을 더하면 내 나이 마흔일곱이 되고, 내 나이
마흔일곱에서 일곱을 빼면 민환의 나이 마흔이 되니 민환
이 곧 나의 대리代理요, 증산의 대리도 되느니라." 하시니
라. (『도전』11:98:1~7)

이 두 성구에서 칠성용정 공사와 관련된 성도는 고민환임을 알
수 있다. 여기서 고민환은 고 수부님을 뜻하는 여장을 하고 고
수부님은 증산 상제님을 뜻하는 남장을 하고 있다. 이어서 태모
님은 고민환에게 칠성기운을 붙여 상제님과 자신을 대행하여 천
하사를 할 수 있는 힘을 부여하는 예식을 거행하였다. 이는 바로
칠성용정 공사를 통해 후천의 새일꾼, 천하사 일꾼을 정하고 또
일꾼으로 키우기 위한 목적을 갖는다.

'칠성용정'에는 천지의 깊은 섭리가 담겨 있다. 즉 천상 하나님의
별인 칠성으로부터 성령을 받아 내리는 것이다. "나는 칠성이니
라."(『도전』 6:7:4), "칠성공사는 후천 인간을 내는 공사요, 낳아서
키우는 공사니라"(『도전』 11:99:1)라는 구절에서 보듯이 칠성은 상
제님의 별이며, 칠성용정은 상제님의 기운을 받아서 천하사 일꾼
을 낳고 기르는 것이다.

태극太極

문자적 의미 태극에서 '태'는 '크다', '처음', '극'은 '지극함', '정점' 등의 뜻을 갖는다. 무극, 황극과 함께 삼극의 하나로 우주의 본체를 말한다.

본질적 의미 태극이란 만물을 창조하는 모체이다. 그런데 태극은 우주 조화의 근원인 무극으로부터 기원한다. 그리고 우주의 창조운동이 지속적으로 일어나도록 하는 중매자가 황극이다. 무극은 우주생명이 음양으로 나누어지기 이전 우주생명의 근원적 조화경계이다. 태극은 무극에서 음양의 상대적 운동이 일어나는 기점이며 만물창조의 시원이다. 황극은 이러한 우주의 창조활동이 지속적으로 일어나도록 촉진하는 중매자의 역할을 한다.

결국 태극이란 실질적인 만물의 생성과 소멸, 분열이 나타나는 지평이다. 만물은 근본적으로 태극에서 생겨난다. 현실 세계는 태극 원리로 구성되어 있다고 할 수 있다. 음양과 주객이 분열되어 상대적인 운동이 시작되는 단계이다. 달리 말하면 만물은 음양의 태극 운동으로써 생성하고 소멸한다고 할 수 있다.

핵심 사상 증산도에서의 태극은 동양전통의 삼극설, 즉 우주론적 삼극설을 이루는 한 요소이다. 무극, 태극, 황극의 삼극설은 발생론적이면서 동시에 존재론적인 측면을 동시에 갖는다. 무극은 가장 본원적인 위치에 있고, 태극은 이로부터 발원한 현실계의

변화운동의 근원이며, 황극은 무극과 태극을 매개하여 결국 현
실계에 무극이 드러나도록 하는 역할을 한다.

이러한 우주론적인 근본 도식은 증산도에서 인사의 문제를 다루
는 틀로 제시된다. 무극이란 증산 상제님을, 태극이란 상제님의
뜻을 현실 세계에 펼치는 대두목을, 황극은 양자를 종합적으로
실현하는 지도자를 말한다. 증산도의 도통道統은 무극, 태극, 황
극에 대응하는 상제님과 대두목과 지도자의 삼원합일의 원리에
따라 전수되고 실현된다. 증산 상제님의 무극대도를 현실에 실현
하는 지도자를 통해서 선천의 상극세상은 후천 상생의 조화낙원
으로 새롭게 열리게 된다.

『도전』에 나타난 태극에 관한 주요 내용은 다음과 같다.

> 이로써 일부는 천지일월과 인간의 변화를 이끄는 세 가지
> 천지조화의 힘과 동력의 본체를 밝혔나니, 이는 곧 무극無
> 極과 태극太極과 황극皇極의 삼극 이치라. 무극은 십미토
> 十未土로서 가을의 통일을 주장主張하고 그 조화와 통일
> 의 열매인 술오공戌五空은 만물의 생명의 근원인 물이 화
> 생化生되는 태극이요 태극이 동하여 열리는 황극은 만물
> 생장의 조화를 이루어 성숙을 실현하매 무극과 태극을 매
> 개하여 십일성도十一成道하는 생장 운동의 본체 자리니라.
> (『도전』1:9:13~15)
>
> 천지의 이치는 삼원三元이니 곧 무극無極과 태극太極과 황
> 극皇極이라. 무극은 도의 본원本源이니 십토十土요, 태극은
> 도의 본체로 일수一水이니라. 황극은 만물을 낳아 기르는
> 생장生長 운동의 본체니 오토五土를 체體로 삼고 칠화七火
> 를 용用으로 삼느니라. 우주는 일태극수一太極水가 동動하
> 여 오황극五皇極의 생장 운동을 거쳐 십무극十無極에서 가

을개벽의 성숙운을 맞이하느니라. 상제님께서 "나는 천지일
월天地日月이니라" 하시고 건곤감리 사체四體를 바탕으로
도체道體를 바로잡으시니 건곤乾坤(천지天地)은 도의 체로
무극이요, 감리坎離(일월日月)는 도의 용이 되매 태극(水)을
체로 하고 황극(火)을 용으로 삼나니 이로써 삼원이 합일
이니라. 그러므로 도통道統은 삼원합일三元合一의 이치에
따라 인사화人事化되느니라. (『도전』6:1)

위 성구를 통해 무극, 태극, 황극의 우주론적 원리가 인사에 적용
되어 천지일월의 사체로 드러나며, 이로써 도통맥은 삼원합일의
원리로 이땅에 현실화 된다는 것을 알 수 있다.

기존 문헌의 용례 태극이 철학의 주요 원리로 등장한 것은 송학宋學
의 화두를 제시한 주렴계周濂溪(1017~1073)의 『태극도설太極圖說』
이다. 이는 『주역』「계사전」에 나오는 '역에 태극이 있으니 여기서
양의가 나오고 양의에서 사상이 나오고 사상에서 팔괘가 나오고
팔괘에서 길흉이 정해지고 길흉에서 큰 사업이 나온다.[易有太極
是生兩儀 兩儀生四象 四象生八卦 八卦定吉凶 吉凶生大業]'는 명제를 부연
설명한 해설서이다. 여기에는 태극이 철학적으로 과연 무엇인지
에 대한 결정적인 언설이 포함되어 있다.

'무극이자 태극인 것, 이 태극이 움직여서 양기가 나오고,
움직임이 극도에 달하면 도리어 고요해지나니, 고요해지
면 음기가 나오고, 고요함이 극도에 달하면 다시 움직이
니, 한 번 움직이고 한 번 고요함이 서로 그 뿌리가 되어
음기와 양기로 갈리어 양의가 성립한다.'
無極而太極 太極動而生陽 動極而靜 靜而生陰 靜極復動 一動

一靜 互爲其根 分陰分陽 兩儀立焉

주렴계는 세상의 모든 변화가 음양이라는 두 대립적 기운이 상호 이행하는 과정에서 발생한다고 본다. 더 나아가서 음양과 오행을 배합하여 사계절의 순환을 설명하기도 한다. 그러므로 다음과 같이 말하게 된다.

> '오행은 하나의 음양이고 음양은 본래 하나의 태극이며 태극은 본래 무극이다. 오행이 생겨남에 있어서 각기 그 성질을 가지는 것이니, 무극의 참됨과 음양오행의 본질이 미묘하게 융합하여 응결하는 데서 건도는 남성이 되고 곤도는 여성이 되니, 두 기운이 교호작용하는 데서 만물이 생겨난다. 이리하여 만물이 생겨나고 또 생겨나서 변화가 무궁하다.'
>
> 五行一陰陽也 陰陽一太極也 太極本無極也 五行之生也 各一其性 無極之眞 二五之精 妙合而凝 乾道成男 坤道成女 二氣交感 化生萬物 萬物生生 而變化無窮焉

이것이 자연의 법칙이다. 여기서 태극이란 한 마디로 동정하려는 기운이다. 아직 음양이라는 상반된 기운으로 갈려 있지 않은 상태의 가능적 기운을 무극이라 하고 만물이 거기로부터 생겨나오는 근원으로 현실화된 기운을 태극이라 한다. 그러나 무극과 태극은 본래 한 기운이다.

E

태모太母(어머니 하느님)

문자적 의미 태모太母는 클 태太 자와 어미 모母 자로, 가장 위대한 어머니를 뜻한다. 나아가 아버지 하느님과 짝을 이루는 '어머니 하느님'을 가리킨다.

본질적 의미 태모는 서양의 아버지 하느님 사상에 대비해서 어머니 하느님을 지칭하는 용어이다. 서양의 남성 중심주의는 신관에 있어서도 아버지 하느님만을 모시고 신앙하는 종교관을 만들었다. 그러나 동양에서는 음양동덕의 이치에 따라 남성과 여성은 동등한 위치를 가진다. 따라서 아버지 하느님과 함께 어머니 하느님도 동일한 위격으로 신앙하는데, 어머니 하느님을 증산도에서는 태모라고 부른다.

핵심 사상 태모/어머니 하느님이란 개념 속에는 여성의 역할과 위치가 무엇인지에 대한 복합적 의미가 들어 있다. 인류의 역사에서 초기의 사회구조는 여성이 주가 되는 모계사회였다. 즉 어머니를 중심으로 가족이 만들어지고 생산활동이 전개되었으며, 가족의 혈통 또한 어머니를 중심으로 이어졌다.
그 시절의 여러 유적에서는 여성을 신으로까지 추앙하던 흔적이 남아있는데 주로 여신상으로 나타난다. 서양에서는 모계사회에서 가장 우두머리 되는 여성을 'Great Mother', 즉 대모大母라고 부르며, 이를 신격화하면 '대모신大母神'이 된다. 그러나 농업의 발달로 인한 정착생활과 잉여생산물은 여성중심의 가족구조를 남성, 아버지 중심의 부계사회로 전환시킨다. 부계사회에서 여신은 사라지고 그 자리를 남신/아버지 하느님이 대체하게 되었다. 그 후 역사는 부권사회로 지속되었으며 여성은 남성의 소유물로 전락하게 된다. 여성은 정치적 참여도, 경제적 활동도 하지 못하도록 억압되고 가정과 사회, 국가에서 남성을 위해 존재하는 2차적 존재였다. 여성은 여성이기에 무시와 착취, 억압과 천대 속에서 살게 되었다.

이러한 여성관에 획기적인 사고의 전환을 가져온 개념이 바로 증산도의 태모 개념이다. 태모 사상은 인류 시원의 여성신, 지모신 사상을 되살려 부권중심의 종교관이나 사회구조를 타파하고 남성과 여성을 동등한 위치에서 동등한 권리를 갖는 평등한 관계로 설정한다. 이를 증산도에서는 정음정양, 남녀동권이라고 한다.

태모 사상은 아버지 하느님 사상과 함께 이해할 수 있다. 증산도에서는 증산 상제님을 아버지 하느님으로 모시는데, 우주를 주재하시는 절대자 하느님이다. 상제님은 하느님이며, 미륵불이며, 천주님이다. 모두 호칭은 다르지만 우주를 통치하시는 절대자 한 분을 지칭하는 말이다. 이 상제님과 하나되어 우주를 낳고 기르시는 어머니 하느님을 태모라고 부른다. 그리고 증산도에서는 증산 상제님과 함께 음양동덕으로 천지공사를 집행하는 태모/어머니 하느님을 '수부首婦'라고 지칭한다. 수부와 태모와 어머니 하느님은 다른 호칭이지만 모두 같은 한 분을 지칭한다.

> 태모太母 고 수부高首婦님은 억조창생의 생명의 어머니이시니라. 수부님께서 후천 음도陰道 운을 맞아 만유 생명의 아버지이신 증산 상제님과 합덕合德하시어 음양동덕陰陽同德으로 정음정양의 새 천지인 후천 오만 년 조화 선경을

여시니라. 종통을 이어받아 도운의 첫 씨를 뿌리심 무극은 건곤(천지)이요 도道의 본원本源이라. 태모님께서 당신을 수부首婦로 내세우신 상제님으로부터 무극대도의 종통宗統을 이어받아 대도통을 하시고 세 살림 도수를 맡아 포정소布政所 문을 여심으로써 이 땅에 도운의 첫 씨를 뿌리시니라. 태모님께서는 수부로서 10년 천지공사를 행하시어 온 인류의 원한과 죄업을 대속代贖하시고 억조창생을 새 생명의 길로 인도하시니라. (『도전』11:1:1~7)

이처럼 증산 상제님은 선천 억음존양의 시대에서 억압받는 여성의 원과 한을 풀어주고, 음양의 새로운 질서를 만들기 위해 천지공사의 일환으로 수부 공사首婦公事를 집행하게 된다. 수부 공사란 인간으로 강세한 인존상제님이 상제님으로서 가진 천지구원의 권능과 의무를 수부에게 전하여 그 종통을 이어받게 하는 공사를 말한다. 그러나 수부 공사는 단지 상제님의 종통을 이어받는 한 여성을 선택하는 것을 넘어선다. 이 공사를 통해서 여성은 남성의 완롱거리에서 벗어나 새 역사를 여는 주체로 우뚝 서게 되며, 기존의 모든 원과 한을 풀고 진정한 남녀동권의 위치와 역할을 갖게 되는 계기를 마련한다. 다시 말해 수부 공사의 배경에는 우주의 음양 질서를 바탕으로 하는 정음정양 도수가 깔려 있다.

태시太始

<u>문자적 의미</u> 원초적 시작을 의미하는 개념으로 이 세상이 만들어지기 시작한 시공의 시원적 경계를 가리킨다.

<u>본질적 의미</u> 태시는 우주가 어떻게 구성되어 움직이는가, 우주는 어떻게 변화하는가 등 우주만물의 출발점을 설명하는 말로 시공의 시작과 관계된 용어이다. 전자가 우주의 구조에 대한 물음이라면, 후자는 만물이 어떻게 변화하는가를 묻는 생성의 문제이다. "태시에 하늘과 땅이 문득 열리니라"(『도전』 1:1:1)라는 말에는 동양철학의 영원한 주제인 하늘과 땅[天地]이 언제[太始] 어떻게[문득] 열리는가에 대한 담론이 담겨 있다. 특히 시공이 최초로 '열린다'는 뜻에는 사막문화에서 유래한 서양의 창조관과 극명한 대비를 이루는 동양의 개벽관이 함의돼 있다. 그런 점에서 태시는 우주론과 시간론의 중대한 주제이다.

<u>핵심 사상</u> 하늘과 땅이 만물을 어떻게 생기게 하고 그 사물이 어떻게 변화하는가 하는 문제를 다루는 천지론(우주론)은 동양인의 영원한 화두였다. 천지는 어떤 절대자가 일정한 목적을 가지고 창조한 것이 아니라 원래부터 존재했던 생명의 터전이다. 천지가 어느 시점에 생성되었는가 하는 질문은 위의 성구 '문득'이란 말에 압축되어 있다. 문득은 천지에 대한 최고 인식의 단계를 지칭하는 용어로 시간[太始]과 공간[天地]이 저절로 열리는 우주 조화

의 궁극적 경지를 뜻하는 개념이다.

특히 '열리니라'라는 어휘에는 서양 종교에서 말하는 절대자가 천지만물을 빚어냈다는 창조론과 전혀 다른 내용이 담겨 있다. 조화옹 하느님이 자연과 문명과 역사를 주재하고, 더 나아가 인류를 구원한다는 무한한 사랑과 의지를 읽을 수 있는 대목이다. '열린다'는 말은 발생론적 표현이다. 서양의 창조론은 직선적 시간관에 입각한 종말론으로 연결되고, 이 세상에 존재하는 모든 사물은 창조주가 빚어낸 피조물에 불과하다는 결론에 이른다. 하지만 동양의 개벽론에서 '열림'은 창조가 아니라 '현현'이며 스스로 존재가 드러나는 '개벽'이다. 창조론과 개벽론은 동서 사유의 두드러진 차이점이다.

천지는 대자연의 바탕이다. 하늘과 땅은 조물주에 의해 만들어진 것이 아니다. 무無에서 유有가 창조되었다는 말이 아니다. 그것은 우주 조화정신의 본성으로부터 '문득 열린 것'이다. 우주에는 자연질서의 창조주 하느님이 아니라 우주질서와 함께하는 통치자 하느님, 개벽장 하느님이 계시다는 것이 증산도 우주관이며 신관이다. 우주 대광명과 함께하는 삼신과 그 삼신의 현현이 우주의 시원과 연계되어 '태시'에 '문득' 만물이 생겨나는 것이다. 이것이 바로 태시의 의미. 태시는 시간과 공간이 처음 열리는 우주사의 일대 전환점에 대한 형이상학적 용어이다. 아득한 어느 시점에서 무극의 생명막이 태극으로 화하고, 시공이 열려 하늘과 땅이 태어나는 극적인 경계를 지적한 말이다.

기존 문헌의 용례 '태시'라는 말은 『列子』「天瑞篇」에 나오는 우주론적·시간론적 개념이다.

옛날 성인은 음양의 원리로 천지를 섭리하셨소. 대저 형체

있는 것들은 무형의 도에서 나온 것이오. 그러면 이 천지는 어디서 생겨난 것일까? 그러므로 太易이 있었고, 太初가 있었고, 太始가 있었고, 太素가 있었소. 태역은 아직 氣의 움직임이 나타나지 않은 때이며, 태초는 기가 나타나기 시작한 때이며, 태시란 형상이 드러나기 시작한 때를 말하고, 태소는 질적 변화가 나타나기 시작한 때를 말하는 것이오. 기운과 형상과 성질이 갖추어져 서로 떠날 수 없으니 이를 혼륜(혼돈)이라 하오. 이것은 만물이 서로 혼합되어 서로 떠날 수 없음을 말하는 것이오. 이 혼돈은 보아도 보이지 않고, 들어도 들리지 않고, 따라가도 붙잡을 수 없으므로 이를 太易이라 하오. 태역이란 본래 형상과 사물의 징조가 없는 거요. 태역이 변화하여 하나의 기운이 되고, 이것이(一位) 변화하여 7(七位)이 되고, 이는 다시 9수의 변화까지 전개되고, 이 9수 변화는 변화의 극적인 상태를 말하는 것이오. 9는 다시 근원으로 돌아가는 변화를 하여 1(우주생명의 氣의 통일상태, 一太極水)이 되니 1(一水)은 천지 만물이 생성 변화하는 시발점(통일의 완성이라는 뜻)이오.

昔者聖人因陰陽以統天地. 夫有形者生於無形, 則天地安從生? 故曰有太易, 有太初, 有太始, 有太素. 太易者未見氣也; 太初者氣之始也; 太始者形之始也; 太素者質之始也. 氣形質具而未相離, 故曰渾淪. 渾淪者言萬物相渾淪, 而未相離也. 視之不見, 聽之不聞, 循之不得, 故曰易也. 易無形埒, 易變而爲一, 一變而爲七, 七變而爲九, 九變者究也. 乃復變而爲一, 一者形變之始也.

열자는 우주의 본체를 허무虛無로 보고 만물이 이 허무의 본체에서 생긴다고 말했다. 그는 기가 점차 현저해져 가는 것을 '태역太易, 태초太初, 태시太始, 태소太素'의 순서로 설명하였다. 다시 말해 천상의 신명이나 지상의 인간, 그리고 이 우주가 처음으로 생겨나기까지는 생성의 근원자리(모체)인 태역으로부터 '태초(1) → 태시(2) → 태소(3)'라는 3단계의 생성과정을 거치며, 우주의 천지기운은 '1(水) - 7(火) - 9(분열의 종극수)로 전개되었다가 다시 우주의 통일운동으로 되돌아간다는 것이다.

태을주太乙呪

문자적 의미　증산도의 수행 주문으로서 생명기운의 주재신인 태을천 상원군님을 부르는 주문이다.

본질적 의미　태을주는 증산도의 가장 중요한 주문으로서 '훔치훔치 태을천 상원군 훔리치야도래 훔리함리사파하' 23자로 구성된다. 평소에는 영성을 개발하고 신도와 통하는 주문이며, 개벽기에는 죽어가는 사람을 살리는 의통의 역할을 한다.

핵심 사상　태을주는 가을개벽기에 인류를 살리는 의통 주문이다. 상제님께서는 "태을주로 사람을 많이 살리리라."(『도전』 10:89:5)고 하셨다. 이러한 태을주는 세 번의 과정을 거쳐서 완성되었다.

태을주를 인간역사의 전면에 내놓은 사람은 조선 말의 도인 김경수이다. 김경수 대성사는 50년 공부로 뜻을 이루려는 서원을 세우고 주문 수행에 열심이었으나 뜻을 이루지 못했다. 그는 마지막으로 도가와 불가에서 '구축병마주驅逐病魔呪(세상의 모든 병마를 물리치는 주문)'로 비전되어 오던 주문인 '훔리치야도래 훔리함리사파하'의 열석 자 주문을 읽고 신령한 기운을 체험하고 천상 태을궁으로부터 '태을천 상원군'을 덧붙여 읽으라는 계시를 받았다. 그 후 증산 상제님께서 주문의 첫머리에 '훔치훔치'를 덧붙여 태을주를 완성하여 주셨다.

태을주라는 주문의 명칭은 '태을천 상원군'에서 비롯되었다. 태을천에서 태을은 태일과 같은 뜻으로 모든 생명이 하나로 통일되는 상태를 말한다. 따라서 태을천은 우주생명의 조화기운을 하나로 통어하고 있는 근원적 하늘을 말한다. 그리고 우주생명의 통일적 조화기운을 관장하고 통제하고 있는 태을천의 주재자가 바로 태을천 상원군이다. 태을천 상원군은 태을천에서 가장 높은 분이라는 뜻이다. 그러므로 태을주를 읽으면 우주 생명의 근원뿌리를 찾을 수 있으며 그곳으로 되돌아갈 수 있다.

상제님께서 붙여주신 '훔치'는 천지의 부모를 부르는 소리이다. '훔'은 우주 안에 있는 모든 소리를 머금고 있는 창조의 근원소리이다. 동시에 우주 만유를 통일시키는 가을의 생명의 소리이며 조화의 소리이다. 또한 '훔'은 치유의 소리이다. '훔'은 전일적인 소리이기에 훔 소리를 들으면 인체의 모든 세포가 동시에 진동하여 생기를 얻는다. '치'는 '소울음 치', '입 크게 벌릴 치' 자로서 '신과 하나 됨', '크게 정해서 영원히 변치 않는다.'는 의미를 갖는다. '치'는 훔의 생명력이 밖으로 분출된 소리로서 실제로 창조가 형상화되는 소리이다.

가을이 되면 낙엽이 뿌리로 돌아가는 것처럼, 우주의 가을이 오면 모든 생명은 자신의 뿌리로 돌아가야 한다. 태을주는 우주생명의 수원지인 천지부모를 찾는 주문이며, 이로써 우주생명의 시원을 살펴서 그 근본으로 되돌아가려는 주문이다. 그러므로 태을주는 모든 생명이 제 뿌리로 돌아가는 가을개벽기에 삶의 제자리로 돌아갈 수 있는 영약靈藥인 것이다.

　　태을주太乙呪로 천하 사람을 살리느니라. 병은 태을주라야 　막아내느니라. 태을주는 만병을 물리치는 구축병마驅逐病

魔의 조화주라. 만병통치萬病通治 태을주요, 태을주는 여의 주니라. 광제창생廣濟蒼生, 포덕천하布德天下하니 태을주를 많이 읽으라. 태을주는 수기水氣 저장 주문이니라. 태을주는 천지 어머니 젖줄이니 태을주를 읽지 않으면 다 죽으리라. (『도전』2:140:3~9)

태을주에는 오묘한 조화권능이 들어 있다.

첫째, 태을주는 몸과 마음의 이분법적 분열과 대립을 치유하여 인간의 자기소외와 자기분열을 치유할 수 있는 보약이다. 왜냐하면 인간이 태을주를 지극한 정성으로 읽으면 몸과 마음이 하나가 되어 몸의 질병과 마음의 번민을 몰아낼 수 있기 때문이다.

둘째, 태을주는 세상의 모든 일을 환하게 알 수 있는 '만사지'의 능력을 제공한다. 태을주는 우주만물과 하나되어 상호관통할 수 있는 조화력을 제공하는 주문이기 때문이다.

셋째, 태을주는 크고 작은 모든 환난과 재난으로부터 사람을 보호해 준다.

넷째, 태을주는 인류를 가을천지로 인도한다. 태을주는 가을개벽기에 우주질서와 문명질서를 통일시킴과 동시에 새로운 생명으로 거듭나게 해주는 주문이기 때문에 인간을 후천선경의 새로운 세상으로 인도한다.

상제님께서는 태을주의 조화권능을 다음과 같이 말씀하셨다.

만사무기 태을주萬事無忌 太乙呪
만병통치 태을주萬病通治 太乙呪
소원성취 태을주所願成就 太乙呪
포덕천하 태을주布德天下 太乙呪
광제창생 태을주廣濟蒼生 太乙呪

만사여의 태을주萬事如意 太乙呪

무궁무궁 태을주無窮無窮 太乙呪

태을주는 여의주如意珠, 여의주는 태을주니라. (『도전』 7:75:5~6)

판안·판밖

문자적 의미 일이 벌어지는 판에 속하는 것을 '판 안'이라 하고 그렇지 않은 경우를 '판밖'이라고 한다.

본질적 의미 증산도에서 '판 안', '판밖'은 두 가지로 사용된다. 하나는 상제님의 진리에서 벗어나 있는 난법을 규정하는 개념이다. 즉 증산 상제님의 친자 성도들에 의해 이뤄진 난법의 경우를 '판 안의 난법', 증산 상제님의 어천 이후 개인들에 의해 펼쳐진 난법을 '판밖의 난법'이라고 한다. 또 하나는 상제님의 천하사는 기존의 역사흐름에서 이루어지는 것이 아니라 그밖의 곳에서 이루어진다는 뜻에서 판 안과 판밖을 사용한다.

핵심 사상 판은 문자적으로 어떤 일이 벌어지는 자리 또는 그 장면, 처지, 형편 등을 의미한다. 판은 곧 인간이 참여하고 개입된 것으로 사회적 역사적 성격을 갖는 것임을 알 수 있다. 예컨대 소리판, 풍물판, 씨름판, 굿판, 정치판, 놀이판, 잔치판, 장기판 등에서 볼 때 판은 곧 사건이 벌어지는 장소를 의미한다.

증산도 도운에서 판 안 판밖은 먼저 난법을 규정하는 용어로 사용된다. 즉 '판 안·판밖'에서의 판은 증산 상제님으로부터 직접 가르침을 받은 성도들을 중심으로 전개된 도판이나 도문道門을 주로 가리킨다. 이 때 안과 밖은 그 성도들의 진리 성숙도에 따라 구분된다.

상제님의 가르침인 무극대도를 왜곡하여 전하고 실행하는 것을 난법이라고 부른다. 여기서 법이란 방법, 법칙, 도리道理, 규범, 진리의 가르침[敎法] 등을 의미한다. 즉 증산도에서 법이란 증산 상제님의 진리를 보고, 체험하고, 깨닫고, 실천하는 일체의 구도 행위와 신앙의 정신자세, 목적 그리고 방법과 도리를 말한다. 나아가 통치정신과 역사정신을 일체로 하여 새 시대를 열어가는 창조정신의 의미로도 쓰인다. 이러한 법을 제대로 따르지 않는 것이 난법이다. 결국 난법이란 진리를 어지럽히는 법이다. 난법이란 증산 상제님의 대도를 바르게 가르치고 실천하지 못하고, 새 역사 정신에 부합되지 않는 교리나 세력들을 가리킨다. 대도의 참 빛을 드러내지 못하는 난법들은 일반적으로 교법이 어지럽고 가르침이 앞뒤가 맞지 않으며 불의한 행위를 드러내며 인류가 안고 있는 숱한 난제에 대해 해답과 구원을 제시할 역량이 없다.

난법은 그 형성과 발전과정에 따라 판 안 난법과 판밖 난법으로 분류된다. 판의 의미에 따라 판 안 난법은 증산 상제님의 친자 성도들을 중심으로 전개된 난법을 가리킨다. 예를 들어 박공우 성도의 태을교, 김형렬 성도의 미륵불교, 차경석 성도의 보천교, 안내성 성도의 증산대도교 등이 있다. 이들은 상제님의 진리를 따르고 있지만 올바른 도맥을 전수받아 드러난 진법이 아니다.

판밖 난법은 증산 상제님 어천 후, 판 안에 있는 성도들을 통해 개인신앙으로 출발했던 인물들에 의해 만들어진 것이다. 이들은 증산 상제님과 관련된 유물을 전수받았다거나 꿈이나 모종의 신비 체험을 통해 계시를 받았다고 내세우며, 명당이론이나 여러 비결서들을 끌어들이기도 한다. 판밖 난법판으로는 소태산의 원불교, 조철제의 태극도와 이로부터 파생된 박한경의 대순진리회, 장기준의 순천도, 강승태의 동도법종 금강도, 강순임의 증산법종교, 용화동의 증산교 등이 있다.

뿐만 아니라 크게 보면 모든 선천 종교, 기존 이념을 재해석하여 지어낸 일체의 정치, 종교, 철학, 사회사상도 난법에 해당한다. 나아가 유, 불, 선, 기독교 등 선천 종교 자체 또한 편협한 시각으로 인해 진리와 온 우주를 통째로 보지 못하는 한, 난법의 굴레를 피하지 못한다. 무엇보다도 그들은 대우주가 송두리째 바뀌는 대전환기에, 후천대개벽의 문제에 대한 구원과 진리의 총체적 해답을 갖고 있지 못하다.

그렇지만 난법은, 판 안 난법이든 판밖 난법이든, 그릇되고 악한 것으로 전면 부정되지 않는다는 점에 유의해야 한다. 오히려 진법이 드러나는 과정에서 불가피하게 나타나는 미성숙한 것으로 이해돼야 한다. 지금 우주는 성장의 마지막 과정에 놓여있기에 인간의 정신과 문화가 성숙되지 않았다. 이 때문에 진리를 보는 눈도 제각각일 수밖에 없다. 이 같은 미성숙과정에 불가피하게 빚어지는 대립과 충돌을 통해 진법판이 스스로 무르익는 것이다.

난법은 또한 근원적으로 보면 인간 존재에 바탕을 두고 있는 것이다. 인간은 끊임없이 욕망을 추구하고 그 충족을 통해 자신을 실현하는 존재다. 욕망이 좌절되고 방해받으면 자연 울분과 원망이 생기고, 해소되지 못한 원억의 응어리는 큰 병을 이루는 법이다. 그에 따라 증산 상제님은 도운 역시 먼저 인간의 자유욕구에 맡겨 욕망의 충돌 속에, 잡화전 같은 난법의 혼란과 대립 속에 진법이 성숙하도록 했다. 먼지 어지러움을 짓고 뒤에 다스리는 선난후치先亂後治의 방식을 택한 것이다.

원래 인간 세상에서 하고 싶은 일을 하지 못하면 분통이
터져서 큰 병을 이루나니 그러므로 이제 모든 일을 풀어

놓아 각기 자유 행동에 맡기어 먼저 난법을 지은 뒤에 진
법을 내리니 오직 모든 일에 마음을 바르게 하라. (『도전』
4:32:1~3)

반면 진법은 진리에 부합되고 증산 상제님의 뜻을 올바로 실현
하는 것이다. 궁극적으로 지구촌 문화의 세계무대 위에 증산 상
제님의 대도의 진면목을 드러내는 곳, 즉 증산 상제님으로부터
종통을 이어받아 그 뜻과 진리를 바르게 깨치고 실천하는 참주
인[眞主]이 있는 곳이 바로 진법판이다.

이런 의미에서 두 번째 판 안, 판밖이란 개념이 드러난다. 두 번
째 의미의 판은 앞에서 말한 판 안의 난법과 판밖의 난법 전체를
일컫는다. 즉 판 안의 난법과 판밖의 난법이 모두 함께 판 안의
난법으로 규정되며, 그래서 진법은 그러한 판 안의 난법에서 벗
어난 새로운 법을 말한다.

내가 하는 일은 도통한 사람도 모르게 하느니라. 나의 일
은 판밖에 있느니라. 무릇 판안에 드는 법으로 일을 꾸미
려면 세상에 들켜서 저해를 받나니 그러므로 판밖에 남
모르는 법으로 일을 꾸미는 것이 완전하니라. (『도전』
2:134:1~4)

여기서 말하는 판안과 판밖은 난법의 판을 기준으로 그 안과 밖
을 말하는 것이다. 상제님의 무극대도는 판밖에 있으며 판안의
사람들이 모르는 법인 판밖의 새로운 법으로 일을 이루게 된다
고 하였다. 즉 진법은 난법의 판안이 아니라 그 판밖에 있는 법이
며, 판안의 사람들은 아무도 모르는 남모르는 법이다.

하도·낙서 河圖洛書

<u>문자적 의미</u> 하도河圖란 천하天河(지금의 송화강)에서 나온 그림[圖]을 뜻한다. 낙서洛書란 낙수洛水에서 나온 글[書]을 의미한다.

<u>본질적 의미</u> 흔히 하도는 우주 창조의 설계도, 낙서는 인간 역사가 미래의 후천을 향해 발전해 가는 원리라고 한다. 하도와 낙서는 천지 음양생성의 원리로서 서로 체용體用의 관계에 있다. 천지의 성신聖神이 성인에게 천지만물의 생성 변화하는 순환 원리를 신교神敎로써 내려준 것이다. 이는 음양오행 원리의 기본이 된다.

<u>핵심 사상</u> 『도전』에 나타난 하도·낙서에 대한 주요 언급은 다음과 같다.

상제님께서 십이지지十二地支 물형부物形符를 가르쳐 말씀하시기를 "이는 태고太古시대의 도술道術이니 선경세계를 건설할 때에 크게 쓸 것이니라. 익히 공부하여 두라." 하시니라. 하루는 공사를 보시며 글을 쓰시니 이러하니라.

龜馬一圖今山河여 幾千年間幾萬里로다
귀마일도금산하　　기천년간기만리
胞運胎運養世界하니 帶道日月旺聖靈이로다
포운태운양세계　　대도일월왕성령

하도와 낙서의 판도로 벌어진 오늘의 산하
수천 년 동안 수만 리에 펼쳐져 있구나.
가을 개벽의 운수 포태하여 세계를 길러 왔나니
변화의 도道를 그려 가는 일월이 성령을 왕성케 하는구나.
(『도전』2:143:1~4)

증산도에 있어서 하도·낙서는 한 마디로 선·후천의 원리를 드러
내는 도표이다. 낙서는 선천의 원리와 선천 문명의 핵심을, 하도
는 후천의 원리와 후천 문명의 핵심 내용을 드러낸다. 그러므로
자연스럽게 하도·낙서에는 선·후천 변화의 원리가 숨어 있다고
볼 수 있다.
낙서에 대한 주요 언급은 다음과 같다.

厥有四象抱一極이고 九州運祖洛書中이라
궐 유 사 상 포 일 극　　　구 주 운 조 낙 서 중
道理不慕禽獸日이요 方位起萌草木風이라
도 리 불 모 금 수 일　　　방 위 기 맹 초 목 풍

대자연에는 사상四象이 있어
중앙의 한 지극한 조화기운을 품고 있고
온 세상 운수의 근원은 낙서洛書 속에 들어 있네.
도리를 우러르지 않으니 금수 시대요
사방에서 싹을 틔우니 초목에 바람이 이네.

開闢精神黑雲月이요 遍滿物華白雪松이라
개 벽 정 신 흑 운 월　　　편 만 물 화 백 설 송
男兒孰人善三才오 河山不讓萬古鍾이라
남 아 숙 인 선 삼 재　　　하 산 불 양 만 고 종

개벽의 정신은 먹구름 속 빛나는 달이요
세상에 가득한 만물의 정화는 흰 눈 속 소나무로다

남아로서 그 누가 삼재三才에 뛰어나더냐.

강과 산은 만고의 종(萬古鍾)을 사양치 않노라. (『도전』
2:145:2~3)

여기에는 낙서의 특성에 대한 암시가 들어 있다. 낙서는 선천인
현세의 운수를 나타내고 있다. 미래의 이상적인 세계에 대한 희
구가 아닌 현실에 대한 철저한 인식과 오묘한 이치를 포함하고
있다. 그것은 개벽기를 당하여 비극적 정세를 해쳐나갈 수 있는
지혜를 숨기고 있다는 점에서 매우 귀중한 인류의 문화 유산이라
할 수 있다.

결론적으로 하도는 후천 상생의 이치를, 낙서는 선천 상극의 이
치를 나타낸다. 하도가 아직 실현되지 않은 통일에의 꿈을 나타
낸다면, 낙서는 이를 추구해 가는 고달픈 과정을 그린 것이다. 하
도에는 상제님을 뜻하는 10수가 나타나 있는 반면 낙서에는 10
수가 결여되어 있기 때문이다.

기존 문헌의 용례 하도河圖란 5,500여 년 전 태호 복희씨伏羲氏 때 천
하天河(지금의 송화강)에서 용마龍馬가 등에 지고 나온 그림[圖]을
뜻한다. 즉 황하라는 강에서 나온 그림, 도해를 뜻한다. 복희씨
가 이를 보고 최초로 팔괘八卦를 그렸다. 낙서洛書란 4,000여 년
전 우禹임금이 치수할 때 낙수洛水에서 나온 신령스러운 거북이
[神龜]의 등에 쓰여 있던 글[書]을 의미한다. 즉 낙수라는 강물에서
나온 신비스러운 글귀를 뜻한다. 우임금이 이를 보고 〈홍범구주
洪範九疇〉를 만들었다.

하도는 흑점과 백점으로 이루어져 있다. 백점은 1, 3, 5, 7, 9의
양수, 흑점은 2, 4, 6, 8, 10의 음수를 나타낸다. 중심과 동서남
북의 각 방위에는 음수와 양수가 한 쌍씩 결합되어 있다. 이는 천

지의 음양 에너지가 결합하여 만물을 창조, 변화시킴을 뜻한다. 하도의 운동은 음양의 상대성 운동이다. 각 방위의 안쪽에는 1, 2, 3, 4, 5의 생수生數, 바깥에는 6, 7, 8, 9, 10의 성수成數가 배치되어 있다. 생수와 성수가 짝을 이루어 만물의 창조와 생성이 가능하도록 되어 있다.

북방은 1, 6으로 계절은 겨울이며 수水, 남방은 2, 7로 계절은 여름이며 화火, 동방은 3, 8로 계절은 봄이며 목木, 서방은 4, 9로 계절은 가을로 금金을 각각 상징한다. 그리고 중앙은 5, 10으로 계절로 나타낼 수 없는 토土를 상징한다.

낙서도 하도와 마찬가지로 흑점과 백점으로 이루어지지만 음양이 서로 짝을 이루지 않고 떨어져 있다. 중앙에는 백점 5의 양수, 각 방위에는 백점 1, 3, 7, 9의 양수, 각 방위의 중간에 흑점 2, 4, 6, 8의 음수가 배치되어 있다. 여기서 음수와 양수, 생수와 성수는 하도에서처럼 짝을 이루지 않는다. 그러므로 만물의 창조와 생성이 아닌 대립과 상극의 상을 연출하고 있다.

해원解寃

<u>문자적 의미</u> '원을 푼다', '원통함을 해소한다'는 뜻이다.

<u>본질적 의미</u> 해원은 선천 5만 년간 상극의 질서 속에서 쌓여온 모든 원한을 증산 상제님의 천지공사에 의해 모두 해소하는 것을 말한다. 보은, 상생과 함께 증산도의 주요 이념인 해원은 상생의 세계로 나아가는 바탕이 된다. 만고의 원을 푸는 해원은 후천 5만년 상생의 선경세계를 여는 첫걸음이다.

<u>핵심 사상</u> 해원은 인간의 마음속에 맺힌 원과 한을 푼다는 뜻이다. 그러나 증산 상제님은 해원이 인간이 가진 원을 푼다는 단면적 차원에서 이해되던 지금까지의 논의를 벗어나, 원시반본하는 우주와 인간, 천지만물에까지 그 적용범위를 확장한다. 즉 원한의 문제는 인간의 병적 요소만이 아니라 우주만물의 병적 요소라는 것이다. 그래서 해원은 단지 인간의 원을 풀어서 해결되는 것이 아니라 우주만물의 원이 모두 해결될 때 진정한 해원이 될 수 있다. 증산 상제님이 대원사 칠성각에서 중통인의의 대도통을 이루신 후의 상황에 대한 아래의 성구는 이를 잘 보여준다.

상제님께서 새 옷으로 갈아입고 대원사를 나서시니 갑자기 골짜기의 온갖 새와 짐승들이 모여들어 반기면서 무엇을 애원하는 듯하거늘 이들을 바라보며 말씀하시기를 "너

희들도 후천 해원을 구하느냐?" 하시니 금수들이 알아들은 듯이 머리를 숙이는지라 상제님께서 말씀하시기를 "알았으니 물러들 가라." 하시매 수많은 금수들이 그 말씀을 좇더라. (『도전』2:12:6~9)

금수들의 해원은 그들 역시 선천의 삶을 살고 있고 그 결과 원과 한의 굴레에서 벗어날 수 없다는 것을 보여준다. 인간과 신명과 동물과 산천초목 모두 선천이 만든 상극의 이치 속에서 상호 원과 한을 맺는 삶을 살 수 밖에 없다면 그 해결 역시 인간의 문제로 그치는 것은 아니다. 우주 전체는 생명적 유기체로 이해되고 우주 내 모든 존재자들은 상호 유기적 관계로 서로 영향을 주고 받는다. 따라서 해원은 단지 인간의 원을 해소하는 의미를 넘어서 만물에까지 적용된다. 해원은 인간의 원과 신명의 원한, 그리고 동물의 원한 등등 모든 생명존재의 원한을 해소하는 총체적 의미를 갖는다. 특히 해원의 중요성은 원한의 파괴성에서 그 필연성이 드러난다.

> 선천에는 상극의 이치가 인간 사물을 맡았으므로 모든 인사가 도의道義에 어그러져서 원한이 맺히고 쌓여 삼계에 넘치매 마침내 살기殺氣가 터져 나와 세상에 모든 참혹한 재앙을 일으키나니 그러므로 이제 천지도수天地度數를 뜯어고치고 신도神道를 바로잡아 만고의 원을 풀며 상생의 도道로써 선경의 운수를 열고 조화정부를 세워 함이 없는 다스림과 말없는 가르침으로 백성을 교화하여 세상을 고치리라. (『도전』4:16:2~7)

이러한 말씀에서 알 수 있는 것은 원이 쌓이면 세상에 참혹한 재앙이 생겨나므로 만고에 쌓인 원을 푸는 해원을 통해서만 선경, 다시 말해 이상적인 세상을 만들 수 있다는 것이다. 따라서 해원은 후천의 선경을 이루기 위한 가장 일차적 조건이 아닐 수 없다. 그래서 증산 상제님은 "선경을 건설하는 첫걸음"(『도전』 4:17:8)이 바로 해원이라고 하였다.

천지일월의 기운이 바르지 못해서 생긴 선천의 하늘과 땅과 인간의 문제인 원한은 곧 하늘과 땅과 인간의 개벽을 통해서만 해결될 수 있다. "이제는 판이 크고 일이 복잡하여 가는 해와 달을 멈추게 하는 권능이 아니면 능히 바로 잡을 수 없다"(『도전』 4:111:4)는 말씀처럼 삼계대권의 절대권능을 갖는 증산 상제님의 천지공사로서 새 우주의 기틀을 마련할 수 있다. 천지에 가득찬 만고의 원한은 오직 증산 상제님의 이러한 권능으로써만 풀어질 수 있다.

인간에 있어서 원은 현상적·구체적으로는 인간의 욕망구조에 의한 것이지만 근원적·일차적으로는 지축의 경사로 인한 음양의 불균형에서 찾아볼 수 있다. 그렇다면 원이란 것은 인간들 사이의 우연적 관계만을 해소한다고 해서 해결될 문제는 아니다. 더구나 원의 기원이 수천 년을 거슬러 올라갈 경우에는 더욱 그러하다. 따라서 해원의 방법은 선천 우주의 상극 질서 즉, 원의 우주론적 기원과 선천역사를 올바로 인식할 때 찾아질 수 있을 것이다.

증산 상제님은 인류 역사상 원한의 시발점은 단주丹朱에서 시작한다고 말씀하신다.

> 이때는 해원시대解冤時代라... 이제 원한의 역사의 뿌리인 당요唐堯의 아들 단주丹朱가 품은 깊은 원冤을 끄르면 그로부터 수천 년동안 쌓여 내려온 모든 원한의 마디와 고가 풀

릴지라… 그러므로 단주 해원을 첫머리로 하여 천지대세를
해원의 노정으로 나아가게 하노라. (『도전』2:24:1~9)

원한의 역사를 끝맺는 기점이 단주 해원에서 비롯된다는 것은 단
주의 원한과 바둑, 그리고 오선위기혈五仙圍碁穴이라는 지운이 상
호 연관되어서 해명된다. 단주 해원공사의 단서인 오선위기혈과
조선의 국운 공사, 그리고 상씨름공사는 해원을 통한 후천선경
의 실상을 마련하는 천지공사의 중요한 한 축이다.

내가 이제 천지의 판을 짜러 회문산回文山에 들어가노라.
현하 대세를 오선위기五仙圍碁의 기령氣靈으로 돌리나니
두 신선은 판을 대하고 두 신선은 각기 훈수하고 한 신선
은 주인이라. (『도전』5:6:1~3)

천지의 판을 짜는 단서로서의 오선위기혈은 곧 바둑의 시조인 단
주와 그의 해원과 밀접한 연관성을 가진다. 가장 원한이 깊기 때
문에, 그리고 그 원이 원의 역사의 시초이기 때문에 단주 해원은
인류사에 뿌리박힌 '원의 고'로 생각될 수 있다. 이는 오선위기혈
이 갖는 지운에 단주 해원 도수를 붙여 선천의 모든 겁액을 걷어
내려는 증산 상제님의 공사방법에서도 찾을 수 있다.
증산 상제님은 단주 해원이라는 인류 원한의 풀이의 기점과 오선
위기혈이라는 지기地氣, 그리고 후천개벽으로 넘어가는 상씨름의
판세를 상호 연관지어서 천지 해원 공사의 큰 줄기를 잡고, 천지
와, 인간과 신명의 원한이 풀리는 도수를 정하셨다. 단주 해원과
오선위기 그리고 상씨름은 후천개벽을 여는 중요한 요소로 작용
하면서 동시에 후천개벽상황을 보여주는 단서이다.

기존 문헌의 용례 해원은 중국 고대 문헌에도 용례가 나타난다. 당송시대의 문헌으로 알려진 『돈황변문집敦煌變文集』 「착계포전문捉季布傳文」의 "依卿所奏休尋捉, 解冤釋結罷言論.(그대가 주청한 대로 찾아서 잡는 것을 그만둘 것이니, 원을 풀고 맺힌 것을 풀어서 더 이상의 논의를 그만두라.)"에서 찾을 수 있다. 이 외에 『고금소설古今小說』과 청대清代 기윤紀昀이 쓴 『열미초당필기閱微草堂筆記』에서도 나타난다. 그 의미는 마음에 맺힌 원을 푼다는 뜻이다.

해원解冤굿

문자적 의미 선천 상극의 이치로 인해 천지만물의 생명체에 쌓인 원과 한을 풀어 버리고 상생의 마음을 갖도록 하는 의례이다. 천지굿과 같은 의미이다.

본질적 의미 해원은 보은, 상생사상과 함께 증산도의 대표적 사상에 속한다. 증산 상제님은 후천개벽의 때를 맞아 인간의 몸으로 이 땅에 오셔서 천지공사를 집행하셨다. 그 천지공사의 바탕이 바로 해원 공사이다. 해원이란 상극으로 둥글어가는 선천 세상에서 천지만물에 깃든 원과 한을 풀고 생명의 본성으로 되돌아가게 하는 것을 말한다. 선천에서 쌓인 원과 한은 천지를 병들게 하고 인류를 진멸지경으로 몰아가는 부정적인 힘이다. 원한을 풀지 않고서는 새로운 세상인 후천선경이란 것은 불가능하다. 해원굿은 바로 선천 상극의 기운으로 인해 쌓인 모든 원과 한을 푸는 천지의례, 해원 의례, 해원 공사이다.

핵심 사상 해원굿은 다음의 『도전』 구절에서 그 의미를 해석할 수 있다. 물론 이 인용문에서 천지굿은 바로 해원굿을 뜻한다. 천지해원굿이다.

대흥리에서 공사를 행하실 때 하루는 "유생儒生들을 부르라." 하시어 경석의 집 두 칸 장방에 가득 앉히시고 재인才

人 여섯 명을 불러오게 하시어 풍악을 연주하게 하시니라.
이어 "수부 나오라 해라." 하시니 수부님께서 춤을 우쭐우
쭐 추며 나오시는지라. 상제님께서 친히 장고를 치시며 말
씀하시기를 "이것이 천지굿이라. 나는 천하 일등 재인才人
이요 너는 천하 일등 무당巫堂이니 우리 굿 한 석 해 보세.
이 당黨 저 당黨 다 버리고 무당 집에 가서 빌어야 살리라."
하시고 장고를 두둥 울리실 때 수부님께서 장단에 맞춰 노
래하시니 이러하니라.

세상 나온 굿 한 석에
세계 원한 다 끄르고
세계 해원 다 된다네.

상제님께서 칭찬하시고 장고를 끌러 수부님께 주시며 "그
대가 굿 한 석 하였으니 나도 굿 한 석 해 보세." 하시거늘
수부님께서 장고를 받아 메시고 두둥둥 울리시니 상제님
께서 소리 높여 노래하시기를

"단주수명丹朱受命이라.
단주를 머리로 하여
세계 원한 다 끄르니
세계 해원 다 되었다네." 하시고

수부님께 일등 무당 도수를 붙이시니라. (『도전』 6:93:1~10)

증산도 해원사상의 중요성은 "원한을 풀지 않고는 성신聖神과 문
무文武를 겸비한 덕을 갖춘 위인이 나온다 할지라도 세상을 구
할 수가 없다"(『도전』 2:52:3)는 데 있다. 또한 그러한 천지의 해원
은 인간의 도덕이나 제도차원에서 해결될 수 있는 문제가 아니
고 우주의 통치자나 주재자의 권능이 있어야 가능함을 의미한다.
즉 우주의 판을 고를 수 있고 도수를 다시 짤 수 있는 조화와 권

능을 통해 음양의 질서를 바꿀 수 있는 힘이 아니면 불가능하다. 왜냐하면 "이제는 판이 워낙 크고 복잡한 시대를 당하여 신통변화와 천지조화를 부릴 수 있는 권능을 가지지 않고는 선천 세상을 구할 수가 없"(『도전』 2:21:4)기 때문이다. 그래서 증산 상제님은 선천 세상에 맺힌 모든 원한을 끌러내는 "세계해원 굿"(『도전』 6:93:9)을 집행하였고 해원을 토대로 우주 개조공사를 행했다.

선천 세상의 결론은 상극 질서로 인해 쌓이고 쌓인 인간의 원한이 인류를 멸망케 하는 근원적인 원인으로 작용하여 천지가 병들었다는 것이다. 그러한 병든 환경에서 불완전하고 욕망 덩어리의 인간은 원과 한을 쌓으면서 우주에 살기와 재앙을 남겨 왔다. 문제는 병을 고치는 것이고 그 치유의 핵심은 해원에 있다. 이에 해원은 천지에서 원한으로 일어나는 모든 재앙의 근원적인 원인을 끌러내고 인간과 신도가 조화를 이룰 수 있는 첫걸음을 떼는 것이다. 즉 해원의 목적은 세상을 진멸지경으로 몰아가는 "…원을 풀어 그로부터 생긴 모든 불상사를 소멸…"(『도전』 4:16:1)하는 데 있다. 증산 상제님의 해원 공사는 천지만물의 해원을 목적으로 하며, 단주 해원을 첫머리로 하여 만고원신, 만고역신, 압사신, 질사신 등의 신명들과 여성 해원을 그 핵심으로 하고 있다.

증산 상제님은 "이것이 천지굿이라. 나는 천하 일등 재인才人이요, 너는 천하 일등 무당巫堂이니 우리 굿 한 석 해 보세… 세상 나온 굿 한 석에 세계 원한 다 끄르고 세계 해원 다 된다네."(『도전』 6:93:4~6)라고 말함으로써 스스로 천하일등 재인으로서 천지굿을 통해 세계해원을 완성한다고 하였다. 그리고 "단주수명이라. 단주를 머리로 하여 세계 원한 다 끄르니 세계 해원 다 되는구나"(『도전』 6:93:9)고 하여 그 세계 해원의 실마리를 단주 해원에서 찾고 있다. 여기서 (천지) 해원굿과 해원 공사의 상관성을 찾아볼 수 있다.

원이 맺힌 인간의 삶은 가시밭길을 맨발로 걷는 것보다 더 큰 고
통이다. 욕망이 좌절되어 만들어진 원은 그 하나하나가 심장을
도려내는 비수로 작용하여 자신의 생명을 깎아내며, 타인의 생명
을 억압하며, 나아가 우주의 생명성을 파괴하게 된다. 극에 달한
선천의 묵은 기운에 의해 죽어 가는 생명의 빛을 다시 살리는 적
극적 실천이 바로 천지공사의 제일원리로서의 해원이다. 그리고
해원굿은 선천 말대의 모든 원한을 풀도록 하는 천지해원 공사
이면서 천지구원 공사이다.

혼과 넋

문자적 의미 사람은 속사람인 영체|靈體(spiritual body)와 겉사람인 육체|肉體로 이루어져 있다. 넋|魄은 혼|魂과 함께 보이지 않는 영체를 구성한다. 사람이 죽으면 혼은 하늘로 올라가고, 넋은 땅으로 꺼진다.

본질적 의미 혼은 하늘과 연관되고, 넋은 땅과 연관된다. 혼은 양이고, 넋은 음이다. 만물은 음양기운의 조합으로 이루어지며, 사람도 그러하다. 그런데 세상 사람들의 주된 관심은 하늘과 연관되며 양적인 존재인 혼이며, 넋에 대해서는 알려진 바가 많지 않다. 넋은 사람이 죽은 다음에도 계속 존속하며 주로 음습한 기운과 관련하여 땅에 머물며 부정적인 기운을 형성하는 것으로 인식되었다. 흔히 귀신이라 할 때 이런 의미로 사용하는 경우가 많다.

핵심 사상 동서양에는 영혼의 존재에 대한 다양한 설명이 존재한다. 서양에서 영혼의 문제는 일찍부터 철학의 주제였다. 육체를 가진 인간에게 마음과 사고가 존재하며, 마음과 사고의 주체로 영혼에 대해 생각하게 되었다. 비록 혼과 넋으로 구분하지 않았지만 영혼의 실체나 그 존재성에 대한 다양한 주장들이 있다. 서양에서는 전통적으로 인간에게 영혼이 있고 이 혼은 육신이 죽은 다음에도 사멸하지 않는다고 보았다. 기독교의 천국관은 영혼불멸설에 기초하고 있다.

플라톤은 피타고라스학파의 영향을 받아서 영혼이 육신을 얻어
이 세상에 태어나기 전에는 이데아의 세계에 살았으며, 죽은 후
에는 다시 그곳으로 간다고 주장했다. 즉 영혼은 불멸한다는 것
이다. 이는 그의 인식론인 상기설에 비유적으로 잘 나타나 있다.
인간의 윤회설을 설명하고 있는 상기설은 결국 영혼의 불멸설과
상통한다. 그는 혼과 넋이라는 분류보다는 동일한 영혼 안에 각
각 임무가 다른 세 부분이 있다고 했다. 일반적으로 정신을 지知,
정情, 의意라고 말을 하는데, 이렇게 정신 혹은 영혼을 세 부분으
로 분류한 자가 바로 플라톤이다. 플라톤은 이를 분리하는 것으
로 끝나지 않고 이성이 정신의 지도자로서 감정과 의지를 부리고
조정한다고 말한다. 감정은 천방지축 날뛰는 걷잡을 수 없는 존
재이니 이성의 지도와 감독을 받아야 하고, 의지도 지향성은 강
하지만 옳고 그름을 분간 못하니 역시 이성의 판단과 지도를 받
아야 한다는 것이 영혼 3분설의 핵심이다.

고대의 영혼불멸설은 중세 기독교를 거쳐 근세에까지 내려오다
가 데카르트에 이르러 심신이원론으로 고착되었는데 데카르트에
의하면 영혼은 마음과 같은 것으로 그 자체 독립적으로 존재하
는 실체라고 하였다. 칸트는 영혼의 존재나 그 불멸성을 인식할
수 없으나 인간의 윤리적 측면에서 최고선인 행복의 실현을 위해
반드시 필요한 것이라고 생각했다. 이렇게 볼 때 서양사상에서는
영혼의 존재에 대한 담론은 많았으나 넋의 존재에 대해 특별한
주의를 기울이지 않았음을 알 수 있다.

동양에서는 혼과 넋에 대한 다양한 표현들이 있다. 예를 들어 혼
이 날라가고 넋이 흩어질 정도의 놀라움을 가리키는 말인 '혼비
백산魂飛魄散'이라던가 매우 충격적인 일을 당해 멍한 상태를 '혼
백이 나갔다'라는 말로 표현한다. '넋이 나갔다'는 말도 자주 쓰
는 일상언어이다. 이처럼 예로부터 우리는 혼과 넋을 구분하면서

인간의 영혼에 대해 다양한 인식을 하고 있었다.

혼과 넋에 대한 자세한 내용은 증산도 『도전』을 통해서 정확히 알 수 있다.

> 사람에게는 혼魂과 넋魄이 있어 혼은 하늘에 올라가 신神이 되어 제사를 받다가 4대가 지나면 영靈도 되고 혹 선仙도 되며 넋은 땅으로 돌아가 4대가 지나면 귀鬼가 되느니라. (『도전』 2:118:2~4)

여기서 사람을 구성하고 있는 두 요인은 혼과 넋이라고 하였다. 사람은 현상적으로 볼 때 일차적으로 육신을 가지고 있다. 그러나 이 육신 속에는 물질이 아닌 영적인 몸이 또 있다고 한다. 이 것을 영체라 하는데, 영체는 혼과 넋이라는 이중의 구조를 가지고 있다는 것이다. 영체는 육체와 똑같은 모습으로 생겼지만 물질이 아니기 때문에 감각적으로 확인할 수 없으나 그 사람의 마음을 담는 그릇으로 여겨진다. 흔히 정신이라 부르는 실체가 존재하는 곳이 바로 영체인 것이다.

그런데 영체와 육체는 혼줄 혹은 영사라는 끈으로 연결되어 있다. 혼줄은 영체와 같은 초물질이기 때문에 육안으로 확인이 안되지만 영체가 육체를 이탈할 때는 그 연결고리가 된다. 흔히 수면 상태나 무의식 상태에서 영체는 육체를 이탈하여 자유롭게 활동한다고 한다. 그러나 영체와 육체는 항상 혼줄로 연결되어 있으며, 활동을 마치고 이 혼줄을 매래로 영체가 다시 육체로 돌아올 때 영육은 다시 하나가 된다고 한다.

흔히 불가에서 도승들이 유체이탈을 하여 자유롭게 활동한다고 하는데, 이것을 시해법尸解法이라고 한다. 그런데 시해 도중에 이탈했던 유체(영체)가 돌아갈 몸이 손상되면 유체가 돌아갈 곳이 없어져 죽은 후의 상태와 동일한 현상이 일어난다. 증산도 『도전』에서는 김봉곡과 진묵대사의 일화로서 이를 잘 설명하고 있다.(『도전』 4:138)

그런데 사람이 죽으면 육신은 썩거나 재가 되지만 영체는 손상을 입지 않는다. 영체의 혼은 하늘로 올라가서 신이 된다. 이것은 인격신이며, 자손들에게 조상으로 추앙을 받아 제사의 대상이 된다. 그런데 신이 된 인격체는 생전의 삶을 계속한다고 한다. 또 평소의 수양을 계속하는데, 그 닦은 정도에 따라 혹 영도 되고 선도 된다고 한다. 말하자면 신은 자신의 노력 여하에 따라 진화한다는 것이다. 한편 땅으로 돌아간 넋은 제사를 받은 지 4대가 지나면 귀鬼가 된다. 흔히 말하는 귀신과도 연관성이 있다고 할 수 있다.

환부역조煥父易祖

문자적 의미 자신의 부모와 조상을 부정하고 망각하는 것, 남의 조상을 자신의 조상으로 여기는 것 등을 말한다.

본질적 의미 부모와 조상을 바꾸고 부인하는 것은 윤리적으로 비난받아야 할 잘못된 일이다. 뿐만 아니라 조상과 부모를 올바로 받들어 섬기지 못하는 것 역시 마찬가지다. 부모와 조상은 제 생명의 근원이기 때문이다. 특히 우주의 시간 질서에 따라 가을을 맞이하는 때는 모든 것이 근본으로 돌아가는 원시반본의 시대이다. 환부역조는 원시반본하는 시대의 정신을 역행하고 보은줄을 망각하는 큰 죄악이 아닐 수 없다. 근본과 뿌리를 확립할 때 성공과 열매가 약속되며 그렇지 못할 때 소멸과 죽음의 길에 놓이게 된다. 원시반본에서 '근본'은 비단 개인의 혈통만이나 아니라 민족, 국가, 종교, 문화 등에서의 시원, 뿌리, 본질을 말한다.

핵심 사상 증산도에서 '근본으로 돌아가라'는 시명時命인 원시반본과 함께 거론되는 문제는 환부역조이다. 왜냐하면 조상은 곧 인간의 근원이며 뿌리로서 마땅히 인간이 기억하고 본받아야 할 소중한 근본이기 때문이다. 그래서 상제님은 "지금은 원시반본原始返本하는 시대니 혈통줄을 바르게 하라. 환부역조煥父易祖하는 자는 자 죽으리라."(『도전』 7:17:3~4)고 경계하신 것이다.
시원을 찾아 뿌리로 돌아가라는 원시반본의 가을 질서에 따라

제 혈통줄을 바르게 하는 것이 나와 후손이 새로운 삶으로 거듭
나는 길이다. 환부역조는 혈통줄을 버리는 것이며 부정하는 것이
다. 제 부모, 조상을 바꾸고 돌보지 않는 것은 그 생명의 질서에
서 떨어져 나가는 것이다. 부모와 조상에 대한 존숭은 비단 가을
의 정신이 명하는 규범만도 아니다. 상제님은 모든 자손들은 조
상의 정성과 공부로 부모에게서 몸을 받아 태어난다고 하였다.

하늘이 사람을 낼 때에 무한한 공부를 들이나니 그러므로
모든 선령신先靈神들이 쓸 자손 하나씩 타내려고 60년 동
안 공을 들여도 못 타내는 자도 많으니라... 너희는 선령신
의 음덕을 중히 여기라. (『도전』 2:119:1~4)

그러므로 나의 생명과 몸은 조상들의 간곡한 기도와 끊임없는
공부와 공덕으로 하늘로부터 내려 받은 소중한 것이다.

천지는 억조창생의 부모요, 부모는 자녀의 천지니라.
(『도전』 2:26:5)
사람이 조상에게서 몸을 받은 은혜로 조상 제사를 지내는
것은 천지의 덕에 합하느니라. (『도전』 2:26:10)

이런 말씀을 통해서 혈통줄은 곧 보은줄임을 알 수 있다. 그러므
로 사람이 부모를 잘 받드는 것은 천지의 덕에 따르는 일이며, 가
장 위대한 보은이다. 부모와 조상은 나를 낳아준 뿌리일 뿐만 아
니라 나아가 자손을 척신隻神과 복마伏魔로부터 지켜주는 보호성
신의 역할도 한다. 태어나고, 지금 이렇게 살아가는 데는 조상의
음덕蔭德이 배후에서 작용하고 있는 것이다. 또한 생사가 갈리는
가을 개벽에 살아남아 새 생명으로 태어나는 것도 조상의 기도와

염원 덕분이다.

> 선령신이 약하면 척신隻神을 벗어나지 못하여 도를 닦지
> 못하느니라. 선령의 음덕蔭德으로 나를 믿게 되나니….
> (『도전』2:78:2~3)

가을개벽의 때, 자녀와 조상은 서로 극진히 섬기고 돌보는 가운데 기운을 주고받아 그 힘으로 함께 구원을 받게 된다. 뿌리가 굳건해야 잎이 무성할 수 있고 반대로 잎과 가지가 튼실해야 뿌리가 깊이 내릴 수 있는 것과 마찬가지다.

가을의 때 인간의 생존과 성공의 관건이 되는 근본은 제 혈통의 부모와 조상만을 의미하지 않는다. 그것은 광의적으로는 겨레의 삶을 처음 열어 준 민족의 시조신과 그로부터 열리는 시원의 역사와 종교, 문화를 포함한다. 한민족과 인류 문명의 모태 국가인 환국을 연 환인, 환국의 종통을 이어받아 동방의 백두산에 배달을 건국한 환웅, 환인, 환웅의 가르침을 받들고 하늘의 뜻을 계승하여 조선을 건국한 단군이 한민족의 국조國祖다. 또한 국조 삼위의 주도로 펼쳐진 삼성조 역사와 그 뿌리 역사를 이끈 신교 문화가 한민족에게 시원을 살펴 새롭게 정초해야 할 근본이다.

동방의 이 땅에 인간으로 강세한 증산 상제님의 가르침에서 볼 때 우리가 외래 종교와 문화 속에 정체성을 잃는다면, 곧 뿌리정신과 뿌리 문화를 잃어버린다면 이는 자손이 조상을 잃는 것과 같은 '환부역조'에 속하는 일이다. 환부역조는 그 죄가 워낙 중대하므로 "천지의 원주인"(『도전』5:18:5) 또한 자리를 잡지 못한다고 하였다. 또 다음과 같이 환부역조를 경계하며, 증산 상제님의 신원과 뿌리를 명확히 밝혀주고 있다.

상제님께서 말씀하시기를 "이때는 원시반본原始返本하는 시대라. 혈통줄이 바로잡히는 때니 환부역조換父易祖하는 자와 환골換骨하는 자는 다 죽으리라." 하시고 이어 말씀하시기를 "나도 단군의 자손이니라." 하시니라. (『도전』 2:26:1~3)

모든 것이 근본으로 돌아가는 원시반본의 때인 우주의 가을개벽기에 모든 인간과 신명들은 그 뿌리를 찾아야 구원을 받을 수 있다. 상제님께서는 개벽의 때에 뿌리를 망각하고 조상을 부정하는 모든 행위를 '환부역조'라고 하였다. 환부역조는 생명의 질서를 거역하는 배은망덕한 행위이며, 결국 죽음에 이르는 길이다.

황극皇極

문자적 의미 황극에는 크게 우주운동의 핵심이라는 뜻과 인간세상에서 하늘의 뜻을 대행하는 천자天子라는 두 가지 뜻이 있다. 선천에서 후천으로 바뀌는 우주운동의 추동력과 상제님의 의지를 대행하는 으뜸가는 지도자를 일컬어 황극이라 한다.

본질적 의미 황극은 보통 정치적인 맥락에서 하늘의 뜻을 인간 세상에 펼치는 대행자로 알려져 있다. 그러다가 조선조 말기 김일부에 이르러 노자의 무극관과 주역의 태극관과 서경의 황극관이 하나로 통합되어 황극은 마침내 선천을 후천으로 전환시키는 핵심적 존재로 부각되었다. 무극과 태극과 황극의 3극은 천지일월의 본질적 변화를 이끄는 세 가지 천지조화의 힘과 동력의 본체이다. 무극은 십미토十未土로서 가을의 통일을 주장하고 그 조화와 통일의 열매인 술오공戌五空은 만물의 근원인 물이 화생되는 태극이라면, 태극이 움직여 열리는 황극은 만물이 생장하고 성숙하는 과정을 이끈다. 황극은 무극과 태극을 매개하여 십일성도十一成道하는 생장운동의 본체자리를 가리킨다.

핵심 사상 무극, 태극, 황극의 3극은 만물을 움직이게 하는 우주정신의 거시적인 바탕을 뜻한다. 우주에는 천지만물을 끊임없이 변화할 수 있도록 하는 동력원이 존재한다. 이를 우주변화의 본체라 부르는데, 그 본체는 현실의 우주에서는 셋으로 드러나 작용

한다. 그것은 곧 10으로 상징되는 무극無極과 1로 상징되는 태극
太極, 그리고 5로 상징되는 황극皇極이다.

무극은 천지만물과 생명의 근원으로서 도의 뿌리이다. 무극은 도
의 본성일 뿐만 아니라 현실의 시간에서는 춘하추동의 사계절 가
운데 가을천지의 통일과 조화, 수렴의 변화정신을 말한다. 무극
의 영원한 통일성이 음양 양극의 상대성 운동에 들어서는 경계가
태극이다. 따라서 실질적인 우주 만물 창조의 운동은 태극으로
부터 비롯된다고 할 수 있다.

자연의 변화는 일정한 주기를 가지고 전개되는 분열(태극)과 통
일(무극)의 영원한 순환 운동이다. 황극은 우주 운동이 끝없이 분
열로 치닫지 않고 그 극한에서 성숙과 통일운동으로 전환하도록
한다. 황극은 만물 생장의 조화능력을 가진 변화의 중매자로서
분열과정을 통일로 넘겨줌으로써 분열과 통일운동의 순환리듬
이 영원히 지속되도록 만든다. 황극은 태극의 본체가 분열(탄생과
생장) 운동을 하게 하여 무극의 통일운동에로 전환되도록 매개하
며, 이러한 황극의 역할로 인해 우주는 무극 → 태극 → 황극 →
무극의 영원한 순환과정을 밟게 되는 것이다. 따라서 황극이 없
다면 태극을 창조할 수 있는 기반을 이룰 수 없고, 태극 또한 황
극의 생장운동이 없다면 가을의 무극(통일) 운동을 창조할 수 없
다. 이처럼 3극 원리는 역철학의 결론이자 우주의 변화의 실상을
고스란히 담지하고 있다.

무극과 태극과 황극은 각각 독립적 실체가 아니라 삼위일체의
관계로 존재한다. 증산 상제님은 무극의 자리에서 우주를 주재
하고 통솔하는 최고신이다. 이런 의미에서 증산 상제님은 무극상
제, 무극제, 무극신으로 같지만 다르게 불리는 것이다.

상제님께서 '나는 천지일월天地日月이니라.' 하시고 건곤감

리 사체四體를 바탕으로 도체道體를 바로잡으시니 건곤乾坤(天地)은 도의 체로 무극이요, 감리坎離(日月)는 도의 용이 되매 태극[水]을 체로 하고 황극[火]을 용으로 삼나니 이로써 삼원이 합일하니라. 그러므로 도통道統은 삼원합일三元合一의 이치에 따라 인사화되니라. (『도전』6:1:5~7)

황극은 단순히 우주의 구성을 설명하는 철학적 개념이 아니라 우주와 인간역사의 모든 것을 성숙과 통일로 이끄는 핵심적 존재로 부각된다. 황극은 우주론의 측면에서 선천을 후천으로 뒤바꾸는 핵심이다. 인사의 측면에서는 무극과 태극의 역할을 대행하여 선천 문화의 진액을 하나로 모아 신문명을 건설하는 인류의 최고 지도자라 할 수 있다.

기존 문헌의 용례 3극에서 무극은 『노자』, 태극은 『주역』에 전거가 있다면, 황극은 고대의 정치철학서인 『서경』에 근거를 두고 있다. 『서경』은 황극을 최고의 정치지도자인 임금이 백성을 다스리는데 필요한 덕목(도덕적 최고의 규범)으로 제시하고 있다.

> 오황극은 임금이 표준[極]을 세움이니, 이 다섯 가지의 복[五福]을 거두어 그 백성들에게 널리 베풀면 오직 이에 그 백성들도 너에게 극極(임금의 덕목으로 中正한 지위와 덕성)을 보존하게 하리라. 무릇 그 백성들이 사악한 무리를 짓지 않으며, 지위에 있는 사람이 사사로운 덕을 갖지 않은 것은 오직 임금이 그 표준이 되기 때문이다.
> 五皇極은 皇(이)建其有極이니 斂時五福하여 用敷錫厥庶民하면 惟時厥庶民이 于汝極애 錫汝保極하리라. 凡厥庶民이 無有淫朋하며 人無有比德은 惟皇이 作極일새니라.

김일부의 정역사상은 기존의 무극과 태극과 황극이 하나의 논리로 통합되어 선·후천론으로 재탄생하였다. 하지만 전통철학에서는 무극은 도가사상의 최고 범주이고, 태극은 만물생성의 최초의 근원자이고, 황극은 정치적 입장에서 천자 또는 인간 내면에 자리잡은 도덕률에 불과했다. 김일부는 무극과 태극과 황극을 동일한 원리의 세 측면으로 간주하여 금화교역金火交易의 당위성을 뒷받침하는 이론을 정립하였던 것이다.

> 들어보면 문득 무극이시니 열이로다. 열하고 손가락을 곱으면 문득 태극이시니 하나로다. 하나가 열이 없으면 체가 없고, 열이 하나가 없으면 용이 없으니 합하면 토土이다. 중앙에 위치함이 다섯이니 황극이시다.
> 擧便无極十. 十便是太極一. 一无十无體, 十无一无用, 合土, 居中五皇極.

김일부는 무극과 태극과 황극은 하나의 원리이지만 각각 역할과 성격이 다를 뿐이라고 주장하여 한국 고유의 3수 사상을 계승하는 쾌거를 이루었다. 특히 황극을 중심으로 무극과 태극이 하나로 통일되어 선천이 후천으로 전환되는 이유와 과정을 손가락 움직임으로 밝혔던 것이다.

후천개벽 後天開闢

문자적 의미 '개벽開闢'이란 하늘과 땅이 새롭게 열린다는 '천개지벽天開地闢'의 줄임말이다. 후천개벽은 후천의 시간대에 열리는 개벽을 말한다.

본질적 의미 고대 중국에서 천지개벽은 본래 하늘과 땅이 열리고 갈라진다는 우주만물의 생성론적 질서의 새로운 시작을 뜻하는 말이었다. 특히 중국 한대철학의 기론氣論적 사유방식에서 천지개벽은 하늘의 기운과 땅의 기운이 열리고 갈라져서 카오스의 혼돈으로부터 코스모스의 질서가 생겨났음을 말한다. 고대 중국인에 의하면 우주 시원에 혼원한 '일기一氣' 가운데 맑고 가벼운 기운은 올라가 하늘이 되고, 무겁고 혼탁한 기운은 내려가 땅이 되었다. 이것이 천지개벽의 구체적인 내용이다. 그러나 여기서 우리가 주목해야 할 점은 고대 중국에서 말하는 천지개벽은 우주만물의 자연세계와 연관된 것일 뿐 인간의 문명세계와 관련된 것은 아니었다는 사실이다.

그런데 이 천지개벽이 19세기 새 세상을 꿈꾸는 조선의 지성인들에 의해서 전혀 다른 의미맥락에서 사용된다. 그것은 중국과는 달리 천지개벽을 단순히 자연사적인 관점에서 규정하기보다는 자연사와 함께 시작된 문명사적 관점에서 정의함으로써 자연세계의 시작뿐만 아니라 문명세계의 시작을 가리키는 것으로 그 의미가 확대되기 때문이다. 이런 의미전환의 교두보를 마련한 것

은 최수운崔水雲(1824~1864)과 김일부金一夫(1826~1898)이다. 최수
운은 『용담유사龍潭遺詞』에서 천지개벽을 선천의 천지개벽과 후
천의 천지개벽으로 나누어 본다. 그는 선천의 천지개벽 이래 지
금의 문명세계에 이르는 동안 인간의 모든 유위적 활동은 총체적
위기상황에 빠져 있다는 근원적 반성을 토대로, 뒤에 도래할 후
천의 천지개벽을 통해서 새 천지에 입각한 새 문명이 수립될 것
이라는 후천개벽론을 제시한다.

김일부는 우주의 변화 이치를 밝히는 역도易道의 맥을 이어 선후
천先後天이 바뀌는 우주 대변혁의 원리와 간艮 동방에 상제님이
오시는 이치를 처음으로 밝혔다. 그의 정역팔괘正易八卦도는 억음
존양抑陰尊陽의 선천 복희팔괘伏羲八卦와 문왕팔괘文王八卦에 이은
정음정양正陰正陽의 후천 팔괘도이다.

이러한 후천개벽론을 새로운 차원으로 전개시킨 논의가 등장하
는데, 그것이 바로 강증산 상제님의 후천개벽론이다. 최수운과
강증산 상제님의 후천개벽론의 차이점은 증산 상제님 자신이 후
천개벽을 직접 주재한다는 점이다. 인간으로 오신 상제님이 구천
지의 상극의 기운을 신천지의 상생의 기운으로 개벽시켜서, 후천
의 새로운 우주문명의 변화질서를 여는 것이 바로 후천개벽이다.

내가 혼란키 짝이 없는 말대未代의 천지를 뜯어고쳐 새 세
상을 열고 비겁否劫에 빠진 인간과 신명을 널리 건져 각
기 안정을 누리게 하리니 이것이 곧 천지개벽天地開闢이라.
(『도전』 2:42:2~4)

상제님께서는 "최수운은 내 세상이 올 것을 알렸고, 김일부는 내
세상이 오는 이치를 밝혔으며"라고(『도전』 2:31:5) 후천개벽에 관
련한 최수운, 김일부 두 성철들의 공적을 치하한다.

핵심 사상 후천개벽은 세 가지 방식으로 집약된다.

첫째, 천지질서를 뒤바꾸는 자연개벽이다. 여기서 자연개벽이란 묵은 하늘과 낡은 땅을 개조하는 작업이다. 자연개벽은 천지만물의 상극적 시공질서가 상생적 시공질서로 제자리를 찾아가는 것을 말한다. 봄과 여름에 무성했던 나뭇잎들이 가을이 되면 뿌리로 돌아가는 것처럼, 우주생명도 선천 5만 년의 봄과 여름의 과정을 거쳐서 후천 5만 년의 가을의 통일상태로 귀환한다. 자연개벽은 모든 사물이 우주생명의 통일적 존재 근원으로 회귀하는 창조적 활동 그 자체를 말한다.

하지만 우리가 주의해야 할 것은 후천의 자연개벽이 자연의 이법적 필연성에 따라 절로 그러하게 이루어지는 것이기는 하지만, 그것이 거저 그냥 주어지는 것이 아니란 점이다. 후천의 자연개벽은 상극의 분열기운을 상생의 조화기운으로 뒤바꾸어 놓은 주재자의 창조적 주재성이 인사人事 속에서 덧붙여진 결과이다.

> 이제 하늘도 뜯어고치고 땅도 뜯어고쳐 물샐틈없이 도수를 굳게 짜 놓았으니 제 한도限度에 돌아 닿는 대로 새 기틀이 열리리라. (『도전』 5:416:1~2)

선천세계는 천체의 중심축을 이루는 북극의 지축이 기울어져 음양의 불균형과 부조화를 이루고 있다. 그렇기 때문에 인간사회도 그 상극적 분열질서에 종속되어 대립과 갈등의 원한관계를 벗어날 수 없다. 선천 말기에 상극의 분열기운이 극단에까지 확장되면서 원한이 증폭될 대로 증폭된다. 이로부터 우주생명의 관계망 그 자체가 근본적으로 파괴될 지경에 이른다. 후천의 자연개벽은 이러한 파국의 위기 앞에서 우주생명의 주재자가 인간사회를 포함한 우주만물의 상극적 대립질서를 차단하여, 그것을 새롭게 재

조정함으로써 상생적 조화질서로 뒤바꾸려는 창조적 작업이다.
둘째, 인간개벽人間開闢이다. 인간개벽은 인간이 능동적 주체가
되어서 심법개벽을 통해 우주생명과 하나가 되어 우주적 합일을
성취하는 것을 말한다. 즉 인간이 자기 자신의 존재근원으로 회
귀하는 것이다.
자연개벽은 물론 우주의 주재자이신 증산 상제님의 천지공사의
예정섭리에 따라 이뤄진다. 하지만 자연개벽은 그것과 상호 감응
관계를 지닌 인간이 우주생명과 하나가 되지 못한다면 결실을 맺
지 못한다. 자연질서는 궁극적으로 인간 질서를 떠나서 따로 존
재할 수 없기 때문이다. 따라서 자연개벽은 인간개벽으로 완성될
수밖에 없다.

내가 삼계대권을 맡아 선천의 도수를 뜯어고치고 후천을
개벽하여 선경을 건설하리니 너희들은 오직 마음을 잘 닦
아 앞으로 오는 좋은 세상을 맞으라. (『도전』 2:74:2~3)

셋째, 문명개벽文明開闢이다. 문명개벽이란 자연개벽을 전제로 하
여 사회적 인간관계의 질서가 갈등과 대립의 분열관계를 넘어서
모든 사람이 하나로 어우러져 조화롭게 살 수 있는 신세계로 전
환되는 것을 말한다. 다시 말해 우주생명의 새로운 삶의 방식에
따라 인간이 스스로 자기변혁을 통해 상극적 삶의 틀을 상생적
삶의 틀로 변혁시키는 것이다.

상제님께서 말씀하시기를 "내가 이제 천지를 개벽하여 하
늘과 땅을 뜯어고치고 무극대도無極大道를 세워 선천 상극
의 운을 닫고 조화선경造化仙境을 열어 고해에 빠진 억조
창생을 건지려 하노라. 이제 온 천하를 한집안이 되게 하

리니 너는 오직 순결한 마음으로 천지공정天地公庭에 참여
하라." 하시니라. (『도전』 3:7:2~5)

오늘날 인류문명은 자연 생태계 파괴위기와 인간의 자아의 정체
성 상실위기와 사회의 공동체성 붕괴위기 등 자연과 인간과 사회
가 다 같이 한계상황에 봉착하는 위기를 맞고 있다. 그렇지만 시
야를 좀더 확대해서 보면 이 위험은 오히려 인류문명이 새로운
차원으로 전환될 수 있는 결정적인 기회라고도 할 수 있다. 왜냐
하면 오늘날 인류문명이 안고 있는 여러 가지 문제는 선천문명의
상극기운이 후천문명의 상생기운으로 전환되는 과도기적 과정에
서 불가피하게 생겨나는 것이기 때문이다.

증산 상제님은 '천지공사'를 통해 자연질서를 개벽함으로써 새
로운 문명질서를 구축할 수 있는 전환틀을 마련하셨다. 즉 지축
의 정립과 공전궤도의 변화를 통해 천지에 가득한 분열의 기운을
상생의 기운으로 뒤바꿈으로써 지구촌의 모든 사람이 한가족처
럼 살 수 있는 세계일가의 통일적 문명질서의 새로운 틀을 구축
한 것이다. 후천 선경조화의 세계가 바로 그것이다. 이런 신세계
에서는 온 천하의 사람들이 대립과 충돌의 상극관계를 청산하고
화해와 조화의 상생관계를 이룬다.

이렇게 볼 때, 후천개벽이란 자연질서와 인간질서의 동시적 대전
환을 뜻하는 것으로 자연과 인간과 문명이 근원적으로 개벽되어
새 우주질서에 바탕을 둔 새 문명질서를 형성하는 것을 말한다.
신천지新天地에 입각한 신인간新人間의 신문명新文明, 즉 '우주문명
宇宙文明'이 바로 후천개벽의 궁극적 목표이다.

후천선경 後天仙境

문자적 의미 우주의 가을철인 후천에 펼쳐지는 선의 세계를 말한다. 즉 후천선경은 후천개벽으로 이루어지는 지상낙원이다. 이는 지상선경, 조화선경, 십천十天선경과 같은 의미를 갖는다.

본질적 의미 후천선경의 본질적 의미는 우주의 가을철에 지상에 강세한 인존상제님의 천지공사를 떠나서 이해할 수 없다. 즉 후천선경은 우주의 순환질서 속에서 이루어지는 후천개벽이라는 자연적 변화와 천지공사라는 우주 주재자의 섭리(도수), 그리고 개벽시대를 살아가는 일꾼들의 실천, 이 세 가지가 합쳐져야 가능한 세계이다. 물질적으로 풍요롭고 정신적으로 열려 있으며 도덕적으로 순결한 세상, 영적 깨달음으로 심신이 건강한 장수사회, 신과 인간이 하나된 유토피아가 바로 후천선경이다.

핵심 사상 후천선경의 전체적 의미는 후천과 선경을 분리해서 각각을 파악함으로써 추론될 수 있다.
우선 후천은 선천의 짝을 이루는 말이다. 우주일년 129,600년에서 봄과 여름의 5만 년을 선천이라고 하고 가을 5만 년을 후천이라고 한다. 선천은 상극의 이치가 세상을 지배하기 때문에 필연적으로 투쟁이 일어나게 되어 있다. 그러나 상극의 이치는 우주가 스스로 변화 발전해 나가는 데 없어서는 안 되는 필연적인 것이며, 상극의 이치가 작용함으로써 생명의 탄생이 가능하다. 극

克을 통한 생生의 발현이라고 하는 우주의 역설이 펼쳐지는 세상이 선천이다.

그러나 선천 말에 가면 극克을 통한 생의 발현이라고 하는 역설적 조화는 그 균형을 상실하게 된다. 이제 극은 생의 발현과 성장을 지나서 생명을 파괴하는 단계에 다다르게 되었다. 이때가 선천의 말대이며 후천으로 들어서는 변곡점이다. 여름과 가을의 길목에서 바뀌는 변화는 우주의 전체적인 체계를 바꾸는 것이다. 우주의 체계가 양적 변화의 단계를 넘어서 질적으로 변화하는, 그래서 모든 것을 새롭게 하는 총체적 변화를 후천개벽이라 한다.

개벽을 통해 이루어지는 후천의 질서는 상생이다. 선천에서 지구의 축은 23.5도 기울어져 있고, 그러한 상태에서 천지는 음보다 양이 더 강대한 작용을 하게 된다. 양의 강력한 작용은 천지만물을 대립하고 투쟁하도록 하며 그 과정에서 원과 한을 축적하게 된다. 이러한 상극의 세상은 지축이 바로서는 개벽을 통해서 새로운 상태로 전환하게 되는데 이때 상극의 질서가 상생의 질서로 바뀌는 것이다. 지축정립으로 음과 양의 작용이 동등해지면서 천지 만물의 관계도 상극에서 벗어나 상생의 관계를 이루게 된다. 서로 대립하는 것이 아니라 화합하며 서로 살림의 기운을 주고받는다.

다음으로 후천선경에서 선경仙境이란 선仙의 경계, 즉 선의 경지가 펼쳐진 세상을 말하며, 인간과 신명이 한데 어우러져 조화롭게 살아가는 세상이며, 천지만물이 생명의 완성과 조화를 추구하는 때이며, 문명文明과 선술仙術이 함께 하는 도술문명道術文明의 세상이다. 이러한 선경의 바탕은 개벽을 통해서 도래한 후천의 이치인 상생이다. 후천 상생의 세상은 선으로 먹고사는 세상, 사람과 신명이 하나가 되는 조화선경이며, 깨달음으로 문명을 열어

가는 세상이라 하였다[知心大道術].

선경의 선은 유불선儒佛仙으로 구분된 선이 아니다. 유불선의 선
은 유·불과 병립하는 선이지만 증산도의 선은 유불선을 통일
한 선이다. 이에 대해 증산 상제님은 "이제 불지형체佛之形體 선
지조화仙之造化 유지범절儒之凡節의 삼도三道를 통일하느니라…
내가 유불선 기운을 쏙 뽑아서 선仙에 붙여 놓았느니라."(『도전』
4:8:7~9)고 한다. 즉 기존 문화의 근원인 유불선의 정수精髓를 모
아 통일시킨 것이 증산도의 선이며 후천선경의 경지라는 것이다.
이러한 의미의 선을 증산도에서는 "성숙의 관왕 도수"(『도전』
2:150:3)로 풀이한다. 성숙의 관왕 도수는 후천 문화·문명의 근간
을 이루는 것이며, 도솔천의 천주에 의해서 현실화된다. 따라서
증산도의 후천선경은 미륵의 용화세계이며, 옥황상제님의 조화
세계이고, 천주의 지상천국·천지대동세계이다.

후천개벽과 이를 통한 후천선경은 이처럼 우주의 이치와 주재자
의 주재가 조화됨으로써 가능하게 된다. 즉 후천선경은 우주 1년
의 순환 속에서 그 의미가 온전히 드러나며, 또한 천지를 주재하
는 증산 상제님의 천지공사에서 그 가능성이 열려지게 된다. 그
리고 이러한 양자에 더하여 인간의 일심은 선경세계 건설의 실천
적 힘이다. 즉 천지일심天地一心으로 우주의 가을을 맞이하는 일
꾼의 심법에서 실현되는 세상이 바로 후천선경이다. 이 말은 후
천선경이란 관념의 세계나 피안의 세계가 아니라 우주의 순환원
리에서, 인존상제님으로서 9년간 집행한 천지개조 공사에서, 그
리고 하나된 인간의 마음과 실천에서 가능해지는 실질적 세계,
인간이 살아서 맞이하게 될 후천의 새로운 세상이란 것을 뜻한
다.

새롭게 우리 앞에 펼쳐진 후천은 정음정양의 세상이다. 후천선경
을 위해서는 선천의 음양질서가 개벽되어야 한다. 묵은 하늘은

편음편양便陰便陽 혹은 독음독양獨陰獨陽으로 우주의 창조적 생명력을 고갈시키고 있다. 따라서 생명력을 다시 살려내기 위해서는 음양의 조화를 맞추어야 한다. 음양의 부조화가 곧 상극의 이치를 낳고, 이는 다시 천지만물의 본성을 억압하는 궁극적 원인이기 때문이다. 그래서 "선천에는 음양이 고르지 못하여 원한의 역사가 되었으나 이제 후천을 개벽하여 새 천지를 짓나니"(『도전』 11:179:12)라고 하였다. 여기서 우리는 후천선경은 바로 우주의 음양이 그 조화를 완벽하게 이루는 세상, 그리고 억음존양의 부조화로 인한 원한과 살기가 청산되어 모든 사람의 마음에 상생의 화기가 감도는 세상, 그리고 선천에 억압받던 여성이 해원되어 남녀동권을 향유하는 세상임을 알 수 있다. 후천의 도운을 열어 가는 수부 공사 또한 음양의 질서, 즉 정음정양의 의미에 따라 이해할 수 있다.

이러한 후천선경은 또한 삼계가 열리고 그 열린 삼계에서 인간과 뭇 생명이 서로 넘나드는 합일과 통일의 세상이다. 신으로 가득한 신성 그 자체인 우주에서 신은 우주의 근본이지만 선천의 상극세계, 닫힌 세계에서 신은 소홀히 취급되었고 인간의 삶에서 단절되었다. 그러나 후천의 새 세상은 신도가 크게 열려 그 본래적 역할을 수행하게 된다. "신도로써 만사와 만물을 다스리면 신묘神妙한 공을 이루나니"(『도전』 4:58:3)라고 하는 것처럼 신도는 조화의 근원이다. 후천의 문화와 문명은 또한 지심에 바탕을 둔 신묘한 조화의 세계이다. 증산 상제님은 이러한 후천선경을 '지심대도술知心大道術'의 도술문화·문명이라 한다. 증산도 이상사회로서 선경은 곧 보이지 않는 신과 신명의 영역을 아우르는 조화선造化仙이라는 특징을 갖는다.

지심대도술의 후천문명은 곧 신도를 인식하고 신과 하나가 되는 신인합일神人合一의 세상이다. 영성과 신성을 회복한 인간은 신

과 하나가 되어 조화를 마음대로 할 수 있고, 신은 인간을 위하
게 되고 인간은 신을 위하게 되어 상호 자유롭게 교통하게 된다.
또한 모든 문명이 영성을 바탕으로 통일되고, 군사부가 일치되어
정교가 하나로 되며, 신교의 원시반본을 통해 대한민국은 세계의
종주국이 되어 후천의 역사를 주도하게 된다.

ㅎ